138

新知
文库

XINZHI

The Seven Wonders
of the World:
A History of the Modern
Imagination

THE SEVEN WONDERS OF THE WORLD

by John and Elizabeth Romer,

First publishers shall reproduce by Weidenfeld & Nicolson Ltd, London.

2005, Barnes & Noble Books.

世界七大奇迹

西方现代意象的流变

［英］约翰·罗谟 伊丽莎白·罗谟 著

徐剑梅 译

生活·讀書·新知 三联书店

图书在版编目（CIP）数据

世界七大奇迹：西方现代意象的流变／（英）约翰·罗谟，伊丽莎白·罗谟著；
徐剑梅译．—北京：生活·读书·新知三联书店，2021.2
（新知文库）
ISBN 978 - 7 - 108 - 06920 - 7

Ⅰ.①世…　Ⅱ.①约…②伊…③徐…　Ⅲ.①名胜古迹－研究－世界
Ⅳ.①K917

中国版本图书馆 CIP 数据核字（2020）第 134740 号

特邀编辑　张艳华　孙琳洁
责任编辑　徐国强
装帧设计　陆智昌　康　健
责任印制　徐　方
出版发行　生活·讀書·新知 三联书店
　　　　　（北京市东城区美术馆东街 22 号 100010）
网　　址　www.sdxjpc.com
图　　字　01-2018-5467
经　　销　新华书店
印　　刷　北京隆昌伟业印刷有限公司
版　　次　2021 年 2 月北京第 1 版
　　　　　2021 年 2 月北京第 1 次印刷
开　　本　635 毫米 × 965 毫米　1/16　印张 27
字　　数　315 千字　图 100 幅
印　　数　0,001 - 6,000 册
定　　价　59.00 元
（印装查询：01064002715；邮购查询：01084010542）

新知文库

出版说明

　　在今天三联书店的前身——生活书店、读书出版社和新知书店的出版史上，介绍新知识和新观念的图书曾占有很大比重。熟悉三联的读者也都会记得，20世纪80年代后期，我们曾以"新知文库"的名义，出版过一批译介西方现代人文社会科学知识的图书。今年是生活·读书·新知三联书店恢复独立建制20周年，我们再次推出"新知文库"，正是为了接续这一传统。

　　近半个世纪以来，无论在自然科学方面，还是在人文社会科学方面，知识都在以前所未有的速度更新。涉及自然环境、社会文化等领域的新发现、新探索和新成果层出不穷，并以同样前所未有的深度和广度影响人类的社会和生活。了解这种知识成果的内容，思考其与我们生活的关系，固然是明了社会变迁趋势的必需，但更为重要的，乃是通过知识演进的背景和过程，领悟和体会隐藏其中的理性精神和科学规律。

"新知文库"拟选编一些介绍人文社会科学和自然科学新知识及其如何被发现和传播的图书，陆续出版。希望读者能在愉悦的阅读中获取新知，开阔视野，启迪思维，激发好奇心和想象力。

生活·讀書·新知 三联书店

2006 年 3 月

目录

第六章　以弗所阿耳忒弥斯神庙

第七章　金字塔与奇迹的崛起

导　言

世有七大奇迹，人人皆曾听闻，然悉数亲睹者寥寥。欲尽观之，须赴域外，至波斯，越幼发拉底河，旅埃及，至希腊埃利安人[1]处盘桓些许时日，谒卡里亚[2]之哈利卡那苏斯[3]，扬帆抵罗得岛[4]，并览爱奥尼亚之

1　原文Elians，疑即埃利安人（Eleans），系伯罗奔尼撒半岛，今希腊南部埃利斯（Elis）地区的居民。在古希腊，埃利斯曾是较为强盛的城邦国家。公元前8世纪首次创办奥林匹克庆典。荷马史诗曾提到这个城邦参与了特洛伊战争。（本书全部注解均为译者所加，主要参考英文维基百科和网络文献，少量参考《世界历史辞典》《不列颠百科全书》等，以下不另说明。）

2　卡里亚（Caria），位于小亚细亚西南部，濒临爱琴海，曾是多利安和爱奥尼亚的殖民地，公元前334年被亚历山大大帝征服。

3　哈利卡那苏斯（Halicarnassus），位于今土耳其境内，小亚细亚西南部爱琴海上。

4　罗得岛（Rhodes），位于希腊东南部的爱琴海上，土耳其西南面，是多得卡尼兹群岛中最大的岛屿，公元前1000年被多利安人殖民同化，曾受克里特岛米诺斯文化的强烈影响。罗得古城在岛屿的东北端，建于公元前408年。

以弗所[1]······

拜占庭的菲洛[2]:《关于七大奇迹》,
公元前225年撰于埃及亚历山大里亚[3]

　　欧洲人在中东的首批考古发掘,挖出世界七大奇迹中的两个:1856年在哈利卡那苏斯发现摩梭拉斯陵墓,19世纪60年代在以弗所发现阿耳忒弥斯神庙。这些所费不赀的考古工程不仅预示伟大的艺术作品重见天日,古老奇迹本身的遗存被眼见为实;也为一个已经消逝的世界提供了牢靠的存在证明。这个一去不返的世界曾经创造过热情奔放的诗歌文赋、万花筒般的精妙意象和其他雄强有力的主题。在将近两千年时光里,这些一直是西方意象的养料。

　　奇迹之为奇迹,在于任何人都一眼就能辨识。实际上,报纸时常请读者票选新的现代奇迹名单。这些现代奇迹对今天的我们,就像早期七大奇迹名单对菲洛时代的人们,激发出相同的反应。乍看起来,七大奇迹的故事、"人间奇迹"这个特定观念,如此深藏在我们心里,以至于许多人现在直截了当把它称为"人性"。其实,这种令我们"嗅出"奇迹的感官功能明显是与生俱来的,是一种代代传承的感应力。七大奇迹及其蕴含的种种热望追求,都有着确切

1　以弗所(Ephesus),古希腊小亚细亚西岸重要贸易城市,位于今土耳其西部。

2　拜占庭的菲洛(Philo of Byzantium),据维基百科介绍,历史上有两位来自拜占庭的菲洛,均曾长期在埃及亚历山大里亚生活和工作。一位是,生卒年约为公元前280年—前220年,希腊工程师、物理学家和力学作家,著有9卷《机械原理手册》(*Mechanike syntaxis*);另一位即本书援引的《关于七大奇迹》("Deseptem mundi miraculis")一文作者,可能生活于公元4至5世纪。但本书作者称其生活在公元前3世纪,似乎可以认为两人为同一人。

3　亚历山大里亚(Alexanderia),即今埃及城市亚历山大,位于埃及北部、尼罗河三角洲西端的地中海沿岸。本书多次谈到亚历山大大帝(Alexander)和他于公元前332年创立的这座城市。为便于读者区分,城市名沿用旧译亚历山大里亚。

的起源。因此，世界七大奇迹包含着两个故事。第一个故事是它们在古代的真实面目，第二个故事是它们其后作为宏伟的象征、竞争的符号的历史。这是真实史料在千年流变中缓慢发酵，所形成的一份对古昔意象和未来抱负的浩瀚编目。

和其他众多流行意象与观念一样，世界七大奇迹名单的确切起源现已无从知晓。提及七大奇迹的古典著述浩如烟海，但多数古籍在谈及七大奇迹名单的创作者时都语焉不详，对七大奇迹名单的创作日期也争执不下。这些古籍只不过强化了这样一种印象，即世界七大奇迹早就家喻户晓，但很可能和现在一样，当时很少被一一细述。有可靠写作日期的文字资料表明，七大奇迹名单首个完整的现代版本，在意大利面世的确切时间是1608年，即不到四百年前。更有甚者，从那以后，到19世纪出现大规模印刷和普及教育之前，七大奇迹名单不断发生变动。这些事实还混淆了一个至关重要的真相：从公元前3世纪拜占庭的菲洛时代起，对受过教育的西方人来说，世界七大奇迹名单就是一种常识性的东西。尽管世纪流转，名单上的各种奇迹可能变来变去——事实上，有时候这些名单列举了10个以上奇迹。但总的来说，"世界七大奇迹"是时间授予所有这些奇迹的荣誉称号。

描述七大奇迹的古代文献，有两份最为重要。一为拜占庭的菲洛所作；一为约八百年后甚至更晚，贾罗的比德[1]所作。长期以来，人们一直断言这两份文献混杂了次要作者的手笔。当然，与所有古代著述一样，它们的内容均系手写而成，并被分别誊写副本，在此

1　贾罗的比德（Bede of Jarrow，约673—735），英国历史学家及神学家，被尊为英国史学之父。他 7 岁入贾罗修道院，毕生居住在那里，从事宗教活动和著述，以拉丁文写成《英吉利教会史》等多种著作，创立以基督诞生日为基准，按"公元前"和"公元"纪年的方法，为后世广泛采用。

过程中可能遭到篡改或渲染，导致其原始作者身份几乎无从考证。像对待许多历史记载那样，我们最终依赖于获得普遍认可的说法。这两份文献，不论究竟是否菲洛或比德所撰，在七大奇迹观念的演变历史上，都占据着关键位置。还可以确定的是，它们首次编纂成文的时间，大致就在这两位杰出学者生活的年代。

在各种奇迹名单中，菲洛的名单无疑最为重要。虽说现存的某些古代奇迹名单也令人信服，年代甚至可能更久远，但和菲洛的名单相比，它们不论篇幅、诗意还是蕴含的信息量，统统望尘莫及。菲洛所作《关于七大奇迹》是篇绝妙好文，被收入一个精美的拜占庭手抄本，现存于德国海德堡大学。本书附录了休·约翰斯通（Hugh Johnstone）对这篇文章的最新译文。人们之所以猜疑文章真实作者另有其人，主要是因为文中美妙的所谓"华丽修辞"。在某些学者看来，菲洛囿于希腊化温室一般的古亚历山大里亚图书馆，这种文风与他格格不入。不过，文章的核心内容看来具有足够的真实性。丹尼斯·海恩斯（Dennis Haynes）是五十多年来首位仔细研究这篇文章的学者。他评论道："我认为，任何人只要带着开放心态阅读这篇文献，就会承认这是一位古典时代晚期[1]的修辞学家所撰，其叙述具有令人惊讶的连贯性和可信度。很难相信它没有良好的希腊化渊源。"

就在当时，这篇文献也足以令人信服，因此被人从古亚历山大里亚图书馆带到北边的拜占庭，在拜占庭被誊录副本，又被携入西欧，辗转于瑞士一所修道院图书馆、文艺复兴时期一位印刷商，以及海德堡宫廷和梵蒂冈教廷。之后，它又从罗马被带到拿破仑时代

1　古典时代晚期（Late Antiquity），又称作古代晚期、晚古时期或近古代，是历史学术语，意指西方古典古代到中世纪之间的时期，涉及地区包括欧洲大部和环地中海地区。

的巴黎，最终在维也纳会议[1]召开后，得以重返海德堡。

称呼菲洛是"拜占庭的菲洛"，为的是把他和所有同名的古人区别开来。据推测，我们的菲洛来自今土耳其博斯普鲁斯海峡一个同名海滨城市，后来渡过地中海，在埃及的亚历山大里亚定居。在菲洛生活的时代，亚历山大里亚是世界中心大都市。要恰当地描述菲洛，莫过于把他形容成一名图书馆工程师、一位深受亚历山大里亚学术传统影响的饱学之士。亚历山大里亚的学者们擅长力学实验和推断式写作，菲洛对七大奇迹的力学思考，是关于"如何建造（七大奇迹）"的真实文本，对后世就像对当时人那样，引发广泛的兴趣。菲洛生活的古老世界如今已荡然无存，但在那个世界，人们似乎想建造什么，就能够建造什么，这使得菲洛的思考更加富有魅力。

和其他所有古典七大奇迹名单一样，菲洛的名单不包括他本人所在城市的著名灯塔，即所谓亚历山大里亚法罗斯灯塔。这座灯塔直到后来北部欧洲人——法国图尔的格列高利[2]和英格兰贾罗的比德编纂奇迹名单时，才被收录其中。格列高利和比德编纂的名单是当今通用的奇迹名单。多数古典名单仅凭巴比伦墙这个名称，就把巴比伦墙算成奇迹之一，与传说中的空中花园相提并论。但即便在菲洛的时代，巴比伦也是一个遥远的梦、一段毕生的旅程。菲洛列举的奇迹多数坐落于他自己的小世界——位于地中海东岸的城市。这是一个紧凑而富饶的希腊化文明圈，以公民社会秩序为核心，边

1　维也纳会议（Congress of Vienna），是拿破仑1814年战败投降后，于当年9月18日至1815年6月9日在奥地利维也纳举行的欧洲外交会议，由英、俄、普、奥四国主导。这是世界历史上第一次由各国代表共同参与订立条约的洲际性会议，奠定了1914年第一次世界大战爆发前欧洲政治格局。

2　图尔的格列高利（Gregory of Tours，约538—594），图尔主教，历史学家，著十卷《法兰克人史》。

缘地带则混沌未开，分布着野蛮人和种种可怕危险的东西。菲洛所列七大奇迹包括两座雕塑，一座在罗得岛——海上航道的中心，即罗得岛巨像。另一座在罗得岛东南60英里处，即哈利卡那苏斯（Halicarnassus）的摩梭拉斯陵墓，各种奇迹名单上都有它。由此往北60英里，是另一个奇迹——以弗所的阿耳忒弥斯神庙。而从罗得岛往西航行约300英里，你会看到临近奥林匹亚的港口。在奥林匹亚山上，有用象牙和黄金制作的宙斯巨像，在所有奇迹中最受尊崇。菲洛的名单就像一个古老的航海者故事，又仿佛一位工程师坐在扶手椅上，描述附近港口种种令人难以忘怀的事物，缀以用遥远的沙漠梦幻制成的花边。这些沙漠梦幻，都是人人愿往观瞻的虚构意象。正如古希腊一场盛宴中，某位宾客记录的桌边闲谈："巴比伦的牡蛎河床，紧挨着空中花园。那儿有造化中最美妙的海味，每枚贝壳都含有珍珠。"

菲洛虽是一位工程师，兴趣却从不局限于技术。对他来说，机械只是创造奇迹的手段而已。在当时，菲洛的奇迹名单是革命性的。它凸显了古代世界里一种崭新的态度，标志着可能是人类首次使用金属以来最伟大的转变。他选择的世界七大奇迹，是一种世俗文化的产物，把奇迹本身从神祇的领地拉回到尘世之中。这部分是对奇迹的再定义，部分也是对人类的再定义。菲洛和他同时代的人在从事一种"盘点宇宙存货"般的工作，四顾八荒地探索着宇宙中的新位置。和多数古代宫廷不同，在菲洛时代的亚历山大里亚，就像在当时所有大型贸易城市一样，国王的宫廷不曾为确保王国秩序和成功而没完没了地举行各种仪典。在这些新宫廷里，世俗人物济济一堂，从国王、朝臣、钱商到士兵，各自抱负不凡。像菲洛这样的人相信，人类的活动，如创造财富、征服帝国、建造大厦和创作杰出的文学作品，其本身可能就像奇迹般精彩。这种信念在今天很寻常，但在当时却十分新颖。据说，那个时代攻无不克的英雄——亚历山大大帝[1]，尊崇盲眼流浪诗人荷马的作品胜过一切，用一个贵重匣子盛放自己的荷马诗篇抄本。

回溯1世纪之后的那些日子，一位古代作家慧眼观察到，尽管希腊哲人创造出一个井然有序的人类社会的梦想，靠的却是亚历山大大帝把他们的理论付诸实践。实际上，七大奇迹中的每一个，都以某种方式和亚历山大大帝的传奇形象联系在一起。它们全都位于亚历山大缔造的短命帝国疆域之内，事实上还界定了这个帝国的范围：亚历山大缔造了埃及的亚历山大里亚，即灯塔之城；攻占过哈利卡那苏斯，即摩梭拉斯大理石陵墓所在城市；罗得岛巨像依照他的模样雕刻而成。还有，亚历山大逝于巴比伦，即空中花园所在城市。要发现隐藏在金色神庙和空中花园奇妙意象背后的真相，我们必须踏上亚历山大的部分旅程。这些古老的奇迹名单，是亚历山大的子民在周游古代世界之后开具的，他们用新的眼光审视世界并做出了新的判断。

在某些方面，亚历山大大帝及其军队，与哥伦布及其后继者颇为相似——都试图把一种新秩序强加给另一个世界。七大奇迹的时代，正是古老的东方农业社会与不断拓展的希腊化地区经济首次发生冲突的时代。七大奇迹多数也在宣扬这种新的英雄式的生活方式。简单地说，它们是一种崭新公民社会架构主要元素的最佳范例，是这个星球上每一座现代城市的鼻祖。七大奇迹中的大多数，我们现在只能从考古学家挖出的一个个严整的长方形大坑里略窥风采，但对它们的发掘如此强有力地揭示了一个梦想的根基，以至于

1　亚历山大（Alexander，公元前356—前323），马其顿的亚历山大三世，史称亚历山大大帝，其名亚历山大，意为"人类的守护者"。

这个梦想的种种意象至今都仍然萦绕着我们。本书讲述了七件古老事物的故事，以及它们在我们意象流变中的位置。

《关于七大奇迹》，拜占庭的菲洛著。图为9世纪拜占庭手抄菲洛孤本的标题句。这一手抄本现藏于德国海德堡大学图书馆

第一章

宙斯像

一 宙斯像的尺度

　　黄金和象牙雕就的神祇，坐在王座上，头上花环恍如橄榄嫩枝编成。神祇右手所持胜利女神，握缎带、戴花冠，亦黄金和象牙雕制；左手所持节杖，镶嵌各色贵重金属，上栖之鸟为鹰。神祇所着平底便鞋为黄金打造，所穿长袍亦然，袍上绣着各种动物形象和洁白的百合花朵；王冠华美灿烂，镶着黄金珠宝，嵌着黑檀和象牙。

　　　　帕萨尼亚斯[1]：《希腊志》，卷五，I，XI，1—2

　　　　　　　　　　　　　　　　　　　　（公元150）

1　帕萨尼亚斯（Pausanias，约110—约180），希腊地理学家、旅行家。据说他游历过希腊、马其顿、意大利、中东及亚洲、非洲等地，约174年定居罗马并著《希腊志》10卷，详细记述多个希腊城邦环境、名胜、传说及艺术作品，书中内容颇多为后世考古学发现所印证。

七大奇迹中的宙斯像——曾经是人类创造的最大室内雕塑之一，于公元前435年前后，在希腊南部奥林匹亚，由雕塑家菲迪亚斯[1]创作而成。这尊雕像用厚木板制成，工匠先把厚木板安放在巨大的木制脚手架上，然后通体覆以象牙和黄金，象牙为躯，黄金为袍，这种手法便以"黄金象牙雕刻法"（chryselephantine）一名为后世所知。对希腊人来说，这座高约40英尺、受他们国家圣殿庇护的巨型雕塑，乃是民族统一的象征。不过，希腊文化星散、政治分裂，这种统一在他们的现实世界里，从来不曾真正实现过。

宙斯像对罗马人也具有同样的意义。罗马人把迥然不同的希腊社会散珠编织进罗马帝国的经络。对他们来说，奥林匹亚圣殿内的这座雕塑，正如西塞罗[2]所言，似乎受到"一种特别卓尔不群的美丽意象"的启迪。据说，罗马帝国那些下场悲惨的皇帝在遇刺前夕，曾经梦见过这尊宙斯坐像。虽然对地位不那么显赫的凡胎肉骨而言，梦见这位天神，"看见宙斯本尊正合我们想象的样貌；或者看见宙斯的雕像，穿着正常的长袍，这对国王或富人都是件好事。它会强化国王的好运，增加富人的财富，预示病人的康复，对其他人来说也是好兆头"。

宙斯像里既蕴藏着如斯威力，也就难怪卡利古拉皇帝[3]的工匠

---

1 菲迪亚斯（Pheidias，约公元前480—前430），雅典人，古希腊雕刻家、画家和建筑师。代表作包括宙斯巨像和帕台农神庙的雅典娜巨像。他被认为是古希腊最伟大的雕刻家。本章对他的创作和部分生平有详细介绍。

2 马库斯·图留斯·西塞罗（Marcus Tullius Cicero，公元前106—前43），罗马共和国晚期政治家、演说家、法学家和哲学家。公元前63年当选执政官，公元前60年被放逐，终遭政敌马克·安东尼派人杀害。他的书信于14世纪被文艺复兴学者彼特拉克发现，对近现代欧洲哲学和政治学说产生过深远影响。

3 卡利古拉（Gaius Caesar Caligula，公元12年8月31日—41年1月24日），罗马帝国第三任皇帝，被史学家列为罗马帝国早期暴君之一。卡利古拉意为"小军靴"。公元37年5月他继承养父泰比厄斯的帝位，29岁时遭近卫军军官刺杀，他是在位时间最短的罗马皇帝之一。

前来拆除宙斯像并运往罗马时，宙斯像"捧腹大笑，笑得脚手架轰然倒塌，工匠四散奔逃。正在这个时候，某个名叫卡修斯的人出现，声称他梦中奉令向宙斯祭献一头公牛"。几天后，地位不稳的卡利古拉皇帝本人也遭"拆除"——被身边担惊受怕的卫兵所谋杀。临死数小时前，卡利古拉皇帝声称头天晚上曾梦见"他上了天，紧挨宙斯的王座站着，被宙斯右脚的大脚趾踹了一下，一头栽下尘寰"。

古典世界把这座黄金象牙雕就的宙斯像奉为至尊，认为它高出其他任何作品，某种程度上超越了艺术，其意象具有无可抗拒的力量，以至于丰富了宗教自身的本性。正如拜占庭的菲洛在写作《关于七大奇迹》时所言：

> 其他六大奇迹的妙处，只不过令我们称奇；这一件的妙处，却令我们诚惶诚恐，五体投地，因为其技艺运用之不可思议，仿佛宙斯的形象具备了神性。这件作品带来了称颂，其不朽的声名带来了光荣。

菲洛，3，3

而这件宏伟作品的创造者，则获得了高于其他所有艺术家的尊荣。仍如菲洛所说：

> 克罗诺斯[1]是天上宙斯的父亲，而菲迪亚斯是艾丽斯城[2]的

---

1 克罗诺斯（Cronus），希腊神话中的一位泰坦（巨人），在被其子宙斯废黜之前一直统治着宇宙。
2 艾丽斯城（Elis），西伯罗奔尼撒半岛奥林匹亚平原上的古希腊城邦，是奥林匹克运动会的起源地。

宙斯的父亲……希腊往昔的黄金时光啊！在那个时候，她（古希腊）在神祇世界的财富超过后来任何时代其他任何民族的财富；在那个时候，她拥有一位艺术家，其不朽创作令所有后来者甘拜下风；在那个时候，有可能向人类展现诸神的容貌模样，这是其他时代永不可能看到的。无疑，菲迪亚斯是超越奥林匹斯[1]的冠军……

菲洛，3,1；3,4

这就难怪，在菲洛的时代，这尊已有两百年历史的雕塑仍被列为七大奇迹之一，是三件稀世奇珍中的最后一件——另两件是巴比伦空中花园和埃及金字塔。这三件珍宝代表了最古老文明的三个中心。

与当时多数作品一样，菲迪亚斯灿烂的宙斯像老早就从人世间消失了。然而，就像富有力量的神话，记忆仍然萦绕徘徊。在西方，这尊无迹可寻的雕塑自古以来就被当成完美的化身、黄金时代的标志、智慧之眼的神奇创造、灵与肉奇迹般的结合。人们相信，有过那么一段短暂时光，古希腊人对灵与肉的结合臻于完美的平衡。就像铸造自由女神像的青铜工匠把古籍关于罗得岛巨像的描述作为样板和灵感来源，关于菲迪亚斯宙斯像的文字记忆也启发了建造华盛顿林肯纪念堂的雕塑家。此时，西方雕塑家已经和这些不复存在的雕塑比赛了数百上千年，这些雕塑的存在只不过或如古迹旅游手册里热情的涟漪，或见于罗马帝国战利品拍卖记录，又或隐于古代艺术品鉴赏家沉默的渴念里。即便在长达一个多世纪的考古发掘之后，一些小型雕塑艺术馆可能收藏了这些已湮没原物的残余，

1 　奥林匹斯（Olympius），希腊北部靠近爱琴海海岸的一列山脉，其主峰奥林匹斯山海拔2918.9米，是希腊境内最高点，也是传说中希腊诸神的家园。

但也只有其中三四家展出的是残存的古代真迹，另外七八家艺术馆则更多充斥着后世拙劣的仿作，人们只能凭史料记载加以分辨。

时至今日，没有一尊现存雕塑，人们有信心认定可能出自菲迪亚斯之手。但菲迪亚斯——被古人的赞誉镀了金，在西方学术界始终声誉甚高，菲迪亚斯本人则一直把这尊巨大的宙斯坐像视为自己最好的作品。尽管如此，即便最热情的现代评论家，都发现很难替这尊雕塑找到溢美之词。说到底，这尊雕像过于巨大，而安放它的殿堂却小得像亚里士多德的弟子斯特拉博[1]——一位独持异见的拜谒者抱怨的那样：宙斯的头颅仅略低于天花板的横梁，"如果他（宙斯）要站起来，就得突破神庙的屋顶"。再说，这尊巨像浑身遍镶象牙和黄金，还嵌着宝石和闪亮的玻璃！

很长时间里，人们认为衡量杰出艺术的完美标准是希腊人制定的。同样是这些希腊人，他们怎么就能把这么一个过度装潢的东西当成其成就的巅峰？最简单的解释是：菲洛时期的七大奇迹名单本身骨子里有种粗俗，所展现的不过是他那个时代（距菲迪亚斯辞世约两百年）的堕落而已。至于宙斯像，人们往往只当著名大理石雕塑家创作的这尊浮华雕塑，乃是满载象牙和金块的宝库。它背离了希腊人的"东方"渊源，是古代品位的退步，这里说的"东方"，通常被古希腊人形容成野蛮、纤弱，甚至有些孩子气。如同役使奴隶的银矿巩固了雅典式民主，"东方"渊源一事几乎就不是一个适于着墨的题材[2]。因此，在许多艺术史著述中，宙斯像受到了冷遇。

1　斯特拉博（Strabo，约公元前64—约公元23），也译斯特拉波。古希腊地理学家，曾游历亚、非、欧等地，著有《地理》一书，它博采前人记述，为世界古代史重要文献。
2　雅典民主政治的繁荣，奠基于不民主的奴隶劳动所创造的财富，包括役使奴隶开采的银矿。部分史家讳言希腊文明的"东方"渊源，如同讳言雅典民主制对待奴隶的残暴，盖均为"不体面"之事实。

但就古典时代而言，从国王到平民，人们都真心崇敬菲迪亚斯的宙斯像。在他们看来，这件雕塑一眼望上去，就显得既高贵又匀称，没有一丁半点可怕之处。对很多人来说，它似乎的确表达出对神性本身的一种新看法："这个人（菲迪亚斯）是有福的，"菲洛写道，"他看见了王，且有能力向其他人展现这位咆哮之神[1]。"在菲洛的时代，民族圣殿里的宙斯形象已经深深浸透希腊人的意识。菲洛死后又过四百年，随着愤怒的基督徒在古希腊罗马各地起事，诸神和教士都受报复而遭火焚，但菲迪亚斯的宙斯像仍巍然高坐，超越各种纷争，由其神圣气氛所卫护。实际上，一位当代作家可能还会宣称：通过创造这样一尊雕塑，异教徒菲迪亚斯对宗教事业本身做出了贡献——他也确实做了贡献，而且这贡献至今仍影响着我们。东正教那些令人敬畏的耶稣像把耶稣描绘成国王——黑眼睛、五官平坦的长发男子。这样的耶稣像在成千上万东正教教堂的穹顶模糊呈现。它们的表情，最早就显现在菲迪亚斯所创造的宙斯像的脸上。

1–1　左：菲迪亚斯创作的宙斯头像，镌在希腊艾丽斯城邦一枚青铜币上（约公元125年）
右：菲迪亚斯的宙斯坐像，宙斯踞于王座之上。罗马帝国造币（约公元125年）

1　咆哮之神（The Thunderer），朱庇特的绰号。朱庇特是罗马神话中的万神之王，相当于希腊神话中的宙斯。

因此，对待这样一件非同寻常的艺术品，人们不只是简单地追溯一尊雕塑的历史，也是在追溯一种珍贵意象的诞生、亮相和存在方式。这些直至今日仍与我们息息相关。由是，尽管原物可能在昙花一现后，便如尘似土，烟消云散，但我们多少能够复活它，并用自己的双眼看见宙斯。

二　两座帕台农神庙

寻找消失的宙斯，最好是从神圣的雅典卫城高处开始。据现存史料记载，菲迪亚斯还是一个孩子的时候，雅典卫城的神圣庙宇就已经被波斯人焚毁。菲迪亚斯与位高权重的政治家伯里克利[1]有私交，而后者下令重修了雅典卫城。于是，40岁的菲迪亚斯监督重建了这些遭劫被焚的庙宇。那时，距离他前往奥林匹亚创作宙斯像还要好些年，但他已处于艺术生涯的高峰期。常见的说法是，菲迪亚斯亲自监督了雅典卫城庙宇（以帕台农神庙之名闻于后世）著名大理石群雕的设计和建造过程。这些雕塑大部分现在被总称为埃尔金石雕[2]，是收藏它们的大英博物馆和希腊政府苦苦争夺的一块肥肉。不过，就事实而言，这些被埃尔金掠至英国的石雕风格多样，不相一致，菲迪亚斯究竟在多大程度上参与了这些石雕的创作，人们至

1　伯里克利（Pericles，约公元前495—前429），政治家、雅典民主派代表。作为雅典最重要的首席将军，推动雅典的奴隶制经济、民主政治、海上霸权和古典文化臻于极盛。后因疫病去世。

2　埃尔金石雕（Elgin Marbles），19世纪初，英国外交官埃尔金伯爵从土耳其奥斯曼帝国买下古希腊帕台农神庙上的大理石建筑装饰和雕刻，切割后运回英国。它们被视为古希腊雕塑鼎盛时期的代表作，1816年被英国王室以3.5万英镑买下并交给大英博物馆。1982年，联合国教科文组织投票通过希腊政府的提案，要求大英博物馆将埃尔金石雕归还希腊。之后，希腊一直要求英国归还，为英国强硬拒绝。

今争论激烈。

很久很久以前，据古籍记载，在同一座雅典卫城上，还耸立着这位大师亲自创作的两尊大型独立雕塑。其中一尊是高达30英尺的雅典娜女神铜像，底座残迹迄今可见。雅典娜曾伫立其上，光彩夺目。水手们说，当他们沿岸逆风而行看到雅典的第一眼，就是这尊雅典娜像的长矛和头盔上闪烁的阳光。她被称为雅典娜守护神像。

菲迪亚斯在卫城创作的另一件雕塑，也是一尊雅典娜像，位置隐蔽，但比雅典娜守护神像还要高20英尺。这是一座真正的巨像，它站姿轻松，重量倚在一条腿上，头盔抬高，偎着脸颊，身边是长矛和盾牌。她被称作雅典娜处女神像，即处女雅典娜，帕台农神庙的内部装潢就是为安放她而特别设计的。与基督教堂不同，希腊神庙从来不是会众敬拜的场所，而仅只是诸神自己的简陋居处。菲迪亚斯本人很可能参与了帕台农神庙的内部设计，因为其内部之空旷不同寻常，有安放在此居住的大型神像的设计意图。直至今日，仍可看见帕台农神庙地板中央有个破洞，那一度是用来固定支撑巨像的柱子的。那座巨像和后来的宙斯像一样，也采用黄金象牙雕刻法的风格，在一个木制架构上镶满了象牙和金块。

这两尊雅典娜像十分出名。但不论哪一尊，甚至帕台农神庙本身，在古代世界，都没有像奥林匹斯山的宙斯像那么声名煊赫，它们也肯定不曾被视为奇迹。在雅典，人们崇拜雅典娜处女神像甚于一切，但文学中通常给予宙斯的敬畏或尊敬，雅典娜却从来没有得到过。这两座雕像没有俘获人们的想象力，而七大奇迹则以某种方式做到了这一点。不过，帕台农荒芜的庙宇内，留存着供我们了解菲迪亚斯宙斯像情况的线索。神庙甬道上的那个洞，标志着在希腊历史上首次矗立过一座真实的巨像，其形貌是新奇的，其材质是最为奢华的。就此而言，菲迪亚斯曾是一位开创先河的人物。

第二条线索可以在帕台农神庙自身建筑架构中找到，这种架构是理解这些古代艺术创造者情感的关键。发现这条线索，并不仅仅因为菲迪亚斯个人参与了这座神庙及其著名石雕的创造。迥异于后来的无数仿作和先前的多数建筑，帕台农神庙蕴含着一种难以捉摸的微妙之美，这种美通常更多见于精美绘画或伟大音乐之中，而非见于神庙建筑。乍看上去，这座建筑外表颇为简朴，一根接一根的柱子，一道接一道的横梁，全都井然有序。事实上，这一整套视觉设计既精致又复杂，使得这些特定的梁与柱能够在人们脑海中占据超乎其他一切之上的位置。判断力与技巧相结合，给这些简朴的形式注入了生命力。

这里的神秘之处在于细节。看似简单的神庙实际上高度复杂。一座建筑成为这般视觉冥想的对象，既前无古人，事实上也后无来者。这即是这些简单形态驻留脑海的缘由。每根柱、每块石、每道边，都从参谒者的视角加以考虑。这座神庙给人什么印象？如何呈现这种印象？不管为此费了多少功夫，每块石头终于被调整得具有了一种精确的平衡感。每一组石块都被切割得整齐利落，恰如珠宝，其接合处如此细小，令你可能肉眼难觅；其视觉效果如此微妙，以至于200英尺长台阶的边线，竟然被调整到视觉差可能只有大约1英寸不到。每一台阶和圆柱都曾从观察者视角予以考虑：角落里的柱子会不会因为周遭光线而显得更纤细？那就让它们比同行列的其他柱子粗一点；台阶的直边在希腊烈日的照耀下，会不会产生弯曲的幻觉？那就让它们向另一个方向略微弯曲，渐渐弯成一个弧，最终形成一个环，在神庙坡下大约三英里半处重新合拢。每一块大理石都被切割成不同形状，各有各的特殊用场。这一切的结果，就是这座建筑的每一根线条，第一眼看似简单，但它却具有超越其形态的生命和力量。这座建筑显得超凡入圣，宏伟壮丽，所拥抱的空间显得有力、平衡、生动。例如，从台阶至四角略微向下弯曲的弧度，似乎在表示这一建筑正美丽、有力、坚定地矗立于悬崖之上；神庙正面的两排圆柱略微向内倾斜，增强了同一效果。倘若你漫步向它走去，这座建筑仿佛像在山冈上浑不费力地扎了根一般。它沐浴在雅典城上空的熹光中，似乎控制着它置身其中的全部景观。犹如一颗钻石，它的形态使整个氛围发生嬗变。

假如你想到建造者为了这些精妙的视觉效果而呕心沥血，想到因此对他们来说，这种精益求精显然十分重要，你就会开始欣赏到某种城市文明的微妙和深邃，这正是菲迪亚斯动身前往奥林匹斯山建造宙斯像时所需要具备的。

如今，游客有共同的感悟。特别是那些有幸在帕台农神庙大理石地面漫步的游客，同样能体会到这种超凡的位置感和安乐感。对于现代人来说，如果单挑神庙最美丽之处，可能就是它精致的比例。这并不是指它的规模——就希腊神庙而言，帕台农神庙的规模只能算得上中等；而是指建筑与参观者的确凿关联，尤其是那些建造者实际上孜孜以求的关联。帕台农神庙无意俯视你，而后来的七大奇迹则试图这样做（可能就因为这个原因，神庙从来没上过任何七大奇迹名单。并且，帕台农神庙太小，到七大奇迹名单出现时，它已经荒芜了几个世纪）。在这里，你会觉得仿佛在和诸神一同漫步，其比例之精细，更显其高贵。在这里，大理石切割得就像涡轮一般优美，人体一样温暖和半透明。帕台农神庙拥抱着你，它既谦逊朴实，又备极壮丽。

不管怎样，对帕台农神庙的设计师来说，精心创造出这种至为充裕的比例感，还只是一出尚待展开的戏剧的第一幕。在建筑内部，在神祇面前，这一戏剧仍在继续上演，你既将见证菲迪亚斯的天赋才华，也将见证他的虔诚。菲迪亚斯在这里塑造了雅典娜处女神像，之后又在奥林匹斯山塑造了甚至更大、更高的宙斯像。不过，雅典娜像已彻底消失了。

这世上还有一座神庙，当你走进它，有可能体验到某种与神祇面对面的古老而迷人的感受。这种正面相对，就好比拜谒奥林匹斯山圣殿里宙斯大神那一幕的彩排。1895年，在号称"南方雅典"的美国田纳西州纳什维尔，慷慨的市民们自行搭建了一座塑料的帕台农神庙，用于千禧年展览。其后，在20世纪20年代，为陶冶市民身心，也为娱乐每年10万人次游客，又用水泥重新浇铸了这座神庙。最终，到20世纪80年代，雅典娜处女神像得以重塑，被安放在适于她的位置上。

在纳什维尔的帕台农神庙，你首先会意识到这座古代建筑令你印象多么深刻。与原建筑不同，纳什维尔的帕台农神庙建在一座公园里平坦湿软的缓坡地上。但是，从它的台地透过水泥柱子望去，其景致空间仍有着最优雅的比例。接着，你拾级而上，沿前方台阶走向那些大铜门——20世纪建造的最大规格的门，内心便会有个声音在说：是的，这就是希腊原建筑的比例。原建筑的情调是那么的强烈，就像美妙的音乐萦绕耳际。

在纳什维尔，这种美妙的比例——帕台农神庙与其人间访客这种关系，也是引人注目和超乎自然的。但当你推开那些大铜门，站到这座重塑的雅典娜处女神像下——它只及自由女神像三分之一高，目前是世界上最大的室内雕塑，看到神像如此巨大，鞋带几乎都比自己的头高，你仍会觉得神庙的架构可亲可近。那些装饰神像的底座和雅典娜鞋履的小浮雕，都令人安心地比实物要小，虽然再靠近点看，你会发现站在雅典娜张开手掌上的小雕像是一尊带翼的胜利女神，实际上比真人还高。这座女神的尺度比例，可敬可畏。

这里设计师要了个花招。在雕像和庙宇之间，菲迪亚斯小心地操纵着我们的比例感。他先把你带到一座按照人类尺寸仔细"量体"建造的壮丽神庙，接着用庙内神祇的巨大存在把你弄得晕头转向。这是一出两幕戏剧：人性在第一幕被放大，接着被缩小。这必然给站在神祇面前的古人造成强烈的谦卑感。帕台农神庙显现出何等的虔诚啊！人人都说这是菲迪亚斯的最大胜利。正是这种与神祇戏剧性的直接遭遇，令希腊人和罗马人印象至深，也令宙斯像立时变得可亲可近、高贵并最终令人敬畏。正如帕萨尼亚斯所言：

> 我知道对奥林匹斯山宙斯像高度和宽度的测量数据已记录在册，但我无法推崇那些进行测量的人，因为他们提供的测量数据远远不及人们凝望这座雕像时所获得的印象……
>
> 《希腊志》，卷5，I，XI，9

宙斯像大约有三层楼那么高，和雅典娜处女神像高度相同。但

1-2 圣殿内的巨神，意大利塔兰托希腊瓶画，所绘为太阳神阿波罗（约公元前385年）

世界七大奇迹：西方现代意象的流变

由于宙斯坐在王座上，它比后者可能大出三分之一。在一座比帕台农更古老、光线更暗、空间更狭小的神庙里，菲迪亚斯建造了一座郁郁沉思的雕像，从各个方面来看，它都完全支配了神庙的内部空间。这里，菲迪亚斯又玩了一回比例游戏，而且玩到了极致。对多数参观者来说，宙斯像的存在感似乎充塞了整座建筑。它不仅比例上雄伟庄严、压倒一切，而且使用了人类所能提供或想象的最富丽华美的材料。菲迪亚斯具有一种高贵的雕塑风格，在以往纪念碑式的古风和越来越强烈的自然主义倾向之间达成了平衡。雕像的尺度比例及其丰富华美，似乎涵盖了宙斯方方面面的神性。

三　宙斯的意旨

有这么一个古代传说：菲迪亚斯完成伟大的宙斯像时，请求众神之王表示一下是否喜欢这尊雕像。说时迟那时快，一道炸雷打下来，劈裂了他脚边的神庙甬道。祭司们后来巧妙地在裂痕上摆了个铜罐作为掩饰。裂痕被当成宙斯接受这尊雕像的铁证，只向身份特殊的到访者展示——到奥林匹斯山参观的人太多了。

> 希腊奇妙可观之处甚多。不过……奥林匹克比赛在神祇心目中地位特殊……历史学家们……说克罗诺斯是天上第一位众神之王，当时的人被称为黄金时代之民，为他在奥林匹斯山造了一座神殿……历史学家们说赫拉克勒斯[1]……提出和他的兄弟们举行跑步比赛作为运动会，并为胜者戴上一束野生橄榄枝

1　赫拉克勒斯（Hercules），希腊神话中宙斯与阿尔克墨涅之子，是一位力大无比的英雄，因完成天后赫拉要求的十二项任务而获得永生。

做成的冠冕。当时，历史学家们这般说道，橄榄树太多了，以至于众神把从这些树上采来的绿叶堆得老厚，并且习惯于躺在上面睡觉。人们还相信是赫拉克勒斯把野橄榄从生活在北风带以北的北方净土之民[1]那里带入希腊……赫拉克勒斯还享有创立奥运会并将它命名为奥林匹克的声望。他创立了奥运会每五年应当举行一次的规则，因为他一共有兄弟五人。也有人说，正是在奥林匹斯山上，宙斯为争夺王位与克罗诺斯本人摔跤并获胜。为庆祝自己的这场胜利，宙斯创立了奥运会。在关于其他胜利者的记载中，阿波罗据说在赛跑中击败了竞争对手、神祇赫耳墨斯[2]，在拳击比赛中击败了战神阿瑞斯……

帕萨尼亚斯：《希腊志》，卷5，I，X，1；VI，6—7，9—10

据认为，约在公元前438年菲迪亚斯已经完成了宙斯像，也即古人所推算的第八十五届奥林匹克运动会之后的第三年。菲迪亚斯是因为奥运会而到奥林匹斯山工作的。作为当时最著名的雕塑家，他应邀在希腊最著名节庆地点最中心的圣地，建造希腊众神之王的雕像。

公共节庆，不论规模大小，都是希腊生活至关重要的组成部分。有时，古希腊人举办奥运会是为了庆祝某个特殊事件，例如第七十六届奥运会就是为了纪念击退波斯入侵。不过，节庆活动通常有固定的时间间隔——奥运会每隔四年在满月时举行，除赛跑、跳跃、投掷、摔跤和拳击等比赛外，还有为期一周的宗教庆祝活动。

1　北方净土之民（Hyperboreans），希腊神话中最远古之时即为古希腊人所知的一个民族，生活在北风带以北、常年温暖而有阳光的土地上。

2　赫耳墨斯（Hermes），希腊神话中掌管商业、发明、灵巧之神，盗贼的保护神，也是众神的信使、书吏及报信者。

1-3　观看奥林匹克比赛的人们，土耳其南部法萨利斯（Phasalis）瓶画（约公元前575年）

它们都在一座体育场或其附近举行，体育场就挨着诸神的圣殿区域。休兵歇战的时候，地中海周边所有希腊城市都会选送运动员参赛。沿着阿尔菲欧斯（Alpheios）河畔，在欢乐的山峦间、肥沃的平原上，他们聚集在一起，争执优劣、比试高低，气氛火爆。

虽然经常争吵，偶尔还会爆发两败俱伤的战争（菲迪亚斯在世时，当地两个城市争夺奥林匹亚，落败者被彻底消灭），但希腊人一直懂得他们拥有共同的身份认同，相信自己不同于人类的其他种族，并模仿外族人"Ba-Ba，Ba-Ba，Ba-Ba"的异国腔调，把他们称为野蛮人（Barbarians，音译即巴巴人）。

七百年来，在罗马皇帝插手干预之前，只有以希腊语为母语的男子才被允许参加奥林匹克竞赛。奴隶和妇女被禁止靠近比赛场地；野蛮人可以观看但不能参加，违者均以死刑论处。希腊运动健儿从孩提时代就接受训练，在奥运会开始前一年就从家乡城市来到这里，在特别裁判眼皮底下进行准备，向宙斯天父发出忠诚宣誓，和同胞互相竞争，好像这是一件生死攸关的事情。

奥林匹亚从来就不是一座城镇，它只是一座备受尊崇的神庙，坐落在一片名叫阿尔提斯（Altis）的围起来的场地。与神庙相邻的大型露天运动场能同时举行几场体育比赛，其周边草地可轻松容纳大约20000名观众。在一些边界划得不那么明晰的地带，可以举行投掷和战车比赛。绝大多数观众和选手都在运动场里过夜，或者睡帐篷，或者露天而眠，就像赫拉克勒斯和他的兄弟们从前那样。奥林匹亚还有为观众设立的集市，哲学家和其他文人也来朗读自己的作品片段，各城邦长老应宙斯祭司邀请，成群结队地来到奥林匹亚集会。在阿尔提斯，即这一切活动的中心，矗立着宙斯及其妻子赫拉的神庙。它们是许多遥远城市的圣殿，全都装饰着闪闪发光的战利品及各种华美的饰物。宙斯的露天祭坛是一个灰蓝色灰烬和骨头堆成的巨大古丘，古丘上烟雾缭绕，直上云端，这是获胜者表示感谢的供奉和其他人祈求胜利的祭祀。获胜选手被授予棕榈叶和橄榄枝桂冠，有资格到宙斯神庙祭司的住所赴宴并献给众神一座雕像。他们敬献的雕像中，有些出自希腊最优秀雕塑家之手。在最后一届，即第两百六十九届奥林匹克运动会上，阿尔提斯会聚了大约3000座铜雕、木雕和石雕，还有成千上万的运动健儿、裁判、武士和有名的骏马。获胜选手的名字全都用希腊文凿在圣石上，旁边刻上小小的橄榄枝桂冠，用以列举和展现他们的胜利。这就像那些名字用金粉写在学校木制光荣榜上的男孩，早已被遗忘。

这显然会诱使人们臆想这个古代世界与那些模仿古代建立的现代机制差不多。但它们之间唯一的真实联系，乃是某些名称的挪用和一些经过仔细"净化"的风俗。19世纪一直辛辛苦苦地培养伪希腊风格，这依然是现代奥运会的一部分。但在现代人眼里，这种伪希腊风格是对古典世界尤其陈腐不堪的翻版。古代奥林匹亚的真实

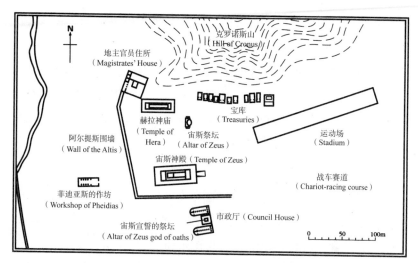

1-4　菲迪亚斯创作宙斯像时期的奥林匹亚圣地地图（约公元前440年）

情况和它神圣的运动会都被19世纪基督教界的习俗和信仰移除了。事实上，在活跃了大约一千一百年之后，奥林匹亚最终被一位信奉基督教的皇帝勒令关闭。

　　多数早期基督徒显然发现，在神国降临凡世之前，必须改造古典世界最流行的那些关于神圣的观念。希腊人并不以基督徒那样的方式区分庄严的神国和污秽的俗世。在古希腊、古罗马大地，数不胜数的诸神深深地在古典景观中扎根。他们出现在每户人家的灶台、每处田地的角落、每座香烟袅袅的祭坛、每棵树、每块石头、每个节庆、每场狂欢。那些异教徒不把神庙当成礼拜场所，而只当成神祇日常起居之处。许多希腊神祇简直就无人朝拜，他们或让人害怕，或让人逃避，或基本上就不被理会。不过，总的来说，希腊神祇所构成的万神殿，远比基督教圣人和圣女祠更丰富充实，乃是古典社会的根基。要改变它，就得重新定义对神圣的理解，暗示着对社会的重组。所以，异教徒的节庆之所以遭到基督徒厌憎，不仅因为前者敬错了神，也因为这些节庆是古典文化的核心。基督教徒花了很长的时间和很大的努力与之斗争，才改变了这些节庆制度。

大多数希腊城邦提倡举办各种流行节庆活动，既为荣耀神祇，也为城邦及其人民的利益。各城邦选手的实力被视为社会财富的一部分，标志着社会的和谐及神祇的祝福，因此也标志着城邦人民的生殖力。新娘普遍用公费办婚礼，所受款待可能就像获胜选手那样。力气和性能力同样被视为城邦的资产，被过多的宗教仪式和俗世的习俗绑在了一起。像奥运会这样影响很大的异教徒节庆，预示着多子多孙、城邦实力和神祇的参与。至少对全体男性公民来说，这些节庆也宣示着娱乐表演、寻欢作乐和一种共同联结的纽带。

基督徒对这一最为古老的世界进行了重新定义，其中影响很大的一点是他们对人的身体的态度。在古代竞技比赛中，裸体司空见惯。现在，裸体被认为会刺激下流行为，让人们不能专注地凝望天国。当然，在奥林匹亚，一千多年来，希腊选手彼此竞技时，穿得几乎不比他们家乡所期望的更多[1]。

菲迪亚斯和其他希腊雕塑家一道，提炼了希腊人上千年来对人体的热爱。他们毕生不懈怠地观察人体，把裸体昙花一现的美丽凝固成可惊可羡的铜像或石像。当你穿过博物馆展厅，观察历经岁月变迁的希腊雕塑，目睹其呈现，其创造，具体到每一尊希腊雕像，都前所未见，而又仍然存在于现代世界之中。此刻，你对帕台农神庙的那种感觉又会涌上心头。就此而言，训练有素的运动健儿的雕像扮演了关键的角色。后来，获胜健儿的形体被用来雕塑罗马将军；再后来，又被用来给拿破仑和乔治·华盛顿之流人物塑像。比

1　意即赤身裸体。因为选手家乡对选手的期望就是获胜，这种期望不加任何掩饰，人们一目了然。

　世界七大奇迹：西方现代意象的流变

菲迪亚斯早一代的艺术家首次雕塑了比赛中的健儿。这些雕塑四肢或屈或伸，肌肉表现出健儿经长期训练后获得的技巧，也表现出雕塑家精细入微的观察。到菲迪亚斯时代，许多希腊雕塑家已懂得给受过掷铁饼或标枪训练的男子塑像与给赛跑运动员塑像大不相同，就如同18世纪英国绅士对各种马的潜力分辨得一清二楚那般。

古代雕塑家也懂得随着年纪增大，人体更壮实，姿势也会改变，并由此创造了中年英雄雕像。众所周知，宙斯大神打雷的姿势就像在投掷标枪，这通常呈现为蓄须的中年男子。根据这一点，我们不妨想象一下菲迪亚斯的宙斯像：端坐在王座上，身体高瘦结实，骨盆处和胸部肌肉发达，纯象牙制成的肩膀结实光润，披着金灿灿的长袍。

四　神殿与王座

再说一回野史闲篇，帕萨尼亚斯说，人们在奥林匹亚翻修宙斯之妻、天后赫拉的神殿时，发现高高房梁上躺着一具死去了多年的士兵之木乃伊。当年，当地两个小城市为争夺对奥林匹亚和奥运会的控制权打了起来，这名士兵在最后一役中负伤，爬到赫拉神殿的房梁上寻求庇护。按帕萨尼亚斯的叙说，有一场战役是在奥林匹克体育场打的，就在一大群原本指望观看神圣奥运赛事的观众眼皮底下进行。

民间传说，艾丽斯城邦在这场战争中灭掉一干劲敌，斩获大量战利品，菲迪亚斯的宙斯像和高大的神殿都是靠这些战争财富建造的，神殿的建筑师据说也是获胜的艾丽斯城邦的公民。不过，单纯就宙斯像本身代表的财富——逾一吨黄金和数量相近的非洲象牙，如此奢华的工程其费用不太可能只靠单独一个地方城市的战利品。

因此，我们必须猜想，和建造雅典卫城一样，这笔财富来源不一，可能有些是波斯战利品，还有一部分则来自奥运会带给肥沃的伯罗奔尼撒平原居民的收入。不管怎样，这个伟大工程的成果一目了然——在希腊的核心位置创造了一个民族象征。因此，从各个方面来说，艾丽斯城邦作为东道主占据了巨大优势，宙斯大神的头像出现在这个城邦的银币上，也就没什么可大惊小怪的了。

至于这个可惊可叹的民族象征所坐落的庙宇，帕萨尼亚斯描述道："它到山墙[1]的高度是68英尺，宽95英尺，长230英尺……屋瓦用的不是焙烧的泥土，而是做成瓦片形状的潘泰尔（Pantelic）大理石。"

在奥林匹亚，优质建筑石材一向稀缺。许多与艾丽斯竞争的城邦都自带石材和陶瓦到奥林匹亚圣地里面建造小型石头神祠。不过，宙斯神殿是用当地岩石建造的，那是一种并不适于盖房子的石灰岩，多孔、渗水，还嵌满海贝。人们不得不用一种又硬又白的石膏仔细涂抹在上面，以保持它不变形。如今，敷在上面的石膏粉已全部不见，只留下粗糙的石头原坯，光秃秃的，带种怪异的灰色。在意大利南部的帕埃斯图姆[2]，有一座类似的供奉赫拉的神庙，可能是所有古代神庙中保存最好的一座。它表明，与后来的雅典帕台农神庙相比，宙斯神殿——如果采用恢宏的多立克柱式[3]建造，外观

1　古希腊建筑中，置于建筑物正面之上的宽而低的山形墙。

2　帕埃斯图姆（Paestum），意大利南部古城，公元前600年前建立希腊殖民地，繁荣一时，公元前273年被罗马占领。

3　多立克柱式（Doric Order），古希腊建筑三种柱式之一，也是最古老、最简朴的一种柱式（出现于公元前7世纪，另外两种柱式是爱奥尼亚柱式和科林斯柱式）。多立克柱特点是粗大雄壮，又称男性柱。常以四角低、中央高、微有弧形隆起的三层朴素石阶为台基，无柱基，柱身常带20条凹槽，刚劲雄健，拔地而起。檐部较重（约柱身三分之一高），柱头为倒立圆锥台，无装饰，外廊上举。柱下径与柱高的建造比例通常是1∶5.5；柱高与柱直径的比例是4∶1或6∶1。其雕饰通常为高浮雕或圆雕，强调体积。

与其说会显得沉重，毋宁说相当坚固。

在神庙建筑鼎盛时期，宙斯神殿这样的建筑并非像人们现在看到的废墟那样毫无装饰、破败不堪，而是到处悬挂着贵重的供奉之物，就像环绕着它的阿尔提斯圣地那样。许多供品是伟大国王和英雄在著名战役中获得的个人纪念品。我们的古代导游帕萨尼亚斯曾目睹这座神殿盛极一时的景象，他描写的神殿财富包括：

> 神殿和游廊里的供品中，有厄立特里亚国王阿瑞姆奈斯托（Arimnestos）的宝座，他是第一个向奥林匹亚的宙斯献祭的外国人；有基尼斯卡（Kynisca）的铜马，它们是奥林匹克胜利的象征（这些马比真马小，站在进入神殿方向的游廊右侧）；还有上覆青铜板的三角架，桌子发明之前，人们用它展示（奥运会）获胜者的花环；有各位皇帝的雕像……在神殿里面，另有25面青铜盾牌，是持械勇士们赛跑时携带的；这里还耸立着其他一些纪念建筑……

1-5　宙斯神殿的东侧正面，库尔提乌斯/阿德勒的复原图（绘于1881年）

至于这座建筑本身，帕萨尼亚斯的描述很简短：

> 神殿的风格是多立克柱式，其外有柱廊……殿内有多根立柱，另有与正门相接的回廊通往神像。还建造了直达屋顶的螺旋楼梯。
>
> 《希腊志》卷5，I，XII，5，8；X，2—3，10

所以，当人们走进去，面对神祇，它高踞巍峨宝座之上，身躯有那么多的黄金象牙，周遭有那么浓的神话氛围，难怪古代文人通常会花费更多笔墨描述其细部，而对这座表情深不可测的神像的容貌描写却失之粗略。

> 王座镶金嵌玉，亦饰有乌木象牙，上绘动物图画和人物雕像。王座四足上各绘有四位跳舞女郎模样的胜利女神；四足的基座上另外还绘着两位胜利女神。支撑王座的四条腿当中，前方两条腿绘着斯芬克司[1]掳走忒拜[2]儿童的图画。在斯芬克司下方，阿波罗[3]和阿耳忒弥斯[4]正在射倒尼俄

1　斯芬克司（Sphinx），源于古埃及神话，随后出现在多个民族的神话传说中。在古埃及神话里，它是雄性带翼的怪物，分人面狮身、羊头狮身和鹰头狮身三种。在亚述和波斯神话里，它是带翼、人面、留络腮胡的公牛；在希腊神话中，它变成带翼狮身邪恶女怪，能扼人至死（Sphinx一词源自希腊语Sphiggein，意为"拉紧"）。传说它受天后赫拉指派，坐在忒拜城附近悬崖上，用缪斯教它的谜语询问过往行人，猜不中就会被它吃掉。最终俄狄浦斯猜中谜底，斯芬克司便跳崖而死。
2　忒拜（Theban），现译名底比斯，但此处所指并非尼罗河畔的埃及古城底比斯，而是古希腊东部玻俄提亚城邦。
3　阿波罗（Apollo），希腊神话中的太阳神，也是司预言、音乐、医药和诗歌之神。
4　阿耳忒弥斯（Artemis），宙斯和泰坦女神勒托之女、阿波罗的孪生姐姐、奥林匹斯十二主神之一。在古希腊神话中，她和雅典娜同为最受宙斯宠爱的女儿，对她的请求宙斯无不答应。她是月亮女神、狩猎女神、三大处女神之一，也是丰产与孕育女神；接生女神；森林、动物、植物和家畜的保护神。

世界七大奇迹：西方现代意象的流变

珀[1]的孩子。这王座的四条腿之间，安有四道横栏。走近了，便会看见第一道横栏上有七幅画，第八幅不知怎么没了。可能画的是古代竞技场景，因为在菲迪亚斯在世时，还没有为男童创办过比赛。其中一幅画了一位头上扎着发带的男子，人们说看上去像潘塔塞斯（Pantarces）。据说，潘塔塞斯是一位来自艾丽斯城邦的十几岁少年、菲迪亚斯的男友，也是第八十六届奥运会男童摔跤比赛的胜利者。其他横栏上画着一帮男子在互相打斗，还有和亚马孙人[2]作战的赫拉克勒斯。总共有29个人物……支撑王座的不仅是这四条腿，还有位于它们之间的数量相同的柱子。钻到王座下面是不可能的……王座下的挡板造得像墙一样，把人们挡在外面……（以下是挡板上装饰的冗长描述）……在王座的最高部位、雕像头部上方，菲迪亚斯在一侧雕刻了美惠三女神[3]，在另一侧雕刻了季节三女神[4]。在诗歌中，这六位神祇被称为宙斯的女儿。荷马在《伊利亚特》中写道，季节三女神受天庭的信托，有如王宫之卫士。王座的脚凳——

1　尼俄珀（Niobe），希腊神话中的一位王后，因自我夸耀引起神祇愤怒，导致14个儿子被神祇杀死。她悲痛之下，化为石头。

2　亚马孙人（Amazons），希腊神话中一个尚武的纯女性部族，居住在欧亚大陆交界处的Pontus（今土耳其北部特尔莫冬河附近，靠近黑海沿岸，高山环绕，位置隐蔽）。传说这个部族买卖男子生育，如生下男孩就交给父亲，生下女孩就养育成人。部族女性都是勇猛无畏的女战士。大力神赫拉克勒斯按神谕须完成十二项任务才能升格为神，其中第九项就是夺取战神阿瑞斯赠与亚马孙女王希波吕忒（Hippolyta）的金腰带。

3　美惠三女神（The three Graces），希腊神话中分别象征妩媚、优雅和美丽的三位女神，分别是光辉女神阿格莱亚（Aglaia）、欢乐女神欧佛洛绪涅（Euphrosyne）和激励女神塔利亚（Thalia）。她们形影不离，带给人们生命的美好和欢愉。荷马说她们是爱神阿芙洛狄忒的随从，常伴随她左右。

4　季节三女神（The three Seasons），希腊神话中掌管四季的三位女神，分别是代表"萌芽"的春之女神塔罗（Thallo）、代表"生长"的夏之女神奥克索（Auxo）和代表"收获"的秋之女神卡尔波（Carpo）。

阿提卡人称为Thranion，上有浮雕，描绘了数头金狮和忒修斯[1]与亚马孙女战士之间的战斗。这是雅典人第一宗与外族人作战的英勇事迹。王座的底座同时也支撑着宙斯周围的其余装饰。底座上面有一些金制的人物：战车上的太阳神、宙斯和赫拉……月神驾驭的动物在我看来是匹马，但其他人认为女神骑的与其说是马，不如说是头骡子，并且讲述了关于这头骡子的愚蠢故事。

《希腊志》卷5，I，XI，2—4，7—8

在帕萨尼亚斯的时代，作为宙斯雕像框架的王座背后，还张挂着另一件奇异的宝物——一张巨大的帷幕。它很可能是掠自耶路撒冷神殿的圣柜[2]幔子，被带到这里献给了胜利之神宙斯。

在奥林匹亚有一张羊毛帷幕，由安条克[3]进献，饰以亚述人的刺绣，染成腓尼基人的紫色……这张帷幕没有像以弗所阿耳忒弥斯神庙的帷幕那样向上拉到屋顶，而是用绳子拉着垂到地面。

《希腊志》卷5，I，XII，4

宙斯像前方甬道的设计也非常独特：用一个浅浅的油池挡住绝大多数参观者，使他们不能到达大神跟前。油池且具有保护象牙的

1　忒修斯（Theseus），雅典王子，希腊神话说他杀死了半牛半人的怪物弥诺陶洛斯并统一了阿提卡。

2　圣柜（Holy Ark），犹太教奉为神圣的柜子，里面放着《圣经·旧约全书》开头五篇的卷轴。

3　安条克（Antiochus），叙利亚塞琉古王国国王，在公元前168年用异教徒的祭坛和猪血玷污了耶路撒冷神殿。

功效。帕萨尼亚斯写道：

> 神像前方的部分地面铺着黑石而非白石。黑石地面用来盛放橄榄油，并以巴利安白色大理石[1]相环绕。橄榄油对奥林匹亚的雕像有好处——它使象牙免遭阿尔提斯地区阴湿天气的损害。在雅典卫城，人们没有用橄榄油，而是用水保存被称作雅典娜处女神的象牙雕像，原因是它非常之高，而且雅典卫城很干燥，所以那里的象牙雕像需要水或湿气。我在埃皮道鲁斯[2]时，问当地人为什么不把水或橄榄油倒在医神阿斯克勒庇俄斯（Asklepios）的雕像身上（那也是一座用数种材料制作的巨像），参拜医神圣所的人告诉我，这座神像及其王座建在一口井上……（以下是关于象牙应被称为象齿还是象角的议论）……在我看来，从印度和非洲带回象牙用以塑造神像的希腊人定然十分自豪，因为他们如此隆重地荣耀了神，为此慷慨地一掷千金。

就这样，世界奇迹之一、奥林匹亚的宙斯巨像诞生了。帕萨尼亚斯告诉我们，创作者是菲迪亚斯：

> 宙斯脚下的铭文记载着菲迪亚斯是雕像作者的证词："雅典的菲迪亚斯、卡尔米德之子，创造了我。"
>
> 《希腊志》，卷5，I，XI，10—11；XII，3；X，2

---

1 巴利安大理石（Parian marble），又译帕罗斯岛大理石，米白色，质感温润，阳光下还会呈现出少许金色，古希腊人多用它雕刻神像。现藏巴黎卢浮宫的胜利女神像，就是用巴利安大理石雕刻的。

2 埃皮道鲁斯（Epidauros），位于伯罗奔尼撒半岛东岸著名的希腊古城，传说中医神阿斯克勒庇俄斯住过的地方，有完整地利用自然斜坡结构而建成的圆形剧场，可容纳1.4万名观众。据说在这座圆形剧场里，舞台上剪张纸，最末排的观众能清楚地听到。

1-6 宙斯面对其创造者菲迪亚斯，雕琢在一块罗马宝石上的两幅传统肖像（1984年）

五 菲迪亚斯

雅典卫城石雕通常被认为出自菲迪亚斯本人之手，其中大部分被英国军官埃尔金掠至英国。19世纪初，埃尔金大理石雕塑首次在伦敦展出，轰动一时（但并非人人击节称赞，例如拜伦勋爵就指责埃尔金勋爵"为他的菲迪亚斯狂想虚掷千金"）。忽然之间，伦敦浓雾里朦胧浮现出菲迪亚斯的巨大身影，人们切实感受到他的存在，把他当成西方流派里一名真正的艺术家、一位不折不扣的天才。古代作家恰到好处的语录、被普遍认为蕴含简单而直接真理的文章，也以英国报纸风格轻而易举地培养了这类看法。西塞罗写道，菲迪亚斯"脑海里存有特别惊人的美丽意象。他凝视着这个意象，聚精会神，运用艺术，指挥双手以创造出相似物"。事实上，太多古代作家提到过菲迪亚斯及其作品，以至于许多当代欧洲批评家开始步他们后尘，高谈阔论"这个人的精神"及其艺术生涯中承受的压力与紧张，仿佛菲迪亚斯就像法国画家德拉克罗瓦

（Delacroix）或英国画家弗雷德里克·莱顿爵士[1]距离我们那么近。这位古希腊人突然显得像光线充足的画室里一位活生生的天才，手里拿着木槌，脑子里装着灵感。到19世纪80年代，一位剑桥大学教授撰写了一整本书讲述菲迪亚斯及其艺术，虽则菲迪亚斯也好，他的艺术也罢，都只剩下虚幻的文字描述，但这本书的措辞却仿佛菲迪亚斯及其艺术就是巴黎某间画室里触手可及的创造。"菲迪亚斯的作品总是那么安详，"这位教授写道，"伴随着真正的希腊式优雅元素，而米开朗基罗的作品有时缺少这一点。"可以断言，在过去一百年的大多数时间里，对于许多拓宽了我们古代史眼界的历史学大师来说，这依然是对菲迪亚斯及其全部作品的流行见解。不过，正如每个人都能察觉的那样，所有这些赞美当中，唯一真实的事情是没有一件菲迪亚斯的真迹流传到现在。如今的研究进展，足以让我们认识到比起那位剑桥教授绞尽脑汁所能想象到的，古代的实际状况更多样、更难以捉摸。

昔之雅典，犹如今之巴黎。欧洲凭着想象力的飞跃漫游了古代雅典，而这种飞跃始自18世纪中叶德国考古学家暨艺术史家约翰·乔基姆·温克尔曼[2]的著述。"在他之前人们就知道，"法国斯达尔夫人[3]后来评价温克尔曼的学术生涯说，"博学之士或许可以充当参考书，但没人——如果我可以这样说的话，为着洞察古代文物的目的而把自己搞成一个异端。"19世纪60年代，影响很大的批评家沃尔特·佩特（Walter Pater）在关于这位德国艺术史家的文章中

1　莱顿（Frederick Leighton，1830—1896），英国画家，以风格简洁、精确而著称。代表作品有《正在脱衣的维纳斯》（1987）和《赫斯珀里得斯的金苹果园》（1892）。
2　约翰·乔基姆·温克尔曼（J. J. Winckelmann，1717—1768），德国考古学家和古文物收藏家，被称为考古学之父，是最早把古代艺术当作历史来研究的学者。
3　斯达尔夫人（Madame de Stael，1766—1817），法国女作家，积极浪漫主义文学流派的先驱。

写道："热情，是温克尔曼的秘诀。从泛泛的柏拉图式含义上说，他对希腊世界之所以具有未卜先知的力量，秘密就在于这种热情。很大程度上，这种热情仰仗于肉体的性情。温克尔曼拥有运用肉体的兴奋来强化更纯粹的智识情绪的力量。他与希腊文明的亲密关系不仅是学识上的，而且植入了微妙的性情，他与年轻男性浪漫火热的友谊证明了这一点……这使他了解人类形体的骄傲，以人类形体的华彩为自己的思想着色，与希腊雕塑的精神达成完美的调和。"

温克尔曼的影响源自他的移情能力。他凭借强烈的信念，把自己的性幻想投注在沉默的雕塑上，将其安排成舞台上的角色，演绎了一出混合着性欲、宗教虔诚和人道主义情感的石破天惊的大戏。《贝尔维德尔的阿波罗》[1]是温克尔曼最喜爱的雕塑之一，也深为游览罗马的异国人士所欣赏。1755年，温克尔曼滔滔不绝、妙笔生花地这样描写道："他（贝尔维德尔的阿波罗）的高度超出芸芸众生，仪态宣示了高贵的神性。永恒的春天，就像那统治着极乐世界至福之境一般，为他的身躯披上洋溢着青春魅力的衣裳，令他骄傲的肢体柔光笼罩……他美丽的发丝倾泻而下，犹如柔软的葡萄藤蔓环绕头颅。他仿佛承受着和风呼吸温柔的抚触，仿佛周身流贯天神的精华气息，仿佛得到美惠女神之手殷勤看顾……我从崇拜走向狂喜，胸膛起伏，感到像被预言的精神所充满。我被送到得洛斯[2]和利西

---

1 《贝尔维德尔的阿波罗》（*Apollo Belvedere*），由希腊古典后期的雕塑家莱奥卡雷斯（Leochares）在约公元前350—前320年间创作，原作可能为青铜雕塑，因最早藏于罗马的贝尔维德尔宫而得名，其大理石复制品高224厘米，现藏于梵蒂冈博物馆。雕塑家把阿波罗塑造成英俊少年，正张弓射箭追赶毒龙，神情俊逸、姿态潇洒。这尊雕塑被视为现实主义与浪漫主义结合的男性健美人体典范，对后世造型艺术影响深远。在西方文学中，贝尔维德尔的阿波罗常被用来比喻美男子。莱奥卡雷斯还曾参与七大奇迹之一摩梭拉斯陵墓的雕刻创作。

2 得洛斯（Delos），位于希腊东南部，南爱琴海中的一个岛屿，是塞克拉迪群岛中最小的岛，传说中阿波罗的圣地。

亚[1]神圣的小树林……雕像似乎活了，如同皮格梅隆[2]的美丽创造。在这样的艺术奇迹面前，我忘记了整个宇宙，我的灵魂获得与其尊严相称的崇高。"

不幸的是，现代世界讨论艺术的语言矫揉造作，混杂着性压抑的躁热和推销员的喋喋不休，而上述这段文字恐怕正是始作俑者之一。温克尔曼之于希腊雕塑，犹如一个人与水银镜面相对，反映的是彼时彼刻的激情和专注，但他这么做的时候，却使埋伏其下的古代真实情况更加模糊不清。

古代真实情况是什么样？这是最难搞清楚的。或许，凡是在现代世界自以为找到普世真理的领域，发掘古代真相就尤其困难。更难的是，这与其说涉及，呃，政治吧，不如说性倾向这个话题。一位早期基督教作家告诉我们，菲迪亚斯在宙斯像的一个手指上凿下"我爱潘塔塞斯"字样。但这或许顶多是个未遂污点——想给某件最具影响力的古代文物抹黑却并未成功。潘塔塞斯是位年轻的赛跑选手[3]，他赢得奥运会比赛时，菲迪亚斯正在那里工作。考古学家发掘出菲迪亚斯在奥林匹亚的作坊。在这处废墟发现的色情素描残片显示，他的工作环境与同时代人没什么两样。当时，同性恋爱行为经常入画，也是被频繁讨论的话题。温克尔曼等艺术批评家运用这些俯拾即是的事实信手绘出黄金时代的图景，而对其他人来说，这些事实展现的却是一个亟待基督教启蒙的不结果实的世界。但不管怎样，这两种取向都不能

1　利西亚（Lycia），位于小亚细亚西南部，靠近爱琴海。早期为波斯和叙利亚所统治，1世纪被罗马帝国兼并，成为罗马帝国的一个行省。

2　皮格梅隆（Pygmalion），希腊神话传说中的塞浦路斯国王，爱上他自己创作的女子雕像，爱神阿芙洛狄忒被他感动，赋予雕像生命，两人遂成眷属。

3　本书作者首次提到潘塔塞斯时，说他是第八十六届奥运会男童摔跤比赛冠军，还说菲迪亚斯在第八十五届奥运会后第三年到奥林匹亚，他在世时，奥运会还没有举办过男童的赛事。

帮助我们重新发现过去。它们只不过强化了这样一种观念：古人的态度、见解，可能一直都像现代人这般多元。不过，可以确定，关于难以捉摸的菲迪亚斯，其现存的艺术、建筑和著述片段包含着一个共同的因素，那就是菲迪亚斯这类男子把生命融进了特别强烈的意识和视觉形象当中，他对追求一种特殊的完美充满激情。

至于当时的人对菲迪亚斯及其作品的反应，有这么一个广为人知的故事，或可从中见出端倪：菲迪亚斯两度被认定盗窃了一些用于创作两尊巨像的珍贵材料。在雅典，他被控告窃取了侍立雅典娜处女神像旁的蛇身上的一些象牙鳞片；在奥林匹亚，他被控偷走了宙斯长袍上的一些黄金。最简单的解释是：菲迪亚斯既是雕塑家也是贼，但在古代希腊社会，其意味恐怕与我们今天的通常含义大不相同。毕竟，雅典政府在为帕台农神庙和菲迪亚斯所塑雅典娜处女神像筹集资金时，也采取了类似手段——挪用弱小城邦的财产，而这些弱小的城邦之所以出资，原本是为了与强大的雅典邻邦结盟抗击波斯军队。不管怎样，菲迪亚斯这两项罪名从未被当成民事犯罪，而仅被认为是大不敬——据说他拿走了神的所有物。

就此，菲迪亚斯与其雕塑作品的关系变得十分矛盾。归根到底，是他创造了这两尊神像，也一直是他的工匠把象牙和金块从城邦金库运到神殿，雕塑和镶嵌它们；而他现在又被指控窃取了这两尊神像的东西。

那么，这把菲迪亚斯置于何地？当他初次展示这两尊强有力的新神像时，人们似乎感到十分不安，觉得菲迪亚斯因为塑造了这两尊神像，把自己变成介于天堂和凡世之间的半神半人。菲迪亚斯的巨大成功也意味着对神的不敬：他当真夺走了众神的某些东西。

拜占庭的菲洛在写作《关于七大奇迹》时，这样理解这种冲突：

世界七大奇迹：西方现代意象的流变

其技艺运用之不可思议，仿佛宙斯的形象具备了神性。这件作品带来了称颂，其不朽的声名带来了光荣。

菲洛，3，3

从已知的情况看，其他早期神像雕塑者没有受到这种困境的折磨。不管怎样，到了菲迪亚斯的时代，希腊人正在逐渐摆脱最古老的思考方式，从他们之前不会想到的其他角度察情观势，已经感受到雕塑家角色的双重性。或许伟大的宙斯像作为七大奇迹之首、古代世界最出名的雕塑，之所以后来没有被群起复制或效仿，原因就是这样的作品本身被认为是不虔诚的。看来，菲迪亚斯根据人类形象来塑造众神的新形象，由此也发明了人类的新形象。一位艺术家所能取得的成就，恐怕莫过于此。

六　塑造宙斯

阿尔提斯城外有一座建筑，被称为菲迪亚斯的作坊。正是在那里，菲迪亚斯塑造了宙斯像的各个部分。

帕萨尼亚斯：《希腊志》卷5，I，XV，1

19世纪下半叶，考古学家确定了菲迪亚斯作坊的位置，在20世纪50年代进行了发掘，收获超乎寻常，使我们得以与菲迪亚斯尽可能地亲密接触。考古学家发现了用来加工所有宙斯像建材的工具，甚至还有一些菲迪亚斯被控私自窃取的象牙残块。与这些工具一道出土的陶瓷碎片证明这些物件都属于菲迪亚斯生活的年代和地方。其中有个破损的小杯子，杯底草草刻着"我属于菲迪亚斯"的字样。还有刻着其他名字的杯子，很可能是与他一起干活的人每天喝

ΦΕΙΔΙΟ ΕΙ
ΜΙ

1–7 "我属于菲迪亚斯"，在菲迪亚斯奥林匹亚作坊出土的一个杯子
杯底上刻的小字

水用的。不仅如此，还有些陶器残片上面有精美的绘画，在一片黑
色地面上还画有色情素描，这些都表明它们创作于公元前5世纪30
年代。仅此一点，就解决了学术界长期争论不休的一个问题——雅
典娜处女神像和宙斯像这两尊巨像创作时间孰先孰后？结论是：尽
管宙斯神殿更加古老，但宙斯像却是菲迪亚斯最后一件名作。

　　菲迪亚斯的作坊本身也是一座十分迷人的建筑：一米厚的高
墙用大方石砖砌成，令人油然想到宙斯像本身也是艾丽斯城邦的宝
藏。和宙斯神殿一样，这个作坊也是一个古典诺克斯堡[1]，其空间与
神殿内部空间大小一致，完全按同一轴线伸展开来，因此早上太阳
照在作坊的角度和光线明亮程度，也与在神殿中的情形一模一样，
甚至作坊内柱子的排列方式也和神殿里相似。万分可能，菲迪亚斯
就是在这里解决了他那位于幽暗神殿里的宙斯巨像的采光问题。华
盛顿林肯纪念堂里的塑像采取了相似坐姿，其建筑师当时也发现，
对小空间里的大雕塑来说，采光是个很大的难题。初次安放林肯大
理石像时，林肯总统的头看上去好像消失在黑暗之中，建筑师不得
不靠通用电气公司审慎而明智的布光加以补救。在奥林匹亚，菲迪
亚斯能够在作坊里模拟神殿的情境，调整神殿门廊上的过梁高度，
在宙斯巨像前面设置了独一无二的储油池，把射入门廊的阳光向上

1　诺克斯堡（Fort Knox），美国联邦政府贮存黄金的地方，位于美国肯塔基州最大城市路
　易斯维尔市西南约50公里处。

　　　　　　　世界七大奇迹：西方现代意象的流变

1-8　宙斯神殿里的宙斯坐像，库尔提斯/阿德勒的复原图（绘于1881年）

反射到巨神的脸庞。在这间作坊，就像在帕台农神庙那样，我们见证了建造者超乎寻常的集约和考量。

　　在作坊发现的工具多数都很小，但恰恰适合在塑造宙斯像的珍贵材料上操作。在此，我们看到，这座世界上最大的室内雕塑、黄金象牙的宝藏，是以珠宝匠人的精细程度制作的，主要采用的是传统方法和工具。例如，在作坊发现的雕琢象牙的凿子，与再早一千年前克里特岛象牙作坊里的一模一样，证明象牙雕刻技术是从远至东方的最古老文明中心传入的。荷马说，在他生活的希腊——远在菲迪亚斯时代之前，妇女在家中切割象牙并上色。菲迪亚斯继承并改造了这一朴素传统，转用于宏大的公共环境。荷马还说，在他那个时候，象牙是通过王室贸易或礼物馈赠传入希腊的。塑造宙斯像所需象牙数量非常巨大，有组织的象牙贸易势必是不可或缺的基本条件，而在菲迪亚斯出生数百年前，这样的贸易已经开始。在菲迪亚斯的作坊里，人们还发现了犀牛角甚至水牛骨，这些东西，以及宙斯像使用的多数象牙，都是从非洲经由埃及运到希腊的。拜占庭的菲洛暗示道，大自然母亲本人出手提供了宙斯的体肤：

> 但是，倘若宙斯对被称为菲迪亚斯之子感到尴尬的话，技艺原是其表象之母。自然创造了大象，而非洲到处是象群。只因这一点，菲迪亚斯才能够切割下这种野生动物的长牙，用双手将其变成想要的形状。

菲洛，3，2

有人说，希腊人能拉长或弯曲象牙，直至得到他们想要的形状，这种雕琢象牙的方法今已失传。如果是这样的话，在菲迪亚斯作坊发现的大型陶瓷模具可能被他的工匠们用作象牙模具。另一种可能是用来浇铸镶嵌在宙斯长袍上的金箔。出土的小锤子和细小的铁钻可能也是做黄金活计的工具。其他模具则肯定是浇铸优雅的玻璃百合花用的。据帕萨尼亚斯说，这些百合花点缀着宙斯的长袍。考古学家发现了许许多多这种色彩斑斓、用含有小气泡的白色玻璃做的百合花碎片，能分毫不差地嵌入这些较小的模具中。造化终是弄人。历代言语、颂辞和诗歌对宙斯像的描述，备矣尽矣；甚至工具、作坊和建造材料也都重见天日，晚近时期的发掘更让我们体会到这些黄金象牙杰作之灿烂辉煌。看来，它们并不像前人所无情推测的那样，品位糟得可怕，装潢也不无伧俗；相反，从形式到肌理，它们都精巧细致，同样是古人最美的创造。然而，斯境犹存，斯物已渺——镀金王座上的璀璨珠宝，早已无影无踪。

建筑架构也彻底消失了。宙斯神殿如今只是一大片倾颓的柱子，殿内长方形大祭台依然屹立，在向建筑师里本[1]及其对地点的

1　里本（Libon），奥林比亚宙斯神殿的设计者。它建于公元前470年，竣工于公元前456年。

洞察力致敬。地震和雷电——宙斯的两大象征，仍不时造访奥林匹亚，在遭雷劈的松树和倒塌的柱子上留下了清晰的印记。公元前170年就发生过这样一次地震，震得神殿和神像摇摇欲坠。此后，人们不得不拆除和完全更换一些柱子，还被迫拆除神殿外墙，维修或更换了墙上某些令人惊叹的雕塑。宙斯像上的黄金和象牙也被震裂，雕塑家麦西尼的达莫封（Damaphon of Messene）费了九牛二虎之力进行修复，但在史料记载中，其结局和达尼埃尔·沃尔泰拉[1]相似——后者涂坏了米开朗基罗壁画《最后的审判》中的一些人物。

到这个时期，宙斯像已成为众所周知的古代杰作，和宙斯本人一样属于永恒的景观，人们对它深怀喜爱和敬畏之情。公元2世纪时，讽刺作家、萨莫萨塔的琉善[2]在一篇关于邦国的讲话中把这座古老巨像作为王权的象征，无意中提供了关于雕塑结构的一些有价值的信息，透露出这座雕像的内部架构设计显然相当复杂。琉善写道，王权都是伪善的，就像菲迪亚斯和后来其他雕塑家创作的那些巨像一样：

> 观其外在，这些雕像每座都是海神波塞冬，又或是黄金象牙打造的华丽宙斯，右手握着雷杖、闪电或三叉戟。但如果你弯下腰去看里面有什么，你会看见横木、螺栓和钉子穿过一道道桁条、楔子，外覆松脂和黏土，以及诸如此类的丑陋物件。

1　达尼埃尔·沃尔泰拉（Daniele da Volterra, 1509—1566），意大利矫饰主义画家、雕塑家，米开朗基罗的学生和密友，曾奉教皇保罗四世之命给西斯廷教堂里米开朗基罗壁画中的裸体人物画上衣服，遂获绰号"画裤子的"。

2　琉善（Lucian，约125—180），又译卢西恩、卢奇安（今从商务印书馆罗念生《琉善哲学文选》译名）。罗马帝国时代的希腊语讽刺作家、哲学家，无神论者。著述存世约80种，全部用希腊语写成，讽刺希腊社会瓦解时期各种宗教和哲学流派等，风格诙谐，对后世西方文学有广泛影响。

神像里面通常就藏着这些，更不用提数不清的老鼠有时也住在里面。王权就像这样。

琉善：《梦或者公鸡》，24

真实的情况是，人类对奥林匹亚的祸害远甚于大自然的力量。3世纪，因惧怕来自德国北部野蛮的赫卢利人（Heruli）入侵，奥林匹亚居民在阿尔提斯坚壁清野，拆毁了周边建筑、房屋，以及运动员和官员使用的浴池，用这些建筑的石块堵住神殿柱子的间隙，增高了神殿的外墙，但入侵者始终没来，这里得以暂享某种太平，但到4世纪，第一位基督教皇帝君士坦丁[1]下令从异教徒的庙宇里取走金子。可能就是这道命令，使得菲迪亚斯在雅典和奥林匹亚创作的两尊巨像被剥得只剩木头和象牙。在这个世纪余下的时间里，"为不给任何被摧毁者（如异教徒）任何冒犯的机会"，罗马皇帝发布了一系列法令，要求"在所有地方和所有城市关闭庙宇，即时生效"；"停止迷信、废止疯狂的献祭"（君斯坦丁：《狄奥多西法典》，X，VI，10，2，4），这使异教徒的诸神经年累月受到威胁。

　　最神圣的罗马皇帝，拿走了你们的神庙财宝，把它们统统劈开剁碎，用铸币的火和冶炼金属器件的焰炙烤那些神祇。随意处置所有庙宇的馈赠吧，这些你们自己掌控。一旦摧毁庙

1　君士坦丁（Constantine，272—337），罗马帝国皇帝（306—337在位），君士坦丁王朝开创者，史称君士坦丁大帝、君士坦丁一世。在取得多次内战胜利后，公元324年起成为罗马帝国唯一统治者。在位期间，进行军制改革并兴建新都君士坦丁堡（今土耳其伊斯坦布尔），晚年皈依基督教，成为第一位信奉基督教的罗马皇帝。在他治下和之后百年间，基督教势力和影响迅速壮大。

宇，你们将由一位更伟大的神祇驱使向前。

弗米库斯·马特努斯[1]：《诸种粗俗宗教的错误》，28，6

这些法令起初几乎见不到效果。在人类心目中快活了上千年的神祇并不那么容易被驱逐。381年和385年，罗马皇帝颁布法令严惩异教徒祭祀。393年，罗马皇帝狄奥多西[2]颁布法令禁止任何异教节庆活动，包括奥林匹克比赛。几年后，也是这位皇帝下令："不论在什么地方，如果神庙和圣殿里仍有曾经或正在被异教徒膜拜的偶像，可以就地毁坏。"公元424年，狄奥多西二世皇帝下令焚毁阿尔提斯圣地，将宙斯与赫拉的神殿劫掠一空。没过多久，菲迪亚斯作坊的坚实地基上，盖起了一座壮丽的教堂。曾几何时，阳光俯照菲迪亚斯第一个反光池塘之处，而今透过祭坛屏风后环形殿宇里的窄窗，闪耀着上帝之光。

纵然如此，最终是宙斯本人摧毁了自己的神殿——在6世纪发生的一场大地震中，宙斯神殿柱倒墙塌，两道山墙上的大理石浮雕大块大块地摔落在地。瘟疫和来自东方的军事侵略使得伯罗奔尼撒半岛杳无人烟，而吞噬一切的山崩完成了对奥林匹亚最后的毁灭。阿尔菲欧斯河沿岸的梯田原本或为橄榄林，或为葡萄园，如今无人照料，一片荒芜，河水挟带巨量黄泥滚滚而下，在这里厚厚淤积，以致小村庄被废弃，古老的名字也被遗忘。上千年来，关于奥林匹亚的记忆尘封在欧洲史籍的册页里，直到18世纪晚期被一位英国旅行家重新发现。这位旅行家确定宙斯神殿的内墙就

1　弗米库斯·马特努斯（Julius Firmicus Maternus），4世纪时的罗马占星师。

2　狄奥多西（Theodusius，约346—395），即狄奥多西一世，又称狄奥多西大帝（379—395在位）。他是最后一位统治统一的罗马帝国的皇帝。他在位期间禁止一切异教，确立了基督教正统地位，使基督教成为罗马帝国后期及中世纪欧洲的权威宗教。

横亘在慵懒的阿尔菲欧斯河畔舒缓的原野上，并且辨认出它的昔日形影。

七　萦绕拜占庭

　　宙斯巨像和宙斯神殿有着不同的命运。最热衷于瓦解异教世界的罗马皇帝狄奥多西曾经任命一位古文物学家担任宫廷内务大臣，此人是个太监，名叫劳色斯[1]，成为宫廷内务大臣使他在罗马帝国全境拥有很大权势。劳色斯于是运用职权在君士坦丁堡自家住宅里建造了一所博物馆。

　　劳色斯的这个业余爱好本身并不新奇。早在一个世纪前，君士坦丁堡建城之初，君士坦丁大帝的宫廷侍臣们就惯于劫掠古典文物以陶冶情趣。到劳色斯生活的时代，君士坦丁堡城墙内，到处竖立着"工艺最精美的裸体青铜雕像"，令教会早期神学家大为沮丧。其实，他们大可不必忧心忡忡，异教徒的社会秩序已被严重摧毁，这些被搜罗来的雕塑在他们自己的小宇宙里，就像在今日世界，来自另一时空的幽灵。从帝国竞技场[2]旁的朝臣寝宫窗户望去，你会看到一排又一排从东方诸城挑选而来的这类雕塑。沿着竞技场把U形赛道一分两半的中心线，到处竖立着君士坦丁堡诸般珍奇中最稀

1　劳色斯（Lausus or Lausos，约400—450），狄奥多西二世宫廷太监，以建造宫殿大量收藏艺术和雕塑著称，天主教会早期文献*Historia Lausiaca*即是题献给他的。其宫殿（即本书所称博物馆）毁于公元475年的一场大火。

2　帝国竞技场（Imperial Hippodrome），又称君士坦丁堡竞技场或赛马场，公元203年由罗马皇帝塞普蒂米乌斯·塞维鲁修建，用于双轮战车比赛和其他娱乐项目。公元324年，君士坦丁大帝从罗马迁都并修复竞技场。拜占庭帝国时期，这里是帝都社会生活中心。1453年，奥斯曼土耳其人征服君士坦丁堡。在奥斯曼帝国时期，竞技场被改用于各种庆典活动。它现名苏丹艾哈迈德广场，当年的战车赛道在今日路面两米以下。

奇古怪的东西，而且全笼罩在一座方尖碑[1]的阴影里。这座方尖碑曾经是古埃及最大的方尖碑，现在被截短了，下面加了基座，成为狄奥多西宫廷一景。有人说，这块方尖碑过去一直被偷偷安放在四只青铜螃蟹上，因为君士坦丁堡这座城市建于举办第两百七十六届奥运会那一年，当时太阳正在射手座，处于巨蟹座所主宰的时辰。

不远处是帝国教堂，庭院里耸立着一个巨大、扭曲变形的三脚祭坛[2]，其三足、蛇头以青铜铸造。祭坛来自特尔斐[3]的阿波罗神庙，其上古老的铭文说，它正是希腊人公元前479年打败波斯军队后，祭献天神阿波罗的那座祭坛。传说在君士坦丁堡，它的三个蛇头被弄得笔直，节庆时会喷涌出提神的饮料——清水和一红一白两种葡萄酒。三个蛇头的周围，耸立着古代青铜和大理石雕塑，有官妓、有武士；有的裸体雕塑异常高大，有的只有真人高矮。半基督教化的君士坦丁堡市民对这一切，半是害怕、半是爱慕、半是嘲弄，有时认为其中某些雕塑可以带来好运，又或禁锢着被月光石化的古代诸神的灵魂。

帝国竞技场附近有一座多孔洞穴般的公共浴场，名叫宙克席普士[4]浴场。在那儿，著名雕像的陈列富有舞台效果，就像在一家现代蜡像馆那样，展现了特洛伊战争场景和荷马史诗《伊利亚特》

1　应指埃及图特摩斯三世方尖碑，用粉红色花岗岩雕凿而成，于公元前1490年前后，图特摩斯三世在位期间，竖立于埃及卢克索卡纳克神庙。公元390年，罗马皇帝狄奥多西一世将其买下并切割成三块运回君士坦丁堡，竖立在帝国竞技场赛道内侧。目前仍保存良好。

2　特尔斐三足祭坛（tripod），为庆祝希腊人在普拉提亚战役中战胜波斯军队而建造，顶端是由三个蛇头支撑的金碗。君士坦丁大帝下令将其从特尔斐移至君士坦丁堡帝国竞技场中央。在第四次十字军东征期间，金碗被毁或被盗。蛇头在奥斯曼帝国的绘画中多有呈现，据史学家考证，它迟至17世纪末才被破坏。如今，祭坛仅剩下部，被称为"蛇柱"。

3　特尔斐（Delphi），古希腊城市，位于希腊中部，距雅典约150公里的帕索斯深山里，因阿波罗神庙而闻名。古希腊人认为它是地球的中心，称之为"地球的肚脐"。

4　宙克席普士浴场（Baths of Zeuxippus），宙克席普士是罗马神话中天神朱庇特的绰号。

与《奥德赛》中的故事。这家蜡像馆何等精彩！仿佛达·芬奇的《蒙娜·丽莎》、皮耶罗[1]的《基督复活》、庚斯伯罗的《蓝衣男孩》和毕加索的《格林尼卡》都被集中到同一座城市同一个区的同一间大厅里。狄奥多西惩罚性的法令致使东罗马帝国终于将异教庙宇扫荡一空，而劳色斯看来利用这个机会，在宙克席普士浴场对面、帝国竞技场正右方，自行创设了一家博物馆。这是一座砖头宫殿，废墟犹存。如今，走进城市花园里，电车辘辘行驶声中，轻而易举就能寻见劳色斯宅院圆形接待大厅的地板遗迹，还有那长而高的画廊，展示着他从古希腊庙宇里得来的珍贵收藏。一些古典世界的名作曾经沿着画廊的一道道墙短暂驻留，如罗得岛林多斯[2]的雅典娜像、萨摩斯[3]的赫拉像、克尼多斯的普莱克西泰勒斯[4]创作的爱神阿芙洛狄忒——这尊著名的女性裸体雕塑栩栩如生，以至于有一位诗人说，假使爱神本人看到这尊雕像，她会俏脸绯红，惊呼道："要命！雕塑家普莱克西泰勒斯是何时看到我光着身子的？"此外，还有爱神之子厄洛斯、宙斯之父克罗诺斯、天后赫拉和其他神祇的雕像。

当然，劳色斯是基督徒，而且是位虔诚的基督徒。他资助出版

1　皮耶罗·德拉·弗朗西斯卡（Piero della Francesca），15世纪意大利文艺复兴时期画家，代表作《基督复活》创作于1463年至1465年间，按理想的人体形象来表现耶稣基督，并在背景中呈现一种优雅的美感。作品现藏于圣塞波克罗市立博物馆。

2　林多斯（Lindus），位于希腊佐泽卡尼索斯群岛的罗得岛东部、罗得市以南约50公里处，最高处建有多利安柱式风格的雅典娜神庙，公元前4世纪暴君克莱俄布卢（Cleobulus）在原神庙废墟上重建，公元前392年毁于大火。

3　萨摩斯（Samos），位于爱琴海东部，是爱琴海中距小亚细亚大陆最近的希腊岛屿，和小亚细亚只隔窄狭的萨摩斯海峡，曾是爱奥尼亚的文化中心和古希腊主要商业中心之一。岛上的赫拉神庙建于公元前5世纪，遗址犹存。希腊数学家和哲学家毕达哥拉斯在此出生。古希腊历史学家希罗多德也曾在岛上居住，据说他的著作《历史》就是在岛上完成的。

4　普莱克西泰勒斯（Praxiteles），生卒年不详，公元前4世纪希腊雕塑家，存世作品很少，其中包括1877年在奥林匹亚发现的《手抱戴奥尼塞斯的赫耳墨斯》。

敬神的书籍，祷告、监督拆毁那些古老的、宏大的、从上帝那里夺走了众生的灵魂的这些庙宇。所以，这些壮观的异教裸体雕塑——是当时世界的一阵狂热的颂扬，必然被赋予了全新的光彩。如今，我们按文物的相对重要性给博物馆排序，通常这也意味着按文物的年代和精美程度排序，从而让所有文物共同讲述一个故事。劳色斯的做法与此类似，他根据那个时代确认的东西来安排这些雕塑，因此，这些雕塑共同讲述了基督徒的确定信念，讲述了基督徒之爱如何能够征服忙碌的人生与对尘世的爱恋。而在画廊的尽头、幽暗的环形殿里，矗立着他的胜利的基督教大神——菲迪亚斯创作的宙斯，令所有其他雕塑相形见绌。如今，两株高及宙斯头部的悬铃木不经意间充当了它的地标，树荫下，鞋童急急擦着皮鞋，几名打字员在键入农夫向当地法院提起诉讼的文件，法院就在马路对面，像是从来没挪过地方。

在劳色斯生活的时代，不用说，宙斯的黄金长袍和袍上的百合花朵早已不知去向。人们只能看到宙斯矗立在劳色斯那幽暗高大的殿堂里，浑身唯有象牙在灯火下闪亮。可以肯定，它依然主宰着周围的一切，就像曾经充满古希腊人的梦境那般。公元420年，劳色斯被任命为宫廷内务大臣。不到十年，他失去工作，不再有搜罗被劫掠古典文物的机会。所以，宙斯像一定是在同一时期被拆卸和重新组装的。劳色斯退休后，至死守着他的收藏，而宙斯像肯定又比劳色斯多"活"了四十年左右。公元475年，一场大火毁掉半个君士坦丁堡，可能也吞噬了城里生长九百年的树木。但就算没有火灾，随后几十年间，毁灭性的暴乱也必然葬送这尊宙斯像。被毁之际，宙斯像已在拜占庭帝国的心脏矗立了半个多世纪，或许以这座非凡城市的历史而论，时间不算长久，但足以令它让人难以忘怀，就像附近竞技场里被军队杀害的两万暴动者[1]的幽灵，填充了这座城市在基督教化程度最高时的意象。

其他异教诸神祇的偶像曾令基督徒嘲弄或心生忧惧，但即使在奥林匹亚的神殿里，菲迪亚斯的宙斯像似乎也从未激起过这样的反应。不论发生什么，这尊雕像似乎总是被认可为神祇的肖像，在后世，人们还认为正是这位神祇，授予了世俗皇帝和国王们权力，这一点对宙斯像之幸存意义最为重大。在罗马神话中，宙斯被称为咆哮之神朱庇特。在罗马，皇帝尼禄的宫中有一张宙斯像，就绘在王座位置的穹顶上。之后，在君士坦丁堡，皇帝宝座上方绘有另一张相似的肖像。但这个时候，在这座最为基督教化的城市里，画中那年代久远的面容已被称为基督的面容。劳色斯将其原作带入拜占庭，使艺术家得以重新临摹其面部特征，并把它描绘在上千座教堂的穹顶，就像劳色斯把宙斯像安放在画廊尽头环形殿里一样。有时，基督／宙斯仍坐在镶珠嵌玉的王座上，和当年奥林匹亚的宙斯一样；有时，画家只画出宙斯的头部和肩部，但有着相同的鲜明特征。"在这张画里，"8世纪早期，大马士革的约翰[2]写道，"他头发分开，披向一边，好让脸庞不被挡住，这正是希腊人画宙斯用的办法。"（大马士革的约翰，《智慧的源泉》，Ⅲ，387）

---

1 疑指公元532年拜占庭帝国皇帝查士丁尼一世在君士坦丁堡国竞技场对暴动民众的镇压。这场暴动因参加者高呼希腊语"尼卡"（意即胜利）而得名。当时，竞技场的战车比赛依驾车者服色分为蓝党（以东正教徒为主）和绿党（以基督教一性论派教徒为主）。是年一月，两党下层民众要求罢免横暴官吏、释放两党被囚禁成员，遭拒后捣毁监狱、焚毁索菲亚大教堂等公共建筑、包围皇宫。最终，查士丁尼的军队在竞技场对暴动者进行血腥屠杀，史载约3.5万人（非正文所说2万人）被杀死在竞技场内。尼卡暴动和查士丁尼的镇压改变了罗马公民参与政治的传统，战车比赛这一传统此后也被逐渐取消。
2 大马士革的约翰（John of Damascus，约675—749），也称大马士革的圣约翰，基督教东方教会修士、希腊东正教神学家。著有《论圣像》三篇，驳斥拜占庭皇帝利奥三世及反对拜圣像者。后为修士，著《智慧的源泉》。

异教神祇的脸变成了基督的脸，令许多护教者大感不快，也引出了一个解释其演变过程的神迹传说。这个传说需要补充新约福音书中的类似故事才能完整。詹姆斯·布莱肯里奇（James Breckenridge）最早详细叙述了这个传说。这位学者写道："就在此时，出现了一个长期令基督教艺术史家感兴趣的传说：在根拿丢（Gennadius）大主教担任君士坦丁堡牧首（458—471）时，某位画家在异教徒的唆使下，把基督的相貌画得酷似宙斯。这位画家的胳膊和手都因这种亵渎神明的行为而萎缩了，但由于根拿丢大主教代他祈祷，他被奇迹般地治愈。"这么一来，宙斯的形象再度被承认是神圣的。

　　如今，伫立在东正教大教堂里，仰望教堂穹顶，起初很难辨认出菲迪亚斯用象牙雕就的宙斯面庞是如何变成拜占庭黑眼睛的灵魂耕耘者的。但随即，你会回忆起宙斯头部笔挺的鼻子和中分的头发——这是一张相当罕见的脸，你就能发现它的变形，认出菲迪亚斯创作的宙斯是如何泰然自若地穿越天堂之光和地狱之火的，以基督的面容萦绕在我们的心中，坐在了末日审判席上。

1–9　万能的基督，雅典附近达夫尼地区
教堂穹顶上的马赛克画（约1100）

第二章

罗得岛巨像

一　想象与传统

　　罗得乃海中一岛，曾久隐水下，赫利俄斯[1]将其呈现于世，并要求众神让他成为这个新生小岛的主人。岛上耸立起一座巨像，高120英尺，代表赫利俄斯。人们之所以这样认为，是因为雕像具有赫利俄斯与众不同的特征……或许是宙斯把惊人的财富不偏不倚地倾倒在了罗得岛人头上，才使他们能够运用这笔财富，一层叠一层，从地面到天空，所以，他们竖起这尊神像以荣耀赫利俄斯……他（雕塑家）一点一点地达到了他梦

1　赫利俄斯（Helios），古希腊神话中的太阳神，与古罗马神话中的太阳神索尔相对应。他是黎明女神厄俄斯和月亮女神塞勒涅的兄弟，每日驾驭太阳驷马金车在天空中奔驰，从东至西，且出夕没，令光明普照世界。在许多神话中，他同阿波罗混为一体。

寐以求的目标……他所造之神相当于这个神。这件作品之大胆冒失非同小可，因为雕塑家在尘世间造就了第二位赫利俄斯，与天上的第一位神面面相对。

菲洛，4，1；4，2；4，6

罗得岛是希腊较大的岛屿之一，首府罗得也由此得名。罗得岛有两个主要港口，一个是商业港；另一个较小，如今只有渔民和游艇光顾。两个港口被一道防波堤分开，防波堤与海岸线之间形成一个角度，堤坝底部的古老石块表明，罗得城最初规划里就有这道堤，是高出海湾的山坡道路的对称延伸。公元前408年，三座更早形成的城镇合并成罗得城，这座特意打造的城市获得了完全的成功。在东地中海古航道的心脏位置，罗得迅速崛起为一个大型贸易港，控制着数量可观的战船，成为强有力的敌人或盟友——究竟是敌是友则要看具体情况。岛上较小的港口名叫曼德拉基（Mandraki），意即羊栏，是一个著名的造船所；较大的港口则犹如欧洲和东方之间的商业中心，十分富庶，千年来吸引了雄心勃勃的入侵者纷至沓来。古典时代末期，罗得岛为阿拉伯军队所占，继而被拜占庭夺走，接着又来了热那亚人。在长达两个世纪的血雨腥风里，罗得岛成为西欧十字军善堂骑士团[1]阴郁的堡垒，直至1522年善堂骑士团向土耳其军队投降。这期间，自始至终，古代雕塑至高无上的意象一直萦绕着这座城市。

1　善堂骑士团（the Knights Hospitaller），欧洲历史上著名的三大骑士团之一，最早出现于第一次十字军东征尚未开始的1070年左右，其任务是保护到圣地朝圣的西方基督徒，供给朝圣者食宿，医治生病的基督徒等，故得此名，后逐步变成纯粹的封建骑士军事团体。14世纪初，在奥斯曼土耳其帝国进逼下，善堂骑士团于1310年移至罗得岛，1523年1月1日撤离。

莎士比亚笔下的阴谋家凯歇斯说：

> 嘿，老兄，他像一个巨人似的跨越这狭窄的世界；
> 我们这些渺小的凡人一个个
> 在他粗大的两腿下行走，四处张望……

而莎士比亚笔下的希腊统帅阿伽门农向着围困特洛伊城的军队喊道：

> 那私生子玛伽瑞隆把多里俄斯捉了去，
> 像一尊巨大石像似的，
> 站在被杀二王尸体上，
> 挥舞着他的长矛。

　　这里描绘出一个手握长矛、叉开双腿的神祇形象。在漫长的中世纪，它一直是罗得城及其被围困的骑士的象征，保卫着罗得岛的贸易港口和最基督教化的城市免遭可怕的土耳其人攻击。

　　作为古罗得人财富和气魄的象征，巨像今已无迹可寻。传说它曾经俯瞰着曼德拉基港口，人们如今就在这个小港口庆祝罗得城的历史，虽然港口居民说话带着浓重的意大利口音，港口周边建筑风格不一（第一次世界大战之前的很多年里，意大利军队再度占领罗得，墨索里尼政府后来又把它"修复"得像电影外景地，供墨索里尼度假）。据说，眺望大海的巨像表现了一名无人陪伴的孤独男性，双腿横跨港口入口处，一只脚固定在陆地上；另一只脚踏在古防波堤向海一侧的尽头，那里有善堂骑士团一个不大的圆形要塞，是岛上最后一批意大利占领者重修的。

　　和菲迪亚斯的宙斯像一样，没人知道巨像横跨港口入口这一罕见的视觉构思的确切起源。在莎士比亚出生前十年，法国艺术家小让·古尚（Jean Cousin）为法国地理学家安德烈·泰韦[1]的四卷本著作《地中海以东的世界》创作了24幅雕版插图。这部著作如今默默无闻、无人问津；但在出版后的几百年间，它是欧洲大学图书馆和著名机构的标准藏书、《百科全书》问世之前的权威知识来源。这部著作的法文版首印约六十年后，德文版问世，而法文版在首次出版后的一个世纪甚至更长时间里，也一直被英国学者使用。那时候，知识要过很久才会更新，像这样集新知旧识于一体的书籍有着广泛而持久的影响。例如，泰韦的著作给英语增添了"山药"（yam）和"巨嘴鸟"（toucan）这两个词汇，书中插图则提供了罗得岛巨像的传统形象。

　　叉开腿的雕像插图，源自旅行者，特别是朝圣者的报告，这些朝圣者把罗得岛善堂骑士团要塞当成往返圣地的落脚点。许多旅行者的记述都说，在罗得城墙的掩蔽下，巨像横跨港口门户，具有保护城市的魔力。从善堂骑士团要塞的图片来看，罗得岛的主要港口围着两道防波堤，堤上建有圆形要塞，犹如一道铁链或木桥把港口和土耳其人隔开。1394年至1395年，意大利南部加普亚（Capua）一位名叫尼科洛·迪马尔托尼（Niccolo di Martoni）的朝圣律师写下了叉开腿的巨像故事，这是关于罗得岛巨像的第一份文字记录，补充了他那个时代知道的情况：港口防波堤尽头，巨像右腿着地处，有一座名叫"巨人的圣约翰"的圆形小教堂作为标记。随后百年间，这个故事又出现了几个不同版本，讲述者包括来自乌尔姆的

1　安德烈·泰韦（Andre Thevet，1516—1592），法国圣方济各会修士，中世纪重要地理学家之一，其著述甚丰，但著作权备受争议，现代学者普遍认为他的作品在很大程度上并非原创，而是对他人旅行体验的汇编。然而它们却对今人了解16世纪西方历史和地理颇有价值。

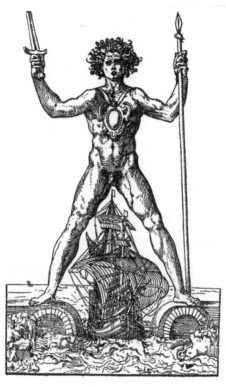

2-1 叉开腿的巨像的第一张图片，泰韦《地中海以东的世界》一书中让·古尚的木刻插图，里昂（1556）

德国修士菲力克斯（Felix）兄弟、一位无名的佛罗伦萨商人、一位名叫布列坦尼科（Britannico）的威尼斯学者，还有博学的旅行家克里斯托弗·布昂德蒙提[1]。布昂德蒙提造访罗得岛只比迪马尔托尼

1　布昂德蒙提（Cristoforo Buondelmonti，1386—约1430），意大利圣方济会牧师和旅行家，向西方世界介绍希腊及其古代文化第一手知识的先驱。他1414年前后离开故乡佛罗伦萨，主要在爱琴群岛旅行，15世纪20年代曾访问君士坦丁堡，自撰或合撰了两部历史地理著作，其中一部内有君士坦丁堡现存最古老地图。1419年6月，他在希腊安德罗斯岛发现并买下西方最早试图破译古埃及文字的人、古希腊学者赫拉波罗（Horapollo）所著《象形文字》希腊文手稿，将其带回意大利。这份手稿对意大利文艺复兴时期的人文思想和艺术产生很大影响。

晚了几十年，他还"在一本希腊著作里"找到了罗得岛的故事，书中提到"一个黄铜偶像，胸部中央有一面巨大的闪闪发光的镜子，向那些从埃及来的船员和仰望它的人们放着光芒"。这些来源五花八门的消息大多被泰韦写进了书里。土耳其人占领罗得岛仅三十年，泰韦就到过东地中海短期旅行，他可能亲耳听过这些故事，讲述者或许是记得这座当年被围困的禁城的人。

拨去历史烟云，回归画作基本元素，让·古尚取材于旅行者故事的这张插图，乃是泰韦巨著中一幅优雅的作品（见第57页），其时髦的风格主义[1]画风秉承意大利绘本的雅致传统，直击主题。画中雕像栩栩如生，虎背熊腰，一手持剑，一手握矛，颈部挂着文艺复兴风格、用窄带折叠而成的装饰性挂件，怎么看都像酒架上白兰地酒的商标，乃是对布昂德蒙提所说镜子的图解。雕像的双腿间，航行着一艘欧洲大船，像是骑士时代定期来往于罗得港的船舶之一。所有这些都以制图师的风格画了下来——当时的制图师绘制地图时，在海洋里画满三桅帆船、怪物和涨满风的鼓鼓的帆。画中那艘船正扯着满帆驶离港口，破浪前进。显然，雕像伫立在两道港口防波堤上，脚下各有一圈石头。《地中海以东的世界》另一张插图则如航拍一般，表现了整座岛屿、城市、海洋和各种船舶。图中雕像高耸入云，俯瞰着善堂骑士团驻扎的罗得港，俨然罗得岛的庇护神。它虽无基督教的标记，但形体特征却属于耶稣及许多圣徒的传

1　风格主义（mannerism），又译矫饰主义、手法主义，指欧洲16世纪出现的一种艺术流派，介于文艺复兴和巴洛克艺术之间。最早缘于瓦萨里在所著《艺苑名人传》使用"grande maniera"一词描述文艺复兴三杰米开朗基罗、达·芬奇和拉斐尔的风格，认为他们超越了古希腊罗马时期。后来此语渐含贬义，指一味模仿三杰而忽视和谐、理想美、对称比例这三点意大利文艺复兴艺术本质，或是刻意炫耀技能的一种风格。从社会原因看，它被认为与当时的宗教改革与反宗教改革运动等社会大环境变动引起人们心理状态的变化相关。

2-2　守卫罗得岛的巨像，选自泰韦《地中海以东的世界》，里昂（1556）

统意象，而耶稣和圣徒的意象源自古希腊、古罗马的文化遗产。到文艺复兴时期，西方曾再度为着自身的缘故汲取这些遗产。在其后几个世纪里，这幅插图传播到西欧各地，图中奇幻、英武的古代雕像，连同其精妙的工程技术和守护神般的魔力，凸显了古代的完美和一个久已消逝的世界。

　　泰韦著作中原创的罗得岛巨像插图影响巨大。它问世后的几十年间，欧洲以散页对开印刷方式，出版了不下四套古代世界奇迹的图片，其中三套都采用了泰韦书中的巨像，广受欢迎，被印制在从服装到银器等多种不同材料上。到1606年，佛罗伦萨人安东尼奥·滕佩斯塔[1]又创作了一套新鲜生动的七大奇迹图片，把巨像的形象稍稍向前推了一步。滕佩斯塔本人可能和泰韦一样读过布昂德

1　滕佩斯塔（Antonio Tempesta，1555—1630），意大利画家、雕刻家，其作品上承罗马巴洛克艺术，下接安特卫普文化。

蒙提的作品。可以肯定的是，有位藏书家朋友告诉他说，长期在拜占庭历史学家中流传的希腊著述也提到罗得岛巨像，并叙述了铜制巨像7世纪时遭占领罗得岛的阿拉伯军队拆除的经过。7世纪正是阿拉伯军队首次挺进西方的时代，滕佩斯塔的创新就在于表现了这一场景，从而通过图中人物设置展现了这一奇迹在历史上的遭际。不过，毕竟到滕佩斯塔生活的年代，与欧洲基督教世界长年交战并构成主要威胁的是土耳其人而非阿拉伯人，因此滕佩斯塔描绘的七大奇迹往往不是在遭受古代阿拉伯人攻击，而是受到17世纪初土耳其人的进犯。这些土耳其人扎绸带，戴头巾，挥舞着弯曲的剑。滕佩斯塔比泰韦更拘泥于俗套，把巨像置于单独固定在地面的基座上，俨如一位古罗马元老院议员，而邪恶的土耳其人奉大官的命令，正在凿掉巨像的头。

不过，不管你是否喜欢，时间最终证明，更古老、更戏剧性的巨像形象最为深入人心，被织入了佛兰德挂毯，编入了历史书。直到1949年，新版伦普里尔（Lemprière）的《古典辞典》仍然把泰韦巨像描述成一座真正存在过的古老雕塑："双脚踩在海港入口的两道防波堤上，船只扬帆驶过其双腿之间……"此时，罗得岛巨像已经有众多变形，经历了许多艺术流派演绎，从荷兰巴洛克制图师柔和的手工染色图版到电视时代之前的历史书籍，每种媒介都展示过它的形象。在电视时代之前，历史书里常能见到所谓经过"艺术家再创造"的俗艳的七大奇迹插图。1960年，泰韦原创的这座"法国味儿"巨像已届450岁高龄，成为塞尔吉奥·莱昂（Sergio Leone）的超级全银幕电影《罗得岛巨像》的主角："在公元前300年前，有一座巨型雕塑同时兼作要塞……"影评人说，这部电影画面好看但剧情混乱。20世纪下半叶晚些时候，丹麦国家电话公司在电视上打广告，花大钱制作了一系列以罗得岛巨像为主的电脑图像。

但这一意象的历史与罗得岛巨像的真实历史不是一回事，也永远不会是一回事。一座巨像，即便要跨越最狭窄的港口入口，也必须具有真正的泰坦巨人般的比例，仅它的一只脚就远远超越了古人所可能达到的极限。所以在罗得岛始终找不到这样一座雕塑的蛛丝马迹，也就不足为奇。不仅如此，在描述和讨论罗得岛巨像的古典作家中，没有一位说起过它跨越了海港的入口，其中几位还给出了巨像的高度。他们的测量数据彼此一致，而他们对这件作品极为务实的讨论给人这样一种强烈的印象，即这些资料相当准确。这些古典作家说，罗得岛巨像大约110英尺高，雕塑家们在一个土坡上塑造这尊巨像，使得它既封闭又易于接近。巨像本可以设计得像纳尔逊柱[1]柱头那么高。至于巨像本身，胸围大约60英尺，左腋窝到右腋窝20英尺，臀围11英尺，足踝5英尺。即便如此，它还是比纽约自由女神像矮大约40英尺，而且可以肯定的是，但凡比小舢板大的船只，都不可能在自由女神双腿间的拱形空间里航行。那么，这座已经消失的雕塑当初如何竖起？坐落在哪里？可能会是什么模样？

二 巨像的地点

古希腊和古罗马时期的作家说，巨像由一位名叫卡雷斯[2]的雕

---

1 纳尔逊柱（Nelson Column），位于伦敦市中心特拉法加广场，19世纪30年代由约翰·纳什（John Nash）设计，以纪念在特拉法加海战中打败拿破仑的英国海军上将纳尔逊。花岗岩柱高151英尺，柱顶的纳尔逊像高18英尺。
2 卡雷斯（Chares），出生于罗得岛的希腊雕塑家，据说于公元前282年建造了罗得岛巨像，以纪念罗得岛在公元前305年战胜入侵的马其顿人。

塑家制作。叙利亚国王放弃对罗得城的围困后，城中公民竖立此像以作为对城市保护神赫利俄斯感恩的供品。罗马人普林尼[1]在《自然史》一书中说，巨像在竣工五十六年后就倒塌了，罗得城居民不敢重新竖起它，因为特尔斐的神谕告诉他们不要那么做。叙利亚人围困罗得城一事发生在公元前306年—前305年冬天，而公元前227年和前224年，这座城市两度发生具有破坏性的地震。因此，卡雷斯肯定是在公元前292—前280年间建造的巨像。

这座雕塑既是对神的供奉，要寻找它，首先就得从这类供品通常放置的地点找起。例如在奥林匹亚，就应当在供品所祭献之神的圣所。在绝大多数古代城市里，神祇的圣所通常位于城市最古老、最高也最居中的区域。在罗得岛，这把我们带到港口所依傍的小山顶，靠近重修的善堂骑士团城堡和他们的圣约翰大教堂原址。事实上，近年在发掘这些秀丽而狭窄的街道时，你可以看到土耳其人的石造建筑依然屹立在古老的拜占庭时代鹅卵石的路面上，而后者又建造在更古老的、使用在建造巨像时代切割出的独特的大石头砌成的墙上。那么，在这座山上、善堂骑士团的大教堂下，曾否有过赫利俄斯神庙？人们已经在当地被反复使用的石块上发现了一些赫利俄斯的祭司刻下的铭文，这虽不足以说明问题，但却撩起了期望。因此，猜想神庙乃至巨像本身曾经屹立在附近的某个地方，是合乎情理的。就此而言，罗得城后来的悲剧性历史对这项研究很有帮助。

1856年11月的一个傍晚，经历半年无雨之后，罗得城狂风大作，暴雨倾盆。闪电击中山顶一座教堂的尖塔，巨大的爆炸随之发

---

1 盖乌斯·普林尼·塞孔杜斯（Gaius Plinius Secundus，23—79），常被称为老普林尼或大普林尼，古罗马作家、博物学者、军人、政治家。所著《自然史》（又译《博物志》）37卷，是一部百科全书式著作。

生——人们后来推测说，那里有个善堂骑士团于1522年围城后放弃的火药库，长期被遗忘，此刻被引爆了。这一年夏天十分漫长，藏在大教堂地穴里的古代火药变得非常干燥，经由教堂尖塔上的避雷针传导点燃。这场爆炸的后果异常严重，当地报纸报道说，当夜死了大约800人。爆炸不仅彻底摧毁了善堂骑士团的方形城堡、总督官邸和城市图书馆，也夷平了城市很大一片房屋。爆炸的中心是善堂骑士团教堂，这座教堂几个月前刚遭到地震的严重破坏，现在基本给炸没了，只剩下圆顶地下室墙壁的较低部分和残破不堪的骑士团首领墓穴。在罗得城最古老的地区，历经千年的城市建筑就这么被炸光了，但这场灾祸不啻给被埋在更深处的历史开启了一扇窗。在正常情况下，没有哪位考古学家有希望接触到这样被深埋的历史。

意大利占领者和希腊人自己都曾先后广泛挖掘这个地区，这

2-3　从善堂骑士团教堂眺望罗得老城区，弗兰汀《东方》一书中的平版画，巴黎（1853）

项工作一直持续到今天。人们期望着，如果消失的巨像一度屹立在这个地区，或许就会留下它的痕迹。制作青铜巨像是一项如此浩大的工程，会为考古学家留下许多痕迹，可能是巨像残破的基座——在山上柔软的泥土中建造基座，势必是桩考虑周密的大工程；也可能是其他残留，例如雕塑被毁后的青铜碎片。肯定还得有施工处的遗迹，大型陶木模具碎片，炉火熏黑的污痕，卡雷斯和工匠烧窑冶炼青铜并进行浇铸时产生的大量灰烬、砖块和炉渣。可是，就迄今所知，什么都没发现，人们从来没有找到过关于这座雕塑，包括其结构或建造过程在内的任何痕迹。在罗得山上，线索断了。

关于这座古老雕塑的坐落地点，古人还考虑到另一种可能性。似乎是根据习俗，几位古典作家在其著述中假定罗得岛巨像耸立在海边，在他们看来，那正是适于这样一件作品的位置。纽约港入口处巨像（自由女神像）的设计者们也选择了这样的位置。纽约港这位女神身穿希腊长袍，头上也有赫利俄斯的旭日形图案[1]！上溯两千五百年，即罗得岛巨像诞生两百年之前，希腊剧作家埃斯库罗斯[2]曾提到入口处的另一座巨像——在阿伽门农[3]的记忆里，隐约出现在他宫殿门廊的海伦。在巨型雕塑古老的发源地埃及，情况也是如此：神庙入口和大门口总有巨像耸立。希腊人当然熟知这类雕

---

1 这种图案中心是一个圆盘，圆盘四周为放射状射线，类似太阳光芒四射。

2 埃斯库罗斯（Aeschylus，公元前525—前456），有"悲剧之父"美誉，与索福克勒斯和欧里庇得斯并称古希腊最伟大的悲剧作家。他一生创作约90部剧本，仅7部完整存世，其中包括《奥瑞斯忒亚》三连剧《阿伽门农》《奠酒人》和《复仇女神》。

3 阿伽门农（Agamemnon），希腊迈锡尼国王，希腊诸王之王，特洛伊战争中的希腊远征军统帅。

塑。埃塞俄比亚国王门农[1]曾和阿伽门农在特洛伊并肩作战，希腊人因此塑造了两尊巨像以纪念他们。在希腊人心目中，这两尊巨像和七大奇迹一样出名，其中一尊就耸立在一座古老的底比斯神庙入口处。传说每天早上，阳光刚照到这座巨像的脸庞时，它会歌唱和呻吟。当然，希腊人很清楚这些雕像通常表现的是埃及历代国王，而且和太阳这个燃烧着的巨大球体被当成一回事，就像希腊神祇赫利俄斯一样。

　　并非只有巨像被认为适合用来装点城市的门户。例如，同属世界七大奇迹的法罗斯灯塔，就在卡雷斯建造罗得岛巨像的同一时期，建成于罗得岛以南约400英里处埃及亚历山大里亚港的入口处。亚历山大里亚实际上是罗得岛的重要盟友，在东地中海贸易航线上占据着同样至关重要的位置。到罗马时代，罗马帝国各地港口都按照罗得岛和亚历山大里亚的模式建造，往往也在港口的人工海堤上竖起大型雕像或灯塔，既是对水手的庇佑，也是对港口意义重大的守护。在巴勒斯坦卡萨里亚[2]，大希律王[3]在新港口的尽头建造了另一尊著名巨像——奥古斯都雕像。在加来和奥斯蒂亚[4]也如此，罗马帝国的建筑师们在港口防波堤上修建了巍峨的灯塔。尽管它们绝大多数已消失，但相关史料必然会把我们带回罗得城通向波光闪烁

1　门农（Memnon），古希腊神话中埃塞俄比亚国王和黎明女神厄俄斯之子，特洛伊战争中领兵救援统治特洛伊的叔父普里阿摩斯，为阿喀琉斯所杀。宙斯因厄俄斯的眼泪，赐予他永生。

2　卡萨里亚（Caesarea），巴勒斯坦古海港，位于今以色列海法的南部。由大希律王建于公元前30年，后成为罗马犹地亚的首都，毁于1265年。

3　大希律王（Herod the Great，公元前74—前4），又译大黑落德、希律大帝、希律一世，是罗马帝国犹太行省的从属王，是犹太史上著名建设者，扩建了耶路撒冷第二圣殿（希律的圣殿）。《圣经》上记载他想要杀害褓襁中的耶稣，竟下令杀害伯利恒城里及其周围地区所有两岁以内的男婴。

4　奥斯蒂亚（Ostia），意大利中西部一古老城市，位于台伯河河口。传说建于公元前7世纪，公元1世纪发展为港口，公元3世纪后衰落。

的大海的狭窄街道上。

那么，哪儿是最适宜竖立巨像的海滨？不管在陆地还是从海上观察，人们会立即注意到这么一个地点，它对水手最为实用，而从陆地上望去最为显眼，那就是分隔曼德拉基港和商业港的防波堤末端，也即今日海港出口处矮小的圣尼古拉斯要塞所在地。这道堤一度是古罗得城两道人工海堤中较大的一条，也更靠近罗得岛最北端。在中世纪传说中，这里正是叉开腿的巨像右足着地处。要塞显然牢固地建造在一片露出地表的坚硬岩层上，其地基能够轻松承受一座巨型雕塑的巨大重量，同时还能为其巍然耸立提供便利而稳固的岩层支撑。当年，这座中世纪要塞在罗得城遭遇的多次战争和围困中，成为一个至关重要的武器库，善堂骑士团在这个海岬打过他们最血腥也最重要的几场战役。没有道理揣想在古时候，它于城市防御的重要地位反倒有所降低。在围城期间，这里发生过同样艰苦的战斗，而根据古代史料，围城解除后，罗得城居民委托卡雷斯建造巨像作为对赫利俄斯——罗得岛的庇护神——的感恩供奉。

19世纪前后，一些考古学家受种种传说及其海上显要位置的吸引，造访了这座要塞。嵌在要塞砂岩墙壁里的古代大理石之多，令他们大都浮想联翩。这些古代大理石被用在几乎每个可能需要额外加固的支撑点上：窗棂、门槛、入口，有的还被用来把加农炮的轮子固定在炮台上。其中一些大理石上刻有铭文。

其中一位考古学家名叫阿尔贝特·加布里埃尔（Albert Gabriel）。他注意到很多被再次利用的大理石最早的切割时间，正是建造巨像的同一时期，证据是许多大理石块与其他石块大小很不一样，其边缘经过细心削凿，颇为独特。加布里埃尔还注意到，许多这样的石块其较长的边线被切割出微妙的弧度，组成了一个直径约55英尺的圆周，构成这个中世纪要塞最核心、最坚固的部分。之

世界七大奇迹：西方现代意象的流变

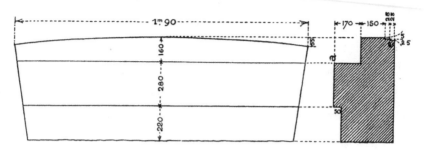

2-4　加布里埃尔所绘圣尼古拉斯要塞的一块弧形石头（1932）

后对要塞的进一步深入考察发现，铺在这个圆周里的大量砂岩建筑材料可能也产自建造七大奇迹的时代。看来，这个要塞的核心区域建造在一个面积相似、形成于古典时代的环形结构上，而古典时代的要塞塔楼底部通常呈长方形，因此这个环形结构不会是要塞塔楼的一部分。而且，这个环形结构虽然施工精心，但极少使用优美的抛光大理石进行装饰。加布里埃尔推测说，这些大理石可能就是古代罗得岛巨像的基座。事实上，古代罗得岛人的确在异常多的雕塑中使用了圆形基座，而非更常见的立方形基座。从后来一些古代巨型雕塑的图片看，它们也使用了圆形基座。

加布里埃尔还注意到，在要塞中，被再度使用的其他许多大理石块的大小和形状极不寻常。对此，他推测说，这些石块可能是用于巨像内部的材料——据一些古籍记载，巨像内部使用石块充填，再用铁条把石块全部箍在一起。他认为，巨像失去其表层的青铜后，内部一些建筑材料仍然遗留了下来。不过，如果说还存在可能与早就消失的巨像之间某种有形的联系，其证据也只能在古籍关于巨像建造过程的记载与曼德拉基防波堤遗存石块之间的联系里找到。那么，罗得岛巨像是如何建造的呢？

三　奇迹的造就与毁灭

公元前280年，巨像建成

　　雕塑家通过在内部充填铁架和方块石头牢牢固定住巨像，其中横向的长方块显然用锤子敲打而成，表现出巨石建筑的气势。巨像隐藏的部分大于展露的部分。目睹巨像，人们备感惊叹，也产生了更多的问题：用的是哪一种火钳？铁砧底部有多大？铸造如此重的柱子需要多少工匠？雕塑家使用的青铜数量之巨，可能挖空了几个铜矿，因为这件作品的骨架是青铜熔铸的。

　　巨像下面基座用白色大理石砌成。基座上，雕塑家首先固定了巨像的双脚到踝骨部位。他心中早已想好这尊120英尺高巨像的建造比例。由于基座上双脚脚底已经大大地高出其他雕像，要把巨像其他部位吊起来装上去是不可能的。脚踝必定是在双脚上面浇铸的，这就和盖房子的情形一样，整件作品必然是从下往上，在作品本身上面进行的。

　　由于这个缘故，在制作其他雕塑时，艺术家首先做一个模具，然后将其分解成几个部分进行浇铸，最后再把它们全部拼合到一起，竖起整座雕塑。但巨像的雕塑家首先浇铸一个部位，然后在第一个部位上面浇铸第二个部分，第二个部分用青铜浇铸好后，再在它上面浇铸第三个部分。巨像剩余部位也是使用同样方法建造的，因为这些金属部分是无法移动的。

　　把后一部位浇铸在前一部位上面后，就得考虑长方石块间隔的距离和框架的接合。由于已经充填了石头，整个结构十分稳固。如此，在整个建造过程中，雕塑家可能始终没有动摇他的设想。他不断把巨量泥土倾倒在已经浇铸好的巨像部位周围，把已经完成的巨像部位藏在泥土下面，从而继续在一个平面上进行下一阶段的浇铸工作。

菲洛，4，2；4，1；4，3—5

公元前75年，巨像倒塌

巨像竖起六十六年后，在一场地震中倒塌。但即使俯伏在尘埃中，它仍然是一大奇迹。没有几个人的双臂能环抱它的一个拇指，其他手指头也都比一尊普通雕像更粗大。巨像四肢断折之处仿佛巨大的洞穴，穴内巨石错落，那是卡雷斯用来固定巨像的。据说，巨像历时十二年方始建成，耗费了300名艺术家的才华和心血……在同一座城市里，还有另外一百尊赫利俄斯的雕像，全都比这尊小，但每一尊不论在哪里，都足以让它坐落的地方出名。除去这些，还有五尊神像……

普林尼：《自然史》，XXXIV 18，41—42（约50）

654年，巨像被出售

此人（奥斯曼哈里发）把非洲带入战争，安排好与非洲人的税务之后，返回国内。正是他的将军马维亚斯（Mavias）毁灭了罗得岛的巨像……剥下巨像身上的青铜，带到叙利亚标价出售……一名来自埃德萨[1]的犹太珠宝商买下这些青铜，动用

1　埃德萨（Edessa），美索不达米亚古城，位于今土耳其东南部乌尔发一带，公元前3世纪之后成为重要的基督教圣地，公元639年被阿拉伯人攻陷，1097年又被十字军占领。

了900头骆驼运送……

君士坦丁七世[1]：《帝国行政论》，20，1—3；21，63—64；20，8—10

巨像建成之时，地中海东部地区已有可追溯到两千多年前的青铜制造业传统。现今已知最古老的金属雕像——埃及法老佩皮二世（Pepi Ⅱ）像本身，也是一座比真人还高的大型雕塑，显示了高超的工艺水平。和美国自由女神像一样，佩皮的雕像是用金属板制成的。这些金属板首先分别用锤子锤出形状，接着用铆钉固定在一起。在锤击过程中，青铜和铜相融合，变得相当坚硬，不可弯曲。

按照保守估计，在制作巨像时，地中海东部的古希腊城市里，"站着"大约2万吨青铜。尽管其中没一座赶得上罗得岛巨像，但其中不乏确实非常高大的雕像。按照普林尼的说法，在罗得岛、雅典、奥林匹亚、特尔斐，每个城市里都有大约3000尊雕像。仅雕塑家利西波斯[2]（卡雷斯曾在他的作坊学习）一人就制作了约1500尊雕像。普林尼说，在罗得岛，另外还有100尊大型雕像，其中五尊的创作者是雕塑家伯亚克西斯[3]，他也是利西波斯的学生。唉，虽然这些铜像当时普普通通，如今还是消失殆尽。和黄金一样，青铜本身也是一种贸易品。7世纪时进攻罗得岛的阿拉伯人虽然没在岛上待

1　君士坦丁七世（Constantine Porphorygenitus），10世纪时拜占庭罗马帝国皇帝，著名学者，潜心学术，保护教育，热衷著述，甚至为此把国务委以他人。其所著《帝国行政论》一书被后世认为价值很高。

2　利西波斯（Lysippus，英文多拼写为Lysippos），希腊古典后期重要雕塑家。亚历山大在位期间，约公元前336—前323年，是他创作的高峰期。他创立了人体美的一种新标准，即头和身体的比例为1∶8，所以塑造的人物修长而优美，增加了人体视觉上的高度。

3　伯亚克西斯（Bryaxis），公元前4世纪古希腊雕塑家。其作品包括摩梭拉斯陵墓北侧雕塑、叙利亚国王塞琉古的青铜像、罗得岛五尊巨像和安提阿附近达夫尼的阿波罗雕像。

多久，但也认识到倒塌巨像的价值，亲自动手把巨像身上的青铜拆成一块块运上船卖到海外。一千年来，青铜的价值没有发生多少变化。举个例子，在意大利南部巴莱塔（Barletta）的中世纪档案馆里，至今保存着一份某个节庆期间市民获准从城中一尊古代皇帝雕像上剥下青铜并进行分配的记录。

到普林尼生活的时代，一些巨型雕像甚至比罗得岛巨像更高大。普林尼说，那时最大的一尊像是雕塑家芝诺多罗斯（Zenodorus）在法国塑造的，他因此被召到罗马为尼禄皇帝制作巨型雕像。当时，这尊雕像十分出名，矗立在古罗马圆形剧场附近，而这座著名剧场正是以这尊早已被遗忘的巨像命名的[1]。在芝诺多罗斯之后，许多罗马皇帝继续保持了给自己竖立大型雕像的传统，考古学家后来从罗马各处搜集到它们的许多断手残足。这些晚期大型雕像是如何制作的呢？显然，其现存残余部分表明，和菲迪亚斯巨大的宙斯像一样，它们是用许多种不同的材料逐步制作的。有时，皇帝的皮肤——其头、手和足——用大理石制成，有时，它们全用青铜浇铸，证据是有两个这样的头被保存到现在。

古往今来，绝大多数真人大小的青铜雕像都是单件浇铸的。最精确的方法——也是古人最广泛应用的方法，称作"失蜡法"，即先在一个硬核上做出雕像的蜡模，然后外敷石膏或黏土，加热将蜡化去，此即谓"失"。之后，将铜液倾入硬核与铸范之间的空腔里。在制作罗得岛巨像的时代，埃及的"失蜡"铸造术还使用铁条加固雕像，以在铜液倾入铸范时及时支撑住铸范内核。这与菲洛的描述遥相呼应。

1　古罗马圆形剧场（Colosseum），又译古罗马斗兽场或竞技场，建于公元80年，至今大部分尚存，在西方文字中，它的名字本身即含有巨大之意，与罗得岛巨像名字Colossus语出同源。

不过，我们立时受到一系列问题的困扰：首先也是最基本的问题关系到菲洛本人。读他的文章，人们很容易感觉他是这么一个人：对着七大奇迹沉思默想后，就其创造过程提出种种设想。毕竟到菲洛的时代，有几件奇迹已经岁月弥久，他不可能目睹其制作过程。至于他那个时代的奇迹制作，他究竟又知道多少呢？在菲洛的著述中，最出名的是攻城弩、虹吸管、攻城器以及关于空气和水活动的假想，但无人知晓他的动手能力。或许菲洛沉湎于现代学院派那种学术辩论，或许他就像一名科学资料管理员，在百无聊赖中弄了一份奇迹名单，从而消磨一个小时的快乐时光。当今很多科学家致力于探索金字塔是如何建造的，这是他们为自己设定的有趣使命。菲洛多少也是这样。

不管怎样，在菲洛的叙述中包含了对我们来说极为重要的内容。他和雕塑家卡雷斯来自同一个世界，懂得他所属时代所受束缚、了解古代制作方法和制作美学。我们可以在他的著述中看到昔日的某些局限和可能性。卡雷斯所遵循的技术传统极为悠久，他和他的工匠掌握的技术业已失传，并且不再有人在意。他们也不受诸如"合理的"或"经济的"之类众多"实用"现代工作规范的约束。一般来说，这些规范只不过用来限制时间或花费而已，其惯常腔调是，"本来永远都不该那么做，那会花太久或太多功夫"。

普林尼也属于这个古典世界，他说，罗得岛巨像历时十二年建成，也即每年升高6—8英尺，现代城市的市政当局势必难以忍受这样的工作效率。菲洛说："这件作品（巨像）的隐藏部分大于可见部分。"按现代人的观念，这也完全谈不上"讲求实际"，因为在现代世界里人人都想一蹴而就。对现代人来说，建造巨像工程之漫长，就像已故美国总统肯尼迪声称要用两百年时间，从北极慢悠悠地建造一个巨大的梯子，让人类从那儿登上月球一样。

现代人既难以欣赏大规模人力劳动所取得的成就，也不明白古典世界何以能拥有这样的技术，又何以能组织如此熟练、有智慧的农业劳动力。但和中国人一样，卡雷斯这样的雕塑家懂得如何组织大型公共工程，这不是什么出奇的事情。在卡雷斯自己的作坊，在建造房屋、神庙、城市、港口乃至战争装备的过程中，熟练的工匠、组织者都和大量普通百姓一起干活。马其顿国王德米特里一世围困罗得城时，在岛上建造了一座围城指挥塔，和巨像差不多高，但基座只有巨像的一半长。这座塔下面安了轮子，据说需要非常多的人才能拉动它。至于动用大量人力的技术，现在也完全失传了。今天的我们要操纵大小类似的物体，转动方向盘或者按下按钮就可以了。据说，德米特里一世的巨塔有九层，底层有石墙，上层有攻城弩，每层都有掩体和包着铁皮的水箱以防火灾。塔上还有攻破围城的棒槌和栈桥。即便如此，或许可以再提醒一下，德米特里一世输掉了这场围城战，而正是他的失败引发了巨像的建造。

这说明了古代人的成就和潜力有多么大。这一切怎地与卡雷斯及其创作的记载相吻合呢？总的说来，这其中有很多地方不一致。例如，菲洛说巨像使用了12.5吨青铜，但这么多青铜只够建造一尊卡纸板那么厚的巨像，也只消70头骆驼来搬运，而不是君士坦丁七世所说的，要用大约900头骆驼完成这个任务。因此，巨像的数据与现代工程师们估计的不符。总体而言，古籍呈现出某种诗意，却并不保证事实的准确性，而信息必须源于证据而非证据的表达方式。况且，总有问题得不到确切的答案。这些古籍究竟在说些什么？所言是否真实？甚至，它们不会是被伪造的吧？例如菲洛的著述，是否真实地记录了巨像的年龄——倒塌前屹立于世逾五十年？行文本身甚至也有问题，一些词句模棱两可，导致出现多种解释。

"至少让我们设法弄懂菲洛到底说了些什么。"大英博物馆的海恩斯博士（Dr. Haynes）在重译菲洛关于巨像制作过程的描述之后说。海恩斯博士的翻译驳倒了雕塑家赫伯特·马里恩[1]的译本，而根据后者，巨像压根儿不是被浇铸成的，而是用一片片铜片制造的。海恩斯断言，马里恩所据文本不准确，而且还译错了一个关键词，这个词被重译后，正好证明巨像是浇铸而成的。后来，其他学者也普遍赞同海恩斯的论述。

不过，海恩斯关于巨像制作过程的译本也有错误。用他声称的方法，是不可能分步骤逐层向上浇铸出青铜雕像的。把熔化的铜倒在冷却的铜上，无论古书上怎么讲，都不可能像海恩斯译本设想的那样产生"熔合"的效果。海恩斯译本使用"在……上浇铸"替代了马里恩的"填进"，这种文字替换还包含其他可能的释义。如果海恩斯没有译错，那么菲洛就大错特错。此外，"在……上浇铸"这个短语的意思十分含糊。英语中，把什么东西抛掷到水面上，也可以使用这个短语。

有一点可以肯定：巨像的制作方式不同于当时一次性整体浇铸完成的小件青铜作品。即便浇铸的青铜厚度只有1英寸，100多英尺高的巨像也得重达200吨左右（这得动用大约1150头骆驼来把它搬走）。纵然现代技术能够完成这项费力不讨好的工作，这么重的雕像是否立得住也很值得怀疑。所有这些古代文本涉及的参数，既决定巨像的科学真实性，同样也是客观的限制因素。比如高塔般的巨像躯干所承受的风力和巨像重量——即便在没有风的时候，如何支撑的问题。凡事皆有极限，必须把实际可能性与古籍提到的内容进

1　马里恩（Herbert James Maryon，1874—1965），英国雕塑家、文物保护专家，被视为古代金属制品考古领域学术权威，1953年提出罗得岛巨像建造假说，影响达利等人。

行比较。

这是因为，这些古代记载始终没有说明白哪怕任何一种制作过程，我们再度遭遇古今制造工艺不同而导致的困难。海恩斯和马里恩关于巨像是浇铸还是使用铜片制成的分歧就是一个突出的例子。如今，人们下意识地就会用现代贸易术语考虑问题——毕竟这是对时间和原料最"合理"的分工。例如，如果我们要在家里修一道楼梯，我们会选择木头、石材或金属，而基于不同建材所找来的安装专家分属于完全不同的领域。马里恩关于巨像建造过程的描述受限于单纯的一种方法。他似乎认为假使卡雷斯受命在德里为维多利亚女王建造巨像，也会宁愿像他本人那样，依靠上千名工人和一大堆铅笔绘制的图表帮忙，但情况并非如此。至于海恩斯，他对青铜特性的了解比搞雕塑的马里恩更少，因此提出的方法不切实际，施行的可能性更小。在奥林匹亚的菲迪亚斯作坊发掘的各种工具提醒我们，在古典世界，未必存在现代社会这种技术分野。说到巨像本身，普林尼甚至谈到，卡雷斯的老师利西波斯起初是个铜匠——一个用锤子敲打铜器的人，这就是他雕塑生涯的开端，而利西波斯一生创作的1500尊雕塑所用材料，有金属也有石头。

菲洛关于罗得岛巨像的制作有一句很简单的描述："……这就和盖房子的情形一样，整件作品必然是从下往上，在作品本身上面进行的。"似乎至少对菲洛这句话，人们的看法是一致的。和我们今天一样，菲洛时代的建筑是整体制作的，而不是分成几个部分，一部分一部分地完成的。每一名建筑者需要掌握多种不同技术和材料。无独有偶，菲迪亚斯的宙斯像就使用了六种以上技术，菲迪亚斯和他的工匠都一专多能，谁也不受某个行业工会或者某条生产线的束缚。

假设正如菲洛所言，罗得岛巨像内部工程和外部的同样浩大，并且巨像既非整体浇铸而成，也没有把一个部分"熔合"在另一个部分上，那么最合乎情理的选择是多样化的制作流程。菲洛说，巨像的内核全都用石头和铁箍在一起，所以工作量和巨像外部一样大。普林尼则说巨像倒塌后，从裂开的铜片之间可以看见内部的大石头。那么，我们不妨想象一下，这些石头"……被铁架从内部牢牢固定住……表现出巨石建筑的气势"（菲洛语），它们就是巨像的真正架构，而巨像的青铜皮囊不过是一部分嵌在建筑里，另外一部分则大片大片地悬挂着。

君士坦丁七世的另一段记载或许不无帮助，这段文字刻在伊斯坦布尔（即君士坦丁堡）的一座石头方尖碑上。这座方尖碑和劳色斯的宫殿挨得非常近，也是拜占庭现存奇迹之一。它用石块垒成，耸立在皇家竞技场的中央，一度与巍峨的埃及塞提一世方尖碑相提并论。

> 造化所钟这一奇迹有四个侧面，今已为岁月所摧毁。君士坦丁大帝——罗马人民之父、号令天下的荣耀之主，将其修葺一新，胜于旧观。既然巨像是罗得岛的奇迹，这尊青铜（构造）就是这里（君士坦丁堡）的奇迹。

也就是说，这座外观和年龄一样古老的石头方尖碑曾被君士坦丁七世覆以青铜，这位皇帝期望它能像罗得岛巨像那样被视为一大奇迹，而当时罗得岛巨像已经倒塌快一千年了！也正是这位皇帝最先下令在编修拜占庭史时记录下巨像的命运。君士坦丁七世从孩提时代起就博闻多识，摄政王统治时期，他在一批学者的帮助下，把大量的时间花在写作和研究上。镌刻在方尖碑上的文字和皇帝本人所写大意相同。在此，仍有人相信巨像是用黄铜片做成的，因为当你站在石头方尖碑前，你可能还会看见钉子在固定大而薄的铜片时留下的洞眼，方尖碑上的铜是一个世纪后被十字军掠走的，就和巨像身上的铜被阿拉伯人掠走一样。

这种使用铜的方法相对节俭，正好和菲洛关于耗铜总量的数字大致相符，同时也可说明为什么始终找不到任何巨像的残余部分：铜片早已被切割，又相当薄，因此被剥离巨像时既彻底又相对容易。拆卸一尊浇铸的雕塑则困难得多，既棘手又花时间，还会造成数量不定的垃圾、木炭、铜渣和碎石，等等。我们不需要对浇铸和金属片间的文字差别做进一步讨论。在古典世界，如果有过铜片的话，也是把铜液浇铸在一个光滑的表面上，而不是通过在现代磨坊里碾磨制造。这种差别很大程度上是现代才有的。而且，最重要的是不必想当然地认为卡雷斯只会用一种方法建造巨像。菲迪亚斯的宙斯像身躯上包裹着一片片象牙，头部看上去浇铸了十足成色的金子，斗篷上则是金箔。很难想象卡雷斯会使用同一方法制作巨像的不同部位。要知道，罗得岛巨像是人类从未见过的巨大铜雕，不仅工艺精湛，还可上溯几千年前人类历史肇始时期。

四　赫利俄斯的头颅

关于罗得岛巨像的古代绘画今已不存，也没听说有别的雕塑以其为范本。除却那些可能充当过巨像基座的石头外，就只剩下一度镌刻在基座上、题献给赫利俄斯的诗篇，这首诗被保存在一本古诗集里。

　　献给你，赫利俄斯，
　　多利安罗得岛人为你竖起这尊巨像，让它高达天庭，

2-5　罗得岛银币，上有大神赫利俄斯头像（公
元前4世纪）

他们已平息了青铜色的战争巨浪，

从敌人那里夺来战利品，为国争光。

他们不仅在大海，也在陆地上

升起了灿烂、不羁的自由之光。

阿尼翁（Anon）:《王官选集》[1]，VI，171

　　卡雷斯的巨像长什么模样？用什么姿势站着？如果穿着衣服，
又穿的是什么？这些全都无人知晓。但有一件事可以肯定：既然巨
像的身份被认定是太阳神———罗得岛的赫利俄斯，它就必定具有这
位神祇的标志和象征。在罗得岛，这首先包括一个光环———一圈喷
射状的尖角火焰，镀了金，对称地环绕神的头部舒展开来，耀人眼

1　《王官选集》(*Palatine Anthology*)，又译《帕拉汀选集》，收录了贺拉斯和维吉尔等人的
　　诗作，其唯一一本手稿原件藏于海德堡帕拉汀伯爵的宫廷图书馆，故得此名。

目。后来，基督教圣徒的头上也装饰着光环。罗得岛上发现过许多赫利俄斯肖像，有大理石、陶瓷、陶土模型，以及画家在瓶瓶罐罐上描绘的等等。最常见的是银制赫利俄斯肖像，因为罗得岛人把他们神祇的形象镌在了硬币上。在卡雷斯生活的年代，这些肖像多半带有共同特征，他们把同一张面孔一而再、再而三地显示给我们。

如今在罗得岛博物馆的镇馆之宝中，有一尊巨大的大理石制赫利俄斯头像尤其精妙，其头部有一圈洞孔，等距离地深深刻入他的鬈发里，洞孔里面一度安有青铜或银制饰钉。如果把这些洞孔构成的角向外延伸，就会形成一连串百分之百匀称的射线：这就是赫利俄斯光环的根部。看啊！赫利俄斯，一个年轻男子，转过了头，鬈发上带着褶饰边，脸上露出警戒的神情。这是一尊美妙之至的头像，是由从前的传统雕塑发展出的典型的新型雕像。几乎可以断言，罗得岛巨像也同样带有这些特征，说不定连姿态都一样，因为这尊头像是对卡雷斯影响最深的利西波斯创作的。利西波斯重新引入了巨型雕塑，并给当时的雕塑注入了前所未有的戏剧性。凭着这尊年轻男子头像，他创造了他那个时代最有影响力的形象，并因此成为当时最出色的雕塑家。流逝的岁月表明，他至今仍是一位有影响的艺术家。卡雷斯在利西波斯的作坊受过训练。在建造罗得岛巨像时，他只不过是继承了老师的手法罢了。

仿佛有人触碰了一下他的大理石肩膀，赫利俄斯转过头来。他的石头眼睛凝注着遥远的地平线，刀削斧凿的头发在风中飘拂，足以乱真。雕塑家在非常努力地创造一种"就在此时、就是此刻"的戏剧性效果，而这块略具透明感、经过半抛光处理后煞似真人皮肤的大理石，完美地完成了这个任务。它的表面纹理闪烁着光泽，好像当真有血有肉；面颊经过雕琢，富有质感，似乎就依附在骨骼上。雕塑家表现了雕塑的表与里、随骨骼和肌肉起伏的皮肤、鼻翼的肌肉运动、嘴角的牵扯以及放松下来的脸部其他部分。你不禁觉得，假如一只苍蝇飞到这块大理石上歇歇脚，它也会蓦然抽动一下吧。雕塑家创造了充满人情味的一瞬，把时间长河中的一瞬变成永恒。这几乎是人类历史上第一次，雕塑家对这样一件作品如此倾情投入。这座雕塑和罗得岛巨像创作于同一时期，风格也相同。

利西波斯之前，甚至在菲迪亚斯的时代，雕塑家创造的雕像静止、肃穆、永恒。它们虽然逼真，有时甚至也生动有力，但看上去属于一个与我们大不相同的世界。在我们与这些古人——即便是菲迪亚斯时代的人们之间，事实上横亘着一道深而阔的裂缝，或曰一种心理转换。在古典世界，统治世界的诸神每天与太阳一起升上天空，能使河流决堤、小麦生长，而且长命百岁，远超凡人寿命的大限。四季循环，日出日落，诸如此类生生不息的循环赋予了万物生命。白驹过隙，忽然而已，仅是地球上稍纵即逝的一瞬，对雕塑家和他们的主顾不具意义，因此也不需要用青铜或大理石加以庆祝。

七大奇迹大都建造于古典世界发生变迁的时代、时间的流逝似乎受到人类控制的时代、现在与遥远的往昔之间初次产生鸿沟的时代。当其时也，人类掌握自己的命运，人类的成就——包括七大奇迹，开始显得比群星闪耀、谷物萌芽、日升月落这些神圣的大自然奥秘更加重要。在利西波斯和卡雷斯的年代，雕塑也在改变，开始与时代合拍，追求人性化的瞬间。这就好比神庙门口的巨型雕像站了起来，走出圣所的领地。在罗得岛，太阳神赫利俄斯——"万能之主、世界之魂、世界之力、世界之光"，以利西波斯的风格，以他创造的新人类的形象展现给整个世界。在此，人性本身成为奇迹。人类与地、与海、与诸神、与自己的同类斗争，成为更富悲剧色彩的新的历史的主要内容。难怪利西波斯众多革命性的雕塑所表现的神祇，或轻松自在，或沉静如睡，或疲倦脆弱，简直就是凡夫俗子。

这个新人类的形象乃是一位国王，即马其顿国王亚历山大的形象。他从希腊到印度的长征，开辟出了一个美丽的新世界。在这个新世界里，历史的内容由各种偶然事件构成并加以衡量，世界的进程按人类历史而非日升月落计算。亚历山大率军行经之处，不仅风土陌生奇妙，而且人民尚未开化，习俗殊异。帕台农神庙竣工之时，他们回望故土，觉得古典世界的运行如同时钟一般。在古典天地里，他们改造旧城市，建设新城市——多种族和多元文化的贸易城市，如亚历山大里亚、帕加马[1]、米利都[2]和罗得城。而新城市的图标，也即新时代的标志，就是利西波斯和他的学生所雕塑的亚历山大的形象。利西波斯和他的学生是第一批国际宣传家，也是巨像的创造者。事实上，频繁拜访七大奇观的，正是亚历山大自己。他缔造了拥有法罗斯灯塔的埃及亚历山大里亚城，攻占了拥有摩梭拉斯陵墓的哈利卡那苏斯，在空中花园所在城市巴比伦去世。在他去世半个世纪后，雕塑家依照他的形象——将奇迹带到人世的超凡之人的形象，创造了罗得岛巨像。

亚历山大遂成为新世界的图标。这个新世界洋溢着新灵感、寻觅着新财富、思考着新前途。新世界里有奴隶和流动人口，有满肚子阴谋的国王和银行家，虽然欣欣向荣，却远非风平浪静。第一份七大奇迹名单和人类新形象的诞生也都是在这个时期。七大奇迹名

1　帕加马（Pergamum），古希腊城邦，西亚次大陆的一个王国，在今土耳其西部。以雕塑和马克·安东尼给女王克利奥帕特拉的图书馆而著名。

2　米利都（Miletus），小亚细亚西部的一座爱奥尼亚古城，位于今土耳其境内，公元前1000年被希腊人占领，成为重要的贸易中心及殖民定居地，同时也是繁荣的文化中心。在基督教兴起的早期，该城因港口淤泥积塞而衰落。

单编纂者的眼光凝注着古典世界，但却使用了新的标准判断它，并永远地改变了它。这就是利西波斯的新人类形象为何这般合乎时宜的缘故：崭新时代的崭新人物，莅临现代世界的开端。

五　亚历山大的雕塑家

普鲁塔克[1]后来评论说："齐诺[2]（希腊斯多葛派哲学家）曾梦想或者说设想一个秩序井然、贤明智慧的国家，而亚历山大将他的学说付诸实践。"的确，亚历山大进军印度，把人类活动置于历史前台，构建了新类型的历史——受芸芸众生的行动所支配的历史。借助文字、图画和大型雕塑对其国际形象的全面传播，亚历山大成为他自己塑造的巨人——支配命运的人[3]。

当然，亚历山大与其雕像之间存在明显区别。年轻的亚历山大三世并非举世无双。几乎他所说或所做的每件事，之前都已有人说过或做过。世上也有过其他伟大的征服者和旅行家，只不过没人为他们作传，因而湮没无闻。亚历山大之所以如此重要，在于围绕他塑造的形象。正是这一形象造就了英雄。换言之，是对事迹的描述，而非事迹本身，造就了英雄。和罗得岛巨像一样，亚历山大孔武有力的形象也来自利西波斯的作坊。

1　普鲁塔克（Plutarch，约46—约125），古希腊传记作家和哲学家，所著《希腊罗马名人传》是莎士比亚历史剧的灵感来源。

2　齐诺（Zeno of Citium，约公元前336—约前264），古希腊斯多葛派哲学创立者，早年经商，据说在一次航海中财产尽失，来到雅典转事哲学研究，认为"顺应自然"（即服从命运）、"按照德性"生活，可以引导人们趋于至善。他还主张抛弃城邦，建立"世界国家"。据说他死于自杀。

3　《支配命运的人》（*The Man of Destiny*），英国剧作家萧伯纳创作的一出戏剧。

和画家阿佩莱斯[1]及宝石匠兼铸币者派罗戈泰勒斯一样，利西波斯似乎也是被特别选召到亚历山大宫廷担任御用艺术家的。经过多年探索，这位最受推崇的雕塑家的作坊从大约公元前365年起创作出一系列作品，所纪念的人物各色各样，有在亚历山大指挥的一次骑兵冲锋中阵亡的士兵，也有沉思中的诸神和哲人。当代作家说，正是亚历山大本人选中了利西波斯，因为唯有利西波斯能捕捉到他雄武勇猛的外貌和他柔和锐利的眼神。按普林尼的说法，利西波斯本人也常说，他的前辈按人的本来面目塑造人，而他按人们的表现塑造他们。可能这就是他成功的根本。利西波斯的雕塑不仅蕴含戏剧效果，而且对这种戏剧性和人物形象表达得特别准确到位，符合被雕塑的人物的愿望。亚历山大在其帝王生涯早期，身边就有传记作者追随，不难想象马其顿人对利西波斯这样的雕塑家的热情。难怪利西波斯雕塑年长的神祇时，把他们表现成斜靠在长矛和棍棒上、功业已毕正在休憩的老战士；而在雕塑年轻神祇时，则把他们塑造成他的新英雄形象。假如菲迪亚斯的宙斯站起来离开奥林匹亚，展露其隐藏的身姿，也将是一尊巨像。巨像是人，而人是真正的英雄。

　　正如从德国到印度的图书馆里，收藏着大量关于亚历山大生平和爱情的文学故事，利西波斯创造的这个年轻英雄形象也被成千上万次复制。硬币和雕塑上的亚历山大总是身披狮皮、头颅高昂——自打罗得岛巨像起，赫利俄斯头上的浓发就如一头不羁的狮子的鬃毛。在阿佩莱斯的一幅画中，坐在宙斯王座上的同样是这个年轻人，而不是菲迪亚斯那深色皮肤、蓄着胡须的众神之主。在其他绘画和镶嵌画中，亚历山大则披挂着盔甲，眼睛发出危险的光芒，正

1　阿佩莱斯（Apelles），公元前4世纪希腊画家，曾给马其顿的腓力二世及亚历山大大帝充当宫廷画师，其作品全部失传。

猛力投掷那杆置人于死地的长矛。当然，这位真命天子是被创造出来的。正如希特勒有莱妮·里芬施塔尔[1]，亚历山大除其他许多艺术家外，还拥有利西波斯。这位雕塑家不仅有大师级的技巧，而且颇具诗人气质。

亚历山大的传记作者们说，亚历山大确实留着长发，虽然希腊人认为这种发型女里女气。他看上去也相当矮，或许还近视。利西波斯塑造的偶像式人物则富于戏剧色彩，通过充满个性的姿态表现出一个生龙活虎的行动者：满头蓬发，唇齿微张，肌肉强壮的颈部略向前伸出，稍带扭曲，从而富有动感，也使得嘴唇自然翘起并张开。这尊大理石雕像看上去仿佛正在指挥千军万马。很自然地，长发演变成狮子的鬃毛；前额独特的皱纹变得像狮子眉毛那样深深的、毛茸茸的纹路；亚历山大家族那又长又直的鼻子也变得更突出、更宽、更直，具有狮鼻的特点；眼睛并未凝注某一点，眼球千真万确变得澄清、温柔、富于穿透力和学者的沉思默想。利西波斯的创造不仅有诗意，也是第一个现代招贴画的形象。几千年来，诸神多多少少采用了君主的相貌，所以有时候很难分辨神祇和国王、女神或王后之间的区别，在亚历山大容貌的基础上调和出的这一张神奇面孔，因而也就成为全人类的英雄的容貌。

至于亚历山大的身躯，利西波斯的目的是"按照他看上去的样子"来塑造这位年轻君主的。这一追求影响到被雕塑的躯干比例。传统上，希腊人按 1∶7 的比例制作头和躯干，但利西波斯雕塑的

1　莱妮·里芬施塔尔（Leni Riefenstahl，1902—2003），德国演员、导演，电影美学和摄影技法独具强烈风格。凭1932年自导自演的电影《蓝光》成为德国电影史上第一位女导演，希特勒曾"钦点"她拍摄纳粹宣传片《意志的胜利》和纪录片《柏林奥运会》，并称她为"我的完美德国女人"。作者把亚历山大和利西波斯的关系与希特勒和里芬施塔尔的关系类比，似乎很欠妥当，但原文如此。

躯干比以往更高更大，以与有着亚历山大脸孔的壮丽头颅相适应。对老一代雕塑家来说，这尊新的亚历山大雕像看上去肯定十分怪诞，有点像一名美国橄榄球运动员或者一位健美先生；但对其他雕塑家，这尊雕像生气勃勃，千百年来深入人心。利西波斯还以其雕塑的三维感觉出名。普林尼说，利西波斯起初是位金属工匠，对轻盈柔软的介质有特别的自由感，可能正因如此，他对石头和青铜的运用比前人更进了一步。这也是那些非凡的舞台综合造型般雕塑的开端：把人、兽、神呈现在同一件复杂的石头作品上，形成连续的动态雕塑，利西波斯的人物就像真人一般在空间移动。与先前的作品不同，它们没有从石料上切割下来的痕迹。利西波斯采用了早期雕塑柔和的弧线，但形状锐利了许多。亚历山大雕像的传统姿势是由一条腿温和地承受整个躯干的重量，而利西波斯的雕塑从肚脐到颈部，躯体的运动形成一个优雅的拉长的S形，从而更具活力。长期以来，希腊的运动员雕塑都夸张地强调运动员骨盆以上高度发达的肌肉，而现在在利西波斯的雕塑里，这些肌肉似乎更加紧绷绷地贴在骨骼之上，肌肉的运动也更加活力充沛。

　　头部略收，身体协调地扭动，这一切使得亚历山大——人们推测的巨像，拥有了前无古人的仪容，至今仍引人遐思。利西波斯所塑造的亚历山大看上去如此的庄严、崇高，根据一位希腊诗人的咏叹，亚历山大对宙斯说："凡世属于我。留着你的奥林匹亚吧，宙斯。"从米开朗基罗直至好莱坞，这英武伟岸的人物在很大程度上容颜依旧。原来的罗得岛巨像虽然很久以前就消失了，但余响千回百转，袅袅不绝，仿佛这尊巨像时不时就靴刺清脆作响地走在西方某条大街上。这尊巨像因而生命长在，其意象犹如幽灵一般徘徊在我们的时代。

　　说起来，希腊艺术家也把太阳神表现为牧马人，身穿长袍驾驭战车越过天空，有时战车上载着太阳。通常，神的右手抬起，表示祝福，左手可能握着一个圆球或鞭子或霹雳，甚至也可能持一柄节杖，节杖顶端有个半球或一些水果。有人认为卡雷斯塑造的罗得岛巨像也站在一辆战车里，这种说法如今无从证实，但不是没有可能，因为没有任何古代史料指明或暗示不是这么回事。还有这么一种可能：罗得岛巨像或许原本是一尊坐像。据迄今所知，这尊巨像出现前，希腊最大的雕塑是利西波斯为意大利南部塔兰托城创作的著名的60英尺高宙斯像，而这尊宙斯像就是坐着，甚至是四肢摊开地躺卧着的。另外也不是没有这种可能：罗得岛巨像也许就像年轻的亚历山大那么站着，又像是一位仅穿一件长袍的全能运动员，身体有明显的扭曲，还有第三条腿——一件长袍或棍子或长矛做支撑。利西波斯塑造的赫拉克勒斯身体就斜倚在一根棍棒上（有位权威人士形容这尊雕像是"一袋子令人厌恶的肉"），可能为这一造型提供了样板。不过，当时人心目中的赫利俄斯通常十分年轻，不像赫拉克勒斯那么老。因此，我们最终又回到了那座博物馆里的亚历山大雕像，手里也许拿着垂至地面的长袍，也许挂着长矛。它斜倚的长袍或长矛为巨像抵御狂风和地震增添了力量。

六　赫利俄斯在梵蒂冈

在罗得、帕加马，还有埃梅萨[1]等希腊化城市，以各种名字出现的太阳神——赫利俄斯、阿波罗、密特拉[2]、以拉–加巴尔[3]，纷纷

1　埃梅萨（Emesa），叙利亚中部城市。
2　密特拉（Mithras），古波斯神话中的光明之神、反邪恶之神，经常被认定为太阳神。
3　以拉–加巴尔（Elah-Gabal），古叙利亚人信奉的太阳神，传说埃梅萨城里有供奉它的巨大神庙。

成为主宰之神，地位显赫。据说埃梅萨后来还建造了一座恢宏的太阳神庙。罗马帝国扩张到东方后，东方的宗教也传播到罗马，一时间太阳神崇拜成为主要的国家宗教，而太阳神的各种特性则被普遍归结为神性的象征，以至于在西方基督教产生的头三个世纪里，在耶稣形象被固定成菲迪亚斯创造的黑发、蓄须、眼神锐利的宙斯之前，耶稣有时也被描绘成一名金发、直鼻、姿势古典的男子，他的脸就是根据亚历山大形象塑造的赫利俄斯的脸，只不过眼睛现在执着地凝望着上天。这是耶稣最古老的形象之一，而耶稣，和赫利俄斯一样，都成为"世界之光"。

基督教中的七印[1]、长眠七圣[2]、七城[3]和上帝的七个名字[4]，连同基督教本身，都是希腊化东方的产物，与这些太阳神渊源很深，而这些太阳神均来自亚历山大及其马其顿臣民所建造或带来繁荣的大城市。事实上，基督教一大立竿见影的魅力就是显示了更古老信仰的智慧如何应用于崭新的时代。在这个崭新的时代，无论什么东西，新就是好，都可以被买卖——这是金钱经济和流动人口的新伦理。这些大城市自身的新奇生活催生了许多新宗教，其中一些属于

1　圣经《启示录》中，上帝右手的书卷用七印封严，其中有关于末日的异象。第七印揭开之时即基督复临，末日审判开始之时。

2　长眠七圣（Seven Sleepers of Ephesus），传说250年罗马皇帝德修斯迫害基督教徒，当时有七名信奉基督教的士兵躲在以弗所附近一洞穴中，洞穴被封闭后，他们神奇地昏昏睡去。罗马皇帝狄奥多西二世在位期间（408—450），洞穴又被打开，他们醒来介绍自己遭际的意义，然后就死去，狄奥多西下令厚葬，并赦免了因相信基督死后复活而受迫害的所有主教。

3　七城，似指"七城之岛"的传说。据说8世纪初，西班牙的基督徒被摩尔人打败后，七位西班牙主教带领一批基督徒逃亡到直布罗陀海峡以西一个名叫安蒂利亚的小岛，在岛上建造了七座基督教城市。

4　在《圣经·旧约》中，与上帝耶和华一名连用的名字共有七个，即耶和华以勒（意为耶和华必预备）、耶和华拉法（耶和华必医治）、耶和华沙龙（耶和华赐平安）、耶和华沙坚奴（耶和华我们的义）、耶和华闪玛（耶和华的所在）、耶和华尼西（耶和华我的旌旗）、耶和华拉亚（耶和华我的牧者）。

秘而不宣的星宿神秘教派，充斥着太阳神万能的观念。所以，在基督教的头几个世纪里，许多宗教运动都提到太阳运动。从第三个世纪开始，太阳的形象成为基督教堂最受欢迎、效果最明显的象征之一。事实上，至今在基督教的礼拜、布道和唱赞美诗仪式中，它仍占据一席之地。而对早期皈依者来说，它不仅是象征，也是最古老信仰最深处涌动的改革潮流。其中几位太阳神因此赋予早期基督教许多特色。星期日，即礼拜日，是太阳自己的日子。（波斯神话中的太阳神）密特拉和耶稣一样，由一位处女在一个山洞里诞育，人们也是在12月25日这一天庆祝他降生。而和《启示录》与《希伯来书》中的耶稣一样，有些太阳神也是在暴风雨或者马车上出生的。不过，教会给太阳增加了道德的一面，把首位基督教皇帝君士坦丁膜拜的异教太阳神变成了复活的、进行末日审判的耶稣。这种替换不难完成。审判的观念深深根植于巴比伦和埃及的古老信仰、希腊罗马神话以及希伯来人的预言里。赫利俄斯和耶稣一样，一直是一位可亲可近、通情达理的神祇，也扮演了审判者的角色。先知玛拉基[1]不是宣称道："正义的太阳将升起，照在害怕我名字的你们身上……"现代人可能把这一感慨看成是简单的暗喻，但和亚历山大的形象一样，在许多世纪里，它们蕴含着真实的一面。早年间，教皇禁止人们在老圣彼得教堂台阶上边后退行走边祈祷，理由是担心会冒犯星期日冉冉升起的朝阳。圣奥古斯丁则激烈地警告说，把耶稣等同于太阳神，就有重新堕入异教的危险。尽管没有出过这种事，但赫利俄斯从未离开，年轻的太阳神形象贯穿了西方的基督教历史。

深入梵蒂冈地下，距圣彼得墓几步之遥，有一座公元3世纪的

---

1 玛拉基（Malachi），公元前6世纪时的一位希伯来先知。

小礼拜堂，天花板上镶嵌着精美的马赛克图案：葡萄藤枝蔓间是基督的像，有罩着罗得岛巨像光环的头，有亚历山大画像里笔挺的鼻子，有向上凝注的目光、蓬乱的头发和转过来的生气勃勃的脖子。他正驾驭着赫利俄斯的烈火战车穿过光芒四射的金色天空。不信基督教的罗马帝国皇帝发行的硬币上，太阳神也摆着同样的姿势。在同一个世纪，基督／赫利俄斯通过战车中天国的葡萄藤升天，而在早期基督教艺术中，同一战车曾把以西结[1]带到天堂。一千年来，乔托[2]在阿西西创作的一组杰出壁画中准确地表现了同一场面：罗得岛巨像的幽灵被神化。

1499年，有个名叫安通·科贝格的人为丢勒的蚀刻版画配诗，概述了赫利俄斯和耶稣不同寻常的死后生活：

> 太阳，当其处于轨道中央，也即日中时分，是最热的；基督也当如此，当他出现在天地中央，便是审判之时……夏天，太阳位于狮子座，其热力令萋萋春草枯萎；基督也当如此，在审判的高潮，如同激烈的狮子，他理当令罪人枯萎，理当毁灭人类在这世界上享受过的繁荣。

诸如此类的画面充斥着源自希腊占星术的各种意象，与中世纪意象深深地纠缠在一起。到中世纪时，早期基督徒通过纯美的阿波罗来表现的太阳神，如利西波斯创造的亚历山大/赫利俄斯，已被假想为可怕的审判者、形如狮子的魔鬼的特征之一，虽则两千多年

1　以西结（Ezekiel），公元前6世纪的希伯来预言家，号召犹太人出走巴比伦以回归敬神和信仰。
2　乔托·迪·邦多纳（Giotto di Bondone，约1266—1337），意大利画家、雕刻家、建筑师、文艺复兴的开创者。

2-6　罗马圣彼得大教堂地下墓穴马赛克画中的基督/赫利俄斯

前，这位太阳神曾伫立在曼德拉基港口，倾听拍岸涛声，是名副其实的世界奇迹。他早已从我们的视野中消失，但在每个城镇的教堂和影院，他仍幽灵般徘徊。他的形象一半被遗忘，一半仍流连。

> 献给你，赫利俄斯，
> 多利安罗得岛人为你竖起这尊巨像，让它高达天庭，
> 他们已平息了青铜色的战争巨浪，
> 从敌人那里夺来战利品，为国争光。
> 他们不仅在大海，也在陆地上，
> 升起了灿烂、不羁的自由之光。

1. 土耳其南部迪迪马阿波罗神庙废墟，始建于公元前313年，为罕见的七大奇迹时代风格，一度精致、宏伟而又壮观，其建筑师之一参与了七大奇迹中以弗所的阿耳忒弥斯神庙的建造

2. 奥林匹亚宙斯神殿废墟。它是规模最大的希腊多立克柱式神庙之一，菲迪亚斯的宙斯像便坐落其中。神殿始建于约公元前468年，资金来自当地战争中劫掠的财富。它使用一种易加工的当地石头快速建成，如今这些石头表层的灰泥已剥离，正在慢慢风化

3. 宙斯像复原图。这尊大型雕像可能是古典时代最大的单一奇迹，被许多古典作家详加描述。这幅水彩画是七大奇迹组画之一，由查尔斯·M. 谢尔顿创作于1922年，体现了人们对七大奇迹当初面貌的流行观念。事实上，神庙内部相当阴暗，而雕像本身则是象牙和黄金组合的庞然大物，幽光闪烁

4. 雷电和地震之神宙斯的神庙在公元6世纪的一场地震中坍塌，深埋在河泥中。这些倒在地上的石柱为19世纪晚期德国考古研究所厄内斯特·库尔提乌斯领导的一支早期考古队所发掘

5. 在罗得岛发现的亚历山大大帝的大理石头像。在这个巨大头颅四周钻的孔表明，它一度戴着镀金的旭日形装饰。太阳神赫利俄斯的雕像惯用这一装饰，罗得岛巨像即赫利俄斯像

6. 罗得岛巨像的毁灭。1572年，西方根据荷兰艺术家马丁·范·海姆斯凯尔克的画作印行了世界七大奇迹版画，为七大奇迹传统意象之始。这幅布鲁塞尔挂毯现藏于法国阿尔勒瑞图博物馆。海姆斯凯尔克的美图画表现的是一群古代雕塑家在完成罗得岛巨像头部的创作，而这幅挂毯改造了海姆斯凯尔克的画，描绘了土耳其士兵破坏这尊巨大的青铜雕像的令人惊恐的情景。这反映出自17世纪早期土耳其入侵以来，弥漫欧洲各地的恐惧心理

7. 罗得岛巨像复原图。这是一幅水彩画，由M. 库普卡作于1922年，是七大奇迹组画之一。艺术家描绘罗得港的假定位置时下笔十分谨慎，但不管建筑还是巨像的姿势都颇具想象力。这尊青铜太阳神像是否真的是正在敬礼的罗马士兵的形象，世人对此一直存疑。我们至今对这尊业已消失的巨像的姿势或外貌一无所知

8. 古亚历山大里亚的一个柱头。这个壮观的柱头是一栋无名建筑的方柱柱顶装饰之一，现陈列于埃及亚历山大城希腊罗马博物馆庭院内。它创作于希腊化时代的亚历山大里亚最初也最美好的年代，即法罗斯灯塔建造的年代。柱头由进口大理石切割而成，表明这座城市的早期统治者曾聘请最伟大的异国工匠，使用最好的材料来美化公共纪念物

9. 左：魁特贝要塞，15世纪建于埃及的海上门户。这座要塞直接建于古法罗斯灯塔的地基上，法罗斯灯塔的大理石和花岗岩碎块仍然散布在要塞周围的海堤上。不过，这座要塞约为古灯塔高度的1/5。法罗斯灯塔是当时最高的建筑之一

10. 右：阿布西尔灯塔。阿布西尔距亚历山大里亚约30英里，其古灯塔和法罗斯灯塔属于同一导航体系。它也是一座标志塔，帮助确定亚历山大里亚港后马雷奥蒂斯湖上的塔波希里斯港。这座灯塔于20世纪30年代部分复原，为昔日法罗斯灯塔风貌提供了很好的设想

11. 法罗斯灯塔复原图，这幅水彩画由哈罗德·奥克利根据德国学者赫尔曼·蒂尔施19世纪末至20世纪初的著名的法罗斯灯塔复原图创作。一位现代学者把它归类为"科幻小说"。不过，蒂尔施复原的法罗斯灯塔至今仍是这座古代灯塔最流行的形象，当时曾引发美国从肯辛顿到加利福尼亚的建筑竞相效仿

12. 哈利卡那苏斯摩梭拉斯陵墓建筑师之一派西奥斯设计的爱奥尼亚式柱顶。古代作家说，派西奥斯也建造了普里埃内的雅典娜神庙。这是爱奥尼亚式柱顶一个极好的范例，与摩梭拉斯陵墓遗物非常相似。巨大的柱头翻倒在普里埃内的神庙废墟里，令人立即联想到派西奥斯曾写过一本关于这种柱式的书并以此出名。倒塌的柱头旁生长着一丛丛野生牛至草，曾几何时，古代祭司曾用这种药草在神庙祭坛上焚烧供品

13. 摩梭拉斯陵墓复原图。A.J.史蒂文森利用了博德鲁姆湾全景、精美大理石炫目的光芒和整个建筑倾斜的剪影赋予所复原的陵墓以古代奇迹的氛围。不过，我们现在知道摩梭拉斯陵墓的范围比史蒂文森复原得更广。在高大的爱奥尼亚圆柱之间，有精美的巨大雕塑

14. 摩梭拉斯陵墓地点。20世纪70年代丹麦奥尔胡斯大学克里斯蒂安·耶珀森教授率考古队重新进行了发掘，突出显示了中世纪罗得岛善堂骑士对陵墓的彻底摧毁。新盖的红色屋顶遮挡着通往摩梭拉斯墓室的台阶，墓室一度位于大理石纪念碑的地下深处，如今却成为一个空荡荡的露天地坑

15. 梅拉萨的一座罗马陵墓。在模仿摩梭拉斯陵墓建造的几座古代纪念物中，这座陵墓被毁坏的程度最轻。墓主是卡里亚古都梅拉萨城的一位无名氏。美丽的墓顶使用成排圆柱支撑，与派西奥斯的原创遥相呼应，让人们感受到一位罗马诗人的评论：摩梭拉斯陵墓好像"飘浮在空空如也的大气中"

第三章

亚历山大里亚的灯塔

一　扬帆直入亚历山大里亚港

云层密布。我们上路时，刮起清新的东北风。船长比较熟悉这片海岸，抢在风向偏西之前张开所有的帆。他信任自己看见的迹象——形状像地平线上的一片乌云。他管它叫岸，并且觉得明天风就该从那个角落吹来了。

于是，在第十八天，快到12点时，从西北方向吹来清新怡人的和风。正如我们料想，船头直指亚历山大里亚。

埃及海岸极其之低，若非天气晴朗，往往发现到岸时已经靠得很近。海流强劲湍急，东流不息。船只通常靠放下测深索探路。测深索末端铅锤触及海底黑色泥沙时，船离陆地也就大约7里格[1]（约33.6公里）远。午夜时分，我们船长托词说他已经发现了那片黑沙，因此虽然风平浪静，他也选择把船停下，直到早晨。船长又说，他认为船已离岸不远，尽管他的计算，如他所言，和根据测深索得出的推论并不一致……

6月20日清晨，我们远远地看见亚历山大里亚在海面上升起……从这个角度看到的亚历山大里亚风景至佳。庞培柱[2]之类的古迹与摩尔式[3]高塔和尖塔混合在一起，加深了我们对即将探寻的一系列遗迹的期待……

亚历山大里亚有两个港口：老港和新港。虽然斯特拉博把新港称为"伟大的港口"，但它却是两个港口中最差劲的一个。进入新港既困难又危险，前头还有一个沙洲。只有欧洲船只能够停泊在这里，即便如此也谈不上安全，因为经常发生这种情况：很多船就算用锚系着也会失踪。1773年3月，当时我已在归途，有40多艘船被抛上岸，撞得七零八落。这些船大多属于拉古萨[4]，有的来自普罗旺斯的小渔港。而与此同时，熟悉这片海域的国家船只却几乎没有受到什么损坏……

另一个港口是尤诺斯塔斯（Eunostus），在法罗斯灯塔的西面。它也是非洲港，比前一个大得多……但到一定时候就会淤积……子孙后代也许会沿用希罗多德的口吻（如果还没过时的话）称呼它为尼罗河的馈赠，就像称呼埃及其他地方一样。

詹姆斯·布鲁斯（1768）

1　里格（league），长度单位，一里格相当于3.0法定英里（4.8公里）。

2　庞培柱（the column of Pompey），埃及亚历山大里亚港的一根罗马凯旋柱，建于公元297年，是当时除罗马和君士坦丁堡以外最大的一根凯旋柱，采用整片红色阿斯旺花岗岩建造，科林斯柱式，高20.46米，底部直径2.71米，重285吨。

3　摩尔式（Moorish），8世纪至16世纪西班牙的一种建筑风格，有马蹄拱和华丽装饰。

4　拉古萨（Ragusa），意大利西西里岛东南部的一座城市，今为制造业和食品加工业中心。

苏格兰探险家詹姆斯·布鲁斯的美妙记载描述了之前两千年或更久以来，多数航海者抵达亚历山大里亚的体验。在这片埃及海岸，水手不仅需要有点本事，还得有经验并倍加小心。港口位于平坦的海岸线上，很难被发现。洋流湍急，波涛汹涌，礁石和沙洲数不胜数，风速大，风向又变化多端。难怪大约耶稣诞生七百年前，荷马史诗《奥德赛》中的水手也发现"前往埃及的航程既漫长又麻烦"。布鲁斯的船长和奥德赛的水手没有现代导航系统或航海图帮忙，唯有依赖在地中海航行的传统知识：选择特定季节、短途，偏重于日间航行、夜间停泊，沿着容易接近的海岸从一个港口到另一个港口，穿梭于海湾、河口港和内陆海的岛屿之间。这种传统航海方式，视线至关重要，对沿海景观特征的知识也不可或缺。

希腊化时代的航海指南流传至今，已经残缺不全。其中详细描述了古亚历山大里亚两侧海岸线的情形，强调了它的荒凉和危险：

> 从（西岸）卡拉缪姆（Calameum）到"老女人的膝盖"有8英里。海岬陡峭，顶上有块岩石，海滩上长着一棵树。那儿有个港口，海水刚好能拍打到这棵树。小心南风。
>
> 阿尼翁：《图解航海手册》，18

难怪荷马史诗对沿海风景最喜爱的形容词乃是"清楚可见"。事实上，他对沿海特征的描写如此仔细，以至于我们至今仍能在地图上准确地标出他笔下英雄们航行的路线，就像我们能标出诗人、地理学家和《圣经》中圣徒描写的其他航海者的航程一样。

乍看上去，他们的描写可能准确得令人吃惊，但随即你就会发现，其描写的准确程度——他们是安全回家还是被差点淹死——是有所不同的。多数古代实际运作的记载，其观察的精确性也是如此，读者能马上分辨出故事的浪漫性和故事所发生场景的真实性之间的区别。例如，普林尼说就在夏至那一刻，阿陀斯山[1]顶峰——最危险的沿岸海岬，其阴影会落在约40英里开外利姆诺斯（Lemnos）岛的一个乡村集市上。而荷马描述萨莫色雷斯（Samothrace）岛上另一山巅景色时，仿佛在遥远的达达尼尔海峡和特洛伊亲见"普里阿摩斯[2]的城池和希腊人的战船"，而我们或许可以确定它真是这样。同样地，如果从大神宙斯的圣地罗得岛最高峰眺望，可能会看见宙斯本尊的出生地克里特岛的艾达峰[3]。虽然两地相距100多英里，在晴天这种说法是真实的。

在罗盘和无线电报问世之前，这类视野方面的知识流传很广，这些标志的数量也远比多数惯用现代航海设备的人多得多，并且可能很可靠。据记载，在晴朗的日子，人们或许会从塞浦路斯岛看到土耳其沿海高耸的托罗斯山脉，然后参照它航行。同样地，从西西里岛山顶，有时或许也能看到非洲海岸。从意大利的托斯卡纳，隐隐约约能望见科西嘉岛，而从突尼斯远眺，撒丁岛看上去不到200英里远，后者已是异常漫长的地中海旅程，中间只经过几个小岛。在西西里岛和北非海岸之间，是孤零零的小岛潘泰雷里亚[4]，历来是候鸟成群迁徙时歇脚的地方，也是通往非洲的古代海路上重要的航海标志。潘泰雷里亚之于古代航海的重要性，正如现在岛

1　阿陀斯山（Mount Athos），希腊东北部的一座山峰，海拔约2034米。
2　普里阿摩斯（Priam），特洛伊的末代国王，帕里斯、赫克托耳和卡珊德拉的父亲，在特洛伊城被希腊人攻陷时被杀。
3　艾达峰（Mount Ida），克里特岛中部的一座山峰，海拔2457.7米，是该岛最高点，古时与宙斯崇拜有密切关联。
4　潘泰雷里亚（Pantelleria），意大利岛屿，位于地中海西西里岛海峡，西西里岛西南100公里，突尼斯海岸以东60公里。小岛面积83平方公里。岛上有火山，最高峰海拔836米。考古学家在此发掘出距今3.5万年的房屋遗迹和文物。

　世界七大奇迹：西方现代意象的流变

上雷达灯塔对航空的意义一样。在现实生活中，在设计周详的古代海路上，水手几乎从不会离开海岸或陆地超过40英里，而地中海的风向也很少迫使他们那么做。例如，古希腊诗人、剧作家埃斯库罗斯描述道，特洛伊城被攻陷的消息借助烽火信号，轻而易举地在地中海地区从一处传至另一处，从一岛传至另一岛，从小亚细亚的达达尼尔海峡传到爱琴海，又回传到希腊大陆和意大利南部殖民地。

总的说来，在希腊化时代，高地被认为用处很大，诸神住在山巅，许多神庙也建在那里，牧人在山坡放牧，农夫在山坡劳作，人们从山腰森林里伐木造船。还有火山，也和诸神一样可以起到导航作用。例如，据记载，那不勒斯港依偎的埃特纳山[1]上空的云彩有时在120多英里开外的地方也能看见，特别是当山顶燃着浓烟和烈焰的时候。

相形之下，在埃及沿海，地势很低的漫漫沙漠包围着广袤平坦的三角洲，海岸线又低又缺少特征，让水手普遍感到畏惧。地理学家狄奥多罗斯[2]报告说，岩石嶙峋的法罗斯岛——庇护过荷马笔下古代英雄们的岛，乃是"汹涌海洋上的岛屿……安稳抛锚的港口"。但除却法罗斯岛所庇护的一个小山洞，在500英里乃至更长的整个埃及海岸，没有特出之物。平静的海面下，湍急海水猛烈地撞击着

---

1 埃特纳山（Mount Etna），位于西西里岛东部的活火山，海拔3325.1米，首次喷发于公元前475年。

2 西西里的狄奥多罗斯（Diodorus Siculus，约公元前90—前21），古希腊历史学家、地理学家。他用希腊文编撰世界通史性质的《历史文库》，凡40卷，起于远古，终于公元前1世纪罗马内战，保存了不少古代作家已佚作品。其首6卷介绍古埃及、美索不达米亚、印度、塞西亚、阿拉伯、北非、希腊及欧洲的历史与文化。卷7至卷17记述特洛伊战争至亚历山大大帝的世界历史。卷17以后记述亚历山大继业者至公元前60年或前45年恺撒发动高卢战争。他以文库（Bibliotheca）为书名，意在表明此书是辑录各种史料而成。

满布低矮礁石和沙洲的孤零零的海滩。不仅是尼罗河淤泥形成的河口，波河[1]、隆河[2]、台伯河[3]，还有发源于小亚细亚的许多河流的河口三角洲，都有这种危险的名声。在这里，有时要特别建造一些人为标志为海上船只导航。

远在希腊和罗马崛起之前，埃及法老就已离弃位于尼罗河谷的传统王国，把宫廷和都城迁出狭窄的河边绿洲，移至松软、湿润的河流三角洲。从前，通往地中海的地带被简单称为"大绿"，在重视内陆的古埃及王国无足轻重，现在则日显重要。坐落在三角洲的这些辉煌都城，有港口与河流和运河相连接，出海船舶如织。古老的王国开放了，在独立的最后几个世纪里，埃及成为一个地中海强国。通往迦南和北方的沙漠之路虽然危险、缓慢，却变得越来越重要。在三角洲河流出海口，尼罗河主河道被分成十二条不同的水道，这些水道一直让水手倍感头疼。古代作家注意到有条水道边有座希腊神庙，另一条水道边有一处被加固的海军营地，第三条水道边则是座高塔，被希腊人称为珀耳修斯[4]塔。这些标志物全都被船长们牢牢记在心里。虽然它们只是低低浮现在地平线上，但海船到达非洲海岸的时候，船长们一心指望靠它们确定方位。

沿岸这些安全标志中，最出名、最受喜爱、最为所有航海者热切期盼的，就是被尊为世界七大奇迹之一、矗立在埃及亚历山大里亚港口前的巨塔。和其他许多城市一样，亚历山大里亚沿用了建城

1　波河（the Po），意大利北部一河流，流程约652公里，大致向东流入亚得里亚海。波河流域是一个主要的工业和农业区。

2　隆河（the Rhone），源于瑞士中南部阿尔卑斯山的河流，流向西南偏西和西北，流程约813公里，经日内瓦湖流入法国东部，与索恩河汇流后，向东流入地中海。

3　台伯河（the Tiber），意大利中部河流，流程约406公里，向南和西南方向流经罗马。

4　珀耳修斯，希腊神话中宙斯之子，杀死蛇发女怪美杜莎的英雄，后成为北半球星座英仙座。

者的名字，这座灯塔则因它所在小岛法罗斯岛而得名。

另一座由国王建造的塔获得尊荣，它位于俯视亚历山大里亚港的法罗斯岛上。人们说它耗费了800塔兰特[1]。为了叙述全面，我们应该补充说明，端靠国王托勒密[2]仁慈的许可，建筑师克尼多斯的透特查图斯[3]的名字才得以铭刻在这座建筑上面。它的用处是作为灯塔，为夜航船只指示港口的入口，警示它们避开深度很浅的水域。

普林尼：《自然史》，第36节，83

二　法罗斯岛上的灯塔

法罗斯在古代名声煊赫，以至于在多数西方语言里这个岛的名字有时不仅指指引水手的任何灯塔或航标灯，也指所有明亮的光线或灯光信号，比如房间里的枝状大烛台或带路的火炬，由此还引申出鼓舞人心的领袖、美好的惊喜以及诗歌散文中闪光的句子等相关含义。

埃及众王之一在法罗斯岛内建造的塔享有盛名，这座塔俯

1　塔兰特（talent），古希腊、古罗马和中东的一种可变的重量和货币单位。

2　国王托勒密（King Ptolemy），此处应指国王托勒密一世（Ptolemy I Soter，公元前367?—前283?），埃及托勒密王朝（公元前323—前30年）创建者。托勒密一世本是亚历山大大帝的好友及部将，随其远征波斯。公元前323年亚历山大大帝国瓦解时，分得埃及作为领地。公元前304年效仿其他亚历山大大帝继业者宣布自己为王，建都亚历山大里亚，成为埃及的统治者。

3　透特查图斯（Sostratus of Cnidus），公元前3世纪希腊建筑师和工程师，据说他是托勒密一世的朋友，公元前280年设计了亚历山大灯塔。

瞰亚历山大里亚港，并守护着它。

菲里蒙·霍兰[1]译自普林尼：《自然史》，第36节，83（1601）

　　不过，在最早为人知晓的几份七大奇迹名单上，甚至在那些于古亚历山大里亚城拟就的七大奇迹名单里，没有法罗斯灯塔这个名字。在希腊人的奇迹名单里，法罗斯灯塔的位置通常被高耸的巴比伦城墙所占据。后者和空中花园被分别单列为一大奇迹。直到公元6世纪，在寒冷遥远的意大利以北欧洲大地，英格兰修道士比德的门徒和其他修士才把法罗斯灯塔归入富于魅力的奇迹行列。人们不得不怀疑，这是因为法罗斯灯塔在许多地中海作家中享有盛誉，而这些作家的著述，为北部欧洲学者提供了南方地区的智慧和编纂材料。事实上，在比德生活的时代，亚历山大里亚的古老灯塔当真依然是个奇迹。当时，法罗斯灯塔已俯瞰古城将近一千年，它的光芒闪烁在50英里的海面上，和五百年前一位罗马作家抱怨的一模一样。那位罗马作家抱怨说，很容易把这灯光与天幕低垂时某颗恒星或行星的光辉相混淆。当希腊化城邦在罗马崛起前就纷纷衰落，古希腊作家把这颗星视为奇迹；当阿拉伯将军阿穆尔[2]率军纵马疾驰，穿过震颤的亚历山大里亚大理石街道，这颗星仍然被视为奇迹。阿穆尔大军进入亚历山大里亚前一天，公元641年9月14日圣十字日的黎明时分，拜占庭人带着所有财宝、贡赋，扬帆驶离这个古老的港口，最后一次经过高耸的法罗斯灯塔，而灯塔也依然宣示着他们先祖的力量和见识。

1　菲里蒙·霍兰（Philemon Holland，1552—1637），英国学者、医生、翻译家，首次将古罗马作家李维（Livy）、普林尼和普鲁塔克的著作译介为英文。
2　阿穆尔·伊本–阿斯（Amr Ibn al-As，约585—664），阿拉伯将军和政治家，能征善战，629年皈依伊斯兰教，领导穆斯林征服埃及。

3-1　晚期的法罗斯灯塔，塔顶有座穹顶清真寺。
威尼斯圣马可教堂内12世纪马赛克画

在七大奇迹中，法罗斯灯塔对人类最具实用性。而它得享盛名的最主要原因也是实用和耐久，这最终导致它被列入奇迹名单。在现代，即文艺复兴时期以来编纂的奇迹名单上，这座灯塔被描述为古代常识和杰出工程的卓越典范。而事实亦如此：一千七百年来，它巍然屹立，一直是这座地中海沿岸最大城市的门户标志。

奉哈里发奥马尔传奇般的派遣，阿穆尔占领了这座城市。传言他报告说，对这座城市，"我只能说它有4000座宫殿、4000所澡堂、400家剧院、12000家百货店和40000名缴纳贡赋的犹太人"。之后，历经改造、修缮、照管和维护，法罗斯灯塔为这座城市继续服务了将近八百年，直到最终在地震中坍塌。

即便是在阿拉伯军队东征时期，以及其后若干个世纪，基督教朝圣者都能自由地前往亚历山大里亚，在它的各处圣地旁祈祷，对巍峨的法罗斯灯塔和它指点迷津的光芒同样感到惊奇。

　　西行4天，是亚历山大里亚城。那里埋葬着使徒和福音传教者圣马可、大圣阿塔那修[1]、神圣的特洛伊罗斯（St. Troilus）、慈悲者圣约翰、最后一位烈士圣彼得、东正教的阿波里那留斯（Apollinarius the Orthodox）、神圣的维塔琉斯（holy Vitalios），还有被当成典范的五位聪明童女[2]。在亚历山大里亚港，还矗立着被称为"法拉斯"（Pharas，原文如此）的高塔，此乃第一奇观。它用玻璃和铅固定在一起，有600码高。在亚历山大里亚以西大约9英里处，埋葬着圣梅纳斯（holy Menas）。再往西9英里，则长眠着受诅咒的圣特奥多拉（St. Tneodora），她给自己改名叫塞奥佐拉。向亚历山大里亚南行6天，是大圣马卡里乌斯（St. Macarius the Great）安葬之地……由此出发再走4天，就到了约瑟的谷仓（金字塔群，另一奇迹）——共计36座。从这些谷仓那里可以渡过一条河……河上桥梁由80艘船连接而成。从那里便可进入大巴比伦，到达法老的宫殿。巴比伦往东大约6英里处，葬着大圣亚赛热（St. Arsenius the Great）。

　　　　　　修士伊皮法纽：《巴勒斯坦述志》V, 20—19（约750—800）

12世纪，西班牙作家巴拉维·安达卢西在其旅行百科全书式著

1　亚历山大的阿塔那修（Athanasius of Alexandria，约295—373），4世纪东方教父，亚历山大主教。著有《论道成肉身》《驳异教徒》《安东尼传》。

2　典出《圣经·马太福音》第25章十童女的比喻故事：十童女中有五个愚拙，五个聪明；聪明的在婚宴之前将油灯备满了油，等新郎临到，出门迎接，进屋坐席；而愚拙的却迟迟不预备油，因而被关在婚宴的门外。

作《入门书》[1]中详细描述了法罗斯灯塔及其测量。这是他在马拉加（Malaga）家中写给儿子阿卜德·拉希姆的启蒙书。这表明，1166年，即安达卢西到埃及旅行那一年，古典法罗斯灯塔大部分依然存在。安达卢西认识到法罗斯灯塔和某些最古老、最大的清真寺塔之间的相似性——西方人把这些清真寺塔称为宣礼塔（尖塔，minaret），信徒聆听塔上召唤前往清真寺祈祷。成百上千年前，法罗斯灯塔的魅影就伴随阿拉伯军队沿非洲海岸进入西班牙。

无疑，在安达卢西游历过的科尔多瓦（Cordoba）和凯鲁万（Qairawan），城中清真寺宣礼塔高大的剪影及其诸般建筑细节，都会令人联想起这座古老灯塔的形态。还有传统的埃及清真寺宣礼塔形状，底部呈方形，中央部分呈八角形，顶部呈圆形，和法罗斯灯塔的建筑排列一模一样。至于法罗斯灯塔建筑设计的其他部分，我们如今也只能从阿拉伯作家那里获知：螺旋形的楼梯、底层带穹顶的大厅和房间，这些对某些早期清真寺的设计可能都产生过影响。亚历山大里亚凭其恢宏的建筑、宫殿和清真寺，成为伊斯兰教早期阶段的耀眼明珠。沙漠阿拉伯人开始建造第一批伊斯兰教大型礼仪性建筑时，借鉴给他们留下深刻印象的建筑，这不足为奇。事实上，minaret（宣礼塔）这个词本身，可能源于法罗斯灯塔的阿拉伯名字——在阿拉伯语中，法罗斯灯塔被称为manara，意即"火燃烧的地方"。由此，虽然可能永远无从证实法罗斯灯塔本身是清真寺设计的主要催化剂之一，但有一点确凿无疑：第一批伊斯兰教建筑

1　安达卢西（el-Badawi el-Andalusi，1131/1135—1207/1208），全名应是Abu al-Hajjaj Yusuf ibn Muhammad al-Balawi al-Andalusi，意即安达卢西的巴拉维家族的阿布·哈贾吉·优素福·本·穆罕默德。西班牙南部安达卢西亚的阿拉伯作家。他为教育儿子写了一部儿童百科全书式作品《入门书》（*Kitab Alif Ba*，英译为*The ABC Book*。在阿拉伯语中，Kitab意为书，Alif和Ba相当于英语里A和B）。

师借鉴了他们生活年代的建筑形态，而那个年代的一大奇迹就是法罗斯岛岩石上的古老灯塔。

千百年以降，伊斯兰作家深深为巍巍法罗斯灯塔着迷。正如之前众多希腊旅行作家那样，这些伊斯兰作家多数认为他们的写作不仅是为了告诉读者情况，也要讲出精彩的故事。这一来，关于法罗斯灯塔就出现了各种既美妙又荒诞的故事，把各种古代记述和当地传说杂糅在一起。在这些故事里，我们发现亚历山大在一只巨大的玻璃螃蟹上建造了法罗斯灯塔，而你可能会从这只巨大的螃蟹身上跌下摔死；在灯塔顶部安装着一面棱镜，能够聚焦灼人的光束攻击外国舰队，另一个安装相似的"中国铁"棱镜则展现了遥远的拜占庭街道全景；灯塔本身用罗马石头建造，而这些石头全靠铅固定在一起；灯塔脚下的房间多得让人晕头转向，如果没有向导指路，只怕你会绝望地以为再也走不出来，苦恼地死在那里。

从众多文学图片中，如游客们在海水低潮时蹚水从城中前往岛

3-2　圣马可扬帆驶入亚历山大里亚港，威尼斯圣马可教堂马赛克画上的法罗斯灯塔（约1200年）

　　　世界七大奇迹：西方现代意象的流变

上灯塔，满潮时观看驴车为灯塔送去燃料等，也可略窥法罗斯灯塔的"晚年生活"。其中最著名的是威尼斯圣马可教堂的一幅马赛克画，描绘了使徒圣马可——威尼斯守护神，抵达亚历山大里亚、驶经港口中法罗斯灯塔的情形。画中你能看到灯塔底部的门洞和台阶、三重塔身以及灯塔上的窗户。据说，这些窗户是为驴车到达塔顶沿路提供照明用的。在这幅马赛克画中，法罗斯灯塔有一个小小的拱顶，就像许多清真寺宣礼塔那样，这是古代灯塔上半部分经受地震后，塔上建起的几个冠状物之一。

阿拉伯作家还描述了灯塔遭受侵蚀的缓慢过程。在此摘录一段14世纪上半叶旅行家、学者伊本·白图泰[1]的游记：

> 终于，（1326年）4月5日，我们到达亚历山大里亚。这是一座美丽的城市，精心建造，由四道城门和一座大港拱卫。我见过的世上所有港口中，除却印度的俱蓝[2]和卡利卡特（Calicut）、土耳其域内苏达克（Sudaq）的异教徒（热那亚人）港和中国的泉州港……其他港口都不能与它比肩。我借此机会去看了灯塔，发现它的一个面已成废墟。这是一座很高的方形建筑，门高出地面……门内是灯塔看守人的地方，灯塔里面还有很多房间……它坐落在一处高丘之上，离城三英里（原文如此），地如长舌，从城墙附近蜿蜒伸出，直入海中，因此除非从城里走，没有另一条陆路可达灯塔。

1　白图泰（Abu Abd Allah Mohammed Ibn Battuta, 1304—1377），阿拉伯旅行家。曾二十五年远游12.2万公里，之后又奉命出使数年。晚年以题为《在美好国家旅行者的快乐》口述旅行见闻，写就一部颇有价值的游记。

2　俱蓝（Kawlam），中国古籍译为喃、俱蓝或阁蓝，《诸蕃志》译作故临，是印度故临（Kulam）海口外八公里处一个岛，即今天的奎隆（Quilon）。

750年（1349年），我在西归途中再度参观这座灯塔，发现它已坍塌成废墟，不可能进入或者攀爬到门口。马利克·安-纳西尔（El-Malik an-Nasir）已经开始在它边上建造一座类似的灯塔，但这一工程因他去世半途而废。

埃及文献说，法罗斯灯塔最终在1375年的一场地震中完全坍塌。又过一个世纪，受到围困的马木留克布尔吉王朝[1]苏丹魁特贝（Sultan Quitbay）下令在其基础上建造要塞，这个城堡要塞同样美观，历经日后征服者的扩建、修缮或攻打，至今仍耸立于海湾上，与这座人声鼎沸的城市相依相伴。有趣的是，七大奇迹中，有三个被融入了这种童话般的城堡。

在魁特贝城堡中央、法罗斯灯塔古老地基的深处，是一座清真寺，它不像寻常清真寺那样朝向麦加，而是与法罗斯灯塔原来的位置——罗盘的四个点对准。城堡靠屋顶灯室窗户照明，阳光射进这座建筑，照在清真寺壮观的镶嵌地板上。站在城堡底层地板上，仰望它的中央，整个空间便犹如一座巨大的高塔。无需太多想象力，意识之眼已然看见法罗斯灯塔的古老坡道，朝着灯室盘旋而上。吃苦耐劳的驴子在车夫驱使下，载着灯油直奔塔顶。

三 埃及的亚历山大里亚

早在法罗斯灯塔建造之前，小岛这个地方是个避风处，村里渔

---

1 马木留克布尔吉王朝（Burji Mameluk），古埃及王朝。马木留克（又译马穆鲁克），9—16世纪阿拉伯哈里发和阿尤布王朝苏丹的雇佣军，逐渐成为强大军事集团并建立了马木留克王朝，分为前后两期，前期为伯海里王朝（1250—1382），后期即布尔吉王朝（1382—1517），统治埃及共达三百年之久。

民把船停泊在这里的下风岸。荷马说，海伦和阿伽门农从特洛伊乘船回家时，曾经在法罗斯岛的白色海岸上，惊奇地看到海豹在晒太阳。在隐蔽的海湾的另一侧，海岸危险陡峭，越远越靠近地平线，海水蔚蓝，惊涛拍岸，轰然作响。假使时当公元前332年，你像亚历山大大帝那样，想在埃及建造一个城市，有着半露出水面的礁石和避风小渔村的法罗斯岛，恐怕是一个开工的好地方。

传说，亚历山大大帝把建城计划委托给了一个名叫狄诺克拉底[1]的人，此人从各方面而言，都是一个想象力丰富的人。

亚历山大统治世界之时，建筑师狄诺克拉底从马其顿出发，来到亚历山大军中。他的理念和技能已具信誉，但他渴望国王的称许。为谋得见面机会，狄诺克拉底把故乡亲朋好友写的信交给高层官员，在获得这些官员礼貌的接待之后，他请求一俟亚历山大大帝有空，就尽早让他觐见。这些官员答应在合适的时候问一问，但狄诺克拉底等了又等，久无回音，便怀疑这些官员没把他当回事，于是自己想了个办法。他长得英俊魁梧，仪表堂堂，十分出众。仗着这份老天爷的馈赠，他在一家小酒馆脱光衣服，身上涂油，头戴白杨叶冠，左肩披张狮皮，右手拿根棍棒，然后出发到对面的法庭，亚历山大大帝正在那里处理司法事务。

这身新奇打扮吸引了人们的目光。亚历山大注意到他，起了赞赏之心，下令众人让他走上前来，并询问他是谁。他回答道："我是狄诺克拉底，一位马其顿建筑师。我带来适合你这

---

1 狄诺克拉底（Dinocrates），又名罗得的狄诺克拉底，亚历山大统治时期古希腊著名建筑师之一。他主持亚历山大里亚城市的测绘和规划，采用宽广而整齐的网格状来布局城市，风行于当时地中海沿岸的希腊化城市。这对西方现代城市规划产生深远影响。

样大名鼎鼎人物的构思和设计，我把阿陀斯山设计成一尊雕像的形状。在它的左手位置，我规划出一座重要城市的城墙；右手则设计出一个钵，用以收集山中所有河溪的水，它们由此流入海洋。"

亚历山大闻之颇为欣喜，立即询问附近田地能否让人们有理由期待城市得到谷物供应。当他发觉这里获得谷物唯一可能的办法是船运时，他说："狄诺克拉底，我觉察出你的设计观念卓尔不群，对此很感喜悦。但我认为如果谁打算在这里建殖民地的话，他们的判断可能存在缺陷。因为，就像初生婴儿得不到乳汁就不会健壮或长大一样，一座城市如果城墙内没有大量田地和庄稼的话也无从发展。如果得不到现成的粮食供应，就不会有大量人口；而没有收成，城市就不能供养它的子民。因此，我认为你的设计可圈可点，但同时我也相信（你选择的）地点容易招来批评。我要你和我在一起，因为我将让你为我效劳。"

从那时起，狄诺克拉底就不离大帝左右，一直跟随他到了埃及。亚历山大注意到这座港口有天然的安全屏障，是出类拔萃的贸易地点，而埃及各地农田遍布，享受着浩荡尼罗河的泽被。于是他委托狄诺克拉底建造以自己名字命名的亚历山大里亚城。这就是狄诺克拉底如何从一名英俊出众、引人注目的男子成长为一位名声如此显赫的人物的过程。

维特鲁威[1]：《建筑十书》，Ⅱ，前言1—4

罗马历史学家阿里安[1]说，亚历山大里亚伸展开来的形状，像是一件马其顿斗篷。岛的两边各有一个港口，由从法罗斯岛延伸到岸的一条堤道分开。这种锤子状的结构犹如头篷的衣领，近似于长方形的城墙勾勒出整个城市的形状，构成斗篷的主体部分。这座城市从一开始就是一座移民城市。大量犹太人来到这座新城市，还有马其顿人和希腊人，其中不乏久经沙场，特别是最后一场亚历山大东征亚洲之役的老兵。当然，城中也有来自埃及内地、土生土长的埃及人。他们管理外来者，构成这座崭新城市和为它提供食物、水、热能及大部分原材料的古老国度之间至关重要的行政纽带。城墙之内，每种文化都有自己的区域，在这件斗篷上各占一块地盘，有自己的庙宇、神祇和各自的身份认同。

法罗斯岛上的航标——俯瞰危险港口的奇迹灯塔，很早就出现在城市生活中。它确保船只安全通过，对港口日后的繁荣起了至关重要的作用。之后，它又宣示着城市的财富和巨大潜力，令到访者对这座城市之恢宏壮观，远比对统治这座城市的所有君主印象来得深刻。这些君主都是马其顿人，曾追随亚历山大越过亚洲平原并肩作战，亚历山大去世时又彼此征伐。托勒密[2]将军选择埃及作为自己的王国，把亚历山大遗体带到埃及的亚历山大里亚，在城市中心为他造墓。

亚历山大和他的建筑师曾像墨涅拉俄斯[3]那样，在亚历山大里亚的海滩漫步。不过，那时距托勒密计划为亚历山大造墓，尚有十

1　阿里安（Arrian，约95—约175），古罗马统治下的古希腊历史学家、哲学家和将军。著有《亚历山大远征记》《印度记》等。
2　托勒密（Ptolemy），即托勒密一世，埃及托勒密王朝创建者、亚历山大大帝的继业者之一。
3　墨涅拉俄斯（Menelaus），希腊神话中海伦的丈夫，迈锡尼岛斯巴达国王、特洛伊战争中希腊联军统帅阿伽门农之弟。

年时间。

> 亚历山大觉得这是建城的理想之地，预期城市将会繁荣。他满怀激情地规划这座城市，标出城中何处设立集市，又应当建造多少庙宇，敬奉何种神祇。他让这个庙供奉希腊神祇，又让那些庙祭祀埃及女神伊希斯[1]，并划定在何处建造环绕城市的城墙。
>
> 阿里安：《亚历山大远征记》，III，1（约150）

亚历山大向神献祭，得到他所需要的吉祥征兆。于是，在一个用千年占星术卜出的吉日，由传统的木犁指引，亚历山大在海湾后面的土地上耕出长长的犁沟，在里面撒下盐和大麦粉，标出状如他的军用斗篷的城市边界。贸易是他首先关心的事情，"就像初生婴儿得不到乳汁就不会健壮或长大一样，"他告诉狄诺克拉底，"一座城市如果城墙内没有大量田地和庄稼的话也无从发展。"所以，贸易将是城市的血脉。在低矮空旷的山冈，尼罗河尽头的沼泽湖和咆哮的大海之间，挨着港口设立了集市，城墙和城门按照日月的方位设置并命名，还计划建造一道弧形的海堤，把法罗斯岛和海岸连接起来。无疑，法罗斯灯塔也是同一时期列入规划的。

早先，托勒密和希腊人开发他们控制的尼罗河谷之前，亚历山大里亚人出口各种日用品：船用绳索、香料、药品以及豹皮、象牙和乌木等非洲传统特产。其后，这个当时最新奇的贸易中心充盈着这片世界上最肥沃土地的出产，并把其中大部分出口到地中海东部各个城市，当然后来也出口到罗马。亚历山大用木犁开垦海滩五百年后，埃及和它这个被开发的港口仍被认为对帝国治理至关重要，

1　伊希斯（Isis），古埃及神话中司生育和繁殖的女神。

以至于它们双双被划归为帝王的个人财产，由此可见这座城市的创立者多么有眼光。

遵循希腊城市通常采用的网格状系统，亚历山大里亚的街道被规划成整齐的格子形，周到地纳入了城市生活的各种功能。亚历山大占领的多数古城过去只有单一的核心区域——神祇或统治者所在地，整个城市就围绕这一核心区域，像蚂蚁山那样组织和铺展开来，街道狭窄而且几乎没有公共空间。但这些网格状的希腊化城市，从一开始就向居民提供了四面城墙内的空间和日后延展为景观的可能性，这是他们不曾梦想过的露天场地。

这些城市的新空间——新奇的公共场地，满足了一系列需求。它们为贸易、辩论、展览、陈列、宣传、政治、公共娱乐提供了空间，而这些在某种程度上都是过去人们不知道的。历史上第一次，城市成为自由自在的市民沙龙，而他们的后代把这一点保留到今天。第一次，城市里有了公用人行道，铺砌了带拱廊的街道和广场，供市民散步、聊天，或只是道一声寒暄。这些城市还充斥着雕塑，几乎每处公共空间都耸立着建城者的英雄雕像，着力表现出希腊人的躯体形象之美丽和谐，绝大部分雕像塑造的是凡人而非神祇。为了让市民当真拥有这些雕像所宣示的完美躯体，城中建起花费很大、占地极广的公共体育馆、公共澡堂和散步场所。城中还有市场、会议厅、供奉当地或外来神祇的庙宇、建城者的坟茔、统治者的宫殿、大小公园、商店、剧院和露天大型运动场，其中许多堪称七大奇迹的不同版本，大多数建筑干脆就是城市特征的最佳范例。

在七大奇迹诞生的年代，人们拥有和先人不同的活动空间。他们住在崭新的城市里，生活方式迥然不同。建造七大奇迹对这些城市的自我身份认同至为重要，以至于它们的样板形象，或者说它们被推广和合成后的形象，成为城市从那时直至今日的一个共同特征。因此，正如大多数现代城市承袭了这些希腊化城市奠定的轮廓，我们发现奇迹的幽灵也萦绕着现代城市：从罗马的圣彼得广场到美国的华盛顿特区和澳大利亚的悉尼，古老奇迹的回声仍旧在现代都市景观中飘荡。这就是为什么古物虽杳，魔力犹存，意义仍在——其形其貌乃城市形态之宝库。七大奇迹似已成为一个完美的、必需的、人性化的城市的一部分。如此恒久的影响显示出这些希腊化城市非同小可的当代意义，也说明创造七大奇迹的时代至今仍具有异乎寻常的重要性。

在亚历山大铺展开来的"斗篷"式城市里面，有着造就和维系市民财富所需的一切东西。不必奇怪，这座位于埃及外缘的殖民地——人口、金钱和成功的仓库，受着坚固城墙的卫护；无须讶异，远在巴比伦城——亚历山大逝世之地，也有高大的泥砖城墙——希腊人曾经看见或想象到的最大城墙。巴比伦墙也被认为是世界奇迹之一。它们都是一座现代城市所切实需要着的：

　　　　塞米勒米斯[1]有头等丰富的创造力，因此去世时留下一大

1　塞米勒米斯（Semiramis），原型是公元前9世纪亚述帝国女王萨穆-拉玛特（Sammu-Ramat），Semiramis是她的希腊文名字。据美国《国家地理》旗下《历史》杂志2017年9月载文介绍，她是公元前823年至前811年在位的亚述国王沙姆希-阿达德五世（Shamshi-Adad V）的王后，亚述国王阿达德-尼拉里三世（Adad-Nirari III）之母。丈夫去世时儿子年幼，她通过摄政恢复帝国稳定，统治亚述五年，考古发现的石碑铭文里称她为"亚述王"。她执政成就非凡，引发后世种种传说附会，渐成神话和传奇。按公元前1世纪希腊作家西西里的狄奥多罗斯记载，她是人身鱼尾的叙利亚女神德塞托（Derceto）和凡人的私生女，出生后遭弃，受鸽子照料，被牧羊人收养，出落成美丽非凡的女子。她先嫁叙利亚行省总督欧内斯（Onnes），出策助丈夫攻城获胜引起亚述王尼努斯（Ninus）注意。尼努斯对她一见钟情，令欧内斯换妻最终迫使其自杀。她以寡妇身份成为尼努斯的王后。传说她创立巴比伦并建造巴比伦城墙，但考古学界认为巴比伦早在塞米勒米斯之前已建立，其主要建筑工程在她去世两个世纪后由尼布甲尼撒二世进行。她的传说曾启发意大利中世纪诗人但丁和法国启蒙作家伏尔泰的创作。1823年罗西尼据伏尔泰剧本创作歌剧《塞米拉米德》。

珍贵奇迹：她奠定了长达41英里的巴比伦城墙基础。这道墙首尾相连，其长度足以令长跑健儿精疲力竭。但它之所以引人注目，不仅因为长度，也因为结构坚固、凹处宽敞，还因为它使用烧制的砖和沥青砌成。

这道墙高逾80英尺，墙顶环形通道可容四辆驷马战车并驾齐驱，一个接一个的多层塔楼能容纳大批军队。这座城市因此成为波斯高度坚固的要塞。从墙外观望，猜测不出墙内人们的居住情况。

在环形城墙里面，住着成千上万的人！墙外田地的面积，几乎不比巴比伦城内建筑区域更大。墙外农夫在墙内市民看来，就像外国人一样。

菲洛，5，1—3

从希腊到印度，沿途有几十座像埃及的亚历山大里亚这样的希腊化城市，其中17座以亚历山大命名。这些希腊化城市不仅掌握着城中的贸易财富，而且成功地贯彻了把各色人种作为一个人类整体对待的新理念。这些城市多种族、多语言、多文化，它们对新理念的忠诚应归功于城市自身和亚历山大的国际主义观念。

这些奇异的新城市中，连神祇都是新的，创自先前的各种信仰。这些神祇虽然看上去模样相似——伊希斯和雅典娜、勇敢的赫拉克勒斯和荷鲁斯[1]、耶和华及波斯和远东的诸神，但它们就像这些崭新城市中的芸芸众生一样，经历了纵然微妙也非常巨大的变化。在这种城市环境里，埃及神祇或许和希腊神祇相融合拼接，构成焕然一

---

1 荷鲁斯（Horus），死神奥西里斯和丰饶女神伊希斯之子。古埃及神话中的法老守护神，被描绘成长着鹰头的模样。

新的神祇；耶稣基督也将进入，重新塑造古老信仰，并针对早先世界闻所未闻的新形势、新经济制定道德规范。在亚历山大里亚也是如此，犹太人用新的眼光看待祖先的信仰，新创出犹太会堂[1]的观念，并把古代犹太圣书译成了希腊文——据说是70位学者在法罗斯岛的70间棚屋里完成了这一译事。于是，在这些希腊化城市，人类信仰经过移植而获得重生。尽管某些信仰需要重新解释人类生与死的经验，但它们现在求助于智慧的神奇之匙——这些智慧之匙由无名神祇在密室中选定，只需些许引导就能理解和掌握。这也是一个市民生活相互疏离的世界，凶暴之徒在街上聚众滋事，而这些街道却是富人出钱用大理石铺就，为的只是城市的体面。拥有七大奇迹的这些城市属于人世间最美丽、最卓越也最奇特的城市之列。可以肯定，它们和西方盛行的关于古希腊人天性的观念相差万里之遥。

这些可爱的城市形态被无数次地复制，都具有网格体系和完美的规划，由此孕育出一个陌生的新世界，也就几乎不足为奇。仿佛感觉到某种东西的终结，亚历山大建立了当时世界上最大的图书馆，雄心勃勃地意图保存人类的全部知识。在亚历山大里亚城外，又建造了俯瞰全城的法罗斯灯塔，在法罗斯灯塔旁建造了市场、码头和仓库。此外，城中又建造了亚历山大墓，之后还建有近亲结婚的国王和王后的宫殿、世界上最早的几座犹太会堂、一些教派神秘的聚会场所、商人的账房、妓院和商店、富裕市民粉刷雪白的华丽住宅。后来，又建造了一排排大教堂，每座教堂里都埋有好争吵的修士和殉道者的遗骨，其中一座还有圣马可本人的遗物。在此期

1　犹太会堂（synagogue），又译犹太教堂，有三种含义，一指人们做犹太教礼拜或听取犹太教教令的建筑物或聚会地；二指为做礼拜或研究犹太教而举行的聚会或参加聚会的犹太人；三指由地方性的犹太人会众组织或由他们代表的宗教。此处译者以为应指第一种，也是最常见的含义。

间，这座"狼吞虎咽"的大城市每天都像一台机器那样飞快地运转着，而且比绝大多数更古老的城市运转得更猛、更远。埃及的亚历山大里亚黄金岁月颇为漫长，而在那些繁荣年代，它是世上最令人兴奋的地方，是亚历山大创建的所有城市中最伟大的一座。正如恺撒本人所言（恺撒曾在亚历山大里亚作战，并且差点死在那里），法罗斯灯塔是埃及的门户，是城市贸易和活力的象征，也是亚历山大在古老东方培育的"动荡型"城市体制的象征。

如今，法罗斯灯塔荡然无存，亚历山大里亚古城大都沉没在两个被扩建港口之间的海面下，留在干燥陆地上的部分也几乎没有任何法罗斯镇的遗迹。这种地方繁荣之后就是这样，每一样古老东西都被打碎、替换、改变或夺走。有人异想天开，计划关闭并抽干西边的港口，复原被海水冲刷的亚历山大里亚古城街道。但果真如此的话，人们能指望发现的不过是考古学家在其他同时代城市业已找到的东西，而那些城市更易于进行考古发掘。总而言之，亚历山大里亚只存在文字里，是一座活在纸面上的城市。

　　我的孩子，你和同胞分开多久了？独睡一张双人床又有多久？曼德里10个月前去埃及时，一句话都没带给你。不，他已经忘记你，正在痛饮新的泉水。爱和美女神阿芙洛狄忒住在那里，那儿有埃及曾经拥有或制造过的所有东西：财富、摔跤学校、权力、和平、声名、五光十色的景象、哲人、黄金、年轻的男人、彼此沾亲带故的神祇的庙宇、我们出色的国王、博物馆、葡萄酒——凡是人们有可能想要的东西，全都应有尽有。那里的女人，按珀尔塞福涅[1]的说法，就像上苍自夸拥有的星

---

[1] 珀尔塞福涅（Persephone），古希腊神话传说中宙斯之女，被冥王劫持娶作冥后。

星那么多……看看别处，用两三天时间把注意力集中到另外的人身上，让自己再吸引一个人。船需要两只锚才能安全地航行，光靠一个可不行。

赫罗达斯[1]：《拟剧集》，21—33，39—42（公元前3世纪）

古代水手第一次探路前往非洲海岸时，看到连绵起伏的西班牙内华达山脉[2]。据说，这些山峦就像灯塔般吸引他们。对这些水手和后来的航海者来说，世界便是这样用视线的尺度测量的。几个世纪后，地理学家斯特拉博描述这个世界的距离时，口吻就像它们是沿海标志之间的位点。比如，他给克里特岛定位的方式就是说出岛上不同海岬到埃及、非洲和希腊的距离。在亚历山大里亚，地理学家托勒密[3]用经纬度把这些航海标志全部标注在一张地图上。不过，在当时的亚历山大里亚，这种新型地理学还包括宇宙形状、原子物理、异族异教、人的肉身和灵魂、星辰及其奇异的音乐、新发现的宇宙之精神、四季、人的四种气质以及七大奇迹。而在这一切之上，屹立着光芒万丈的灯塔。

---

1 赫罗达斯（Herodas），公元前3世纪中期的希腊拟剧作家，著有《媒婆》《老鸨》和《嫉妒的女主人》等八部拟剧。拟剧是古希腊悲喜剧之外另一流行剧种，无须使用面具或专门道具，可即兴演出。据称他的拟剧虽思想欠深刻，但人物性格相当鲜明。

2 内华达山脉（Sierra Nevada），西班牙语意为"雪山"，是西班牙南部安达卢西亚山脉最高段，大致呈东西走向，靠近地中海。美国的内华达山脉名字源于此山，是1518年西班牙探险队命名的。

3 托勒密（Ptolemy），此处应指克罗狄斯·托勒密（Claudius Ptolemaeus），对欧洲中世纪产生巨大影响的天文学家、地理学家、数学家。其一生著述甚丰，是"地心说"的集大成者。所编撰《地理学指南》8卷是古希腊地理知识的汇总；卷8是世界地图集，世称《托勒密地图》。

四 灯塔

6世纪，利比亚中部卡兰修沙漠（Calansho Desert）的一个镇子里，某位名叫马卡里奥斯的主教（Bishop Makarios）建造了一所教堂。在教堂地面，他安放了一块巨大的马赛克，上面镶嵌着50张画板。这些马赛克艺术家虽为基督徒工作，但本身可能是埃及人，使用的基本上是异教徒的技巧。天堂、河神、住在山林水泽的赤裸仙女，全都以那般热诚而稚拙的技法画出，你简直能看见画家在彩色特塞拉[1]上作画时，专注得连舌尖都伸了出来。

3-3 （利比亚）昔兰尼加的马赛克画，其上有法罗斯之名，绘于539年。顶部雕塑因其旭日型图案和剑被确认为赫利俄斯，仿照古德柴尔德（1961）

这50张画板中，有一张无疑画的是法罗斯灯塔，因为画家用大

---

1 特塞拉（Tesserae），用于镶嵌马赛克图案的小块方形石头或玻璃。

大的粗体字母在画上写下了PHAROS（法罗斯）这个词（见第115页）。如果还需要确认的话，画中建筑物高高的门洞也可证实这不是别的什么建筑，而千真万确就是亚历山大里亚的法罗斯灯塔，因为关于灯塔的其他画作与这张画有许多相似之处。在这张画里，法罗斯灯塔有笨重的石墙和城垛，令人惊讶的是墙头还站着一位持剑的巨人。巨人头部的简单射线告诉我们，这是赫利俄斯，即罗得岛巨像所表现的神祇。在他身后，隔着一道水流，在另一组石块上屹立着另一尊雕像，但没有赫利俄斯的旭日形图案。这些画家身在遥远的利比亚沙漠，却画下了浩瀚的绿色海洋和沿海诸位神祇。

从埃及西奈半岛顶端红海中的穆罕默德角，到葡萄牙南端大西洋沿岸的圣文森特角，古代水手及沿岸城市建造了大大小小的纪念建筑。各个海港和海上危险之地，都有命运之神和其他神祇在监护水手和船只，警戒险流、狂风和沉船，保佑他们平安到家。位于贸易航线上的海岬绝大多数都有特别的神祠，专门供奉某位神祇或英雄，其中今天为人所知的就有大约200个，包括一些最著名的希腊神庙。例如，在迪迪马[1]、雅典附近的撒尼翁和小亚细亚的以弗所港。一些海岬被当成海神波塞冬、水手的保护神卡斯特（Castor）、波吕丢刻斯（Pollux）孪生兄弟、智慧女神维纳斯及阿斯塔蒂[2]这些重要神祇的宝座。没错，为人精明的奥古斯都[3]在赢

1　迪迪马（Didyma），位于土耳其西南角的古城，面向爱琴海，城市名字源于Didymaion一词，在神话里意为"双胞胎寺庙"，与阿波罗的双胞胎姐妹阿耳忒弥斯有关，在此考古发掘出阿波罗神庙。

2　阿斯塔蒂（Astarte），近东地区传统上主管爱情和生育的女神。

3　奥古斯都（Augustus，公元前63—公元14），原名盖乌斯·屋大维·图里努斯（Gaius Octavius Thurinus），罗马帝国开国皇帝，恺撒的甥孙、养子和被正式指定的继承人。公元前29年获"皇帝"称号，公元前27年获"奥古斯都"（意为神圣、至尊）称号，统治罗马43年。他结束了长达一个世纪的内战，使罗马帝国进入相当长的和平繁荣时期，史称罗马治下的和平。

世界七大奇迹：西方现代意象的流变

得亚克兴[1]海战后，也重修了亚克兴角附近的一座阿波罗神庙作为胜利的祭献。时至今日，在地中海沿岸的同样地点仍然建有神祠。在这些神祠里，基督教圣徒和圣母马利亚[2]的目光越过蓝色的大海，凝望着村民的捕鱼船。

> 在陆地，在海洋，朝着阿芙洛狄忒——阿西诺埃[3]的神庙祈祷。船长加利克提士[4]便是那个为神庙选定居高临下位置的人。神庙耸立在岸边，受着西风吹拂。如果你向她祈祷，她会保证航行顺遂，使仲冬季节的海洋平静安详。
>
> 波塞底帕斯：《希腊诗文选》，卷七，10（约公元前280）

和罗得城一样，亚历山大里亚港是由希腊工程师建造的。倘若那时也像罗得岛那样，人工港需要人工海岬，那么它也需要自己的神祇。利比亚马赛克艺术家们对此非常清楚，他们为我们描绘了两座雕塑，这不仅是因为他们喜欢雕塑，还因为雕塑是他们所要呈现的地方的神祇——而这些神祇当然也赋予各地独有的特征。所以，正如罗得岛港有赫利俄斯巨像，法罗斯岛海边也有女神伊希斯的神庙，而灯塔则是神祇们尊贵的聚会场所，灯塔上的雕塑不仅仅是装

---

1 亚克兴（Actium），希腊西部一海角和古镇。公元前31年，屋大维（后来的奥古斯都）在此战胜马克·安东尼和埃及艳后克利奥帕特拉，消灭了古埃及托勒密王朝，返回罗马后开始掌握国家全部权力。
2 圣母马利亚在拉丁文中有"海洋之星"（stella maris）这样一个称号。
3 阿西诺埃（Arsinoe，公元前68/前63—前41），埃及国王托勒密十二世的幺女，与埃及艳后克利奥帕特拉同父异母。公元前48年至前47年作为女王与兄弟托勒密十三世共治。公元前47年，托勒密十三世在尼罗河战役中败于恺撒，她作为战俘被送往罗马，后被放逐至以弗所的阿耳忒弥斯神庙。公元前41年，罗马三巨头之一马克·安东尼在情人克利奥帕特拉要求下将她处死。
4 加利克提士（Callicrate），雅典帕台农神庙建筑师之一。

3-4　法罗斯灯塔及其雕塑，亚历山大里亚铜币（2世纪），选自蒂尔施（Thiersch，1909）

饰，而且与基督教堂里的陈设一样，具有恰如其分的重要意义。

　　法罗斯灯塔的每一处装饰都体现着神性：人身鱼尾的特赖登（triton）——古老、神秘、像大海本身那么反复无常的海中小精灵，一个个温驯地坐在灯塔的四角，吹响大理石螺号。港口的保护神伊希斯·法里亚（Isis Pharia），即法罗斯的伊希斯，在岛上有一座单独的神庙，似乎就坐落在灯塔附近，神庙柱子的花岗岩后来大概砌进了苏丹魁特贝所建要塞的墙壁中。从法罗斯岛一侧曾挖出一尊巨大的伊希斯像。这尊像遭到海水侵蚀，现在陈列在亚历山大城一个花园里。正如她的名字暗示的那样，伊希斯·法里亚源自古埃及人的信仰，是希腊化不同凡响的混血儿之一。在古埃及神话中，她本是奥西里斯之妻。很自然地，在亚历山大里亚，她披上了希腊服装。虽然在硬币和雕塑中，伊希斯仍戴着古老的埃及头饰，身携埃及寺庙仪式上使用的魔铃，但她特别的姿势，恐怕与其他地方的伊希斯神像都不相同。在亚历山大里亚，她通常被表现成一位优雅的

　　　　　　世界七大奇迹：西方现代意象的流变

大步行走的妇女，身体前倾抓稳船桅，庇护着经过法罗斯灯塔，在风急礁多的亚历山大里亚港进进出出的船只。

至于曾经屹立法罗斯灯塔顶端的神祇是哪一位或哪几位，学界的争论像海浪般激烈。灯塔存在时间固然很长，但塔顶原来的上半部分很早就被地震毁掉了——这使法罗斯灯塔的原始高度永远成谜。不过，有一件事可以肯定，法罗斯灯塔的塔顶最初有一尊巨大的雕塑，就像利比亚马赛克画家画的那样。但这尊雕塑当真塑造的是赫利俄斯吗？抑或那些沙漠艺术家只是随意涂抹上罗得和亚历山大两个港口的保护神名字？与这尊灯塔雕像有关的图画和模型提供了不同的答案。最早有记载说这尊雕像是宙斯·索特[1]，即保护者宙斯，但这很可能是另一位经过文化混血的神祇，因为埃及的第一位马其顿国王即以托勒密·索特一名为世人所知，而现在看来，他就是下令建造法罗斯灯塔的统治者。也有说法称，这尊雕像是波塞冬，即希腊神话中的海神，相应地，他也是地震之神。罗马人占领亚历山大里亚港口后，可能在法罗斯灯塔顶端另立了一尊支持罗马人事业的神。这使人想起上千年来，古代罗马雕塑的头颅曾一而再、再而三地被切割掉，换上形形色色你方唱罢我登场的皇帝和神祇的头像，法罗斯灯塔雕像恐怕也遭遇了同样的命运。不过，可以断言，在亚历山大里亚人的脑海里，铜制也罢，石雕也罢，甚至可能在满天星斗里，总之一直有某位守护神俯瞰着港口，直到信仰一神教的阿拉伯人到来。说守护神可能在群星之中，是因为有传说称，法罗斯灯塔是献给双子星座中两颗明亮的大星——卡斯特和波吕丢刻斯的，这对天上的孪生兄弟是航海者的保护神。这里还得提及，国王托勒密·索特及其王后也被称作航海者的救助神和天上的

---

1 索特（Soter），意为救星、救世主。

3-5　伊希斯·法里亚在法罗斯灯塔旁握住风帆，
亚历山大里亚铜币（2世纪）

双胞胎，这使我们又回到了最早的记载。有时，神祇的微妙之道殊不易识别。

　　不过，令人高兴的是，法罗斯灯塔的基本面貌是众所周知的。它的图案已在马赛克和浮雕上发现，它的形象被镌刻在亚历山大里亚的硬币上，在遥远的阿富汗还发现了一些它的雕塑，有些做得像小油灯，有一个甚至雕刻在宽口酒杯的玻璃盖上。这些不仅表明希腊化时期的人们如何看待法罗斯灯塔，而且由于发现地域的广泛性，也说明法罗斯灯塔在多大程度上真正被人们当成了一个奇迹。

　　在所有这些日积月累的证据后面，隐含着几位19世纪学者和目录学家包罗万象的劳动。赫尔曼·蒂尔施[1]就是其中一位，他收集筛选当时能得到的所有古代资料，监督绘制了逼真的古代法罗斯灯塔复原图。这些复原图以当时写实历史画的风格绘制，并被不断复制，迄今始终是最具影响力的法罗斯灯塔图画。写实历史画是一

1　赫尔曼·蒂尔施（Hermann Thiersch，1874—1939），德国考古学家，生于慕尼黑，多次参加埃及和中东地区考古发掘，1909年提出重建法罗斯灯塔设想。

度深受欢迎的学院画派。历史影像说到底，不过就是这一画派的自然承续。这些逼真的古灯塔复原图展示出一座高塔，从塔中灯室里射出巨大的光束，整体看上去很像美国早期的摩天大楼（顺理成章地，蒂尔施的法罗斯灯塔对当代建筑有着巨大的影响，其中包括20世纪二三十年代建造的多座摩天大楼）。不过，时至今日，蒂尔施的复原图中灯塔的所有古典细节和雕塑，其比例都只与欧洲"美好年代"[1]的建筑相称，看上去就像某个汉萨同盟[2]城市里大型火车站正中央的高塔。

对蒂尔施的复原图，也存在务实的反对意见，其中一点最近才被认识到，即在法罗斯灯塔的原始设计中，它压根儿就不是一座灯塔，而仅仅只是为古代水手提供的标志物。在灯塔落成的头三个世纪，描写过这座灯塔的作者虽一致认为它引人注目，却从没有一位提及里面有灯光。古代典籍曾提及使用火光信号的瞭望塔，也曾提及港口旁山冈上的火光信号，但没有证据显示在罗马时代之前，曾经出现过常态的夜间灯塔导航系统。仅仅到了1世纪，有几个港口舟楫繁忙，这才出现了大规模夜间航行的需要。例如在位于英吉利海峡的法国布洛涅港（Boulogne），当时是罗马人为新近征服的英格兰提供补给的港口；还有罗马的奥斯蒂亚港（Ostia），就使用了点火的灯塔。这一创意大获成功，以至于没多久就出现了另外十几座灯塔。可能就在同一个时期，年满300岁的法罗斯灯塔首次亮起了灯光——被当时的罗马作家普林尼抱怨说容易与星光的光芒搞

<hr>

1 美好年代（the Belle Epoque），指欧洲在普法战争结束后至第一次世界大战爆发前的历史时期，具体即19世纪末至20世纪初。这一时期，欧洲被认为处于黄金时代，大国和平相处，科技进步使平民生活大为改善，商业艺术采用了现代形式。
2 汉萨同盟（Hanseatic league），14—17世纪，德国北部城市结成的商业和政治同盟，最盛时同盟城市超过160个。"汉萨"在德语里意为公所或会馆。

混。不过，法罗斯灯塔名声显赫，以至于罗马人后来在地中海各地港口建造的灯塔中，有许多座也使用了这个名字，而拜占庭人和阿拉伯人都沿袭这一传统并建造了更多灯塔。这么一来，在许多欧洲语言中，pharos一词至今仍表示所有及任何指引路线的发光体。

蒂尔施还运用他费力搜罗的研究资料，科学地解释了古代史料所暗示或描述的灯塔的全部海事装备。他着手解决这个问题的方式，和当代工程师处理电站或火车设计问题的方式一模一样，结果被晚近某些权威人士认为"或多或少是幻想"或"纯粹是科幻小说"。蒂尔施的复原图中，精致的拱顶和楼梯系统使得灯塔堪称早期工业杰作：非常写实的雕像用巨大的雾号吹出最具19世纪

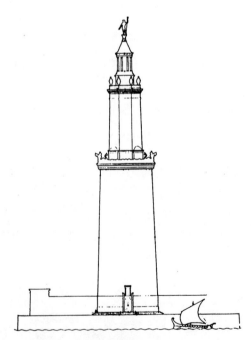

3-6　奥特罗制作的法罗斯灯塔复原图。据奥特罗估计，灯塔高445英尺。见《英国学院学报》(1933)

风格的悲哀音调；照明和观测系统庞大而精巧，装有各种透镜和镜子。

不过，真相是：古亚历山大里亚人与蒂尔施及其多数同代人之间，几乎没有共同之处。蒂尔施时代的人们，通常认为我们如今想到的古代经验的真正根源纯属"迷信"。但亚历山大里亚乃古代地中海地区的知识中心，许多古亚历山大里亚人和今天的人们一样聪明，这应当无可置疑。虽则就希腊化城市的社会构造而言，即便理论上的工程师，通常也难得从事实际工作，很少去操心如何把他们新奇的、偶尔才气焕发的理论付诸实际应用。

尽管如此，贸易和工业继续在亚历山大里亚及其姐妹城市快速发展。令亚历山大里亚居民轻松的是，最基础的工作——供给这些城市人口及建造住宅的繁巨任务是由奴隶完成的。据估计，这个市民社会的每一名自由民，背后都至少有八名奴隶，此外还有不计其数的在城郊耕耘的农民——他们通常是这块土地的原住民，可能讲的是当地语言，膜拜的也是当地神祇。这些农夫依附在土地上，皇帝和军队来了又去，但他们继续生活在那里。

人们普遍把自由（liberty）这个观念归功于希腊人，这不是偶然的。因为在地中海地区，希腊社会最早把奴隶当成重要的经济成分。希腊社会到处都有奴隶，其中多数显然受到残酷压迫。这使得他们既是自由民日常生活的核心组成部分，也始终代表着相对于自由民而言的另一种可怕的生存方式。所以，尽管奴隶对希腊化城市社会经济同样不可或缺，但自由民与他们的多数奴隶保持着心理距离。相比希腊化早期东方的城市，罗马社会更大程度地建立在奴隶制之上。罗马人把奴隶称作其贪婪帝国的真正财富，而且"言行如一"。在此前一个世纪，亚历山大大帝的老师亚里士多德提及奴隶时，只简单地称之为"有生命的工具"。这种奇怪的疏离造成的结果之一，就是古希腊、古罗马历史中大部分时期，自由民几乎从未考虑过实用智慧这个观念，也从未致力于改良农耕和建筑方法，毕竟，那些是奴隶们的领域。当时社会有个根深蒂固的信念，即世界——事实上指的是整个宇宙，是一个封闭、连续的系统，没有拓展的可能性。这种态度意味着尽管像拜占庭的菲洛这样的人，可能会坐在亚历山大里亚宏大的图书馆中写下关于事物本质和建造世界七大奇迹的思考，尽管他们可能会计算地球的圆周或攻城用的投石器所掷石块的抛物线，他们却几乎从来不会把自己的思考应用于实践。所以，虽然古亚历山大里亚人发明了汽轮机，但只是利用汽轮机产生的动力在宴会上做余兴表演；虽然他们设计、制造出复杂的机械传动装置以表现宇宙运动——这些机器如此巧妙精确，或许都可以从其齿轮规格测算出它们的制造年份，但这些精密的装置从未被用来满足运输或航海的需要，也从未被应用到最简单的钟表传动上。阿基米德[1]一贯保护和资助发明者，在亚历山大里亚有很多朋友，但据说就连他也认为"不得不和需求挂钩的科学既可耻又低级"。阿基米德骄傲地说，他本人的研究"没有受到需求的污染"。

在世界七大奇迹中有几桩或许称得上可惊可叹的技术成就，但它们都产生在与高雅的亚历山大里亚学术界完全隔绝的环境中。石器时代终结之际，农业、金属加工、采石和畜牧技术方面出现了完全无史可考但却是革命性的突破，金石加工的实用技术直接发源于此，后来的所有地中海文化也直接仰赖于此。石器时代终结几千年后，古典世界仍是一种几乎不存在技术革新的文化，七大奇迹这样

1　阿基米德（Archimedes，公元前287—前212），希腊化时代数学家、物理学家、发明家、工程师、天文学家。他被视为古希腊最杰出的科学家，对后世数学和物理学影响深远。

的物质成就纯属物流管理方面的成功，是以前所未闻的规模运用古代技术并调动大量人力物力的成果。既然如此，对于法罗斯灯塔以某种不同凡响的方式巧妙利用透镜机制放大火光，又或塔中巨大的雾号果真能在海上起雾时及时发出警报诸如此类的说法，我们便应该适度免疫了。这些事情对19世纪的德国汉堡而言是合理的，搁在古亚历山大里亚就并非如此。无论如何，我们可以合理地想象法罗斯灯塔的灯火设置与其他任何古罗马灯塔一样，但所用燃料不会是木头，因为埃及基本没有这种材料。或许，法罗斯灯塔的灯火是用石油助燃的，借助抛光的铁板或铜板把光芒反射到海上。

现存古代法罗斯灯塔的最佳翻版，是屹立在埃及西海岸的一座大型石塔，离亚历山大里亚只有30英里，保存完好。附近发现的一幅涂鸦之作（现已佚失）是托勒密王朝中期的手笔，看来提起过这座塔。实际上，在那个世纪，这座塔肯定被等同于法罗斯灯塔。和法罗斯灯塔一样，它是一座看似微妙实则简单的建筑，塔身为三层结构，初起为正方，旋即成八角，最后为圆柱体，大小则为原法罗斯灯塔的五分之一左右。从古画中的法罗斯灯塔来看，除去塔上雕塑和装饰性阳台，这两座灯塔彼此无疑非常相似，两者都绝对优雅，其精美石艺可回溯到埃及法老时期的传统，往后则为伊斯兰教化下的埃及比例精致的建筑。

这座石塔孤零零地坐落在一个显眼又实用的地方，便于水手一眼望见危险的海岸。它不仅标示出法罗斯灯塔的全貌和港口一侧的亚历山大里亚，而且还是另一个隐蔽港口的标志。这个港口位于海岸线后面的巨湖之畔，名为马雷奥蒂斯湖（Mareotis），由尼罗河西部支流汇集而成。从以石塔为标志的这个港口，一艘艘运载尼罗河西部三角洲和绿洲出产的石油、葡萄酒、椰枣和啤酒的船只顺湖而下，直抵亚历山大里亚及其港口。湖畔遗址还表明，从公元前6世纪希腊殖民者抵达尼罗河三角洲之时起，到一千多年后拜占庭人离去时止，这种贸易一直是当地社会繁荣的支柱。

20世纪40年代的考古发掘显示，这座石塔除援助商船外，还另有用途。它建于镇上大型墓地的中心，那是非常大的一片多石的地下墓穴和坟场，被人沿着构成大海屏障的石化沙丘顶部切割成长方形，石塔位于墓地最大一处地下墓穴的上方，如同面向湖边港口的一座纪念碑。它有着宽大的庭院，后门处还有一个又大又暗的房间，是用来举行葬礼的。不难想象，这是一处富裕家庭的墓地，墓主可能是商人、船主或船长。整个建筑有一条共同的轴线，从墓地庭院望去，这座塔可谓高高在上。

埃及的其他希腊化城镇也有类似法罗斯灯塔的建筑，虽然全都对后者的宏伟壮观望尘莫及，但它们本质上都是法罗斯灯塔——以神秘之光指引死者灵魂越过海洋和陆地返回幽冥之地。这便是法罗斯灯塔的第二重身份。它从来不是只为着给航海人行个方便——古代国王何曾为那些终日劳苦的可怜众生建造如此恢宏的建筑呢，法罗斯灯塔也是指引人类灵魂前往永生的光明。

五　透特[1]的法罗斯

城区一分为四，他在每个城区都建造了一座有四道门的城堡。在东门，他塑造了一头鹰，西门是头公牛，南门是头狮子，北门是只狗。他使精灵进入这些雕像，这些精灵发出洪亮的声音，不经它们同意，谁也不能够通过这些门……在城堡

1　透特（Thoth），古埃及神话中最重要的神祇之一，是写作、魔法、智慧、医药之神，也是月亮神。相传是古埃及象形文字的发明者。在艺术作品里，透特神常被描绘为人身鹮首或狒狒首。前译索斯，又有托特、图特、索司等译法。

顶部，他令人修建了一座50英尺高的塔，在塔顶放置了一个球体，每七天变换一次颜色。这样，七天后，它又是与第一天被放上时的同一种颜色。这一周的每一天，这座城市都笼罩在不同颜色的光里。

《皮卡特立克斯之书》[1]（拉丁文本），Ⅳ，3，5—16

这座城就是赫耳墨波利斯[2]，其创造者乃透特神。按照某些埃及教义，世界就是在这个地方开始。创造之神阿图姆（Atum）就是在这里用爪子杀死邪恶的宇宙之蛇，终结了无形无状的混沌；而这座城市的符号就是一条滑溜的毒蛇，自相盘绕，蛇嘴衔着蛇尾，形成生生不息的循环。希腊史料说，该城不同区域各自围绕着一个中心点被分开，在这个中心点有一座高塔，塔上放出七色光芒，照耀着城市及其各个聚居区。正如在亚历山大里亚那样，不同聚居区有着不同特点。对许多亚历山大里亚人来说，赫耳墨波利斯是最初也是最完美的城市，简直就像故乡一样。

如此说来，这也是从亚历山大里亚射出的另一道光芒。《皮卡特立克斯之书》因被几位中世纪伊斯兰作家引用而出名。这本书似乎是用希腊文写成，被阿拉伯人带入伊斯兰的西班牙，中世纪时又从西班牙文转译成拉丁文，其起源也模糊，其寓意也散漫，其作者不止一人，古老而神秘。不管怎样，希腊化时代几种类似史料也提

1　《皮卡特立克斯之书》（*Book of Picatrix*），一本约400页的魔法和占星术书籍，目前发现其最早文本用阿拉伯语写成，书名为《智者的目标》，多数学者认为它最初写于11世纪中叶，13世纪中叶被译成西班牙文，后译成拉丁文，拉丁文本以书名 *Picatrix* 传世，其义不详，有人认为是作者名。此书对西方神秘主义、魔法和奇幻文学有重要影响。

2　赫耳墨波利斯（Hermopolis），埃及古城，位于上埃及和下埃及交界附近，自埃及古王国时期就是省城，埃及成为罗马帝国行省后发展为主要城市，3世纪起成为早期基督教中心，在穆斯林征服埃及后一度被弃。

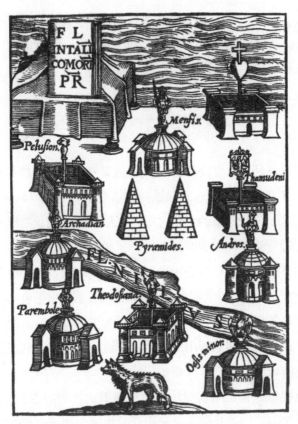

3-7　神奇埃及，4世纪埃及地图的一幅欧洲木刻，描绘了一系列高墙环绕的城市，城市中央耸立着高塔。见《高官录》，源自里昂（1593）

到超越世俗的法罗斯灯塔形象，并将其与埃及的古老信仰糅合在一起，这与伊希斯·法里亚的创造者做法颇为相似。在这些史料中，古埃及的透特神变成了古希腊的商业、发明和灵巧之神赫耳墨斯，而赫耳墨斯又摇身一变成为赫耳墨斯·特里斯麦蒂斯塔斯[1]，后者既

1　赫耳墨斯·特里斯麦蒂斯塔斯（Hermes Trismegistus），古埃及神透特和古希腊神赫耳墨斯的合体。

　世界七大奇迹：西方现代意象的流变

不是希腊神也不是埃及神，而是百分之百的亚历山大里亚土著神，正是它掌握着世界的奥秘。如同前人柏拉图那样，《皮卡特立克斯之书》作者观察到"言辞是一种最美丽的理论魔法"。而在这些神秘解释所构成的词语景观中，赫然射出一道强光——一座灯塔向愚昧的黑暗发送它神奇的光芒。

我听说……某位古埃及神祇有只人们祭献给他的圣鹮[1]。这位神的名字是透特。人们告诉我，正是这位神祇发明了数字、计算法、几何和天文，还有国际跳棋、骰子以及字母表上的字母。当时，泰莫斯（Thamos）是全埃及的王，住在一个被希腊人称为埃及的底比斯[2]的上埃及大城市里，被呼为"阿蒙"。透特到他那里，给他看自己的种种发明，说这些发明应当向其他埃及人公开。泰莫斯逐一询问它们有何好处，而当透特解释时，他就按自己的想法，对每种发明的优缺点进行分析和批评……泰莫斯对透特的每样发明都有赞同和反对的话，无暇一一细述。当透特拿起字母表的字母，对泰莫斯说："王啊，这样东西将使埃及人更明智，记忆更佳。记忆和智慧之药已被发现。"泰莫斯回答道："最灵巧的透特啊，有能力进行科学发明的人，不是能判断其发明给使用者带来多大好处或害处的人。作为发明者，你喜爱你发明的字母，但你所说的用处与它们的实际效果正好相反。你看，它们会导致识字的人们脑子好忘事，因为如果依赖文字的话，他们便会借助外界符号，按外

1　埃及圣鹮（ibis），一种朱鹭，原生分布区域最早以埃及地区为主，在古埃及备受尊崇，被视为灵鸟，是透特神的象征，常被制成木乃伊。
2　底比斯（Thebes），上埃及古城，临尼罗河，位于今埃及中部。在公元前22世纪中期—公元前18世纪古埃及法老时期繁盛一时。

在的提醒行事，而不是凭自己内心的记忆生活。你发现的不是记忆之药，而是提醒之药。你教给他们的看似智慧却非真正的智慧。如果他们非常专注于你的发现，他们不用教诲也会显得博闻多识，但他们通常愚昧无知，而且很难相处，因为他们貌似有学问，实则不然。"

柏拉图：《斐德罗篇》，274c5—275b2（约公元前360）

许多亚历山大里亚人撇开他们所属古老社会群落确信的东西，寻求能够包容这个综合型城市方方面面的微妙智慧。在这个城市各个社会群落的内部，在这些群落各自宗教信仰的深处，流动着生与死的共同主题。尽管单个社会群落自视永恒的真理可能既自限又他限，但合在一起，再加以适当的解释，这些真理便会被认为具有普世性。因此，这个综合型社会的每一元素都可能被当成另外某种东西的象征。抬起这些现实基础的石头，或许就能发现其下真实的智慧。

埃及神透特是这一研究的古代向导。他一度是某种大臣型的神祇——太阳神拉神的大臣，也是魔法之主，有着大知识和大慈悲，曾治愈法老守护神荷鲁斯受伤的眼睛。埃及年的第一个月被称为透特，而透特的鸟是聪敏俊秀的鹮鸟，优雅的喙凭啄痕丈量出古老的土地，也丈量出法老统治的年限和死者的功绩。

多少世纪以来，关于赫耳墨波利斯这一原初之城的故事成为亚历山大里亚本身的隐喻。毕竟，是透特把数算带入了埃及。在时间开始之际，他按照月亮星辰的运动调整了历法和尼罗河。那时候，就应当由这么一位主宰之神发现最初的完美之城。正如亚历山大大帝及其祭司规划了亚历山大里亚，赫耳墨波利斯也得以按照古老精确的占星术规矩进行布局。在赫耳墨波利斯城中央，屹立着一座灯塔，其巨大的玻璃灯室照亮了世界的黑暗和惶惑。

所以透特这样讲述他的创举开端：

> 在我想要理解并揭示世界及其本质的奥秘之时，我站在一口非常深、非常幽暗的井上方，井里刮出狂风，因为漆黑一片，我不能够望见下面。我刚把燃亮的蜡烛放下去，它就被风吹灭了。随后，一名相貌英俊，很有气势和权威的男子（后来才明白，他就是大自然）在梦中向我显现，说道："拿起点燃的蜡烛，把它放在玻璃灯笼[1]中，好使它不被风的力量熄灭。把灯笼垂放到井中……"

《皮卡特立克斯之书》（拉丁文本），Ⅲ，6，13

这是另一门科学、另一种可选择的科学思考方法。这是人类寻找宇宙间能溶解一切的万能溶剂、治疗一切的万用灵药以及炼金术的开端。后来，炼金术这门学科发生改变，孜孜于寻找把基本金属变成金子的配方。但在亚历山大里亚，炼金术涉及对财富和真实智慧的双重追求，这种双重性使它对许多亚历山大里亚人产生了无穷魅力。这些亚历山大里亚人把自己的生活看成汪洋中一段神秘的航程。对那些能够看见真实光亮的人来说，一位古代神祇的神奇灯塔是大海的标志。

在亚历山大里亚之类希腊化城市的废墟间漫游，它们的大理石骨骼似乎伸展开来欢迎你，白色柱子横七竖八倒在地上，融入周遭的乡村景观。虽然你可能是初履斯地，但每个城市乍看上去都颇为相似，因为每一座这样的城市都由一模一样的元素构成，每一座都

1　灯笼（lantern），在英文中除灯笼外，还有灯塔顶部的灯室之意。

有剧院、体育馆、集市、神庙、雕塑、市政厅、城墙、城门以及公共供水设施。这些都用石头造成，体现出新式希腊市民生活的方方面面。就像亚历山大里亚人一样，在其他希腊化城市里，许多居民都相信这种陌生新奇的城市景观包含着通往神祇所在的神秘路径。对他们来说，城墙和城门界定了圣地的范围，螺旋形剧院寓意宇宙，灯塔乃救赎信息的传递者。建城者的陵墓，犹如诸神的巨像，建造目的是接引人类灵魂飞升天堂。在这些城市，七大奇迹不仅被视为对城市体制的精彩演绎，也可以被看成是通往炼金启蒙之路的象征。

> 这神秘之火……所有火，所有颈项，所有叹息，所有悲怨，所有……你熔之入火炉，吸之入心肝和女人的腰腹，引导她进入男人的房屋，让她将手中之物给他的手，将嘴中之物给他的嘴，将体中之物交付他的身体，将子宫内的一切交付他的权杖。快、快，立即，马上。

《希腊-埃及魔法纸莎草》[1]

于是，古老的透特神成为炼金术士的导师。"爱之符咒在此"，他说，用冶金学的隐喻带出一对恋人的性爱熔融，而后者产生出一滴滴纯金般的无瑕智慧。

---

1 《希腊-埃及魔法纸莎草》(*Graeco-Egyptian Magical Papyri*)，西方学界对18世纪起陆续发现的一批希腊化时期纸莎草文献的总称，主要用古希腊语编写，包含一些魔法咒语、配方、赞美诗和仪式等，反映了古希腊文化和罗马帝国治下埃及文化的交融，记载时间于公元前100—公元400年间。

六 爱抚的火焰

另有一种魔力在支撑这些伟大的希腊化城市，那便是贸易的魔力。为着贸易的成功，需要实现每一位中世纪炼金术士的梦想：制造完美、纯粹和标准的黄金——可估算世间万物价值的抽象单位。

大约公元前600年，银币和金币被发行，紧接着"自由市场"体系问世——很可能源于向外国雇佣兵出售少量谷物。仅仅一个世纪工夫，百万富翁、守财奴和银行家统统出现了，最重要的是，集市（agora）——所有这些希腊化城市的焦点，也应运而生。这些集市是如此之重要，以至于亚历山大大帝将其开设在他缔造的所有城市的繁华地段。现在，人类及其所作所为，位于中心，而非诸神。商人是集市的交易者，有能力订立从意大利到印度都有效的价格。

这种新现象，蕴含着某种比银行甚至资本本身的发明更重要的东西：人们思考的方式从此改变了。例如，以弗所的赫拉克利特[1]生活在公元前5世纪，是西方科学理论的发明者之一。听听他的言论吧，他把所有物质的理论单位称为原子，而创造原子的是热——"万物皆由斗争而产生"。这位哲学家所描述的这种宇宙运动，犹如集市的运作：

> 这个世界既不是哪位神，也不是哪个人抑或其他同类东西创造的。世界的过去、现在和将来都是一团永生的火……万物都是火的交换，而火也是万物的交换，就如钱是黄金的交换，

1　赫拉克利特（Heraclitus，公元前540—前480），古希腊哲学家，因之忧郁、遁世，被称为"哭泣哲人"。其著述仅存片段，因之多用隐喻、悖论，被后人称作"晦涩者"。

黄金又是钱的交换一样。

以弗所的赫拉克利特（约公元前500）

因此，纯金的发明乃是人类头脑中一种新动力的发明，它使隐喻的力量以前所未有的速度奔跑。

在土耳其西部萨尔穆斯塔法（Sart Mustapha）的村庄旁，流淌着一条美丽的溪流，名叫帕克托洛斯河（Pactolus）。这条小溪里曾有过丰富的冲积金矿，以至于它流经的吕底亚[1]古国以世上最富有的王国而闻名。在吕底亚首都萨第斯，黄金如沙土，国王如传说中的超级富豪，"谁为他的神祇建造了金墙围绕的庙宇？"正是在萨第斯，金本位制得以建立。

大约一个世纪前，考古学家开始发掘萨第斯。他们没有找到克罗伊斯国王[2]的金城，但发现了有趣得多的东西——铸造现代世界的工场。20世纪60年代，考古学家在萨第斯发现了精炼黄金的工场和供奉冶炼女神的神庙，女神图像镌刻在一小块一小块被熔炼的金属上，那是世界上的第一批硬币。

现代考古学家在挖掘萨第斯这种地方时，会用筛子过滤挖出的泥土。在萨第斯，他们又惊又喜地发现，细小的纯金颗粒和贵重金属的粉尘滚进了他们的滤网，而这些地方正是熔炼来自帕克托洛斯河的金沙和金块的地点。起初，这种冲积金混合了少许铅和银，被埋在河岸低洼处一小片淤泥地里，附着薄薄一层骨灰。发掘出的熔

---

1 吕底亚（Lydia），小亚细亚中西部的一个古国，濒临爱琴海，位于今天土耳其的西北部，以其富庶及宏伟的首都萨第斯（Sardis）著称，它可能是最早使用铸币的国家（公元前7世纪）。

2 克罗伊斯（Croesus，公元前595—约前546），吕底亚末代国王，以极其富有著称。据古希腊历史学家希罗多德记载，他治国十四年，被波斯国王居鲁士灭国。其名后来意指大富豪。

炉里充填着煤和银金冲积矿的微粒，用木头烧火、风箱加热，铅会最先熔化，并且要么继续燃烧直至烧光，要么被当成合金溶液上的浮沫刮掉。接着，火焰被浇熄，金匠从炉膛底部取出一厚片纯粹的金银合金。时至今日，类似的技术在许多不同国家已经应用了数千年，但不管怎样，在这条小河边旋踵出现了一种非常特别、完全是革命性的炼金术。它把熔化的合金分解为它的两个组成部分——金和银。为此，首先要把从炉膛里取出的金银合金锤打成一些薄片，把它们一层层铺在大锅里，每层用粉碎的小砖块加盐隔开，然后把锅密封起来，连续加热几天几夜。在火的神秘作用下，银就会被盐吸收，使得一张张原本光灿灿的金银合金箔片变成柔软多孔的纯金。帕克托洛斯河边的金匠能精确地控制他们所提炼物质的成分，这在人类历史上是第一次。

在这条河边，有一栋栋小茅屋，其中一座外表普通，但位居所有茅屋的中央。那是一座小小的神庙，门前有两头石狮守卫。它供奉的女神在萨第斯被称作希比利[1]，在希腊被称作阿耳忒弥斯，她位于附近以弗所的神庙是世界七大奇迹之一。正是在帕克托洛斯河边这座小小神庙里，纯金被精确地切割成相同的分量，印上伴随女神的狮子形象，制造出世界上最早的金币。当女神希比利被印在和克罗伊斯国王财富等量齐观的金子上时，人们便知道他们自个儿手中握着的，乃是绝对、永恒的硬通货。在五十年之内，不仅诞生了银行、守财奴和商贾，铸币成色也变差了——造币者按一定比例减少每枚硬币的珍贵金属成分，再混入金属熔化时浮至表面的渣滓。

和绝大多数希腊人一样，亚历山大里亚人相信组成世界的元素

1　希比利（Kybele或Cybele），又译库柏勒、基伯勒或西比莉，是小亚细亚神话中的大地之母、自然女神，司掌山林和动物、繁衍与丰饶。相传她身着盛装，头戴宝冠，或猛狮随侍，或持金鼓坐在猛狮拉的战车上。

从数量上说很少，而且各种元素之间的转换，特别是纯金的制造，在自然界早已出现。黄金的天然存在便清楚地表明了这一点。炼金术士的守护神赫耳墨斯便是这门隐秘学科的实验向导。关于赫耳墨斯的历史记载暗示，黄金是由冷却的液体金属制成的，并通过观察铅的氧化过程解释了这一理论。

金属必须按照正确的配方和程序进行加热、冷却、清洗、提纯和过滤。炼金术士们以近乎冥思苦想的热切关注，把这些过程重复了成千上万次。至于这些过程所产生的气体，我们的向导解释说，乃是屈从于这些炼金术士的金属的神灵。慢慢地，伴随着祷告和加热，所有这些都得到巧妙处理和清除；日月交替和季节变换也被充分地加以利用，这成为持续一生的历程和自我认识的途径。最重要的是，炼金术士的动机必须无可指摘，心灵必须纯净无瑕。炼金过程结束时，炼金术士也经历了严酷的考验，在他的坩锅里既找到了黄金，也找到了智慧。像帕克托洛斯河畔熬煮的金子那么黄澄澄的金属，就和阿拉伯树胶制成的口香糖那么软，那么有弹性。

今天，钱被印在经过特殊加工、设计和印刷的纸张上，其微妙之处难以仿制。如今主宰货币的是另外一些神祇，希比利芳影无踪，宙斯之鹰则仍然出现在美钞上，攥住宙斯一度打在菲迪亚斯脚下、表达他对菲迪亚斯所塑黄金象牙雕像的愉悦的闪电。钱币学家R. L. 波克森描述说：

> 我们现在的一美元银券[1]系列号为1935-A，正面使用黑色印刷，边缘处交叉和反复交叉的精细线条清楚显明。山冈上的

1　银券（Silver Certificate），美国政府于1878—1964年发行的一种代表性货币，1968年前可兑换相同面值的银质硬币，1968年以后只能使用美联储债券兑付，仍属有效的法定货币。

印刷字母间隔完美，高度相同。只出现在一美元面值钱币上的华盛顿肖像栩栩如生，他清澈的目光直视着你，头部背景清晰匀称，背景中构成一个个小方块的精细线条非常醒目，肖像的右侧是"一美元"字样……

我们现在的一美元纸钞背面使用绿色印刷……在国徽的正反面之间，是用带细线画出阴影的罗马字母拼写的"ONE"。这个单词将近17/8英寸长，11/16英寸高……右边中间是国徽的正面，左边中间是国徽的背面……对国徽的正面有如下描述："盾形纹章；13片银白色和红色垂直宽条；上部为天蓝色；美国秃鹰双翼适当展开，胸部有用纹章装饰的盾，右边鹰爪攫着一根有13片叶子和果实的橄榄枝，左边鹰爪里是一束箭，共计13根"……橄榄枝和箭表示授予国会的和平与战争权力……国徽的背面描绘了一座未完工的金字塔，塔分13级，象征美国最初的13个州。金字塔最高处是一只三角形眼睛，周围有光环围绕。眼睛上方用拉丁文写着："天佑吾侪基业。"金字塔底部是罗马数字1776，其下是一句拉丁文格言："时代的新秩序。"

一美元纸钞上的金字塔发出的光，乃是神的眷顾之光；而亚历山大里亚居民从神秘的法罗斯灯塔看见的，正是同一种光辉。和现代城市一样，现代金钱也充满古老而庄严的符号象征，我们是古老奇异的亚历山大里亚城邦的继承人。

埃及拥有或制造过的所有东西：财富、摔跤学校、权力、和平、声名、五光十色的景象、哲人、黄金、年轻男人、彼此沾亲带故的神祇的庙宇、我们出色的国王、博物馆、葡萄酒——凡是人们有可能想要的东西，全都应有尽有。那里的女人，按珀尔塞福涅的说法，就像上苍自夸拥有的星星那么多，看着就和曾经找特洛伊王子帕里斯评判谁最美丽的那些女神一样美。

赫罗达斯：《拟剧集》，I，26—35（公元前3世纪）

从地中海各个角落，人们蜂拥而至亚历山大里亚。它一直被称为尼罗河上的金色之城（El Dorado on the Nile），移民来自法国、俄罗斯南部、意大利、希腊、印度和马耳他。在亚历山大里亚码头，你或许还会遇见从印度和斯里兰卡来的修士以及从东方更远处驶来的船舶。这片古老神秘的埃及土地如今成为一个伟大的商业中心，一个能够让人们过上好日子的地方。

亚历山大里亚富庶、有贵族气派、等级分明，大可开发。它是如此宏大，又如此多样。在这个城市，来自不同社会群落的人没准一辈子也碰不着对方一面，这样一个社会因而也就缺乏互信，尽管极有组织性，但却没有多少稳定性可言。正如亚历山大本人所表明的那样，个体的人类历史现在成为主力。

在亚历山大里亚身后的内陆，在尼罗河湖泊和三角洲之后的腹地，居住着一个古老的民族，其生活和信仰为这片大地的律动所约束。在这里，自然界诸神是人们心目中的英雄，其神庙耸立在每一个城镇的中央。但在亚历山大里亚，占据城市中心位置的是市场而非庙宇，还有一座侧面刻着建筑师名字的巨大灯塔为异域船只指引方向。这是一个因竞争和动荡而人间英雄辈出的城市。在这里，透特神——土地与田野的古老测量者，变成了赫耳墨斯·特里斯麦蒂斯塔斯——告诉人们如何用符咒和药剂制造纯金的秘密神灵。

有时候希腊城市的这些公民被埃及人称为"系腰带的人"，而当他们把目光投向土著埃及人时，他们看见的不过是野蛮、虚弱、懒散的异邦人，不仅生活节奏大相径庭，也不值得信赖。即便如此，古老的土著民族依然被迫加入了亚历山大里亚这个美丽的新世界，而且成为这个新世界不可或缺的组成部分。不用说，由此产生了破坏性的文化冲突。埃及人一次又一次地揭竿而起，反抗外来者，却一次又一次在战场上被打败。他们最古老的城市被夺走，神庙被夷为平地、丧失功用。历史向来只由胜利者书写，因此这段惨烈的文化接触基本上湮没无闻。不过，在埃及，尚存一本《陶工的神谕》[1]，系亚历山大大帝去世大约四百年后用埃及文字写成，但流传至今的文本却是用异邦人的希腊语书就。它采用了传统的埃及故事情节，纯属每一个反抗过侵略者的古老文明都会发出的本土声音。它预言、渴望、梦想着这片神圣土地的基本要素——太阳的每一次升没、河流的每一次泛滥、四季的每一次更替——全都加入反对亚历山大里亚这座沿海城市的无形大合唱。于是，亚历山大里亚的财富消融了，古老的神祇放弃了亚里山大里亚，听凭它走向失败，华丽地幻灭。

> ……陶工向国王阿梅诺菲斯[2]陈词，述及埃及即将发生之事，兹尽可能准确地翻译如下……
>
> ……在异邦人的时代，（人们会说：）不幸的埃及，（一直）受到罪人的虐待，那些罪人对你做下了恶事……
>
> 这条河（将不会有）充足的水，（并将泛滥，）河水少得

1　《陶工的神谕》(*The Oracle of the Potter*)，希腊化埃及的一份神谕，初于公元前3世纪以埃及通俗语言写成，现仅存五份希腊语纸莎草手稿抄本。文中陶工暗指陶工守护神赫努姆（Khnum）——埃及最古老的神祇之一。在埃及神话传说中，他创造了世界。这份神谕实际在号召反对托勒密王朝。

2　国王阿梅诺菲斯（King Amenophis），公元前16世纪至前14世纪古埃及四法老之一。

将令（土地）严重枯焦……太阳将黯淡无光，仿佛它不愿意观看埃及的这些灾祸。播下种子的土地将不会生长庄稼，这将是其恶劣处境的一部分。农夫将被勒令为他没有种的东西纳税，埃及会发生战争，因为人们将会忍饥挨饿。一个人所种下的，（另一个）将收获和拿走，所以将会有（战争和屠杀，夺去）兄弟和妻子（的性命）。

（这些事将会发生，）当大神……渴望着回到这（个城市），而异邦人将自相残杀，犯下邪恶之行。大神将愤怒地（把他们）驱赶（到）海中，并毁灭他们当中的许多人，因为（他们）不敬神……之后，这座城市将一片荒凉，孩子们将生下来就十分虚弱，国家将陷入混乱，许多土生土长的埃及人将背井离乡，前往异国他邦。

接着，朋友之间会起杀戮，人们自悲自叹，虽然他们的问题比别人的要少。男人会死于对方之手，他们中的两个人会到同一个地方帮助一个人。在怀孕的女人中，死亡是寻常之事。异邦人会自取灭亡。之后，诸神会放弃这座城市，进入孟菲斯。而这座异邦人造就的城市将被废弃。这将发生在邪恶终结之际，当时有一批异邦人来到埃及。这座异邦人的城市将像我的窑（这位先知是名陶工）那样被抛弃，因为他们对埃及犯下的罪恶。

被输入这座城市的异教形象，将再次被带回埃及，这座沿海城市将成为渔夫的避风港……

接着，埃及将繁荣，一位宽宏大量的君主将统治埃及五十五年。他是太阳神（荷鲁斯）的后裔，受最伟大者（伊希斯）的委派。他广行善事，以至于生者将祈祷死者复活以分享这种繁荣。最终，树叶将飘零，干涸的尼罗河将河水满溢。冬天将改变其常道，适可而行；接着，夏季将重上轨道，之前微弱的风将吹送出正常的气息，而埃及……

清楚地说到这里，他陷入沉默（婉语：陶工去世了）。阿梅菲诺斯国王为陶工所讲述的灾祸感到悲痛，把他葬在赫耳墨波利斯，把这本书（《陶工的神谕》）放在那里的宗教档案馆里，无私地展示给所有的人。

第四章

摩梭拉斯陵墓

一 城市与君王

在荷马笔下，埃及底比斯的城墙有百座塔门；时空迢遥，拱卫古巴比伦的城墙宏伟巍峨。虽然这些古代传说中的城墙已不再被列入现代七大奇迹名单，但不必讶异，它们仍然跻身于世界伟大成就之林。在所有伟大的希腊化城市中，唯有埃及的亚历山大里亚受着沙漠和海洋的保护，没有大举修建防御工事。其他多数希腊化城市都大兴土木、戒备森严，用巨大石块砌成的高墙绵延伸展，随所经山冈和溪谷而高低起伏，穿过城市周围的山野。自从破城锤、围城塔和威力奇大的攻城弩发明后，城市便需要城墙，以便在遭到围困时能居高临下。这样的城墙乃是亚历山大缔造的美丽新世界之不可或缺的部分。高墙围护着土地，拱卫着农田和港口，不管人工抑或天成，它们是抵御入侵大军的重要屏障。这一道道石墙，凭其规模之宏、工程之精，役使奴隶之众，昭示着统治者的威严、残酷和权势。

　　塞米勒米斯生来胸怀壮志，急于超越先前在位者的名望，决定在巴比伦创建一座城市。她在各区遴选一批建筑师和工匠，安排妥当其他必需资源，接着从整个王国调集了200万男丁执行她的计划。她以幼发拉底河为中心，绕城建墙，沿墙又建有许多高塔。按照尼多斯的克泰西亚斯[1]的说法，这道城墙长达360斯塔得[2]，而根据克莱塔卡斯[3]及后来随亚历山大深入亚洲的一些人的记载，城墙长度是365斯塔得。这些人觉得，塞米勒米斯很想使城墙长度的斯塔得数量与一年中的天数相对应。根据克泰西亚斯的说法，这位女王使用经过烧制的砖在沥青上建造城墙，高达50英寻（约合91.44米）[但根据某些更晚近作家的记载，乃是50肘尺（22.86米）]。城墙宽度则可容两辆战车并辔驰过城墙顶部且绰绰有余。城墙还有总计250座塔，其高度和宽度均与这道城墙令人难忘的宏伟规模比例相称……

西西里的狄奥多罗斯：《历史文库》，II，7，2—4

　　对亚历山大大军及其传记作者来说，幼发拉底河上的巴比伦城

1　克泰西亚斯（Ctesias），公元前5世纪小亚细亚尼多斯（Cnidus）人，波斯第一帝国（阿契美尼德王朝）亚达薛西斯二世的御医，著有《波斯志》24卷和记载印度北部风物的《印度史》，均仅存提要和片段。其他著作如《论山》《论水》《亚细亚行记》等仅存标题。据说他喜掌故逸事，记录了他听到的各种奇闻异事。

2　斯塔得（stade），古希腊长度单位，原意是古希腊约180米长的跑道或拥有约180米长跑道的运动场。1斯塔得约合180米，365斯塔得约合65.7公里。

3　克莱塔卡斯（Cleitarchus或Clitarchus），亚历山大大帝时代的希腊历史学家之一，其著作《亚历山大的历史》几乎全部佚失，仅存被征引的约30个片段。

之可惊可叹，堪称无与伦比。早期希腊历史学家们早已热情洋溢地描述备至——虽然未必全然准确。其中，巴比伦城规模最是令他们浮想联翩、激动不已。对古希腊人来说，巴比伦城乃万能君主在遥远之地的杰作、万城之中最为雄伟巍然者，其城墙规模亦为世界之最。就史实而言，巴比伦城和世界其他城市一样古老，在早期希腊地理学者生活的时代，巴比伦城重建已近尾声，城中绝大部分都得到快速恢复。正是这样劳动力大量集中、主要使用泥砖、进展迅速的工程，首先为东方提供了丰富的传说；也正是这些传说，最终点燃了希腊人想象力的火花。反过来，希腊人"合成"出一位名叫塞米勒米斯的神秘女王的宏大传奇，说她抱负非凡，热爱黄金；说她有着令希腊人意气相投的种种激情，创立了人类有史以来建造的最大城市。

狄奥多罗斯说，塞米勒米斯创建巴比伦之前，把与她恩爱甚笃的丈夫——亚述国王尼努斯，葬在了他亲手缔造的城市——巴比伦附近的尼尼微[1]。

> 按照克泰西亚斯的说法，塞米勒米斯把尼努斯葬在宫中，为他营造了一座巨大的坟墓，有1英里高，宽刚好1英里多一点儿。这么一来，由于这座城市建在幼发拉底河边一处平地上，这座坟丘在许多英里开外都能望见，犹如一座卫城。这座坟丘至今犹存，所以他们说……
>
> 狄奥多罗斯：《历史文库》，Ⅱ，7，1—2

通常，希腊人很反感这种让死者遗体与生者同栖于一座城市的

1　尼尼微（Nineveh），位于底格里斯河沿岸，与今天伊拉克境内的摩苏尔城相接。曾为亚述帝国的首都，兴盛一时。公元前612年被巴比伦尼亚及其盟国占领并摧毁。

想法。无论国王还是平头百姓的坟地，一概都在城门之外。古道之旁，往往排列着最为引人哀思的墓碑，但如果死者直接关系到城市之精神，并以某种方式帮助城市与其守护神沟通，那么或许会有例外。和巴比伦人一样，希腊人或许偶尔会把城市缔造者埋葬在市中心——通常是集市围绕的一个特别的封闭区域，坟低矮而神圣，周遭环以墙垣。同样地，偶尔也会把某位城市英雄，如战死的武士、诗人、猎手，甚至于运动员或美男子，葬在类似的地方。当国王托勒密一世把亚历山大大帝安葬在亚历山大里亚城中心的十字路口处时，他在庄严地遵循希腊城市的生活习俗，虽则土著埃及人对此大概完全不能理解。在亚历山大大帝时代和之前的古老时代之间，存在深刻的断层，这种丧葬方式也是其中之一。古埃及人修建坟墓主要是用来帮助死者灵魂不灭，而亚历山大的陵墓则是为了纪念一位亡殁的国王，并为即将成为国王的托勒密将军家族提供政治合法性。亚历山大雄才大略，亦以英雄君王自命，他继承了古代英雄的事业，而托勒密一世为他建造的墓地与其功业相称。

　　亚历山大的父亲腓力二世[1]遭人谋杀。他继承了父亲的军队，也继承了父亲的雄心壮志。在建造亚历山大里亚这座城市时，亚历山大在许多方面也同样继承了先人的传统。不过，就欣欣向荣的综合型新城市而言，亚历山大效仿的似乎不是他父亲，而是当时一位岁数更大的君主——卡里亚的摩梭拉斯[2]。此人统治的波斯省份位于

1　腓力二世（Philip of Macedon，公元前382—前336），马其顿国王。富有军事和外交才能，创"马其顿方阵"，连年征伐，辟疆扩土，征服希腊。公元前336年夏，在马其顿古都埃盖筹备秋季率大军攻打波斯，突然在女儿婚礼上遇刺身亡。
2　摩梭拉斯（Mausolus），生年不详，公元前377—约前352年在位，波斯帝国卡里亚总督。当时的卡里亚实际上处于半独立状态。摩梭拉斯曾参加总督叛乱，与希腊人合作反对波斯人统治，并夺取了富庶的吕底亚的大片土地。他兴建了许多庙宇等大型建筑。去世后，其妻阿忒弥西娅（Artemisia）继位。

今土耳其西南部，靠近罗得岛。亚历山大在世的时候，那里正位于"大希腊"[1]的心脏，而"大希腊"又是七大奇迹所在世界的心脏地带。七大奇迹中，有三个坐落在同一道美丽的海岸线上，彼此相距不到100英里。

正如亚历山大所效仿的那样，摩梭拉斯把境内多个民族谨慎地联合在一起。他治下的每座城市都有大型城墙、集市和希腊庙宇，城中心则是英雄的墓地。土著卡里亚文化和希腊文化在这些城市里交织融汇。和摩梭拉斯相比，亚历山大的父亲腓力二世是位更伟大的军事家和政治家，但从未在这种多元文化主义方面费过心思。起初，亚历山大似乎打算步其父之后尘，例如他在启程远征亚洲之前，按历来简朴的马其顿风俗，把父亲安葬在马其顿王国首都埃盖城边的古老公墓里。但当他开始穿越古代世界进行远征不久，眼界就完全改变了。亚历山大和摩梭拉斯一样，通过建造恢宏壮丽的希腊化风格多元文化城市，在一定程度上展现出属于人类的新抱负。这些城市的基本规划，和摩梭拉斯治下诸城一样，如同安放着不同希腊成分的网格，并将其在绵延壮观的城墙内铺展开来。在亚历山大远征至印度折返之际，他悲恸地得知挚友赫费斯提翁[2]已经去世，于是召来建筑师狄诺克拉底，命他在巴比伦建造一座陵墓，规模要超过任何一位马其顿国王的墓地。这座陵墓是如此宏大奢华，以至于巴比伦城中心很大一块区域，连同部分传说中的城墙，都被拆掉

1　大希腊（Magna Græcia，公元前8世纪—前6世纪），古希腊人在意大利南部、西西里岛、安纳托利亚及非洲北部建立的诸殖民城邦的总称。它有着发达的农业和手工业，商业繁荣昌盛。在哲学、文学、艺术、建筑等方面对罗马文化产生过重大影响。

2　赫费斯提翁（Hephaestion，约公元前356—前324），马其顿贵族、将军，亚历山大大帝最亲密无间的朋友。他曾数次出使印度，有外交谋略，被亚历山大任命为一人之下的右辅大臣。亚历山大迎娶波斯王大流士之女时，将妻妹许配给他，两人成为连襟。相传他疑因伤寒猝逝，令亚历山大剃光头发、终夜痛哭。8个月后，亚历山大也英年早逝。

来给它腾地方。

再早十年，亚历山大一路打到土耳其西部海岸，摩梭拉斯那宏伟的都城哈利卡那苏斯（Halicarnassus）拖住他的脚步，令他打了很久的围城战。彼时，亚历山大可能每天都看到摩梭拉斯本人的陵墓矗立在哈利卡那苏斯城中央，远远高出城墙，在日光下闪耀着白色光芒，更远处还有耀眼的蔚蓝海湾。这是一座美丽的、圆柱环卫的长方形建筑，有着金字塔形状的屋顶和屋顶雕塑，静静俯瞰着被焦躁的亚历山大包围的城郭。四百年后，一位罗马诗人咏叹说，这座恢宏的建筑仿佛"安详地浮在空空如也的大气之中"。它正是传说中的摩梭拉斯陵墓。

和亚述国王尼努斯在尼尼微的陵墓一样，人们老远就能望见摩梭拉斯陵墓，而且可以从多个角度看到。从海上，它很像法罗斯灯塔和罗得岛巨像，对在岛屿间航行的水手来说无异于巨大的航标。公元前334年，亚历山大攻下了这座城市，当时距离摩梭拉斯陵墓竣工不足二十年时间。一个世纪之后，这座陵墓就被视为世界上最伟大的奇迹之一。希腊人认为其建筑卓越不凡，雕塑也至精至美。简言之，摩梭拉斯陵墓是当时最了不起的纪念性墓地建筑，给年轻的亚历山大留下了深刻的印象，也让一代又一代后来者为之惊叹。事实上，从北非利比亚沿海为非洲王子营造的坟茔，到袭用摩梭拉斯——遥远的卡里亚古代统治者之名修建的那些罗马皇帝墓地，摩梭拉斯陵墓开启了成千上万墓葬建筑之先河。直到12世纪，帖撒罗尼迦的主教（Bishop of Thessalonika）还写道，这座古老的异教徒陵墓"过去是，现在依然是：一大奇迹"。

如果说法罗斯是亚历山大里亚的建筑中心，那么摩梭拉斯陵墓也曾被规划为哈利卡那苏斯的中心。这处占地宽广的建筑确实就是城市的轴心，正位于市内道路的交会点。在亚历山大里亚，亚历

　　　　　世界七大奇迹：西方现代意象的流变

山大的墓地恰好坐落在同一方位。这两座陵墓都成为所在城市的象征，是城市名片的一部分。

摩梭拉斯把自己的墓地建造在一座兴盛城市的中心位置。他这么做，不仅符合希腊人的意愿，也遵循了当地风俗。卡里亚许多古城中心都有这种富于魅力的纪念建筑。事实上，摩梭拉斯本人曾在他一手缔造或改建的城市中保留过几座精美的古墓。在古代赫拉克里亚（Heracleia）这个神秘迷人的地方，群山耸起于水滨，如同月球上的山峦。摩梭拉斯因而在小城中央，为月神恩底弥翁（Endymion）修建了一处神祠。在希腊神话中，恩底弥翁是月亮女神塞勒涅（Selene）所爱恋的一名年轻男子，为了困住他，塞勒涅让他在赫拉克里亚上方那座高山上久睡而不得苏醒。据说恩底弥翁在这漫长而恼人的一觉中，让塞勒涅生了50个孩子。至于摩梭拉斯本人的陵墓，后来有个故事说他的王后阿忒弥西娅——也是他的妹妹，因他猝然早逝而痛不欲生，为他用白色大理石修建了这座巨大陵墓，并把他的骨灰溶进葡萄酒中喝了下去。做完这一切后，阿忒弥西娅也在悲恸中撒手人寰，追随她的主人和哥哥而去。阿忒弥西娅因此成为中世纪时一位著名的贤德女性，但求奉献的"妇道"的象征，也是成千上万张织锦挂毯中体形丰满的女主人公。在这些挂毯上，一种愉快优雅的气氛掩盖了这桩血亲婚姻的不合体统之处。

摩梭拉斯似乎不曾像亚历山大及其继业者那样聘用文人作传来宣扬他的统治，所以我们对他知之甚少。大致说来，他是一名贵族，继承了一个小公国，以波斯王总督的身份进行统治。不过，与东方的联系对他从来没有什么约束力，他也自认为是一名希腊人。多年来，摩梭拉斯和这一地区的其他城市巧妙结盟，使他的省份逐渐扩大，甚至达到能够威胁雅典的地步。就像亚历山大那样，他的雄心壮志通过建筑得到强烈、原始的表达。摩梭拉斯看来雇用了当时最好的建筑师和雕塑家，他们当中有许多人长年为他效力。

摩梭拉斯的宗教圣所和城市都经过周密规划：高大的围墙、为崭新的城市中心带来历史感的建城者之墓，都炫示着规划者的政治抱负和王朝宏图。不过，可能因为摩梭拉斯突然去世的缘故，它们的规模都被缩减了。虽然有妹妹王后阿忒弥西娅的传说，但最能让摩梭拉斯永垂不朽的是他流传至今的名字[1]。至于其生前成就，他围绕哈利卡那苏斯这座新城市，建造了坚固的城墙和城门，选择附近村镇卡里亚居民中精壮者迁入居住；修建了两条城市大道，交会点就在市中心陵墓之旁。他还在集市附近开辟了两个大型港口，其中较小的港口隐在大的后边，战船可以从那里出其不意地袭击敌人。在这些港口旁，摩梭拉斯又修建了一个带堡垒的军火库，用以保护这个生机勃勃的城市。在海湾的另一端，他建造了一座富丽堂皇的宫殿，其名声之显赫，使得三百年后罗马帝国建筑师维特鲁威谈到时仍然心怀敬意。在这座宫殿，可以找到庄严宏伟的罗马式建筑风格的某些渊源：

> 权势煊赫的国王摩梭拉斯的宫殿位于哈利卡那苏斯，到处都用普罗康尼斯[2]大理石装饰，但墙壁用砖砌成。这些墙壁至今仍然坚固非凡，因精心打磨而光亮润泽，看着就像玻璃那般透明。国王建造这座宫殿时财力雄厚——他统治着整个卡里亚，所以税收滚滚而来。
>
> 维特鲁威：《建筑十书》，II，8，10

1　摩梭拉斯的名字后来演变成一个普通单词，意即陵墓。
2　普罗康尼斯（Proconnesus），今土耳其马尔马拉海中的马尔马拉岛，为土耳其第二大岛，以出产大理石著称，普罗康尼斯是其拉丁语古称。伊斯坦布尔很多古代建筑使用普罗康尼斯大理石。

像是要强调摩梭拉斯对亚历山大的影响，维特鲁威在继续描述哈利卡那苏斯这座城市及其君王时，语气里好像两者是一回事，不可分开：

> 再来说说摩梭拉斯建城时的精明强干吧。他出生在米拉萨，因为看到哈利卡那苏斯有天险可恃，又正好是贸易中心，有良港可资利用，于是在那里立下了基业。这块地方像一个弧形的舞台，集市在港口尽头，沿山凹处弯曲的斜坡修建了一条宽阔的道路，道路中央就是摩梭拉斯陵墓，凭其建筑水平之卓越，至今仍被列为世界七大奇迹之一。

《建筑十书》，Ⅱ，8，11

二　幽暗的地道

罗马诗人琉善谈论第欧根尼[1]时说：

> 倘若摩梭拉斯死后回想尘世繁华，想起那些他自以为幸福所系的事物，他会悲叹呻吟，而第欧根尼却将嗤之以鼻。摩梭拉斯会说起他的妹妹王后阿忒弥西娅为他在哈利卡那苏斯建造的陵墓，但第欧根尼根本不知道自己肉身有无坟头可栖。第欧根尼不关心这个话题，把它留给未来的人们去讨论，而自己过着实实在在的人的生活。你们这些最卑屈的卡里亚人啊，那是

1　第欧根尼（Diogenes），约活跃于公元前4世纪，希腊哲学家，犬儒学派奠基人，强调自我控制和推崇善行。其真实生平难以考证。据说他曾提灯在雅典大街漫步寻找诚实的人。又相传他住在木桶里，亚历山大大帝问他何所求，他但求大帝挪动尊步，不要挡住晒到他身上的阳光。亚历山大大帝后来说："我若不是亚历山大，愿为第欧根尼。"

一种比摩梭拉斯陵墓更崇高、基础也更坚牢的生活。

《第欧根尼论死亡》，24，431

亚历山大里亚人发现，假如像亚历山大那样，丢开古老的农历节律，不理会永生神祇创造的历史，沉浸于人间岁月，任由飘忽不定的俗世种种占据整部历史，那么旧有的许多保障很快就会失去。而生者活法改变，死者运命亦变。在亚历山大死后，坟墓从死者永恒居所一变而为他们曾在人间活过的标志和纪念。尽管几个世纪后，基督教曾经部分恢复了永恒的死后生活的说法，但在社会过渡时期，死亡总归充斥着多种多样的可能性。希腊人此时想象的死后生活尤其富有独创性：从恶臭、蛆虫、单纯的腐烂这些黑暗恐怖的东西，到阴森的地曹冥府——在那里死者的灵魂徒劳地拍打翅膀，啸叫如蝙蝠，再到泛着白光的甜蜜王国和航海者能最终靠岸的极乐诸岛，无所不有。事实上，"一路顺风"作为一句得体的悼词，被镂刻在大理石纪念碑上。

如此这般，到2世纪，罗马作家、学者琉善召来希腊犬儒老人第欧根尼和卡里亚的摩梭拉斯，让他们争论关于幽冥世界的种种安排。

"卡里亚人，"第欧根尼问道，"你为何这般骄傲，为何觉得自己应当享有超乎我们全体之上的荣耀？"

"首先，"摩梭拉斯回答说，"……因为我是国王……其次，因为我高大英俊，在战争中叱咤风云，但最重要的是因为在哈利卡那苏斯，我的身体之上有一座巨大的纪念物，比任何死者的墓都大，也更为美丽：骏马与英雄在最好的大理石上表现得最传神……"

然而，第欧根尼显然对此无动于衷。他说，人死了，就什么都没了，假使这是选美比赛，那他实在不明白凭什么"你的骷髅比我的更受宠。两者都光秃秃的……都没有眼睛……哈利卡那苏斯人或者会炫耀你的墓和那些精心加工的大理石块，拿它向外乡人吹嘘……但我看不出它给了你什么快感，亲爱的伙计，除去能说明你比我们更能负重，因为你被那么多大理石压在下面……"

"这么说来，那些东西对我无用？"摩梭拉斯懊恼地问，"摩梭拉斯和第欧根尼得到的荣耀相等吗？"至此，读者恍然大悟，琉善意在借第欧根尼之口表达自己的信念：通往永恒的真正道路是成为学者，以文章传世！

20世纪70年代，一支丹麦考古队在摩梭拉斯陵墓进行发掘，发现在琉善之前五百年，摩梭拉斯及其同代人对死后生活的看法已经存在很大差异。在陵墓遗址附近，考古学家发现通往墓室门口的台阶用一大片石头遮盖着。摩梭拉斯葬于公元前352年，当时，墓室门彻底关闭之后，人们在这处台阶上宰杀了一群绵羊、五头公牛、八只羊羔和二十四头家禽，然后把鸡蛋小心地放在大块大块的肉上。这些食物在低矮的台阶上摆得整整齐齐，似乎随时可以用来料理一席盛宴。宰杀之时，这些畜牲的血肯定曾在台阶上奔流而下，在墓室入口处汇聚成黑乎乎的一大汪血水。

对这些祭品的细致发掘，为了解摩梭拉斯时代的屠宰业提供了大量新材料。学界传统一味注重国际政治和建筑成就之类的话题，相形之下，对日常生活的实用细节知之甚微。而对希腊城镇居民来说，屠宰和献祭与所有人的生活都息息相关。在每一场重要事件——战役、神庙开工、城市开建抑或任命行政长官之前，都会向神献祭。实际上，希腊人生活处处离不开献祭，所以他们说，要缔造一座城市，只需一把烤肉叉、一个烧开的锅炉和一把火。希腊人通过献祭和他们的神祇相沟通，这一举动塑造了他们的全部社会活动并赋予其意义。屠宰不仅仅是屠宰，也是一系列复杂的社会活动的组成部分，围绕这些活动的种种仪式和习俗对希腊人的民族认同至关重要。而在摩梭拉斯的墓中，献祭动物的遗骨至今犹存，无人侵扰。

考古学家发现的第一个现象，就是摩梭拉斯葬礼中宰杀的所有牲畜都以同一标准方式被肢解，就和现代屠宰业的情形一样。它们骨头上有很多细小的刀痕，检查表明这些牲畜先是喉咙被割断，然后整个头被彻底割下。体形大的牲畜在屠宰前先被割断腿腱，它们轰然倒地时又会弄伤整个腿部关节。

考古学家认为，既然这些牲畜能如此精确地被肢解，古代屠夫必定是在某种特制平台上操作，很可能就是屠夫的肉案，样子和希腊花瓶上描绘的差不多。砍劈方向和骨头上的断痕表明，就和希腊古瓶上的献祭场景一样，摩梭拉斯的屠夫们动刀前也会把牲畜躯体肚皮朝上。牲畜胸腔内部的细小刀口显示，它们的内脏都是在肚皮朝上的状态下被彻底取出的，而胸腔外骨头上的切口则证明，此前它们已被小心地剥了皮。在墓室门口附近，放置着三具这样处理过的牲畜遗骸，其他牲畜则多数都经过仔细地宰杀：肩胛被去除、胸腔被打开、肋骨和脊骨被利落地斫开。宰杀体形大的牲畜不是件容易活儿，所以斫下的肉块体积庞大。对较为柔软的幼小牲畜，屠夫处理起来就讲究一点，在摩梭拉斯的永恒祭桌上留下更优美的斫痕。考古学家发现，在这片柔软的泥土下，掩埋着羊冠、剩下的小块羊腿和臀部肉。这本身就令人着迷，因为尽管许多古书上都提到斫下的肉块名字，但如今我们已不再了解这些词在解剖学上的具体含义。而且，这些牲畜的某些部分，如头、蹄和内脏，在发掘过程中都没有找到，正如碑铭所言，这些东西通常都被屠夫当成报酬拿走，至今有些屠宰场仍沿袭了这一习俗。有些陶器上的装饰图案也表现了屠夫及其佣仆在献祭后高高兴兴地拿走他们

4-1　希腊屠夫在宰杀，古雅典红色人物瓶画局部，仿德恩蒂内（1989）

那份收获的场面。

古希腊文化之纯粹理性已成陈词滥调。七大奇迹中央那一大汪血水，显示这一成见的荒唐之处。人们或许会辩称，这种不寻常的献祭是"土著卡里亚人所为"——"土著"一词，正如这类观察通常暗示的那样，含有野蛮和未开化的意思。不过，事实上我们对卡里亚人有没有这种习俗一无所知。可能还会有人指出，希腊社会本质上就千差万别。但希腊人和获奖狮子狗或者虎皮鹦鹉不一样，他们不是纯种动物，他们的文化源于许多不同国度。

不管怎么说，献祭仪式在世界各个角落的差别相仿佛。假如你到访那个时代的某座希腊城市，你恐怕会看到诸神祭坛上每天都冒着一缕细细的黑烟。这也是宗教仪式等同于实用主义的最佳例证，因为这种献祭仪式为每座城市供应着日常肉食。在最初的献祭之后，牲畜的某些部位——可能是裹着肥肉的大腿骨，还有胆和腱子，会在祭坛上被焚烧，其烟雾终日萦绕希腊的大城小镇，成为这些城镇富庶状况的实在象征。屠宰后的肉则被拿走，供献祭者和祭司食用。在各个城市，牲畜内脏会被包起来串在烤肉的叉子上，以现代希腊烧烤的方式烹制。在许多古代祭坛遗址旁，烹饪时去腥味用的牛至草如今依旧生长茂盛。其他被切割的肉则先煮后烤。

持续不断的血腥献祭，是希腊社会的核心内容之一，供养着古希腊人及其诸神。对基督教学者来说，否定这一点可以说是本能的反应。与绝大多数宗教不同，基督教只相信圣子耶稣的牺牲具有重要意义，而否定其他所有生命的死亡具有这样的神圣。所以，我们和古人对神圣的观念缺少共同之处。在古代世界，任何动物被杀死抑或自然死亡时，它的灵魂会离开躯体，或加入神的世界，或进入幽冥之地，虽不拥有具体的存在形式，但它仍然存在。如此一来，连接现世和来世的献祭也成为人类与其诸神主要的联结点。希腊人和罗马人总认为摩梭拉斯陵墓是最伟大的古代纪念物之一，而当时它也的确服侍着摩梭拉斯的灵魂。

如今，摩梭拉斯陵墓所遗无几，渺不可见。沿着摩梭拉斯的古城里贯通东西的大道，穿过白粉墙夹着的窄巷中的一道小铁门，你就会进入一处考古发掘地。门后是一小片平地，边上挤挤挨挨堆着的石头，当年曾砌筑在环绕摩梭拉斯陵墓的低矮围墙上。平地旁还有几间现在盖的瓦房，其中最大一间下临当年通往摩梭拉斯陵墓的台阶。阳光下，那鲜红的瓦片如今引领你的目光往下，凝注在一个规则的长方形大坑上。大坑两侧以现代干打垒墙支撑，坑里曾经存放着摩梭拉斯墓室砌墙用的石头，今已荡然无存。一些地道从大坑四周蜿蜒而出，穿过用来支撑陵墓主体的天然石块，其高与宽足以容纳一个人通过。发掘者说，有的地道早在建造摩梭拉斯陵墓之前就已经挖好，这意味着摩梭拉斯陵墓可能建在一处历史更久远的坟地里。不过，多数地道乃是摩梭拉斯陵墓复杂巧妙的排水系统的一部分。地中海风暴须臾间便带来倾盆大雨，像摩梭拉斯陵墓这样的庞大建筑，所积聚的雨水更为可观，因此希腊古老的石头建筑大多有储存和疏导大量雨水的设计。摩梭拉斯陵墓简直荡然无存，只剩下：一片棋盘状四边形石板，纵横大约3英尺，厚1英尺，绿意盎然，一度是陵墓主体建筑的基础；一些竖起的石头，不知当初派过什么用场；还有一些带优美凹槽的华丽柱鼓，七横八竖地滚倒在地上。这些，便是这个世界著名奇迹遗存的一切。多亏亮闪闪的大理石、阳光和花朵、不远处一栋房子粉红色的墙面，才让这块地方不至于触目萧瑟，令人忧闷。人们只是困惑：那般宏大的摩梭拉斯陵墓，究竟上哪儿去啦？

摩梭拉斯陵墓被毁得这样彻底，人们于是怀疑它是被故意拆毁的，揣测它大约在16世纪初便遭挖掘一空。其内核部分的绿色火山岩易于切割加工，被直接用来做建材；外层精美的大理石被打碎、拉走，绝大部分烧成石灰，用以制作细腻的灰浆。这种野蛮行为使得地面的碎片堆成一个巨大的土丘。在随后几个世纪里，陵墓所在地，事实上还有哈利卡那苏斯古城地点，都已被人们遗忘。哈利卡那苏斯的土耳其居民把这个可爱的小渔港称为博德鲁姆[1]，在陵墓碎片堆成的土丘上和土丘周围盖了些小房子和花园，还打井汲取岩石下甘甜的地下水。1856年11月，凭着土耳其苏丹一纸允许发掘的诏书，在港口英国皇家海军"戈耳工"[2]号加农炮的威慑下，英国驻罗得岛代理领事查尔斯·托马斯·纽顿（后在大英博物馆工作）开始挖掘古代摩梭拉斯陵墓。

纽顿的首要目标是雕塑。摩梭拉斯陵墓以雕塑著称，这在很大程度上缘于普林尼的描写。这段文字见于普林尼自题为《大理石雕塑家和受到高度尊崇的艺术家》的一篇散文，是现存关于摩梭拉斯陵墓最精彩的古代记录。普林尼充满热情地写道：

1　博德鲁姆（Bodrum），土耳其西南部古城，今已发展成为一个港口城市。
2　戈耳工（Gorgon），希腊神话中的蛇发女妖，其中以美杜莎最著名，相传人正视之立化为石。

斯珂帕斯[1]当时的竞争对手有伯亚克西斯、提莫塞乌斯和莱奥卡雷斯[2]。我们必须把他们合在一起讨论，因为他们都高度参与了摩梭拉斯陵墓的雕塑工作。这座陵墓是卡里亚国王摩梭拉斯的妻子阿忒弥西娅为他建造的……这些艺术家的辛苦劳动，使得陵墓成为七大奇迹之一……陵墓雕塑尚未完成，王后便去世了，但这些艺术家没有半途而废。那时他们已把雕塑视为个人荣誉和技巧的纪念碑，至今仍在相互较量。第五位艺术家也参加了这场角逐……在金字塔顶端，就是派西奥斯[3]创作的大理石雕驷马战车。

普林尼：《自然史》，XXXVI，30—31

　　纽顿相信自己知道著名的摩梭拉斯陵墓在哪里。显然，这种久享盛名的艺术杰作大有发掘价值，而长期湮没无闻的文物一经挖出，将归国家博物馆所有，这样的前景不难提起英国一些政府部门的兴趣。

　　纽顿为此准备了很久。多年前，在大英博物馆工作时，他曾看

1　斯珂帕斯（Scopas或Skopas，公元前395—前350），古希腊雕塑家和建筑师，曾漫游希腊化世界，艺术上继承了古典希腊雕塑家波留克列特斯（Polykleitos）的风格。他雕塑的人物头像特征是：几乎正方形的面孔、深深凹陷的眼睛和略微张开的嘴巴。他除了完成摩梭拉斯陵墓部分雕塑，特别是浮雕之外，还主持建造了位于希腊忒革亚（Tegea）的雅典娜神庙。传世作品今存大英博物馆、雅典国家考古博物馆等处。

2　伯亚克西斯、提莫塞乌斯（Timotheus）和莱奥卡雷斯均为公元前4世纪希腊古典后期的重要雕塑家。伯亚克西斯参见本书70页注释3，莱奥卡雷斯参见本书36页注释1。提莫塞乌斯的主要创作期在公元前380—前340年。他除了雕塑摩梭拉斯陵墓，还是位于埃皮达鲁斯（Epidaurus）的希腊医神阿斯克勒庇俄斯神庙（公元前370年）的主要雕塑家。

3　派西奥斯（Pytheos），名字常拼作Pythius，公元前4世纪希腊建筑师、雕塑家，维特鲁威在《建筑十书》里称他改良了古希腊神庙的多利安柱式，是希腊普里埃内（Priene）的密涅瓦（Minerva）神庙建筑师。密涅瓦是罗马神话中的智慧女神，对应于希腊神话中的雅典娜。

到英国驻君士坦丁堡大使斯特拉特福德·德雷德克利夫勋爵[1]从博德鲁姆送来的一些大理石浮雕。德雷德克利夫以"伟大的使臣"著称，在历任英国派驻君士坦丁堡高门（帝制时代的土耳其政府）的大使中，算得上很有权势的一位。包括他在内，许多英国大使大力支持本国同胞在广袤而摇摇欲坠的奥斯曼帝国搜罗文物，大英博物馆就是由此获得其镇馆之宝、来自雅典卫城的埃尔金石雕的，而后英国由此搜罗到的异域文物就更多。博德鲁姆浮雕取自这座城镇里的建筑，具有希腊化风格，人们普遍相信它们来自摩梭拉斯陵墓。那时纽顿刚从牛津大学毕业，在大英博物馆文物部任助理，对古典雕塑很有鉴赏力。他曾在热那亚和罗得岛看到过类似的浮雕，于是想到博德鲁姆一定还有更多这样的雕塑，而且谁能断言在摩梭拉斯陵墓所在地，就不会发现点别的呢？

在查阅古代旅行家造访博德鲁姆这座孤零零的渔港小镇记录后，纽顿自信能够轻松确定陵墓在镇里的位置，使得这些著名雕塑可以被"从危险偏僻的环境中解救出来"。在"伟大的使臣"本人鼓动下，时年36岁的纽顿从大英博物馆辞职，到爱琴海南部地区担任各种低级外交职务，得以对爱琴海诸岛和沿海城市开展广泛的考古调查。尽管英国旅行家已对这个地区进行了长达一个多世纪的广泛研究，但仍有大量区域尚属空白，大量古代遗址无人涉足，有待研究和确定。18世纪的探险家更乐于对他们发现的古代名胜进行现场研究，而纽顿则特别注重搜寻文物，扩充大英博物馆的馆藏。1855年，在德雷德克利夫勋爵特别资助下，纽顿亲身踏访博德鲁姆，发现在小镇后来修的建筑物墙上，镶嵌着更多精美雕塑残片。

1　即斯特拉特福德·坎宁（Stratford Canning, 1st Viscount Stratford de Redcliffe, 1786—1880），英国外交官和政治家，1820—1824年间担任英国驻美大使，1825—1828年、1842—1858年担任英国驻奥斯曼帝国大使。

他随即知会大使德雷德克利夫勋爵，并向伦敦英国外交部呈交备忘录，成功地申请到两千英镑政府拨款，以确保摩梭拉斯陵墓雕塑归大英博物馆所有，纽顿则期望着通过陵墓发掘，攀上自己毕生事业的顶峰。

英国皇家海军小型护卫舰"戈耳工"号受命帮助纽顿在博德鲁姆进行发掘，全舰有150名海军士兵和一群爱好考古的军官。在纽顿特别要求下，还从皇家工兵部队调来一名尉级军官和四名工兵——一名铁匠、一名石匠、一名摄影师和一名高级军士。此外，声誉日隆、偏爱哥特式风格的伦敦建筑师理查德·波普尔韦尔·普兰[1]和另外三名初出茅庐的前拉斐尔派[2]画家，也给纽顿在博德鲁姆的日子带来很大快乐。

最充满希望的发掘地点是城中屋宇和花园间的一些低矮土丘。在那里，早期旅行家曾看到过土丘里戳出很大的大理石柱鼓，而纽顿本人也发现过埋在土里的大理石碎片，并且注意到上面雕刻的图案酷似已经送到伦敦的浮雕。开始挖掘前，纽顿强行买下一批带花园的土耳其小型住宅，然后全部夷为平地，这件事花了他两个月甚至更久时间。同时，他又大胆地雇用了一些当地工人，这些工人很快就辛苦地投入工作，在土丘以西、从哈利卡那苏斯旧日大街往下走，绵延几百米空地上挖来挖去。在这块空地上，他们

1　普兰（Richard Popplewell Pullan，1825—1888），英国人，以建筑考古方面的工作知名，参与摩梭拉斯陵墓发掘后返回英国，以讲课和创作谋生，著有多种有关中东旅行的书籍。

2　前拉斐尔派（Pre-Raphaelite），英国19世纪中叶兴起的一种艺术流派。本是三名英国年轻画家——约翰·米莱、但丁·罗塞蒂和威廉·亨特于1848年发起创立的一个艺术团体。他们反对学院派风格主义画风，认为拉斐尔时代以前古典的姿态和优美的绘画成分被败坏，因此取名为前拉斐尔派。他们主张仔细观察自然，受浪漫主义影响，重视中世纪艺术和文化。这一流派持续影响许多英国画家至20世纪。罗塞蒂后来成为欧洲象征主义艺术的先驱。

不久就挖到了一些原属一栋古罗马大型别墅的精美马赛克板。他们首先详细测量这些马赛克板并加以记录，然后把它们吊起来装进木板箱里，运到"戈耳工"号上。不仅三位年轻画家现场临摹马赛克板上的图案，随舰医生埃吉沃斯（Edgeworth）还逐一摄影。尽管埃吉沃斯只是位业余摄影师，但他却做了一个革命性举动——这是中东考古发掘对摄影术的首次运用，且使艺术家的劳动立即显得多余。等到这次发掘的正式摄影师、从皇家工兵部队调来的斯帕克曼（Spackman）下士一到，拍下几张泊在博德鲁姆港口的"戈耳工"号照片，所有人无疑都发觉画家不再有用武之地。没过多久，其中两位画家——瓦尔·普林塞普[1]和他的朋友乔治·弗里德里克·沃茨[2]便退伍回到英格兰，活跃在二流明星云集的槌球（门球）场和肯辛顿小荷兰屋[3]茶会上。多年后，沃茨凭寓言绘画《希望》和巨型铜雕《物理能量》一炮而红。终其一生，沃茨都相信自己的艺术根基在于延续古典艺术传统，摩梭拉斯陵墓无疑一直占据着他的脑海，因为他后来在英格兰萨里郡法纳姆乡下，也为自己造了笨笨的一座宅邸，但相形之下可谓"小巫见大巫"了。

1857年元旦，纽顿开始挖掘陵墓建材碎石堆成的高丘。不出一个星期，他就找到了与送到伦敦浮雕类似的残片，自信没有挖错地方。他几乎终日都在仔细筛查挖出的一堆堆碎石：精美大理石刻和浮雕的小残片、大理石狮子的小碎块、华美的爱奥尼亚式建筑撩人

1　瓦尔·普林塞普（Val Prinsep），全名是瓦伦汀·卡梅伦·普林塞普（Valentine Cameron Prinsep，1838—1904），前拉斐尔派英国画家。

2　乔治·弗里德里克·沃茨（George Frederic Watts，1817—1904），英国维多利亚时代画家和雕塑家。作品一度受罗塞蒂影响，后转向象征主义艺术，曾言："我画的是想法，而不是事物。"瓦尔·普林塞普是他的学生，也是朋友。

3　小荷兰屋（Little Holland House），伦敦肯辛顿区一处住宅，19世纪下半叶时，瓦尔·普林塞普的父母亨利和萨拉从印度返回后全家居住于此，往来皆文人墨客，形成当时伦敦著名文艺圈。普林塞普一家与英国著名女作家维吉尼亚·伍尔夫有亲戚关系。

4-2　摩梭拉斯陵墓的台阶，仿纽顿（1862）

的残余……摩梭拉斯陵墓竟被粉碎得如此彻底，无论纽顿还是接踵而至的丹麦考古学家，都连最起码的陵墓外部轮廓的线索也没能找到。从纽顿本人的工作记录来看，他把挖掘描述成"矿场"和"画廊"的组合，以维多利亚时代铁路工程师及铁路工人的方式指挥手下挖掘碎石堆，即一边缓慢地在高丘底下的岩床上挖掘，一边回填挖出的大坑和沟堑。这个过程颇令建筑师普兰沮丧。普兰第一次勘察挖掘现场时，发现它大部分又被纽顿新挖出的碎石堆掩埋了。

　　批评这种做法不难，但在19世纪50年代，考古学既缺乏技术规范也没有基本文献。当时欧洲收藏的古代希腊文物要么还没有分类，要么被认为"掘自奴隶的坟墓"。纽顿进行发掘时，亨利希·施利曼[1]尚未开挖迈锡尼古城，德国人也没有发掘奥林匹亚，更没有

---

[1]　亨利希·施利曼（Heinrich Schliemann，1822—1890），德国商人和业余考古爱好者。他环游世界并投身考古事业，使得荷马史诗中长期被认为属文艺虚构的国度：特洛伊、迈锡尼和梯林斯重见天日，这是19世纪考古学界最重大的发现之一。

著书制定这类发掘的国际标准。

到4月初，纽顿已经挖出了通向摩梭拉斯墓室的部分平坦宽敞的台阶，挖掘过程中还无意间弄乱了墓室前为死去的摩梭拉斯准备的盛大宴席。不过，尽管他断定覆盖在台阶上的石头保护层乃是一堵墙坍塌后形成的，他后来却用挖出的碎屑垃圾重新掩埋了整个地区。在陵墓门槛附近，台阶尽头石头碎片的深处，一些献祭动物的骨殖旁，纽顿发现了一组小件雕塑和一些华美的条纹大理石花瓶，其中一只花瓶上镌刻着埃及象形文字和美索不达米亚楔形文字，并提及波斯国王薛西斯[1]的名讳。人们恐怕难以料想到，在土耳其西南部一个小村庄，居然会发现这样的物件。这些华丽的宫廷花瓶使纽顿更加坚信，这座低矮的土丘确实就是传说中摩梭拉斯陵墓的所在地，但他仍旧没有发现陵墓建筑的蛛丝马迹。于是纽顿再度中断发掘，购买更多房屋，然后继续他的事业。而在进一步挖掘中，他发现了摩梭拉斯陵墓入口处的走廊，使其如今得见天日。他还碰巧找到一块又大又厚的火山岩石板，那是古代建筑师用来封闭墓室通道的，随着石板被翻转，石板下幽深的通道就此变成了现在的大坑。在摩梭拉斯陵墓仍屹立于世的时候，这块石板曾遭到斧劈凿削，但主体没有被古代入侵者凿穿。不过，没有哪位天才能够保护建筑免于彻底的毁坏：纽顿发现，墓室所在区域已经被彻底挖掘一空了。

纽顿的大规模发掘本身很有意思，但挖出的东西却乏宝可陈。皇家工兵下士在精美柱鼓等大块大理石上逐一刻下短箭——英国作

---

1 薛西斯一世（Xerxes Ⅰ，约公元前519—前465），波斯阿契美尼德王朝国王，大流士一世与居鲁士大帝之女阿托莎之子，其名在波斯文中意为"战士"。他于公元前485年即位，曾率大军入侵希腊，洗劫雅典并摧毁雅典卫城，后败于萨拉米海战。他晚年深居简出，公元前465年死于宫廷政变。

战部财产的标记，轻而易举就使它们能够被合法地运往大不列颠。但柱鼓既已残缺，再精美的大英博物馆都不太"感冒"，英国外交部花了那么大一笔钱，所期望看到的成果原本远不止于此。可悲的是，这些古代雕塑显然是被人用凿子和锤子有条不紊地砸成碎片的。尽管纽顿没放过掘出的任何一片古色古香的大理石块，把它们统统放入柳条箱装上船；尽管只要工人们能把两块可怜的碎片拼拢到一起，他就发给奖金，但总的说来，简直就没掘出什么宝贝能引起见惯了埃尔金石雕那样大型珍贵文物的伦敦鉴赏家的兴趣。

纽顿拿得出手的，不过是一块被严重毁损的美丽石雕，刻的是一名骑马的波斯人；一个破碎但特别雅致的柱头；还有三块严重受损的古典浮雕，是他早些时候发现的，当时被用来盖在排水沟上。不过，收获虽然平平，"戈耳工"号一位军官仍然向《伦敦新闻画报》投寄了一些素描——"承蒙'戈耳工'号米歇尔上尉惠寄……引人入胜的遗迹……在小亚细亚部分地区，终于引起充分注意，致使我国政府派遣考察队进行发掘，首批成果便是从博德鲁姆运至

4-3　承蒙"戈耳工"号米歇尔上尉惠寄速写：一块摩梭拉斯陵墓石雕，《伦敦新闻画报》（1857年10月24日）

　　　　　世界七大奇迹：西方现代意象的流变

'戈耳工'号的大理石雕……这些雕塑和埃尔金石雕一样，一经掘出便送给了我们，没有受到被人修修补补的磨难。我们需要做的只是把残片拼到一起，或许还应该找出中楣或墙角成组石雕的某种连续性，以确定为摩梭拉斯陵墓工作的艺术家不止一位"。这位上尉过于乐观了，一百二十五年后，大英博物馆专家仍在为同样的碎片挠头不已，他们最大的新发现是纽顿雇的工人为拿奖金，多数时候把不相干的碎片错误地拼到一起。

到4月底，纽顿的运气来了。在发掘地点最北边，一处被他拆毁的小花园地下，挨着白粉墙小巷，他发现了一片掩埋着许多大理石板的松软土地。令人欣喜的是，这些大理石没有被葬送在石灰窑里。显然，这里长年不见天日，薄薄红土下面埋藏着精美的雕塑，虽然事实上也破损得厉害，但至少碎片是同一件雕塑上的碎片。从其排列来看，它们是在摩梭拉斯陵墓北侧墙根处碎裂的。纽顿推测说，很久很久以前，有一场地震摧毁了陵墓建筑，最高处的雕塑从距离地面120英尺的高处，顺着屋顶斜坡跌跌撞撞滚下来，撞击着一层层栏杆，砸倒位置较低的雕塑，最终在地面上摔得粉碎。人物、战车和怒吼的狮子，连同它们倒下时殃及的一切，都坠毁在地。当时在陵墓围墙内，下临海湾的小山坡上建有一个很大的平台，陵墓的陡墙和王宫院墙仅隔几英尺。山顶的松软泥土被雨水冲刷，很快就覆盖了这里的雕塑，于是它们一直在此沉睡，直至被纽顿挖出，其中一辆驷马战车的铜制马嚼子和马笼头虽然断裂，但仍在原来位置上。正如普林尼所言，这辆驷马战车可能就是古代建筑师和雕塑家派西奥斯创作的著名组雕的一部分。

纽顿继续收购土丘周边房屋，详细检查雕塑碎片，研究陵墓的设计，但再没找到更好的宝贝。到5月11日，掘自摩梭拉斯陵墓的所有雕塑残片被装进197个柳条箱运上了"戈耳工"号。"快装满了，"纽顿在日志上写道，"但甲板上还装得下更多雕塑，或许会需要把枪卸在马耳他。"果如其言，虽然很多标着"作战部"记号的大柱鼓留在了岸上，但"戈耳工"号官兵一直在往上搬箱子。6月24日，总计装载着218个箱子的"戈耳工"号启航驶往英格兰伍尔维什海军港口。

《伦敦新闻画报》用整整一个版面来庆祝世界七大奇迹之一抵达大英博物馆："一段时间里，最令人稀罕的古代大理石——不仅因为其艺术价值高，也因为它们是艺术创作的样板——相继抵达大英博物馆……摩梭拉斯陵墓雕塑的到来，不仅彰显着英格兰艺术史上一大事件，也表明立即扩充我们伟大的国立收藏机构的必要性。"的确，大英博物馆当时已拥挤不堪，只能把纽顿的雕塑放在博物馆正面东翼下。在伦敦大罗素街，大英博物馆新改建的爱奥尼亚式大殿庄严堂皇，摩梭拉斯陵墓的爱奥尼亚式柱头就安放在这里，如今略有破损，刻着大英帝国作战部的箭头标记，但同样壮丽雄伟。大英博物馆首位杰出建筑师罗伯特·斯默克爵士设计的博物馆正面气势恢宏，所仿效的爱奥尼亚柱式就基于雅典卫城上厄瑞克忒翁神庙[1]的古典柱式，恰如两千多年前，摩梭拉斯陵墓建筑师的做法。

破损的陵墓雕塑让纽顿得以"凯旋"，成为大英博物馆一个新成立部门的负责人。凭着长年孜孜不倦的工作，他后来作为英国希腊化研究领域资深学者获封贵族爵位。在大英博物馆，经过多年紧张的修复和增补，摩梭拉斯陵墓里的雕塑全部被清理干净，用灰浆

---

1 厄瑞克忒翁神庙（Erectheum），位于雅典卫城北侧。公元前421—前406年，为祭献智慧女神雅典娜、海神波塞冬和传说中的雅典国王厄瑞克透斯而建，相传神庙雕塑出自菲迪亚斯之手。它历遭损毁，仅存废墟。它是古代雅典最重要神庙之一，也被视为古希腊建筑的杰出代表。

4–4　摩梭拉斯陵墓大理石雕抵达大英博物馆,《伦敦新闻画报》(1859年1月22日)

填补，安置在新展厅。德国出版商贝迪克对大英博物馆展出的摩梭拉斯陵墓雕塑印行了《旅行指南》，[1]此书获得了三颗星的好评：

> 现在，我们步下（大英博物馆）左侧台阶，走向摩梭拉斯陵墓展厅，这是1882年增建的，里面是来自哈利卡那苏斯的☆☆摩梭拉斯陵墓遗物，为纽顿于1857年发现。
>
> 这座著名纪念建筑……被大英博物馆收藏的遗物如下：一个摩梭拉斯战车的车轮和一些战车部件摆放在一起；一匹体形巨大的战马，缺了中间一截，当年曾和其他骏马一起固着于摩梭拉斯的战车；在金字塔废墟下发现的一尊女性雕像；☆碎成77片仍被复原的摩梭拉斯雕像……其他残缺雕塑还包括一块受到严重毁坏的中楣，表现了希腊人与人首马身的怪物赛跑和战

1　卡尔·贝迪克（Karl Baedeker，1801—1859），德国出版商和全球旅行指南业务先驱，所发行系列旅行指南，简称"贝迪克系列"。评星级方式是他的首创。

斗的情景；女性的躯干；八头狮子；身穿波斯服装的骑士；巨大的攻城锤残存部分；支撑摩梭拉斯陵墓的圆柱残块……在展厅最北边，是复制的摩梭拉斯陵墓飞檐。

19世纪的这场展览是多么的华丽而空洞！摩梭拉斯陵墓湮没已久，纵然它的形象永不衰朽，又被纽顿带回的零碎物件大大宣扬了一回，但在展览中，这座陵墓却显得飘忽不定，难以捉摸。实际上，大英博物馆的展厅一个接一个，那么丁点儿的陵墓遗存看上去和其他所有积满灰尘的破碎文物毫无分别。这样的展览不具有让摩梭拉斯陵墓意象呼之欲出的魔力。两千多年来，西方人想象中的摩梭拉斯陵墓并非基于博物馆收藏的文物，而源自古代作家热情洋溢的描述。

三　城堡中的摩梭拉斯陵墓

远眺明媚的蔚蓝色大海边，一座庄严雄伟的陵墓巍然屹立，这就是摩梭拉斯陵墓永恒的文学意象。维多利亚女王时代的英国人就是受着这个意象的驱策，不惜重金跑到土耳其西部偏远小城大挖特挖。形诸文字的摩梭拉斯陵墓，远比历史上真实的摩梭拉斯陵墓更加壮丽，是西欧墓葬建筑的原始样板。英国女王伊丽莎白一世时代的诗人们期盼用诗歌筑成"巍峨的摩梭拉斯式纪念碑"；德国骑士们把摩梭拉斯陵墓图案绣在袍袖上；而威尼斯修士狂热的梦想里，摩梭拉斯陵墓废墟无处不在，诗意盎然。它是"最华丽的陵墓……赞美的诗篇使它更加流光溢彩"。从罗马帝国皇帝哈德良和文艺复兴巨匠米开朗基罗，到规划印度首都新德里的英国建筑师勒琴斯和设计美国首都华盛顿特区杰弗逊纪念堂的美国建筑师约翰·拉塞尔·波普，无不深受影响。

热心描写摩梭拉斯陵墓的古希腊罗马作家包括奥卢斯·格利乌斯[1]、优西比乌[2]、普林尼、隽语诗人马提亚尔[3]、帕萨尼亚斯、维特鲁威和琉善，其后拜占庭帝国时代则有纳西昂的圣格列高利[4]和君士坦丁七世。后人对摩梭拉斯陵墓的想象一直都根植于他们的描述。12世纪，帖撒罗尼迦（即今希腊塞萨洛尼基）主教尤斯塔修斯（Bishop Eustathius）感叹道，屹立于博德鲁姆湾的第一座陵墓，"曾经是，现在仍然是一个奇迹"。拜占庭还有一幅构思奇特的画，也绘于12世纪：波涛汹涌的大海边，耸立着一座墓顶有圆柱支撑的希腊圣人墓，大海对面是遍体镀金、下安方形底座的罗得岛巨像。

有很长一段时期，欧洲对古代东方的真实情况十分隔膜，对摩梭拉斯陵墓的想象慢慢变得鱼龙混杂，把古代记述和哥特式风格糅合到一起。直到文艺复兴初期，人们对古代建筑重新产生兴趣，才又开始好奇摩梭拉斯陵墓到底是什么模样。据说当时威尼斯修道士弗朗西斯科·科隆纳[5]在长期研究陵墓的基础上，写了一本稀奇古怪、异想天开的书，名叫《寻爱绮梦》。他在书中说，自己夜间在一片魔法树林里漫游时，偶然走进了古老的摩梭拉斯陵墓废墟。科

---

1 格利乌斯（Aulus Gellius，约125—约180），雅典出生久居罗马，法学家、拉丁语语法家，著有笔记体《阿提卡之夜》，记录其所见所读，保留了许多散佚的古籍内容。
2 优西比乌（Eusebius，260/265—339/340），基督教历史学家，《圣经》学者，凯撒利亚主教。
3 马提亚尔（Marcus Valerius Martialis，英文名拼作Martial，38/41—102/104），西班牙的古罗马诗人，以12部隽语诗集闻名，被称为最伟大的拉丁语隽语诗人，现代警句写作的开创者。
4 纳西昂的圣格列高利（St. Gregory of Nazianzus，330—390），又译拿先斯的贵格利，基督教会早期杰出人物，本章后文称他是拜占庭的伟大学者、诗人。
5 弗朗西斯科·科隆纳（Francesco Colonna，1433/1434—1527），意大利多明我教派修士，住在威尼斯，在圣马可大教堂讲道，被认为是《寻爱绮梦》（Hypnerotomachia Poliphili）一书作者，但也有人认为作者另有其人。此书1499年在威尼斯首次出版。

隆纳不仅在书中附了一帧雄伟的陵墓木刻，还用文字描绘出一幅生动的图画：

（道路）两侧，倒伏着光滑的圆形大理石，上面有毒蛇留下的污渍，颜色或紫或红，石上刻着埃及古老的象形文字。这是不为我们所知的历史遗迹，完全用帕罗斯岛闪闪发光的白色大理石建成。它美丽非凡，无疑会令我们这代人责备自己，竟然忘却了如此完美的艺术……凝望着陵墓的断壁残垣，我醉心于其奇异的艺术风格、宏大的建筑结构和杰出的工艺水平，惊叹着它是如此巨大，而又浑然一体。方形石头之间没有任何水泥接缝，四角墙角石紧密相连，打磨光滑……至于接合处，就算是工匠们的敌人（假如他们有敌人的话）拿着最好的女裁缝用的最细的西班牙针，也戳不进一个针尖儿……小的柱子压在大柱子上，美妙的柱顶实在有着最完美的收束，有隆起的垛口、凸起的浮雕、弧形的横梁、前伸的装饰、金属般的大型雕像。曾经完美的著名雕塑变成无数碎片，又回到了最初无形无状的样子，四下倒伏着。断壁残垣间，生长着荆棘和各种带刺的灌木，我曾在草木丛生的石堆间，看见雨燕和蜥蜴……

于是他浮想联翩，这是欧洲第一次迸发出考古学的思想火花：

是什么样的驱策，使人踌躇满志，热望如焚，遂从迢遥之地，经艰辛跋涉，采掘运输这般巨石；又是什么人，使用何种车辆、轮毂、拖曳和支撑装置，把数不清的巨石搬运到一起；又是什么物质，把巨石堆砌粘连，使之兼具方尖碑的高度和金

4–5　《废墟娱情》,《寻爱绮梦》插图，威尼斯
（1499）

字塔的稳固，超越狄诺克拉底向亚历山大大帝倡议在阿陀斯山
造城时的想象……

《寻爱绮梦》（英译本，1592）

在《寻爱绮梦》中，科隆纳让维特鲁威和普林尼充当自己的夜
游向导。二十年后，西欧书店里充斥了这两位古罗马作家好几种版
本的作品，建筑师和艺术家则着手根据他们的著述复原摩梭拉斯陵
墓意象。讽刺的是，恰恰就在这个时期，恰恰就在西欧学者从积累
两千年的夸张描述中挖掘文学的摩梭拉斯陵墓之时，位于博德鲁姆
小镇的真正古代建筑——摩梭拉斯陵墓所有意象的源泉，却正在遭
受灭顶之灾。善堂骑士团——一群立誓救助和保护穷苦朝圣基督徒
的德国武装修士，需要石头和灰泥加固他们在博德鲁姆湾摩梭拉斯

宫殿遗址上建造的城堡。追寻摩梭拉斯陵墓故事的结局并非难事：马耳他善堂骑士团的账簿里不仅有记录，甚至还有用来把陵墓大理石烧成石灰的柴火钱数目。一些旅行者、学者和朝圣者也留下了记录，文字中不时流露出绝望口气。这些旅行者当中，有许多人曾记述过附近罗得岛巨像的传说。摩梭拉斯陵墓被毁时，罗得岛是善堂骑士团大首领总部所在地。

长话短说。在15世纪最初的25年间，欧洲对昔日文物有两种互不相让的看法。善堂骑士团所持传统观点认为，古代遗迹为异教徒所创造，因此是危险的，但不妨用来充当新建筑的石料——顺便说一句，在整个15世纪，罗马古迹一直在遭到破坏。另一种观点则更符合现代人的想法，即认为历史遗迹美丽而珍贵，既是遗产也是后人仿效的样板，正如修士科隆纳的梦言呓语。就在骑士们砸毁摩梭拉斯陵墓雕塑，将其投入博德鲁姆海滩石灰窑中焚烧之时，在相距不远的罗得岛上，古文物学家、教士萨巴·迪·卡斯蒂格利昂[1]却在写诗赞美他在"骑士园"里发现的一些古代雕塑，并用五彩缎带把诗篇系在残破石头雕像的脖颈上。卡斯蒂格利昂向他的庇护人、住在意大利曼图亚（Mantua）的伊莎贝拉·德埃斯特写信说："它们七歪八倒，被唾弃、践踏，贬得一文不值，任凭风吹雨打，雪欺霜凌，憔悴损毁。看到命运对它们如此残酷，犹如看见我父亲遗骨尚未入土，深觉可悯，为之神伤。因作一首十四行小诗，呈给夫人您……"翌月，卡斯蒂格利昂又写信给伊莎贝拉，谈到在博德鲁姆的重要发现：

---

1 萨巴·迪·卡斯蒂格利昂（Sabba di Castiglione，1480—1554），意大利文艺复兴时期的人文主义者、作家、教士。他致力于研究、慈善和赞助艺术，收集书籍、雕塑和艺术品，为贫困儿童设立免费公学，为朝圣者开设临终关怀医院。

四五天前，我们收到圣彼得城堡[1]首领的来信，那儿本是古城哈利卡那苏斯，如今仍能看到著名的摩梭拉斯陵墓的珍贵遗迹。在遗迹附近一处地方，新发现了一处地下墓葬……雕塑用的是最好的大理石——完全用一整块大理石雕成，顶部有五掌高，也用一整块大理石雕就……我希望——让我马上前去看一看——是神的意思，但又恐神把我拉回来。那位我们最尊敬的教主大人，他会给圣彼得城堡的首领写信，要他砸毁雕塑烧制石灰，因为最尊敬的教主大人对……古代文物……有一种天然的敌意……

四面受敌的善堂骑士早在教士卡斯蒂格利昂出生一个世纪前，就在博德鲁姆湾修筑了堡垒，用他们的话说，为的是"控制亚洲"；或者用我们的话讲，为的是控制东地中海古老的海上贸易通道。德国善堂骑士施莱格霍尔特（Schlegelholt）起初打算在狭窄的海峡旁设立一处居高临下的哨卡，然后在对面科斯岛上添设哨卡互为犄角。当时，西方没有任何人知道这处堡垒所毗邻的土耳其小镇就建在摩梭拉斯统治的哈利卡那苏斯古城之上。不过，就算他们知道，也未必会当回事。对勇武好战的善堂骑士来说，和过去一样，他们是在推进自己立誓保护的圣地秩序，在为保住东海岸立足点而奋战。在15世纪，随着君士坦丁堡陷落和土耳其大军长驱直入欧洲腹地，圣彼得城堡作为善堂骑士团最后一个亚洲据点，不断扩充，有时到了狂热的地步。而在这个时期，受困的善堂骑士必定早已看到一英里开外，半已倾塌的摩梭拉斯陵墓高耸于土耳其小镇上，闪耀

---

1 圣彼得城堡（Castle of St. Peter），今又称博德鲁姆城堡，15世纪十字军东征期间，由善堂骑士团建造，是当时小亚细亚西海岸基督徒的避难所。城堡里建有至少四个塔楼，称为英、意、德、法塔楼。现为博德鲁姆水下考古博物馆。

着白色的光芒。在一些旅行者的故事里，或许也能发现摩梭拉斯陵墓的影踪。这些旅行者都把圣彼得城堡守护的博德鲁姆湾当成通往圣地的入口。有一则朝圣故事说，古时博德鲁姆曾名塔尔苏斯（Tarsus），是圣保罗的出生地，三贤人[1]原本合葬在这里，后来才移葬到科隆。据说，三贤人的坟"又大又高"，想来非常显眼。

圣彼得城堡位于一片充满敌意的大陆边缘，通常驻扎着大约150名西欧各国骑士，各国自建塔楼，在塔楼内食宿，分段守卫城堡围墙。算上他们的侍从、仆人和众多雇佣兵，城堡驻军的规模颇为可观。城堡和旁边的土耳其小镇长年关系紧张，不时地公开发生冲突，这时骑士们就得小心翼翼地躲在城垛后面，闪避镇上弓箭手射来的冷箭，而小镇居民也生活在恐怖之中——城堡中的骑士会全副武装地到镇上劫掠破坏，白天放出凶猛的狗群，直到晚上才吹号召回它们喂食。不过，总的说来和平的时候居多，虽然和平里满含紧张戒慎的气息。休战之时，骑士们会到镇上买水、粮食和柴火，偶尔赎回一两名基督徒奴隶。这些骑士热衷买卖当地出产的地毯，当然也免不了干些对地方驻军来讲司空见惯的丑事。

两件大事改变了亚洲边缘地带这种变化无常的局面。首先是1482年苏丹之弟杰姆变节投向罗得岛。起初，这件事令善堂骑士团和土耳其人握手言和，但后来杰姆被当成人质送到罗马，成为教皇发起新十字军东征的工具，这就引发了公开的战争。第二件大事是土耳其军队配备了能够轰倒城堡围墙的大炮。罗得岛善堂骑士大首领十万火急向各处据点派遣建筑师和工程师，重新加固围墙以抵御威力巨大的加农炮弹。在博德鲁姆，成群结伙的骑士每天出动寻找

1　三贤人（Three Wise Men），又称东方三智者、三博士。见圣经《新约·马太福音》2：1—12。

筑墙石材，购买烧窑薪火。在15世纪最后的二十五年里，这些骑士把摩梭拉斯古都里最好的石头都用来修筑城堡围墙，今日哈利卡那苏斯遗迹大部分仍在那里。在更粗糙、色调更暗的石料衬托下，城中庙宇里的精美大理石被堆砌、再利用和重新切割，镌上骑士们的徽章、头衔和国籍。不用说，这些骑士最初采掘的是离城堡最近的石材，渐渐地，他们越走越远。

1522年前后，他们终于向摩梭拉斯陵墓动手，"白色大理石台阶……在一块平地中央"，大约五十年后，在圣彼得城堡当差的博德鲁姆居民里昂奈斯·克劳德·吉夏尔用忧伤的口气追忆道：

> 1522年，苏丹苏莱曼准备进攻罗得岛，教主鉴于圣彼得城堡的重要性，唯恐它被土耳其人轻易拿下，便派遣一些骑士重修城堡，做足预防措施以抵御敌人。指挥这些骑士的是一位里昂骑士，即指挥官德·拉·妥瑞·里昂奈斯，后来罗得岛被攻克时他也在场，随后去了法国，与我现在即将讲到的德埃莱香普结成了姻亲。德埃莱香普写的文章广征博引，因此有很大名气。我在此提到他的名字，纯粹是为了说明我有资格讲这个不寻常的故事。
>
> 这些骑士一到梅西（Mesy，善堂骑士团对博德鲁姆的称呼），立即就开始加固城堡；四下寻找石头烧制石灰。他们发现港口附近一块平地中央，有一个白色大理石台阶垒起的高台，这里曾经是哈利卡那苏斯古城的广场，再也找不到第二个地方有这么合适、这么易于取用的石材了。他们于是拆毁台阶，运走好的大理石，砸毁地面剩下的碎石料，然后继续向下挖，希望找到更多石料。
>
> 他们大获成功，没多大会儿就发现挖得越深，被挖建筑的

构造就越宏大，挖出的石头不仅可用来烧石灰，还可以筑墙盖房。四五天后的一个下午，挖出很大一片空地后，他们看见一个通往地窖的穴道，于是点燃蜡烛下去探看，发现它通向一个非常大的正方形大厅，大厅里到处都装饰着大理石柱，每根柱子都有基座、柱头、楣梁、檐壁和檐口，刻着半凸的浮雕。柱与柱之间，铺着竖直成行的各色大理石板，点缀着各种模型和雕塑，与其他作品十分和谐，白色墙壁上还有表现战争场景的浮雕。

他们起先好生欣赏这些雕塑，陶醉于它们的非凡之美，然后便拉倒石柱，砸碎雕塑，予以彻底的破坏，把这些大理石也用于了同一目的（烧窑筑墙）。

穿过这个大厅，他们发现有道矮门通往另一个房间，这是一间前厅，里面有座墓，有白色大理石柱顶和门楣，美轮美奂，闪耀着神奇的光泽。由于时间紧迫，城堡傍晚降旗的号角已经吹响，他们没有打开这间前厅。次日回到这里，他们发现坟墓已被打开，满地的土，土里有金袍碎片和用同一种金属做成的小亮片。骑士们猜想一定是出没于博德鲁姆沿岸的海盗听到风声，连夜光顾这里，在墓中找到了大量珍宝。

就这样，在逃脱野蛮民族的骚乱后，在屹立于世凡二千二百四

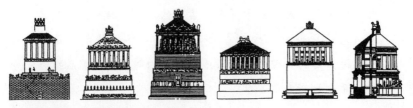

4-6　各种样式的摩梭拉斯陵墓复原图（1858—1989）

　　　　世界七大奇迹：西方现代意象的流变

十七年之后，这座跻身世界七大奇迹的壮丽陵墓被罗得岛的善堂骑士发现并摧毁，原因只是为了修缮圣彼得城堡，而这些骑士旋即就被土耳其人彻底赶出了亚洲。

善堂骑士发现摩梭拉斯陵墓时，陵墓已半埋在缓坡之上。骑士们一块块地拆下石头，挖开废墟和周边土壤，又惊又喜地发现越靠近墓基，建筑越宏大。当代学者因此推论说，这表明摩梭拉斯陵墓的围墙要么是阶梯状的，要么就已被毁坏。从教士卡斯蒂格利昂讲述的情况看，这些骑士早年间已经发现过其他坟墓和墓中的财宝，因此他们闯进博德鲁姆最大的坟墓之后，虽然城堡的归营号角已经吹响，但他们竟没有快速劫掠一番，即便谈不上难以置信，也着实令人惊诧。毕竟，财富已经唾手可得，只消打开石棺就能拿到，而且最多再打开几个棺盖，几分钟就够了。故事接下去宣称劫掠墓中财宝的，不是骑士而是土耳其人——指挥官德·拉·妥瑞·里昂奈斯所言"海盗"，这等于是说拿走墓中财宝的人是谁，永远成了一个谜。这种故事当时很常见，关于善堂骑士团拥有巨额财富的传说也因此沸沸扬扬地传开了，电影《马耳他之鹰》就巧妙地利用了这一素材。

事隔半个世纪，吉夏尔所述的细节未必全都准确，但谁要怀疑他的叙述，也拿不出什么扎实的理由。事实上，近年考古发现已证实了他讲的一些细节。例如，丹麦考古学家在发掘墓室时，就和当年那些次日返回的骑士一样，发现了一些七零八落的小东西，令人想起吉夏尔的描述："满地是土，土里有金袍碎片和用同一种金属做成的小亮片。"他们发现的文物里，有一些石珠和杂色玻璃珠，也有一些金珠子，还有大约40个玫瑰花结，绝大多数一英寸宽，用薄薄的金箔切割而成，边缘有洞眼。这种浮凸的玫瑰花结和缝在中东君主长袍上的是一个样式，不管那些君主生活在摩梭拉斯时代千年之前抑或千年之后。这些东西很可能就是摩梭拉斯灵柩中最后的遗物，虽然我们永远都不能确定这一点。摩梭拉斯的墓葬或许和他的同代人、亚历山大大帝之父马其顿国王腓力二世一样丰富，后者的坟茔坐落在马其顿皇家墓园，千百年来无人相扰，直至1977年方始被发掘，里面满是精美文物。

纽顿的发掘表明，善堂骑士砸碎了大量摩梭拉斯陵墓大理石，直至它们小到能够被投进石灰窑里。对形状不合要求的石头雕塑，他们当场就砸成碎块，然后再运往城堡附近的石灰窑，柴火则储存在城堡里。善堂骑士团现存账簿——圣彼得城堡连篇累牍的重建记录，记载了烧窑用的柴火数目和不同日期。可以断定，那些古代著名雕塑就像吉夏尔说的那样，被骑士们投进了这些窑，烧得只剩下纽顿发掘的那些可悲的碎片。

也有些善堂骑士异想天开，把摩梭拉斯陵墓浮雕拿来装饰在城堡墙上。几百年来，看着陵墓檐壁上亚马孙女战士和希腊人激战的情景，在城堡门口站岗的哨兵总会热血沸腾。在英格兰的塔楼上，金雀花王朝的盾形纹章上也饰有几头威武的希腊摩梭拉斯陵墓狮子，不仅出色地混合了不同文化和风格，而且从纹章学角度讲，也具有非凡的对称美。数百年来，许多旅行者都知道宏伟而古老的圣彼得城堡里保存着这些雕塑。19世纪40年代，斯特拉特福德·德雷德克利夫勋爵请求把这些雕塑运往英格兰，获得苏丹许可。一纸奥斯曼帝国敕令随即颁下，13块受到岁月侵蚀损坏的石板被运上英国皇家海军"塞壬"[1]号，"从博德鲁姆既危险又偏僻的处境中救出[2]，

---

1 塞壬（Siren），希腊神话中人首鸟身，又或鸟首人身或类似人鱼的美丽女妖，据荷马史诗《奥德赛》，她们居住在西西里岛附近海域一座遍地白骨的岛上，用天籁般歌喉歌唱，使得过往水手倾听失神，航船触礁沉没。又有传说称她们是冥界的引路人。
2 从此段文字来看，土耳其苏丹似乎是心甘情愿地应德雷德克利夫勋爵"请求"，把摩梭拉斯陵墓雕塑无偿地拱手送给了英国，文中还暗示这些文物因为被"救"到英国的缘故，免于更多损坏。这里可以看出作者对殖民主义的立场。

送到英格兰"。不幸的是,"塞壬"号的好船长没有记录下这些雕塑被移走前的具体位置。所以,尽管早期旅游书籍中常有它们美丽有余而精确不足的图画,它们的出处却再也无从得知。这实在令人扼腕,因为这些资料如果留存下来,对研究摩梭拉斯陵墓会有很大的帮助。

正是这些被运到大英博物馆的浮雕,激发纽顿对摩梭拉斯陵墓的兴趣,他因此推测在陵墓原址,还应该埋藏着更多的雕塑。纽顿首先请求英国海军部批准对博德鲁姆进行勘察,指望由此发现陵墓的线索,而负责勘察工作的海军官员也尽责地做到了这一点。几年后,纽顿来到博德鲁姆,走进圣彼得城堡寻觅更多雕塑。就在穿过城堡大门的时候,他猛然看见砌在墙里的一头头雄狮,大吃一惊,并且"毫不迟疑地认出它们是摩梭拉斯陵墓的一部分"。纽顿一边开始挖掘,一边拆下这些雄狮浮雕,把其中大部分运到英格兰,只留下一头雄狮浮雕作为样本,送给了君士坦丁堡的土耳其苏丹。

对圣彼得城堡的最新研究发现,城堡墙内还砌有许多浮雕石板。这项研究显示,城堡的所有墙——有些墙极高极厚——全部使用摩梭拉斯陵墓的石头建成,连城堡里的两座教堂也是如此。这两座教堂分别用希腊文和拉丁文布道,最早都是用巨大坚硬的灰色石灰石建造的,石灰石边缘被人用凿子仔细削切过,这表明它们来自摩梭拉斯时代。在建成时间最晚的某几段墙体,墙角和角塔使用的古代石块更加令人印象深刻。城堡其他大型区域所用石料也能精确地追溯到陵墓建造时期。有时,城堡被包裹在硬度较低的绿色火山岩里面,而这些火山岩和至今仍填充在陵墓主建筑地基里的火山岩一模一样。城堡的建筑师似乎认为这种硬度较低的石头特别抗得住加农炮弹的猛烈攻击,许多这样的石板按照一定角度被砌在防御工事的上部，既令来犯者难以攻克，又像碉堡那样能抵挡土耳其人的加农炮弹。城堡的甬道和楼梯也使用了大量这种易于辨认的石头。

博德鲁姆的善堂骑士为最后之战等待了差不多二十年时间，重修城堡也是因为这个缘故。但最后之战没有发生在博德鲁姆，而是发生在罗得岛，时间是1522年，也即吉夏尔的记载中，摩梭拉斯陵墓被摧毁的那一年。经过殊死抵抗，善堂骑士团不久就和土耳其人达成停战协议，扬帆离开了罗得岛，到马耳他岛的瓦莱塔安营扎寨。固若金汤的博德鲁姆圣彼得城堡，连同堡中无数摩梭拉斯陵墓雕塑，被移交给土耳其军队接管，而后者未发一枪一弹。

圣彼得城堡至今仍是风景如画的古城历史缩影。摩梭拉斯的宫殿虽已消失，宫墙残垣却从今日花坛中延伸出来；一些无史可稽的神庙只剩下高高的断壁支撑着残存的屋顶，但仍旧有着轩昂气象，庙宇中塔楼的屋脊雄伟壮观；一块块华丽的古代大理石上，铭刻着骑士姓名和他们家乡的纹章。人们难免会遐想：在这些墙体里，在这海量石头中间，是否还藏有传说中的摩梭拉斯陵墓浮雕呢？如果有的话，它们的背面现在刻上了中世纪文字，描绘希腊人与亚马孙女战士作战的浮雕则裹着石灰硬壳，隐身于不见天日的厚重石墙之内。而在灿烂的阳光下，城堡内的窗台、门户也使用了摩梭拉斯陵墓精美绝伦的大理石雕。近年从这些石头上发现的蛛丝马迹，提供的许多陵墓数据资料，都是过去鲜为人知的。比如，柱与柱之间的精确间隔是多少，才能使柱廊看上去像"浮在空空如也的大气里"；柱廊阶梯状屋顶最高处位于派西奥斯创作的战车雕塑之下，那么屋顶究竟有多大？数百年来，欧洲学者也好，幻想家也罢，对真正的摩梭拉斯陵墓的具体情况，始终一无所知。

382年，伟大的拜占庭学者——纳西昂的格列高利主教曾在一首诗里简略提到摩梭拉斯陵墓。他说，这是世界奇迹之一，"摩梭拉斯陵墓极其巨大，荣耀归于卡里亚人，不要让毁墓者的手碰到那里"。但后来某一天，诗人心意忽变，奋笔疾书时仿佛这座海边陵墓本身拥有思想和灵魂，正在回顾自己的生活。他写道："我是一堵墙，从地基笔直向上，然后平伸开来，从侧面交会在一个点上；（我是）一座墓，是山上的山。但这又如何？拜金者把我彻底推倒，对他们来说，我毫无意义。"

四　派西奥斯：摩梭拉斯陵墓建筑师

大英博物馆的文物仓库为拱形圆屋顶，有点像好莱坞电影《夺宝奇兵》里的那种。纽顿搜罗来的劫余文物，大部分都存放在这些仓库的柳条箱和柜子里，正如贝迪克的《旅行指南》所言，其中只有很少一部分被挑出来在一个小型展厅里向公众展出。近年，学术界致力于对这些残片进行分门别类，一些学者试图把残片与普林尼列举的四位创作摩梭拉斯陵墓雕塑的艺术家联系起来，还有些学者则致力于复原摩梭拉斯陵墓的建筑结构。普林尼的文字颇为含糊，这些残片因而激发了一代又一代历史学家的灵感，也令他们争论不休。

而这不是最引人入胜的问题。首先，古代世界有那么多宏大美丽的建筑，为何独独摩梭拉斯陵墓被视为奇迹？现存浮雕无论谁是作者，都谈不上具有强大的艺术感染力。它们的尺寸不够大，也不是特别出色，就它们所属年代而言，既无革命性意义，也没有产生多少影响。事实上，如果没有至为浪漫的创作背景，它们是否有资格享受公共展览空间都成问题。至于摩梭拉斯陵墓建筑本身，好比一个巨大讲坛上戳着一座圆柱拱卫的庙宇，顶上又加了一座大理石金字塔，怎么看都显得古怪。在古代世界，从设计到建筑水平都与它相仿的陵墓只有一座。那么，摩梭拉斯陵墓的魅力究竟在哪里？

按古典标准，摩梭拉斯陵墓确实恢宏，大到让许多人觉得它表明墓主在极其狂妄地追求永垂不朽，古罗马作家琉善就有这样的想法。不过，小亚细亚建筑的规模普遍比希腊化欧洲的建筑更宏大，"colossal"（异常巨大）这个词正是希腊从亚洲语言中吸收的外来词。另外，摩梭拉斯陵墓与其说是世界奇迹，毋宁说更是个地方性奇迹。从博德鲁姆闲适地沿古老水道航行两天，就能到达罗得岛巨像和以弗所阿耳忒弥斯神庙。也许这三大奇迹都离奇迹名单创作者的家乡不远。

摩梭拉斯陵墓既非规模最大的希腊化纪念建筑，也不是其中最好的，但它从未离开过七大奇迹榜单。在哈利卡那苏斯，总有点什么东西令希腊化时代的人们，还有后来的罗马帝国的人民为之激动，为之兴奋。或许头脑单纯的文艺复兴学者给出了一点线索——他们阅读古代史料时，学术成果还没有堆积成沉重的精神包袱。"关于这座大殿，"1521年卡萨里亚诺出版的关于维特鲁威的评论说，"有人这样描写：其内部有36根圆柱，圆柱之间有美妙绝伦的诗人和其他伟人的雕塑。这些雕塑既表现出他们的博学多识，也表现出他们的悲剧遭际……"

摩梭拉斯陵墓之奇，奇在它的雕像——"用带条纹大理石制成的无以伦比的摩梭拉斯陵墓雕像"。这里说的不是浮雕，因为浮雕很难看出特出之处，而是建筑内部竖起的雕像，虽则摩梭拉斯陵墓全部雕像中，只有纽顿在陵墓北墙边发现的两尊巨像，勉强算得上保留了当年的模样。两尊巨像中，男子像保存得格外好，与女子像不同，男子的脸仍然保存下来，而且近乎完美。这是一名身材魁

4-7　卡萨里亚诺所译维特鲁威著作中的摩梭拉斯陵墓插图，科莫
（1521）

梧、留着胡髭，充满个性的男子，其腿部摆动的姿势和利西波斯及
其追随者在大约同一时期探索的那样；而他裹住强壮身躯的衣袍尤
其飘逸美妙，腰部衣褶线条生动，气势堂皇。无论用什么标准衡
量，这尊男子像都是一个杰作，其栩栩如生的头部历来被称作"第
一尊伟大的个性化的希腊头像"。这名男子是谁如今已无从查考，
但人们通常都认为他要么是摩梭拉斯本人，要么是摩梭拉斯某位生
龙活虎的祖先。尽管这位高大男子是理想化的人，就像利西波斯
刻画的亚历山大大帝后期形象那样，但他既不是神，也非抽象的英
雄，而是一个活生生的人。女子像也如此，虽然她破损得更厉害，
但艺术感染力并不逊色多少。她同样充满个性、姿态生动，舒展的

衣饰有着美丽的皱褶，毫不死板，和男子像衣饰同样优雅。在这两尊雕像身上，我们见到几乎同样匀称的躯干、胸脯、骨盆和臀部，这使我们油然想到，这些雕塑产生之际，正值希腊雕塑家开始创作有着露骨性感的女性形象的最初阶段。这个可惊可叹的时代所创造出的女性形象，至今仍是西方性文化中深受欢迎的组成部分。

纽顿坚称这两尊巨像正是摩梭拉斯和他的妹妹王后阿忒弥西娅的像，并推测说它们当初就站在摩梭拉斯陵墓顶端的驷马战车之内，因为巨像是和残缺不全的战车一道出土的。在这堆雕塑碎块里，纽顿还发现了其他一些雕塑，这些雕塑显然不属于这辆驷马二轮战车，而是被坠落的战车连带砸倒的。如今，人们普遍认为，古希腊人塑造的战车御者与这两尊巨像的姿势不同，而后者与摩梭拉斯陵墓其他雕像更为相似。所以，最可能的情况是：这两尊雕像和许许多多同样高大壮丽的雕像一道，或者在柱廊成排的圆柱间站成长长两列，或者在陵墓前排成长长一行，谁也不挨着谁，谁都不靠任何东西支撑，正如它们残余部分所显示的那样。

有一点确凿无疑：当其盛时，摩梭拉斯陵墓至少有100尊这样的雕像，且实际数目很可能远多于此。这些精美的大理石雕像，个个高大、英俊、孔武有力、风度翩翩，成行成列地漫步柱廊间，是希腊艺术最晚近的创造：神祇般伟岸，却又分明是充满个性的世俗人类的集合。建成之际，其效果必定如电影首映时那般撼人心魄：

4-8　欧洲人制作的各式摩梭拉斯陵墓复原图（1858—1989）

忽然之间，世上新添了另一种人类，比现实中芸芸众生更高大、更完美。他们个性鲜明，济济一堂，超凡脱俗，"沉静地伫立在空空如也的大气中"。这是人类的帕那萨斯山[1]，开创个性化英雄形象塑造之先河。而这样的雕塑风格到为亚历山大大帝塑像时，已蔚然成风。就这样，在摩梭拉斯陵墓这处世界奇迹里，这种新雕塑的力量，这种看待人类的新态度，第一次找到了表现形式。

人们普遍认为，菲迪亚斯那镶金嵌玉的宙斯像代表了古希腊罗马世界的最高意象，而它的创作时间只比摩梭拉斯陵墓建造时间早了不到一个世纪。无论是古希腊还是古罗马作家，谈到雕塑时都会赞叹这件杰作，而宙斯像之所以杰出，就在于菲迪亚斯利用神殿内部的高度和广度，创造出他想要的那种完美的戏剧性效果。在摩梭拉斯陵墓，菲迪亚斯的室内空间被外化，摆脱了众神封闭幽暗的领地，袒露在阳光下、海湾边，与明媚的蓝色海洋相依相伴。诸神离开了神庙，不再高高在上，而是降临人世，走入集市，在圆柱间徜徉。摩梭拉斯陵墓的构造也使这些高大庄严的人物仿佛置身舞台前部，被分派了特定的角色、姿态、体格和威严。那些雄伟的立柱其高度间隔和这些英雄人物恰成比例。对希腊人来说，这是一种新的建筑和雕塑模式，而他们也将采用这一模式塑造亚历山大大帝，并将把这种模式传播到东方，把新发现的人类形象提升到新的高度。摩梭拉斯陵墓之奇，不仅在于其各个建筑元素，也在于这些建筑元素之间的关系。

普林尼对此有充分的描述。虽然他开头宣称是雕塑令摩梭拉斯陵墓成为奇迹，但接下来他那精妙准确、连测量数据也记录下来的

1　帕那萨斯山（Parnassus），希腊南部山峰名，传说为太阳神阿波罗及诗神缪斯的灵地，也即希腊传说中的诗人之山，后成为诗坛或文坛的总称。

文字，把对雕塑的描写和整个陵墓建筑细心地编织在了一起。这在普林尼谈论雕塑的文章中是独一无二的。

斯珂帕斯当时的竞争对手有伯亚克西斯、提莫塞乌斯和莱奥卡雷斯。我们必须把他们合在一起讨论，因为他们都高度参与了摩梭拉斯陵墓的雕塑工作。这座陵墓是卡里亚国王摩梭拉斯的妻子阿忒弥西娅为他建造的。摩梭拉斯死于第一百零七届奥林匹亚运动会（公元前351年）的第二年。全靠这些艺术家的拼命努力，这座陵墓得以成为七大奇迹之一。它的南北两侧长度为63英尺，前后长度要短一些，总直径为440英尺。它的高度为40英尺，周遭围以36根圆柱。人们把环绕的柱廊称为"翼"。斯珂帕斯负责东翼的雕塑，伯亚克西斯在北，提莫塞乌斯居南，莱奥卡雷斯在西。陵墓雕塑尚未完成，王后便去世了，但这些艺术家没有半途而废。那时他们已经把雕塑视为个人荣誉和技艺的纪念碑，至今仍在相互较量。第五位艺术家也参加了这场角逐。在"翼"的上方，有一座高度与较低处建筑相当的金字塔，塔上24层台阶越来越窄，最后汇成塔尖。在金字塔顶端，就是派西奥斯创作的大理石雕驷马战车。包括塔顶的雕塑，整个建筑为140英尺[1]高。

普林尼：《自然史》XXXVI，30—31

凡此总总，对希腊建筑和雕塑产生了深远的影响。希腊许多石棺、祭坛和神庙都借鉴了在建筑中设置这类雕塑的做法以产生庄严、直观的效果，即利用精心设计的圆柱把成排雕塑隔开，并烘托

1　1英尺为30.48厘米，140英尺约合42.7米。

　世界七大奇迹：西方现代意象的流变

和凸显出雕塑之雄伟。与这些雕塑的大合唱相呼应，还有各种浮雕和圆雕，它们的位置紧靠着拜谒陵墓的人们，这使得它们塑造的人物个性和富于表情的脸庞能够被最充分地欣赏。不过，这样做也使得雕塑放置得不及从前神庙里高高在上的神像稳固。许多这类新建筑，如奥林匹亚的腓力圆形神庙[1]——创作摩梭拉斯陵墓雕塑的莱奥卡雷斯在那里创作了一系列真人大小的亚历山大家族成员雕像，就没能善加保存。

摩梭拉斯陵墓最大的影响深深地体现在希腊化东方的宏伟建筑之中。它对规模和空间的新观念、世俗英雄漫步其间的柱廊，推动着希腊化市场和所有纪念建筑的建设。其中最可惊叹的或许是帕加马城[2]及其壮观的祭坛。影响祭坛设计者的并非摩梭拉斯陵墓形状，而是这座陵墓对建筑和雕塑的综合利用，为了这些元素，也为了看到它们的观赏者营造出一种新的氛围。近年重建的祭坛与之前它在人们心目中的外观有所不同。我们现在欣赏到的是大量低矮浮雕奏出的旋律；是散立台阶之上，迎向我们的非凡雕塑；它们又与仁立在更高处长长柱廊里的雄伟雕像遥相呼应。当我们穿过巨大的两翼，拾级而上走向神圣的祭坛，我们被笼罩在一种真正的英雄主义氛围之中，眼看着周遭的巨人和巨神，体会着强烈的情感和至深的人类痛苦。在奥林匹亚幽暗的神殿深处，菲迪亚斯把巨神的雕塑观念推向极致；而效仿摩梭拉斯陵墓的这座祭坛，其建造者就和菲迪亚斯一样，把传统的希腊建筑元素发挥到极致。

在帕加马祭坛庞大的方形建筑内部，围绕着祭坛石板，是一长

1　腓力圆形神庙（Phillippeion），亚历山大之父、马其顿国王腓力二世公元前338年征服希腊时，在奥林匹亚宙斯圣地建造的圆形神庙，内有许多象牙和黄金雕像，被认为永久地提示着希腊的耻辱。

2　参见第81页注释1。

排低矮的水平饰带，描绘了神秘的帕加马国王、英雄忒勒福斯[1]的事迹。这是迄今所知古希腊艺术中第一组连续故事画，也是所有连环图画和电影的先声，它显然也吸收了摩梭拉斯陵墓使竖立的雕像如此生动的秘诀。祭坛四周，也环绕着真人大小的雕像——垂死的勇士慢慢倒下，热血涌流，这是对击败曾威胁帕加马的高卢部落的动人纪念。别忘了祭坛也是城市屠宰场，在血腥气和滚滚祭祀浓烟中，在神祇和英雄之间，便是这种新人类的形象，或许比它们最初在摩梭拉斯陵墓诞生时更具悲剧色彩，但同样运用了烘托和突出强调的巧妙手法，向世人展示了一种新的生存之道，一种屹立于世的新方式、新尺度。

那么，是谁建造了摩梭拉斯国王伟大的陵墓？除了普林尼的简短名单，各种古籍还添补了另外一些雕塑家的名字，有普莱克西泰勒斯，他为摩梭拉斯陵墓创作的雕塑流动着温柔的肉欲，甚至还有伟大的利西波斯。可能是为了力求简单，被添补的名字通常被认为是古人的笔误。不过，其中一位最为卓尔不群。最新学术研究表明，他既是陵墓的建筑师，也是雕塑家，而且在陵墓建筑和雕塑上可能都发挥了决定性作用。他就是普林尼所说，创作摩梭拉斯陵墓顶端驷马战车的雕塑家派西奥斯。

罗马建筑师维特鲁威说，为哈利卡那苏斯附近的普里埃内设计爱奥尼亚式神庙之人，也叫派西奥斯，还曾就自己的创作写过书。这本书今已佚失，但部分内容为维特鲁威所转述。从维特鲁威的记载来看，派西奥斯相信建筑师的创作成就应当远胜于"那些凭奉献精神和经验使特定主题达到名望顶峰的人"。据此推断，他相信各

---

1 忒勒福斯（Telephus），希腊神话中大英雄赫拉克勒斯和雅典娜的女祭司奥革（Auge）之子，受母鹿哺乳，后被小亚细亚的密西亚国王透特拉斯（Teuthras）收养并使他继位为王。在希腊神话中，他是帕加马的创立者。他的故事常成为西方古典绘画的题材。

4-9　纽顿在陵墓废墟里发现的"摩梭拉斯头部"

门类艺术的统一。维特鲁威还说，派西奥斯觉得多立克柱式很难看，而把雅典卫城镇守神庙、秀丽挺拔的爱奥尼亚柱式奉为圭臬。普里埃内的雅典娜神庙堪称派西奥斯运用爱奥尼亚柱式的杰作，在神庙露台，满地破碎的雕饰，虽然七零八落，却仍不失原初的美丽。派西奥斯还是一位创新者，在普里埃内，他把相对简陋、用以遮蔽神庙柱廊的传统大理石天花板改造成用翅托支承的大理石板结构，上面精雕细刻，图案富丽。这种做法不仅推陈出新，而且影响深远。

　　维特鲁威又言，摩梭拉斯陵墓之建造，恰在附近普里埃内的雅典娜神庙动工之前，而关于摩梭拉斯陵墓古籍的作者之一，也是位名叫派西奥斯的男子。这本书同样失传，但摩梭拉斯陵墓和普里埃内雅典娜神庙有许多相似的设计细节，足以令人玩味。比如说，复杂精美的藻井最早出现在摩梭拉斯陵墓，而其形式仅略逊于雅典娜神庙里的藻井。两处建筑里美丽的爱奥尼亚柱头和古色古香的正门，其尺寸和比例十分相似，显示出密切的数学关联。雕塑也是如此，雅典娜神庙和摩梭拉斯陵墓中高大的人物雕像同一风格、同一质地，如出一辙。神庙中有尊雕像肖似大英博物馆里保存的那尊男性雕像。可以肯定，摩梭拉斯及其家族在普里埃内历史上也曾呼风唤雨，因此神庙和陵墓这两处建筑有巨大的共同点。考虑到所有这些线索，我们可以合理地假设，摩梭拉斯陵墓的建筑师就是雕塑家派西奥斯。

随着岁月流逝，卡里亚发掘日广，对摩梭拉斯陵墓的研究也开始拥有更广阔的视野。如今，在许多古代遗址，包括位于今土耳其南部密克勒山中的帕尼奥神庙和摩梭拉斯在拉布兰达宫的建筑，都能发现派西奥斯建筑风格中的典型元素。甚至在同属世界七大奇迹的以弗所阿耳忒弥斯神庙中，也能找到受他影响的痕迹。

不妨把建筑设计的细节解读成艺术家的独特签名。如此一来，这位名叫派西奥斯的人，这位面目模糊的真正大师级建筑师，便开始浮出水面。事实上，维特鲁威并不认为派西奥斯有什么了不起，但他对派西奥斯关于建筑师作用的观点也缺乏理解……"（派西奥斯的）分析与事实不符……"维特鲁威说。尽管如此，残存纸莎草书和其他存世建筑文献表明，派西奥斯大名鼎鼎，享有和希腊社会其他任何建筑师相当的荣誉，只是古希腊人更热衷于对塑造神像的艺术家评头论足，而对修造神庙的建筑师比较冷淡。还有线索表明，派西奥斯很可能就是最伟大的亚历山大大帝肖像画家阿佩莱斯的父亲。由此，派西奥斯的形象渐渐显山露水：他是一位真正的革命性艺术家；一位无疑颇具影响力、对人性有新视角的人物；一位古希腊的米开朗基罗。派西奥斯使雕塑与建筑相融合，共同创造出人类闲庭信步的新舞台。

严格说来，摩梭拉斯陵墓从未被广泛效仿过，但它确实是一件奇迹。它一举建立起希腊雕塑和建筑之间的新联系，为希腊人提供了新的空间。摩梭拉斯国王本人也曾修造过一座墓地，与早期统治者墓地排列成一条直线。在这片海岸上，坟墓传统上就像房子一样，有着锥形屋顶和高高的墙基。坟墓是死者的住宅，祭献的场所，祖先们甚至可能在此相聚。摩梭拉斯陵墓也是按这种古老的形式建造，为这些古老的目的服务的，但它糅进了国际化希腊社会顶级建筑师和雕塑家最先进的观念。对后世希腊人来说，没有什么必要去模仿摩梭拉斯陵墓相当笨拙土气的形式；对后来的雕塑家来说，也无必要复制那些雕像的姿态、发型或服装。摩梭拉斯陵墓之震撼人心，在于这些建筑元素之间人为的空间安排，使陵墓充满世俗的英雄主义情调。

　　与此相似，打动文艺复兴时期艺术家的，也正是这种恢宏新颖的比例感。当他们注视和描摹发掘出的古希腊、古罗马遗物时，他们深深地体会到了这一点。对拉斐尔和米开朗基罗这几代人来说，古典历史就在罗马，特别是亚历山大的希腊化时代作品中；就在深受这种崭新的"派西奥斯比例"影响的作品中。在拉斐尔为梵蒂冈西斯廷教堂绘制的伟大壁画里，摩梭拉斯陵墓再度复活。这不是因为壁画中海边古墓闪闪发亮的形象，而是因为其比例感和宏伟气势，令人想起那座永远消失的纪念建筑及其化为齑粉的雕像。

第五章

空中花园

一 巴比伦之尘土

公元前302年，亚历山大去世刚满二十年。是
年，统治阿富汗及叙利亚辽阔疆域的塞琉古国
王[1]——从前亚历山大麾下的大将之一——派麦加
斯悌尼[2]出使印度。于是这位使节一路前往北印度

---

1 指塞琉古一世（Seleucus I，约公元前358—前281），亚历山大
大帝的步兵统领和继业者之一，建立塞琉古帝国，统治包括巴
比伦在内，被亚历山大大帝征服的近东大部分地区。

2 麦加斯悌尼（Megasthenes，约公元前350—前290），希腊历史
学家、外交家；塞琉古一世的使节，曾数次前往印度孔雀王朝
旃陀罗笈多一世国王的宫廷，游历北印度；首位撰述印度历史
的希腊人。他的四卷本《印度志》（Indika）包罗地理、种族、
城市、政府、宗教、历史和神话传说，已佚，部分内容散见于
晚期作家的著述。

国王旃陀罗笈多[1]的首都华氏城[2]，又从那里出发，漫游印度各地，沿途收集旅行者的见闻。这些见闻里有从事中国丝绸贸易的北方游牧部落，有南方的泰米尔部族，还有西藏和喜马拉雅山脉的金矿。而最令这位希腊漫游者难以忘怀的，乃是旃陀罗笈多国王在华氏城皇宫的花园。他说，这些花园甚至比波斯皇帝的园林更宏大、更华丽：

> 那里饲养着温驯的孔雀和雉鸡，它们生活在皇家园丁精心栽植、时时照拂的灌木丛中。此外，还有树影婆娑的小树林，里面生长着各种绿色的植物，树枝被护林人巧妙地交错编织在一起……这些树四季常青，叶子永不枯萎凋零；它们有些是土生土长的，有些则移栽自异域。
>
> 麦加斯悌尼（约公元前290），麦克辛德（McCrindle）于1877年改编

麦加斯悌尼还记录了旅行者各种难以置信的奇谈：挖掘金矿的蚂蚁、舐起来味道像无花果的甜石头、没有任何阴影的国度、能让皮肤立时溃烂的蛇尿……像他这样的人如果目睹奇迹，必定能辨识，并且通常一有机会就会写作。然而，虽然麦加斯悌尼肯定在巴比伦居住过，了解那里的宫殿，他对华氏城的描述还清楚地表明他非常喜欢园林，但他似乎从未写过巴比伦城里的空中花园。就算他亲眼见

1　旃陀罗笈多（Chandragupta，意即孔雀，公元前340—前298），又称月护王，是印度孔雀王朝开国君主，首次统一印度次大陆大部分地区。他于公元前320—前298年间在位，公元前302年和塞琉古国王达成和约，后者承认旃陀罗笈多对旁遮普的统治，旃陀罗笈多回赠其500头大象。相传公元前298年，旃陀罗笈多皈依耆那教，传位于子，自己前往森林苦行，最终绝食而死。其孙阿育王将佛教定为国教，促成佛教从印度向外传播。

2　华氏城（Patna），即今印度比哈尔邦首府巴特那。华氏城是汉语古籍中的称呼。它是难陀王朝、孔雀王朝、巽伽王朝和甘婆王朝的首都。麦加斯悌尼在《印度志》中说它位于恒河与Arennovoas河的交汇处，城中居民从事七种职业，彼此不可交换工作，而以哲学家地位最高。

5-1 淘金蚂蚁把金块运往毛驴的驮囊中，选自约翰·曼德维尔爵士《旅行记》（1482）

过，文字中也无迹可寻。那么，这件传说中的奇迹究竟在哪里呢？

所谓空中花园，植物高出地面，仿佛凭空生长着，树根也高出地面上的屋顶。花园下由石柱支撑，整个底部都布满了精雕细刻的石柱基座。

菲洛，1, 1

它不是（亚述女王）塞米勒米斯建造的，而是其后一位叙利亚国王为他的一名妃子建造的。他们说，这位妃子是波斯族人，思念故乡连绵起伏的青翠山冈，于是请求国王模仿波斯的独特风景，建造了这样一座设计精妙的花园。

狄奥多罗斯：《历史文库》，II, 10, 1

提笔介绍七大奇迹名单时，菲洛沉思有顷，想象着读者读完他的文章，会兴起什么感想：

> 如若一个人口头调查令人惊喜赞叹的事物及其创造过程，如若他沉思默想这些技高艺精的创造，如睹镜像，他心中便会留下永不磨灭的图画，原因是他用头脑看见了它们。
>
> 但愿我的文笔清晰地逐一描绘出七大奇迹，使读者意识到它们的壮丽，未来将表明我所言一切都忠实可靠。当然，还有其他许多景观也值得嘉许，但七大奇迹受到普遍称颂，所引发的赞叹与其他景观大不相同。美，犹如太阳，其自身的光辉使人们不可能看见其他东西。
>
> 菲洛：《导言》2—3

菲洛如果现在还活着，或许会惊讶于自己的预言如此确切。他笔下的七大奇迹，从屹立于世之时便令人一见难忘，如今更已成为永恒的文学意象——七件神奇而不可企及的事物。而七大奇迹的真实力量、古老文字的感染力，都在菲洛笔下时空暌隔的空中花园意象中产生了最大效果。在西方意象史里，它已悬浮了两千多年。

当年在地中海地区，拥有空中花园的巴比伦城享有神奇的声望。例如，菲洛把巴比伦城墙视为堪与空中花园相提并论的另一件世界奇迹，并把它们分别列入七大奇迹名单。而在古人编纂的许多七大奇迹名单里，巴比伦整座城市都被视为一个奇迹。空中花园、巍巍城墙、方尖碑和庙宇，全被当成这个神奇遐迩之地的组成部分。不过，同一座巴比伦城，对不同民族有着不同的意义。比如说，对生活在两河流域的美索不达米亚人而言，巴比伦城是座圣城；而对古代耶路撒冷居民而言，它是《圣经》中的放逐之城，伤

5-2　菩提树，选自《不平常的树和灌木》，伦敦（1836）

心之地，巴比伦河水含有他们的眼泪。巴比伦城由无从考证的先民建于淤泥之上，由身体部分是人、部分是公牛、部分是阉牛的怪兽国王尼布甲尼撒[1]统治，城门上刻的怪兽形象甚至使《启示录》作者备感惊骇。从意大利罗马到美国拉斯韦加斯，许多城市在鼎盛时期都曾被称为巴比伦。巴比伦是荡妇，是吞噬一切、毫无心肝的庞然大物，是东方地狱。它充斥所有享乐、所有财富、所有腐败、所有娼妓、所有黄金、所有诸神，以及所有你心中所欲、脑中所想之物。这座巴比伦城屹立于沉睡与基督教觉醒两者的中间地带，位于俗世的边缘，拥有百位神祇和古代英雄国王，也是亚历山大大帝最终埋骨之地。据说亚历山大临终时，躺在古老皇宫的床榻上，能够看见巴比伦众塔之间的空中花园。

1　尼布甲尼撒（Nebuchadnezzar），此处疑指尼布甲尼撒一世，又译拿步高一世，系古巴比伦第四王朝国王，约公元前1125—前1104年在位，大英博物馆所藏古巴比伦城墙浮雕，将他描绘为人首牛身。

5-3 空中花园，选自斯蒂芬·芒斯特《宇宙志》(1550)

　　在此三个世纪之前，为追求不朽声名，巴比伦国王尼布甲尼撒二世[1]重修了这座宫殿和巴比伦城的大部分。"他围绕内城设了三道城墙，围绕外城又设了三道城墙，在城门上饰以圣像……这些引人注目的城市防御体系竣工后，他紧挨着父亲的王宫又建造了一座宫殿。要描述这座宫殿的巍峨和铺张的工艺，篇幅就会太长了，我只说一句：这座宫殿尽管恢宏壮丽，却仅用15天时间就大功告成。"

　　　　在宫殿里，他建造了一层层高耸的石头台地，远远望去好像山峦起伏，又栽植了各种树木……通向花园的路径也如山

1　尼布甲尼撒二世（Nebuchadnezzar Ⅱ，约公元前634—前562），新巴比伦王国在位时间最长、最有影响的君主，约公元前605—前562年在位，其间征服犹太王国，攻陷耶路撒冷，流放犹太人。他在巴比伦城等地修建诸多宏伟的建筑，相传空中花园即为其所建。他执政时期是新巴比伦鼎盛时代，但在他去世二十三年后，巴比伦即被波斯帝国的居鲁士大帝征服。

道一般，层层往上，看上去犹如剧院……铺在屋顶的泥土可任巨树的树根（生长）和伸展，一俟土地平整，便种满各种树木……最高处生长着阔叶树和观赏植物，各色花卉齐备，总之样样事情都令人赏心悦目。这里一如平川之上，有人精心耕耘，耕作方式也和正常地面上大体相同：培植幼苗，用犁耕田，只是位置高高在上，高出支撑它的柱廊和在柱廊里漫游的人……

尽管从外面看不见里面在干什么，但那里有灌溉设施，把大量河水抽了上去……

从上至下，高架管渠里流淌着清水，水流这边急急往下，那边又因受着压力而盘旋着被抽了上去。精巧的机械设计遂使水流盘旋往复，循环不止。河水就这样被抽进许多大贮水槽中，灌溉着整座花园。它滋润着花草树木位于土壤深处的根须，保持泥土潮湿……

约瑟夫斯[1]、狄奥多罗斯和菲洛

与围绕亚历山大大帝的传说相似，在所有奇迹中，就数这座空中花园最为奇异、最难捉摸，也最堪赞佩。在七大奇迹中，它第一时间就得到所有人认可，但又最为缥缈虚幻，难以确定。这座悬浮花园在菲洛的七大奇迹名单中位居榜首，其意象或许是菲洛笔下奇迹中完美的典型。菲洛在描写它之前，刚刚论述完文字的感染力与意识之眼中想象的力量。如今看来，菲洛描绘的空中花园似乎全然

1　全名为提图斯·弗拉维奥·约瑟夫斯（Titus Flavius Josephus, 37—100），古罗马犹太历史学家，生于耶路撒冷，曾在第一次犹太-罗马战争期间，率加利利犹太军队与罗马人作战，后叛逃罗马并获得罗马公民身份。他不仅记录了犹太人的历史，还从犹太人的角度讲述了世界历史，提供了早期犹太教和早期基督教的重要背景。

由言语编织而成，因为巴比伦从来没有出现过这样一座花园，或者说，从来不曾有过菲洛和其他奇迹名单作者想让你相信的那样一座花园。

对空中花园这一家喻户晓的景观的想象，最早也最明确的否定源自一个翻译问题。有一个从古老遥远的东方流传到希腊的故事讲述了芬芳的花园，里面栽满了芳草、杏树，充满神圣的智慧。学者们很自然地就会谈到在坡地上开垦这些花园，因为在山区的希腊乡村种地，这通常是十分实用的。所以，"空中"一词很可能是对希腊语中农村"坡地"一词的误译。至于巴比伦遗址里的空中花园或别的东西，还有其他否定其存在的根据。

1899年，中东地区在经历数百年随意挖掘和破坏之后，一支考古队在德意志东方协会的罗伯特·科勒韦博士[1]率领下来到巴比伦废墟。这是中东地区最早的一批科学考古队之一。他们花了将近二十年时间，挖掘出整座巴比伦古城的轮廓，这绝大部分属于古城晚期和全盛时期的建筑。他们发掘出了庙宇、宫殿、房屋、仓库、游行道路、城门、桥梁和大片的环形城墙，这道城墙仅次于中国长城，是人类有史以来修筑的第二长墙。之前的几十年里，德国探险家辗转希腊、意大利和土耳其，发明了一些科学考古的方法，在这项挖掘工作中得到了出色的应用。科勒韦也因此成为使用这些方法，发掘中东古代遗址的首批考古学家之一。巴比伦的发掘规模和范围都与这座深受崇敬的城市相称。大约十八年后，英国远征军炮轰巴格达，令附近巴比伦城的德国考古学家终日担心遭受池鱼之灾，被迫终止了发掘工作。科勒韦最终离开此地，

---

1 科勒韦（Robert Johann Koldewey，1855—1925），德国考古学家，因在伊拉克深入挖掘古城巴比伦而闻名。他一生大部分时间都在小亚细亚、希腊和意大利进行考古发掘，曾开发数种现代考古技术，包括识别和挖掘泥砖建筑的方法。他逝于柏林。

返回柏林。科勒韦从那时起直至八年后去世，他接连不断地出版了专著，实施其所规划文物的修复，使全世界得以用崭新的眼光看待古巴比伦及其空中花园。然而，即便这位接受过最冷酷的科学训练的德国教授，最终也陷入了七大奇迹的魔咒，在尘土、盆罐和考古规划中苦苦地寻觅空中花园的踪影。而受着古籍的启发，终于他"发现"了！

当然，倘若没有菲洛等人的著述指点迷津，人们做梦都想不到要在巴比伦巨大的砖头废墟里辨认一座在坡地上的古老花园。这座花园位于尼布甲尼撒占地辽阔的南宫之一角，这里有高大的石头拱顶和独一无二、极富创造性的灌溉系统，其水源来自幼发拉底河。

科勒韦在他最有名的著作中，专辟整整一章来论述这一发现。他就像一名检察官，引领读者逐一分析他的证据和周详的规划，最终以学者口吻的警告结束了众说纷纭的争议。他说，这种假说里"难题成堆"，但考虑到古籍的实际情况，倘若"今日之发现"与

5-4　考古与幻想：巴比伦的空中花园，选自科勒韦（1914）

"古代事实的叙述"若合符节，一切就几乎顺理成章，足以令人"欢欣鼓舞"。

正如菲洛知晓的那样，文字具有强大的力量。科勒韦的这段文字，其字斟句酌、学术气息浓厚的描述和科学的图解，再加上他本人颇高的声望，确立了他所想象出的空中花园图景真正的权威性。对读者来说，科勒韦的警告乃是谨慎学者通常会有的小心翼翼，难怪至今仍有无数介绍七大奇迹的儿童书籍，都印有他那精美的图景，人们仍然把这一图景当成现今空中花园精确而科学的"复原图"。

然而，真相却是，科勒韦的假说早已瓦解而不复成立，这一点就和他率考古队发掘巍峨的巴比伦城墙早已坍塌的事实那样千真万确。当代的考古学家现在认为，科勒韦所认定的空中花园所在的那座宫殿并非一个闲适的欢娱之处，而是一个行政场所，其花园景观平淡无奇，氛围卑俗，而且整个地方十分单调，距离河流也很远。光是每天把大量河水输送到这里所花费的劳动量就极为巨大。至于那些高大的石头拱顶和宽阔的拱廊，科勒韦说它们是独一无二的，支撑着传说中的花园的梯级平台。但两次发掘已表明，它们最初是作为扶墙，用来支撑其上的游行道路，那里可供人们举行盛大的列队行进，是尼布甲尼撒大军举行开拔仪式之地。还有一个疑点在于其园艺。假如空中花园如同科勒韦图示的那样，那么建成不消十年，园中花草树木的根就会迅速地破坏支撑花园的梯级平台，最终甚至可能使其下的石拱开裂和错位。如果那里当真是空中花园，那么亚历山大临终时在床榻上只会看见一片废墟。

挖掘工作结束大约二十年后，一位碑铭学者研究了科勒韦从那些石拱里挖掘出的、用易碎的黏土制成的某些匾额。他发现上面的片段铭文乃是油的配给名单。令人惊诧的是，被掳的犹太国王约雅斤[1]的宫廷也得到了足量的油之配给。这个发现对于研究《圣经》的学者而言，当真是激动人心的，因为《圣经》里所有内容都罕有这种特别具体的证明。但这对于科勒韦所假设的空中花园却是个糟糕的消息，因为它说明这些石头扶墙的墙基处要么是油库，要么是文书室。这两种设施对于一座用来处理政务的宫殿是相宜的，而设在供皇室闲适欢娱消遣的花园潮湿的地下，这种设想既不可行，也不合情理。

从那时起，又有学者致力于在巴比伦平面图上寻找空中花园。这些学者认为，不管从常识、实用性还是现代审美角度来看，空中花园都应该靠近河岸，位于一座宫殿的北边。新的花园复原图不再依据科勒韦的考古图，而是依据中东地区其他古代花园的图片和考古证据。不管怎样，学者们都囿于温和气候里的公园和花园的考量，在其新的复原图上，满是露天青草坡上的树木，但事实上在巴比伦的炎炎烈日下，它们只消一下午就会被晒焦。希腊作家至少知道，必须把树种得密密匝匝，才能使"它们宽阔的叶片几乎交织在一起，荫庇着花园"。

在巴比伦，自科勒韦之后，再也没有人发现过任何古代花园的一石一木。所以，空中花园的一切全在古籍里面。正如菲洛暗示的那样，这座童话天堂坐落在原始的手稿之中。而仅凭意识之眼，我们能否发现这座神奇花园的真正景观——"每一单独的意象皆永不会被摧毁。犹如太阳，它们的美丽仅凭自己的光芒令人目眩"？这种景观并不是希腊化时代的菲洛及其同伴发明的，它是人类最古老

1　约雅斤（Jehoiachin），古犹太王国国王。据《旧约·列王纪下》记载，公元前598年其父去世，18岁的约雅斤在耶路撒冷登基，在位仅3个月零10天，尼布甲尼撒二世攻占耶路撒冷，将他和母亲、臣仆、工匠等掳到巴比伦，另立他的叔叔西底家为王。

的梦想之一，源自世界最古老文明的心脏地带。

二　意象之独特

和他的同代人一样，早在远征之前，亚历山大大帝就听说古老东方王国里有着神话般的花园。自荷马时代起，人们就吟唱着这遥远的梦想，甚至奥德赛——这位名声不朽的希腊人，在描述阿尔基努斯国王[1]岛上的王宫花园时，字里行间也暗藏着蛛丝马迹：

> 在（王宫）庭院外面，离宫门不远，有一个面积很大的花园，总共四英亩，周边围着篱笆。花园里生长着高大的开花树木：有梨树、石榴树、挂着闪亮果子的苹果树、芳香的无花果树和茂盛的橄榄树。一年到头，无论冬夏，它们的果实永不凋落或停止生长……花园里还有一片丰饶的葡萄田，有一片平地让葡萄在太阳下晒干，其他葡萄正被采摘，还有些葡萄正被踏踩。前排的葡萄花朵脱落，尚未成熟；而其他葡萄的色泽越来越幽暗。在花园里，最远一排果木的后面，是一个栽种整齐的花圃，花儿总在含苞待放。花园里有两股泉水……这就是众神给阿尔基努斯的美好馈赠。
>
> 荷马：《奥德赛》，Ⅶ，112—118，122—129，132

对空中花园的文字考古，犹如邂逅海市蜃楼：时间越接近，景象越朦胧散漫。尼布甲尼撒二世登基后的两百年间，文字记载荡然

1　阿尔基努斯国王（King Alcinous），据荷马史诗，他是斯开里亚岛（Scheria）上法伊阿基亚人的国王，他热情款待在归家途中历尽艰辛的俄底修斯，并倾听他的故事。下面一段文字是根据本书的英文引文移译。

无存，但根据后来的史料，正是这位国王，为王后建造了空中花园。关于巴比伦最早的文字记载，例如它特有的楔形文字铭文，刻在精致的泥板上，精练地记述了这座城市的历史，对这座花园只字未提。不过，从这些史料来看，科勒韦所发掘的，确实就是尼布甲尼撒二世在他多年统治期间建造的巴比伦城。

这段传说始于公元前689年。这一年，就像英国大诗人拜伦咏叹的那样，来自底格里斯河畔的亚述人如狼入羊群一般摧毁了巴比伦。亚述王西拿基立[1]对这段故事有大不相同的说法。在向大神阿舒尔[2]献祭时，他说："像飓风一般，我攻击它；像雷雨一般，我打垮它……它的子民，不论老少，我概不饶命，大街小巷，伏尸满地……我铲平城中房屋，不留一片屋顶。我摧毁，我焚烧……即便巴比伦神庙下的土地，我也要保证会被遗忘，为此我决堤毁灭之，将它变成了牧场。为使我主阿舒尔的心得到平静——人人应当拜伏于他高贵的神力，我带来巴比伦的泥土作为礼物——我把这些泥土置于一个有盖的罐子里。"

八十年后，恰如以色列先知预言的那样，轮到信奉阿舒尔大神的亚述民众遭受劫难——米底[3]人和巴比伦人毁灭了亚述所有重要的城市。科勒韦的考古成果证实，这是巴比伦历史上的复兴时期，城市经历了大规模重建，占地达两百英亩，把沿城市周边新建的高

1　西拿基立（Sennacherib），亚述国王，公元前705—前681年在位，曾与巴比伦和犹太王国作战。因巴比伦人拒绝接受亚述人统治，于公元前689年毁灭巴比伦。公元前681年亚述国王被暗杀，这被巴比伦人视为神祇对他毁灭这座城市的惩罚。

2　阿舒尔（Ashur），东闪米特人信奉的神祇，于美索不达米亚宗教中亚述万神殿之首，主要在美索不达米亚北半部及叙利亚东北部和小亚细亚东南部的部分地区受到崇拜。

3　米底王国或米底亚王国（Median dynasty），波斯地区古王国，隶属印欧语系，是最早在伊朗高原地区定居的民族，亚述帝国曾入侵并试图征服伊朗高原，促使米底各部落走向联合并形成国家。公元前609年，米底吞并强盛一时的亚述。

墙坚门作为防御，宽阔的护城河使得整座城市如同壁垒森严的三角形岛屿。尼布甲尼撒二世在位约四十五年，是新巴比伦王朝最长寿的国王，正因这个缘故，人们才预期科勒韦挖出的铭文上会写着他的名字。可是，与这类古代文献一样，巴比伦楔形文字对尼布甲尼撒二世本人的记载少之又少。历史学家为了把这位国王描述得生动一点，通常把这些史料与后人——主要是希腊和犹太作家的文学描述糅合在一起。

科勒韦考古发掘出了古巴比伦将近2.5万块碑匾，其中许多未被研究过。尽管如此，这些铭文还是提供了关于尼布甲尼撒二世宏大工程的大量细节。那些细小的巴比伦文字被一笔一画地刻满了巨大的黏土圆柱，宣称没有任何军队能够越过新建的巴比伦城高墙，护城河入口处安装了"闪亮的铁栅"，还提到新建的高大城门与河港、大桥与神庙，以及据信《圣经》所说巴别塔[1]的重建。这座建筑是巴比伦最重要的神庙，据说最早由众神亲自动手建造。不过，这些楔形文字从未提起过哪怕一座皇家园林。

希腊晚期诸史家对巴比伦有相同的观感。在他们看来，东征西讨、缔造和重建城市、大兴土木，是所有伟大统治者的共同表现。他们之所以把古代中东地区的杰出建筑载入希腊史籍，列入七大奇迹名单，就因为和在希腊本土大城市一样，这类宏伟工程显然是英勇卓越的事功的遗产。由此观之，巴比伦和埃及国王为

1　巴别塔（Tower of Babel），又译通天塔、巴比伦塔，本是犹太教经籍《塔纳赫》（Tanakh，又名《希伯来圣经》）中的一个故事。据《旧约·创世记》第11章记载，大洪水之后，说同一种语言的人联合起来，在巴比伦附近的示拿地兴建通往天堂的高塔。上帝见众民齐心协力，遂使他们说不同语言，相互间不能沟通。通天塔建造失败，人类自此各散东西。有现代学者认为巴别塔与约公元前610年建造的"巴比伦大金字塔"——供奉巴比伦守护神马尔杜克的塔庙有关，传说这座塔庙高约91米，亚历山大大帝约在公元前331年下令将其拆毁，以在原址上建造自己的陵墓。

　世界七大奇迹：西方现代意象的流变

自己营造纪念建筑的古老习俗——其铭文往往声称是"为了他们的神祇"——似乎能让他们确认，这类超人的成就使他们在靠近神的地方留下了自己的强烈印记。仅仅是这种心态，就使尼布甲尼撒二世治下的巴比伦必定青史留名。而巴比伦也的确美名远扬，以至在遥远的地中海地区，这座世界上最古老的城市本身成为一个传奇。而就在希腊人着迷于其独特艺术和建筑风格的同时，尼布甲尼撒二世重建了巴比伦，令其成为世界上最宏大也最壮丽的城市。虽说公元前539年，巴比伦为希腊之敌波斯国王所占领，但这座城市的建造者，连同统治它的古代国王和女王，在希腊仍被视为伟大人物。

"亚述最强大、最有名的城市是巴比伦，"希腊史家之最贤者、哈利卡那苏斯的希罗多德在公元前5世纪写道，"……巴比伦位于一片广袤平原之上，整个城市呈正方形，边长约为14英里，周长约为56英里。巴比伦城的规模便是如此，其景致胜过我们知道的其他任何城市"。

希罗多德生活在波斯人征服巴比伦百年之后，给读者的印象是，他本人看来去过巴比伦，笔下所述乃是他的眼见亲闻。但实际上，希罗多德究竟有没有到过巴比伦，学术界争执不下。他很可能和其他多位古希腊、古罗马作家一样，只是把年代更久远的史籍重新加工复述了一遍。菲洛在描述七大奇迹之前开宗明义地说，他的目的就是让读者无须鞍马劳顿地亲自走一遭，便能神游于奇迹之间。为了达到这个效果，菲洛和希罗多德就像当今许多小说家那样，讲述了大量非同寻常的细节，以使他们描写的事物显得格外真实。菲洛说，运用书面文字让读者脑海里产生"不可磨灭的印象"，这既是一种古老的写作快感，也是当时希腊人最新感受到的文字力量。当然，晚近时期也是如此，例如科勒韦在根据自己的科学考察成果绘制空中花园的"复原图"时，便采取了一模一样的方法。

不管希罗多德是否亲眼看见过幼发拉底河畔的巴比伦，他反正是花费了大量笔墨生动地描述了它——绵延的城墙、宏伟的神庙及其香烟袅袅的祭坛，还有令后世史家着迷不已、充满感官刺激的东方仪典。这是关于巴比伦现存最古老的希腊史料。不过，希罗多德不仅只字未提空中花园，甚至也没有谈到尼布甲尼撒二世，而这一景一人，本是钟爱雄君强主及其事功的希腊人最理想的谈资。和后来诸多希腊史籍相似，希罗多德的巴比伦叙事围绕两位半传奇性质的女王——塞米勒米斯和尼托克里斯[1]展开。她们治国尚武，都曾大兴土木，但都不曾建造过任何花园。

实际上，在所有这些现存的史籍里，在公元前562年尼布甲尼撒二世死后的150年间，形诸笔墨并流传下来的每一句言语里，都完全没有提到过巴比伦的空中花园。而后来的史料说，空中花园是为西亚古国米底国王之女阿美蒂丝公主[2]修建的。这位公主与尼布甲尼撒二世的婚姻，使米底与巴比伦结成牢不可破的联盟，并一劳永逸地击垮亚述，促成了巴比伦的重建。

希腊史书《波斯志》凡二十四卷，流传至今仅余片言只字，其中首次间接提到了空中花园。这部史书是在约公元前400年，由波

1　尼托克里斯（Nitocris），据称是古埃及第六王朝最后一位法老。据希罗多德的《历史》一书记载，地方诸侯杀死她的兄长兼丈夫奈姆蒂姆萨夫二世并拥戴她继位。为给亡夫复仇，她建造了一座很大的地下室，邀请仇人参加落成宴会，在此时，打开水闸引尼罗河水灌入，淹死与会者，其后返回寝室自尽。公元前3世纪古埃及祭司曼涅托在所著《埃及史》中称她"天生颊红肤白，比同时代所有女人更美，也比所有男人更勇敢"。但后世对史上是否实有尼托克里斯其人存在疑问，主因是迄今埃及考古未发现有她名字的铭文。有研究认为她实际是第六王朝男性末代法老西普塔一世，Nitocris应是西普塔一世名字Netjerkare拼写的变形，曼涅托将其弄混了。

2　阿美蒂丝公主（Princess Amytis，公元前630—前565），米底国王基亚克萨雷斯（Cyaxares）的女儿或孙女，据信是私生女。她与尼布甲尼撒二世的婚姻使米底和巴比伦正式结盟。

斯宫廷里一位名叫克泰西亚斯的御医所写，在其后的古典作家里，没有谁公开揄扬过他的著作。克泰西亚斯在书中说，他来自小亚细亚，在战争中被俘。虽然沦为奴隶，但"总是穿着女人衣裳"的波斯王每天晚餐时都送150名女奴来为他跳舞。和多数古籍一样，克泰西亚斯的文字只要看着有用或貌似有理，就会被其他作家征引，他的著作片段就这样零零碎碎地流传至今，其中包括他关于空中花园的语句。

空中花园所有早期文字资料实际上都是这样保存下来的——它们都是晚期古典史家在自己的著作中引用的先哲语录。不仅如此，不管引用者还是被引用者，这些作家生活的年代无一例外都与尼布甲尼撒二世统治时期相隔数百年，所述也常相互矛盾。例如，西西里的狄奥多罗斯在公元前1世纪叙述巴比伦重建时，引用了这样两条更早远时候的史料：

> 她〔亚述女王塞米勒米斯〕以幼发拉底河为中心，绕城建墙，沿墙又建有多座高塔。按照克尼多斯的克泰西亚斯的说法，这道城墙有360个赛跑场那么长（40.5英里），而根据克莱塔卡斯[1]及其他一些后来随亚历山大深入亚洲的人的记录，它有365个赛跑场那么长（41英里）……所谓的空中花园位于卫城旁，它不是塞米勒米斯所建，而是其后一位叙利亚国王为他的一个妃子建造的。他们说，她是波斯族人，思念故乡连绵起伏的青翠山冈，于是请求国王模仿波斯的独特风景，建造了这样一座设计精妙的花园。
>
> 狄奥多罗斯：《历史文库》，Ⅱ7，3；Ⅱ10，1

1　参见第144页注释2。

此前，几位亚历山大传记的作者也曾提及空中花园和害思乡病的王妃。其中，克莱塔卡斯是一位来自亚历山大里亚的历史学家。此人之所以现在有点不大不小的名气，完全归功于这样一个事实：他的文字在后世作家的著述中被保存了下来，虽则这些文字捡拾的是前人牙慧。克莱塔卡斯生活和写作的年代约在公元前275年，他似乎很少出门旅行，对巴比伦的所有记载可能源于几位曾随亚历山大出征的老兵。至于船长翁尼雪克里图[1]关于巴比伦及其花园的描述，不管是古代还是现代作家，普遍认为未必可靠。不过，人们推断翁尼雪克里图曾和亚历山大一道，沿杰赫勒姆河（the River Jhelum）顺流而下进入印度。如果是这样的话，他的记载可能包含关于这座城市的某些第一手资料。但我们今天之所以知道翁尼雪克里图，纯粹因为生年略晚于狄奥多罗斯的地理学家斯特拉博引述了他的话：

> 空中花园呈正方形，每边长400英尺，周边环绕着一个个呈立方形状的小亭子。小亭子有拱顶，里面填满泥土，最粗大的树也能在其中生长。板壁、拱门、拱顶都由砖和沥青建成。有台阶通往屋顶最高处，沿阶有转动装置，把水从幼发拉底河不停地输送到花园中，因为……这座花园就在河岸上。
>
> 斯特拉博：《地理》，XVI，1，5

这些记载如真似幻，匮乏实际信息，而此后史家的记述虽然更

1　翁尼雪克里图（Onesicritus，约公元前360—约前290），据信是亚历山大大帝舰队的一位舵手，犬儒派哲学家第欧根尼的门徒，他撰有《亚历山大大帝传记》，其中亚洲部分常被引用，但其准确性屡受批评，认为其文字里混杂了很多寓言和虚构成分。他是第一位提到Taprobane岛，即今斯里兰卡的作者。

加诗情画意，却都未增添任何实在内容。在充满异国情调的希腊化世界里，巴比伦犹如缥缈壮观的海市蜃楼，塞米勒米斯传奇也好，尼布甲尼撒二世生平也罢，连同空中花园，都只构成这座城市诸般特征中很小的一部分。据说，巴比伦犹如萨第斯那般富有，河水呈红色，河中有牡蛎，还有被称为"神酒"的芬芳的葡萄酒、精致的熏香、能令白发转黑的香水（亚里士多德相信有这种香水），在果园里，树上结满了亚历山大大帝喜爱的苹果。

麦加斯悌尼毕竟去过印度，即便如此，他还是津津乐道淘金的蚂蚁和能用耳朵把树连根拔出的人。这些谈论巴比伦的作家都和麦加斯悌尼一样，深知读者兴趣所在。显然，如此宏伟的城市势必拥有雄姿英发的国王，而这些国王必定会营造最美丽的花园——所有这类东方城市都拥有的花园。于是，这些希腊化时期的作家撷取古老文本的片言只字，填充进自己的沉思臆想。就空中花园而言，他们的主要兴趣看来在于坐在扶手椅上谈论大规模的园艺，设想在理论上可以建造防水台地的机械，冥思植物气根最好怎样灌溉和生长，又或这座高悬于想象中沙漠平原上的空中花园，看上去是个什么情状。恐怕可以断言，这些饱学之士中，没有哪位拥有园艺或工程方面的实际经验，他们完全可能统统没有到过巴比伦。

现代专家对古代世界几乎一无所知，但在思考古埃及人如何建造金字塔之类的问题时运用了现代专业知识，这使得他们的测算具有一种虚假的真实性。菲洛也是如此。他以一位富于想象力的技术专家的口吻描写空中花园和其他一些奇迹，虽然不曾目睹七大奇迹的建造过程，却以当时亚历山大里亚学者的智慧成果来解答这些奇迹的建造问题。如此一来，他所描述的空中花园的灌溉系统，便和其同代人在亚历山大里亚进行的水利试验极为相似："……水在压力之下，在转动装置里往上流淌。精巧而必需的机械使水流螺旋般往复来去。"当然，如果以为菲洛是想为我们提供对古代奇迹的一种现代功能性解释，抑或臆想他的写作是为了今天的我们而非他所生活的世界，那就实在是幼稚了。

不过，在林林总总的奇妙记载中，有一份独特史料虽然也以后人摘引的形式得以存世，但其真实性确实难以否认。这份古老的史料有着最为引人入胜的渊源——它曾是献给塞琉古之子的史书片段，被称作《巴比伦历史》。公元前3世纪，巴比伦一位名叫贝罗索斯[1]的祭司用希腊文写下这份史料。他住在希腊科斯岛上，那儿离哈利卡那苏斯很近。和埃及祭司曼涅托[2]所撰类似著作一样，《巴比伦历史》是一位饱学之士在尝试着向马其顿征服者解释其母国文化。正如曼涅托能阅读象形文字史料，贝罗索斯也参考了古巴比伦楔形文字的记载。而且，贝罗索斯既然在巴比伦出生长大，很可能自己就能阅读楔形文字。他无所不写：巴比伦的天文学、主要的宗教传说……他生于兹长于兹，从世界诞生之日开始编纂巴比伦城历史，开篇就叙述了伟大的《创世记》传说和《吉尔伽美什史诗》[3]，

1　贝罗索斯（Berossus），希腊化时代的巴比伦作家、天文学家/占星术家、巴比伦守护神马尔杜克的祭司，据说生于亚历山大大帝统治巴比伦时期，逝年不详。维特鲁威说他后来移居科斯岛，在埃及法老的赞助下创建了一所占星学院。他使用希腊语写作，约公元前290—前278年所撰写的《巴比伦历史》（Babyloniaca），已经佚失。

2　曼涅托（Manetho），古埃及祭司和历史学家，活跃于公元前4世纪末至公元前3世纪初，用希腊文写《埃及史》，其中部分内容存世，是研究古埃及重要史料。他把埃及历史划分为30个王朝和古王国、中王国、新王国三个时期，这种分期法至今仍为学术界所沿用。

3　《吉尔伽美什史诗》（The Epic of Gilgamesh），是已知世界最早的英雄史诗，所述历史时期据信在公元前2700—前2500年，比已知最早写成文字的文学作品早200—400年。史诗主要讲述了在统治美索不达米亚的苏美尔王朝时期，城邦国家乌鲁克国王、半人半神的英雄吉尔伽美什的传说，涉及两河流域许多神话。它在古巴比伦王国时期（公元前19—前16世纪）用楔形文字刻在泥板上。19世纪中叶，英国考古学家在亚述古都尼尼微发掘出这部史诗。全诗计约3600行，其中一块泥板记载了大洪水和据信是挪亚方舟故事原型的传说。很多学者认为《荷马史诗》深受这部史诗的影响。

5-5 亚述人的"生命之树"，
选自莱亚德、尼尼微（1867）

随后历数古代王朝和王国。所有这些内容作为希腊历史，一概使用
希腊文字写就。最后，贝罗索斯简述了尼布甲尼撒二世的王朝，这
是关于这一王朝最确切的存世记录，包括许多独特的细节。他复述
了巴比伦振兴的古老传说，讲述了尼布甲尼撒二世如何重建和扩建
巴比伦，营造宽阔而高大的城墙"以防止城市未来的沦陷"。他也
提到空中花园，先是历数尼布甲尼撒二世用于重建工程的材料，然
后描写了亚历山大将在那里去世的宏伟的新宫殿。他说，在尼布甲
尼撒二世只用了15天就造好了的这座宫殿里，有许多高高的阳台和
露天平台。"在宫中，他建造了一层层高耸的石头台地，远远望去
犹如山峦起伏，然后栽植了各种树木。他建造了所谓空中天堂，因
为他的王后在米底地区长大，渴望山林风景。"（贝罗索斯，两度被
犹太史学家约瑟夫斯引用，见约瑟夫斯著：《驳阿皮翁》I，139、

141和《犹太古史》X，224、226）

　　总而言之，把菲洛充满创意的机械装置、擅长园艺的希腊人信马由缰的想象，以及后世编纂者冗长乏味的手笔全都糅合在一起，就构成了巴比伦的空中花园。我们离古代事实真相更近了一步：自从上帝初次创造陆地，伟大的巴比伦便有了花园。

三　天堂根源

　　　　在创世之昼，噢那最初的白天，
　　　　在创世之夜，噢那最初的黑夜，
　　　　在创世之年，噢那最初的年代……
　　　　天空离开了地面
　　　　地面辞别了天空……

　　　　一株树，孤零零，噢一株呼鲁普树，
　　　　彼时栽在了幼发拉底河畔，
　　　　受着幼发拉底河水的养育。
　　　　呼啸的南风吹来，拔起它的根，
　　　　扯断它的枝，
　　　　幼发拉底河水载它流去。

　　　　女人走着，心怀对天空之神安的言语的敬畏
　　　　女人走着，心怀对空气之神恩利尔的言语的敬畏
　　　　她把河中的树猛地拉上岸，说道：

"我应把这株树献给乌鲁克[1]，

我应把这株树栽在我神圣的花园里。"

伊南娜[2]亲手照拂这株树

让世界围绕在她足下这株树周围……

摘自一首无名苏美尔圣歌（约公元前2400）

英雄吉尔伽美什穿越巴比伦寻找长生不老的生活时，再次提及伊南娜的花园：

他奔波一昼夜，终于到黎明，

宝石林耸立在面前。

攀上高处但望见：

红玉髓果实累累，

葡萄藤缠绕其间，美景妙难言。

林中也结满天蓝色的青金石果子，喜待被撷取；

赤铁石、玛瑙和大海里的珍珠，

珍贵稀罕的宝石如棘似蓟。

---

1 乌鲁克（Uruk），苏美尔和巴比伦古城，早在公元前4000年中期就成为苏美尔主要城市，在约公元前2900年的鼎盛时期，城墙内约6平方公里的区域，居住人口或达5万—8万人，是当时世界上最大的城市。公元前27世纪，苏美尔史诗中的英雄吉尔伽美什成为乌鲁克国王。公元前2000年左右，乌鲁克衰落，7世纪伊斯兰征服前后最终被废弃。19世纪中叶遗址被首次发掘。在苏美尔人语言中，"乌鲁"（uru）意为城镇、村庄、地区。乌鲁克遗址位于今伊拉克城市塞马沃（Samawah）以东约30公里处，现在的幼发拉底河河床东侧。
2 伊南娜（Inanna），古代苏美尔人的爱情、性感、生育和战争女神。在阿卡德人和亚述人中被称为伊什塔尔女神，古希腊神话传说中爱与美的女神阿芙洛狄忒据说由她演变而来。

吉尔伽美什漫步走进了花园。

《美索不达米亚》（公元前3000）

　　早在空中花园出名之前，在苏美尔人时代关于吉尔伽美什的神话就传说，这座伟大的花园被围墙环绕，内有四条溪流，树木芬芳，果实甘美。这是天堂的源头。尽管没有提到山，也没有台地或拱顶，但不管怎么说，这一人造景观已部分开始显露。《圣经·旧约》问世晚于苏美尔人这部史诗，讲述了一模一样的故事。

　　世上第一座花园位于东方的伊甸[1]，为亚当而创设。《圣经》里的《先知书》和《创世记》说，伊甸园中的果实尽皆璀璨珠宝，其中一株树是分别善恶的智慧树。流经伊甸园的一条河为园中四条溪流提供水源。这四条溪流告别伊甸园后，一条灌溉着出产黄金、树胶和玛瑙之地，另一条环绕东部非洲，第三条便是底格里斯河——亚述人的母亲河，第四条即巴比伦的母亲河幼发拉底河。

　　拥有树木和溪流的伊甸园世上罕有，却又是人间共同的传奇。无论在犹太教、基督教还是伊斯兰教信仰的深处，都耸立着这样一座位于美索不达米亚平原上的花园。而在这三大宗教里，这座花园都背倚泉水汩汩的山峦，外有高墙环绕，内有四条溪流，园内生长着香树甘果，栖息着各种鸟兽。在花园之外，是原始的大自然，可供狩猎和垦植；在花园大门之内，风景井然有序，空气芬芳湿润，处处阴凉，果实常熟。伊甸园的四条溪流，流经《创

1　伊甸（Eden），一说此名源于苏美尔语，意为"平原"或"草原"，词根意思是"富有成效、充分浇灌"。一说与希伯来语中"快乐"一词相关。很多学者认为伊甸园是虚构的，相信它真实存在的学者对其具体位置说法不一，一说位于今伊拉克境内，一说在土耳其北部库尔德斯坦，也有人认为在今亚美尼亚。在本章的下文中作者使用了"巴比伦的伊甸"的说法。

世记》，流经圣奥古斯丁的《上帝之城》，也同样流经英国大诗人弥尔顿笔下的《失乐园》和美索不达米亚的神话。它们属于伊朗和伊拉克，也属于英格兰和美国加利福尼亚。不仅如此，花园里到处是圣徒、神灵、美女、先知、水果、花朵、英雄、骏马，终日是轻松愉快的欢歌笑语，这座高墙环绕的天堂就是我们被驱逐出去的地方。

年迈的犹太拉比们迷惘于亚当和夏娃在看见自己的裸体前是个什么景况（有一种说法称，两人遍体笼罩着美丽的白光，就像光泽闪亮的珍珠）。如此一来，这座花园便隐藏了肉欲的魔力，又如所罗门在《雅歌》中颂赞的那样，园中果实和花朵都具有人体的曼妙形状和红润光彩。《圣经》里说，即便贤明的所罗门也会自吹自擂他在耶路撒冷宫殿高墙里的花园，那座花园位于一道城门旁边，有来自西罗亚高山的水浇灌。在叙利亚、亚美尼亚，还有乌拉图王国[2]，这样果实累累的花园是许多不同城市昙花一现的慰藉。而与所罗门同时，在幼发拉底河上的巴比伦城，众神亲自赐予凡间这样的花园——"增添城市荣光的园林"，一首巴比伦圣歌的叠句这样唱道。

来自北方底格里斯的亚述人既是凶猛的战士，也是特别勤劳的园丁。他们在城市里开辟巨大的果园，种下成千上万株果树。这些

---

1 《上帝之城》（*The City of God*），早期西方基督教神学家、哲学家圣奥古斯丁（Saint Augustine，354—430）所著。圣奥古斯丁是罗马帝国末期北非柏柏尔人，曾任阿尔及利亚城市安纳巴的前身希波（Hippo Regius）主教。当时，罗马城被哥特人攻克，人们把罗马帝国的衰退归咎于基督徒之离弃传统多神宗教。圣奥古斯丁于公元413年写作此书回应，主旨为上帝之城终将战胜大地之城。他认为，罗马帝国的衰退肇因于道德的衰退；基督教不是罗马衰退的原因，反而有助于道德的提升；基督徒不属于罗马帝国或任何大地之城，而属于上帝之城；上帝之城与大地之城的根本区别在于，后者是对自己的爱，前者是对上帝的爱和由此而生的彼此之爱。圣奥古斯丁由此建构了基督教的历史观。他的去世被西方史学界视为欧洲在精神层面上的中世纪开端。

2 乌拉图（Urartu），以历史悠久的亚美尼亚高地为中心，公元前9世纪中叶建立王国，公元前6世纪初被伊朗征服。乌拉图人是亚美尼亚人可考证的最早的祖先。

果园也出产造船和建造城门用的木材、制作香水和药的原料以及在市场售卖的果蔬。

公元前877年，亚述王阿苏尔那西尔帕二世[1]继续征讨，凶狠地越过伊拉克，挥兵叙利亚，直抵海岸。返回途中烧杀劫掠，大肆破坏。这段编年史记载道：

> 我在城门旁立起一根柱子，剥掉所有反抗我的头目的皮，把这些人皮蒙在柱子上。有些反抗的头目，我将他砌进柱子里，有些钉在柱子上，其他人则绑在柱子周围的木桩上……
>
> 我烧死了许多俘虏，割掉了一些俘虏的鼻子、耳朵和手指，挖出了许多俘虏的眼珠。我竖起一根柱子钉活人，又竖了一根柱子挂人头。我把他们的头颅绑在全城各处的树干上，并用火烧死了他们中的年轻男子和少女……

即便在圣战之时，阿苏尔那西尔帕也非常留心搜集奇花异木和寻找有专长的园丁。当他返回尼姆鲁德，举行相应庆典之后，他便开辟了一座巨大的纪念花园，从底格里斯（Tigris）河引水灌溉，对此非常引以为傲：

> 从行经的土地和翻越的山岭，我看见并收藏了雪松、柏

1　阿苏尔那西尔帕二世（Ashurnasirpal Ⅱ），新亚述帝国第三任国王，公元前884—前859年在位，上位后的他大肆征伐，残酷对待叛乱者，征服今叙利亚北部，返回后迁都卡尔户（Kalhu），即今伊拉克城市尼姆鲁德（Nimrūd）。公元前879年，他在新都建造的宫殿完工，墙上遍刻带有标准铭文的精美浮雕。公元前612年亚述沦陷后，宫殿荒芜，为草木掩埋近二千五百年，直至1845年被英国考古学家奥斯汀·莱亚德重新发现。大部分浮雕现藏于大英博物馆。

树、黄杨、多刺的雪松、香桃木、杜松、杏树、海枣、黑檀树、印度黄檀、橄榄树、罗望子、油松、橡树、坚果、榉树、冷杉、颠茄、卡尼斯的橡树、柳树、石榴、李树、梨树、椴梓、无花果树、葡萄树……（名单上其他无从确认的树名可能包括梨树、金合欢、杜鹃、映山红、蓖麻和乳香）

要在尼姆鲁德的炎热夏季维持这么大的植物园，需要最周详的筹划安排。这份史料上说，阿苏尔那西尔帕国王的子民创造了令人赏心悦目的丰饶园林，园林四处建有喷泉常保湿意，树木花草芳香四溢，阴凉常蔽。但它之所以繁盛迷人，关键还在于它所处相对于地面的高度——既足以容纳瀑布流泻，又能够形成一定坡度，成为便捷的灌溉通道，唯一的水源由此被分流，浇灌果园、葡萄园和花园其他部分。这样的花园势必也需要筑以高墙，使园内凉爽湿润的空气不致外逸，而是汇聚在园内的林间空地里。如此一来，在炎热平旷的伊拉克北部平原上，便出现了一座十分美丽怡人的景观。关于它，有一段最热烈而又最准确的文字：

> 在这快乐之园里，渠水从高处往下流经花园，一条条小径充满芬芳的气息，瀑布飞珠溅玉，水珠闪烁如天上星辰。一串串葡萄般的果子俨然给石榴树穿上了外衣，也为花园里愉悦的微风添加了香气。阿苏尔那西尔帕好像某个挨饿的人，在快乐之园里不停地积攒果实。

这座花园不仅营造成功，而且繁茂了很多年，里面的珍贵树木被阿苏尔那西尔帕用来装修宫殿。根据他的宫殿铭文，宫门使用了雪松、柏树、杜松、桑树、黄杨木、阿月浑子树和柽柳。园中许多花草都有特殊用途，可入药或制作香料，甚至包括神庙中使用的乳香。园中珍稀果实偶尔也会成为献给天神的供品。这座花园还被用于举行宗教仪式，有时临时搭起皇家游乐帐篷，国王在此处理政务。

关于亚述花园的更多史料证实，这些花园有着相同的规划。例如，亚述王西拿基立——他既是渎神的巴比伦破坏者，也是一位热心的园艺家——在尼尼微城墙外，把一片辽阔而未曾开垦的土地变成了狩猎场。在狩猎场内筑坝拦起一条河的支流，既防止一年一度的洪水，也灌溉了来自黎巴嫩的柏树林和来自印度的黄檀树林。在高墙之内，他建造了一座"像亚玛奴山[1]一样的花园"。亚玛奴崇山峻岭所哺育的广袤肥沃的谷地，位于阿勒颇（Aleppo）城外的阿米克湖畔，是亚述大军从尼尼微出发，跋涉300英里，穿越叙利亚沙漠来到地中海沿岸后，看到的第一片青葱田野和水泊风光。要在尼尼微干燥辽阔的平原上造出一座足以容纳整个皇家花园的假山，工程量相当可观。这一点都不奇怪，这座人造山脉沿袭了国王对花木种类的选择——"就像那些山岭上的花木一样"，遍种野生葡萄、橄榄树、棉花和从亚述帝国各处搜罗来的树木。

这几段描述里浮现出一个模式：花园围墙外是未经垦殖的土地和一条大河，引水入园后，它变成几条细流，传统上是四条。园中大部分花木来自异域，原本生长在较凉爽的气候里，在炎热的美索不达米亚平原上需要得到特殊照料。高墙、树荫和细心的灌溉使得这类花园免于枯焦，而凉爽湿润的氛围通常被描述成花园主要的怡人之处，但这就需要高压装置抽取充沛的水量，意味着相当多景观会采用堤坝的形式。很有可能，这就是尼布甲尼撒二世为其王后修

1　亚玛奴山（Mount Amanus），又名努尔山脉（Nur Mountains），位于土耳其南部，沿地中海东岸呈南北方向延伸。

5-6　亚述王西拿基立驾车穿行在尼尼微的花园里。选自莱亚德、尼尼微（1867）

建的"山峦"。

正如先前亚述人那样，尼布甲尼撒二世也在战争中搜罗异国花木和园丁。他的空中花园使用"石柱支撑极高的墙"，也必定有强大的灌溉系统在运转，使广阔炎热的平原上能生长需要水分的树木。正如史籍所述："一层层高耸的石头台地，远远望去好像山峦起伏，栽植着各种树木"——对异国植被的再次模仿，只"因为他的妻子在米底地区长大，渴望山林风景"。

这，就是空中花园真正的景色。我们不妨想象一下，一片陡峭的人造山坡，周围有高墙环绕，墙外是一座狩猎场，墙内到处是树木、果实和阴凉的地方。潺潺溪流倾泻而下，穿过斜坡上的果园，喷泉升起迷蒙清凉的水雾，带着芬芳的气息，萦绕着花园，直到被酷热的天气蒸发掉。

贝罗索斯用来形容空中花园的词汇，正是hanging paradise（空中天堂）这几个字眼。Paradise（天堂）这个词是波斯语，它的首次出现，是波斯居鲁士大帝从古老的高地——米底公主的故国挥兵出发，从尼布甲尼撒二世的王朝掳走亚述和巴比伦，创建了亚历山大也会希望拥有的庞大帝国。在古波斯语中，paradeisos意为狩猎场，即指栖息着供狩猎的野生动物的封闭区域，也即高墙外的保留地。不过，他们定居在那些平原古城之后，这个词也被用来形容城市旁边供游乐的正规园林，而贝罗索斯此处采用的便是这一词义。先知尼希米有言，天堂就是波斯国王的园林，《圣经》中《以斯帖记》一开头就栩栩如生地描绘了波斯国王和朝臣在苏萨[1]天堂里大开盛宴、纵酒享乐的情景。

> 在他统治的第三年……国王在皇宫的花园式庭院里，为住在苏萨都城里所有的民，不分高低贵贱，连续七天举办盛宴。那儿有用紫红色精美亚麻带子系在银环上的洁白帘幕和紫罗兰色幔帐，有浅黄色柱子，还有金银的床榻摆放在用孔雀石、条纹大理石、绿松石铺就的马赛克甬道上。用金器皿赐酒，器皿各有不同。国王的葡萄酒任意流淌，而只有尊贵如国王者才会这么做……

色诺芬[2]曾率雇佣军与某位波斯王子的军队作战。他是迄今所

1　苏萨（Susa），在《圣经》中译作书珊。伊朗古城，近东地区古代最重要的城市之一，位于底格里斯河以东250公里的下扎格罗斯山脉，苏萨遗址被联合国教科文组织列入世界遗产名录。

2　色诺芬（Xenophon，约公元前430—前355），古希腊历史学家、作家，生于雅典附近阿提卡城一个上流社会家庭，受过贵族教育，是苏格拉底的学生。公元前401年参加波斯帝国西部小亚细亚长官小居鲁士在希腊招募的雇佣军，深入波斯帝国腹地至巴比伦附近，小居鲁士阵亡。次年，色诺芬率这支雇佣军历经艰险，穿越大半个波斯帝国返回希腊本土。晚年所著《远征记》详尽地记述了这段经历，亚历山大大帝向波斯进军时将此书视为战地指南。色诺芬一生著述甚丰，主要作品还包括《希腊史》《回忆苏格拉底》《苏格拉底的辩护》《会饮篇》《居鲁士的教育》《雅典的收入》《经济论》等。

知第一位使用paradise一词的希腊人。而paradise这个词——香气氤氲的梦想，由此进入了欧洲。色诺芬讲述了一名老兵的故事：这位波斯王子继承了其伟大祖先的名字，也叫居鲁士，曾和斯巴达将军吕山德[1]一道漫步于萨第斯城的皇家花园。当年，这位波斯王子的祖先曾从吕底亚国王手中夺得萨第斯：

> 吕山德对这座天堂大感惊奇：树木如此美丽，彼此间隔均匀，横平竖直，从各种角度看都恰到好处。随着他们的走动，萦绕他们的芬芳气息也在变化。吕山德对此备感讶异，于是开口说道："居鲁士，这一切真是美得让我大吃一惊，但我更震撼于为你设计和安排每株树的人。"居鲁士对这一称赞十分喜悦，答道："是我设计和安排的这一切，吕山德，有些花木也是我栽种的。"吕山德望着居鲁士，看他穿着华美衣服，注意到他身上的香水味儿和佩戴的项链、脚镯和珠宝，说："你这话是什么意思？你当真亲手在这里种过树吗？"居鲁士回答道："这让你吃惊吗，吕山德？我凭太阳神起誓，只要没生病，我要么练武，要么干农活，努力进行些非常光荣的活动，不曾流汗我是不会坐下来吃晚饭的。"
>
> 色诺芬：《经济论》IV，21—24（约公元前362）

对希腊人来说，这段逸闻新奇之处在于：世界上最富有的君王却像一名普通奴隶那样劳动。另一方面，居鲁士王子想到让这位来自海边贫瘠之地、脑筋转得很快的雇佣军人出了洋相，必定也觉得

1　吕山德（Lysander），又译莱桑德，生年不详，斯巴达名将。有史料称他有贵族血统但幼年贫困，一说他为奴隶出身，公元前405年指挥斯巴达舰队击败雅典海军，在结束伯罗奔尼撒战争中发挥了关键作用，公元前395年战死。

快意。

"波斯的豪人，"可敬的托马斯·布朗爵士于1658年在英格兰诺里奇写道："传承了他们的园林奇观。'paradise'一词正是从他们那里来的。所罗门时代之前的《圣经》里没有这个词，它源自波斯。这个词用于那座众说纷纭的花园，在希伯来文中的意思不过是一块被围起来的田野。许多古人的生活对菜蔬瓜果几乎可望而不可即，所有传说都推崇居鲁士，把他当成杰出、勤劳的园艺家。根据色诺芬的描述，他那壮丽的花园位于萨第斯。"

许多世纪以来，色诺芬的军事传奇吸引着西方教师和士兵，而居鲁士的园林奇迹，承载着人们对神奇的东方花园的所有想象，从上古时代起就无声细雨般持久地渗透到西方的意象之中。在中世纪，受到灌溉并分成四个部分的伊甸园贯穿了《圣经》全书，甚至天堂里那些令人烦恼的苹果，连同那只被咬过的苹果，都能在开罗市郊一座教堂里看到。在文艺复兴时期，从前的古老神话再度被提起，当时人们从古希腊地理学家斯特拉博和古犹太史学家约瑟夫斯的著作中获得的七大奇迹情形，和现在相差无几，空中花园的梦幻深深地影响了当时最摩登的花园。实际上，古往今来，空中花园始终影响着后世。从巴比伦的伊甸到意大利，再从那里到整个现代世界，传输脉络直线相连。空中花园绵延的传说，是现代意象的富矿，或许就因这个缘故，在七大奇迹中，空中花园是最为人们熟知的奇迹。

在意大利中部的巴尼亚亚（Bagnaia），有座高墙围绕、美轮美奂的朗特花园（Villa Lante），最早是为维泰博（Viterbo）地区的主教们建造的。它挨着一家大狩猎场，一道宏伟的高架渠把水流沿坡送上俯瞰花园的山顶，从山顶分成多道单独的细流。1573年，花园一侧筑起了一道高墙，大部分水流转从陡坡上倾泻而下。这座花园由维尼奥拉[1]设计，为了红衣主教吉奥瓦·弗朗西斯科·甘巴拉（Giovan Francesco Gambara）建造，园内两栋别墅相互独立，其形式特意详细参考了古典著述和《圣经》，严格遵循世界上最古老花园的样式。充满古典意象的喷泉和雕塑象征着第一个黄金时代——人类堕落前的纯真年代，那时人类已发明葡萄酒，以橡实为生，树上一年四季结着果子。第一个黄金时代结束时洪水泛滥，在巴尼亚亚则有"大洪水喷泉"（Fountain of the Deluge）俯瞰着规整的园林，高架渠水自此分流。花园墙外一派大自然风光，墙内一块块台地上整齐地种着成行成列的树木，树上果实受到精心照料。在这里，红衣主教的葡萄酒浸在天堂的流水里保持凉意，小溪在狭长的石堤水道中潺潺流淌，水声悦耳。这是和东方本身一样古老的设计，只不过泛滥的河水没有流入底格里斯河和幼发拉底河，而是流入了分别由一尊留着胡须的石头神像守护、象征台伯河和阿尔诺（Arno）河的两条溪流，在红衣主教设计的石头龙虾间荡漾。更多的神祇石像——花神弗洛拉和果树女神波蒙娜，守护着被这些充满象征意味的溪流所哺育的土地。神像和奇花异果表明红衣主教的餐桌有多么丰盛，这一切当然也表明设计者博学多识，对葡萄和玫瑰栽培尤其精通。在位于花园中央的池塘里，有一座圆形小岛，被四条小径等分成四个部分，源于一位古文物学家重构的古罗马鸟类饲养场资料。四条小径象征天堂里的溪流，主导和规划着花园。在这一切背后，高高的天然山坡之上，越过红衣主教的两座宫殿，大树荫凉处便是大洪水喷泉发源的山峦。这座花园的设计与尼布甲尼撒二世为山间长大的王后修建的空中

1　维尼奥拉（Giacomo Barozzi da Vignola，1507—1573），意大利文艺复兴时期著名矫饰主义建筑师。他曾与米开朗基罗一起工作，深受后者影响。1566年起设计建造朗特花园。

花园十分相似。倘若你在红衣主教大人面前引用以下文绉绉而又意味深长的语句，他会有多么高兴啊！

> 倘若要我在整个意大利或者我亲眼见识过的世界里，在富于自然美的景观里挑选一个最可爱的地方，我就会说出巴尼亚亚朗特花园的名字。

萨谢弗雷尔·谢特威尔[1]，1949年

朗特花园很快就成为人们理想中的人间天堂，其影响迅速遍及整个欧洲。天堂——古老东方最强大的意象，传到了意大利。就像古希腊的一切经由古罗马传播那样，天堂的意象最初是通过色诺芬笔下的居鲁士和吕山德传播开来的。当时，在征服马其顿、攻陷科林斯之后，罗马充斥着奴隶和交际花，享受着希腊化的美食、花卉和水果。虽然考古学家从未发现过空中花园和伊甸园的溪流，虽然世易时移，巴比伦城已毁，但空中花园的幻景犹存，其高墙环绕、芳香四溢、处处阴凉、遍栽树木和小溪跌宕的意象，千真万确便是天堂的根源。

四　学院与橄榄树林

亚历山大大帝的祖先曾经是追逐水草的牧羊人，生活在马其顿中部的肥沃平原上，终日挤奶捕鱼。传说中有位国王和王后过着简朴的生活，王后烘烤，国王和扈从一起照料羊群。阿波罗的一道神

1　谢特威尔（Sacheverell Reresby Sitwell，1897—1988），英国作家、艺术和音乐评论家、诗人，贵族出身，喜爱旅行和写作。

谕告诉他们，去到"你看见一群头上角闪闪发亮的雪白山羊斜倚着睡觉的地方"创立马其顿的都城。他们依此而行，那就是亚历山大出征亚洲前埋葬他那遭谋杀父亲的城市，名叫埃盖（Aegeae），在希腊文中意为"山羊镇"或山羊的咩咩叫声。亚历山大不仅继承了有丰富作战经验的强大军队，而且和南部的希腊城邦不同，他还继承了王位世袭观念和深具影响力的宗族体系，以此凝聚军心，并对军队进行分层管理。

相形之下，在孕育大型城邦的希腊南部沿海地带，大部分乡村是贫瘠的农田，降雨时有时无，小地方还各有各的天气变化。山坡多石，开垦哪一面山坡需要仔细考虑；土层又很薄，劳作便非常辛苦。在石头嶙峋的山谷，种庄稼之前还往往必须先把山坡开垦成一块块梯田。这种土壤和中东肥沃冲积平原上的世袭大地产完全是两码事，也无力维持日后罗马时代的大规模奴隶农场。古典希腊——亚历山大之父征服的希腊，主要由靠小农场支撑的城邦组成。这些小农场出产当时还相当新奇的橄榄油、小麦和葡萄酒，而这三样标志性的东西也是这片贫瘠之地的主要盛产之物。在城市里，小麦、奴隶和钱币是基本日用品，供养着一个勤劳、节俭的民族。训练雅典城邦官员的柏拉图学院起初便是城郊的一片橄榄树林，后来又增添了一个体育场和一片高大的悬铃木（法国梧桐）树林，供学者和学生漫步聊天。正是在这样的环境里，产生了许多对现代世界影响深远的哲学对话。这也是希腊人的花园。

有人说，在亚历山大时代，有三种主要力量在推动着社会发展，日后又刺激了现代世界的发轫。这三种力量：一是货币的发明，二是真正的字母文字的应用，三是国际贸易复兴。尽管传播它们的"催化剂"——亚历山大大帝是名西方人，但以上三种力量都

第五章　空中花园

创始于东方。亚历山大征服了古代世界，殖民了其中部分地区。从金锭到佛教，每一样"东方制造"向地中海地区的传播，他本人都因此成为桥梁。

这七大奇迹正是在富于进攻性的新西方首次看向其东方邻居的时代产生的。在这个时代，西方四下劫掠，详加清点，把外族命名为野蛮人。西方人这时有了评估世界的意识，编纂七大奇迹名单就是其中一部分。名单编纂之时，用嘲弄和厌恶的眼光看待东方的态度已经影响到希腊化城市。传说中东方伟大的统治者——埃及法老塞索斯特里斯[1]、波斯大帝居鲁士、亚述国王尼努斯和巴比伦国王尼布甲尼撒二世都被描绘成爱喷香水的虚弱的暴君。在西方的这种反应之下，隐藏着它对疾风骤雨般新的野蛮人秩序的恐惧和嫉妒。而这种野蛮人的秩序，是吸纳世界最古老的文明所建立的。不管怎样，深入东方之后，亚历山大及其麾下大将再度发现——或者用"感受"这个词更恰当——东西方拥有共同的遗产、共同的渊源。从使用的语言到膜拜的神祇乃至治病的药草，每样东西都和他们穿越的古老天地一脉相承。在异国情调的外表下，每样东西都奇异地相似。难怪亚历山大轻而易举就接受了中东君主制的观念、作派、仪典乃至宫廷语言，那些东西仿佛被放大好几倍的童年印象的回声。他回到了家。

Paradise这个来自波斯语的词汇，便是西方对东方最初的憧憬之一。为了寻找"天堂"以及住在里面一身香气的富有君主，亚历

1　疑指塞索斯特里斯三世（Senusret Ⅲ，公元前1878或1862—前1843），旧译色苏斯特里。古埃及第十二王朝第五位国王，也是古埃及中王国时期的著名君王之一。他在位期间，曾四次远征努比亚地区，对巴勒斯坦地区发动过小规模的远征。据称他把权力从地方世袭贵族集中到中央政府手中，规定埃及各种工匠技艺都须世代相传，铁匠之子永世为铁匠，石匠之子永世为石匠。他还规定，战士和工农不同级。这一规定后来被写入古希腊城邦斯巴达的法律制度之中。

　世界七大奇迹：西方现代意象的流变

山大挥兵从阿富汗一直打到印度。在亚历山大新建的宫廷有大量军官和随军商贩，与古老而先进的东方文化接触，改变了这些西方人对自然的传统观念。在开疆辟土创建广袤帝国的过程中，亚历山大曾经步入许多这样的天堂，包括已有两百年历史的尼布甲尼撒的巴比伦花园、撒马尔罕狩猎场，可能还有亚洲腹地和更远的印度业已湮没的园林。在被征服王国的心脏地带波斯，他游览过苏萨和波斯波利斯[1]两座城市里的皇家花园，也到过波斯波利斯附近帕萨加迪（Parsagadae）的亭阁，那里精美的石头坟墓里，长眠着居鲁士大帝[2]。

坐落在帕萨加迪平原上的居鲁士大帝花园宫殿，连同其水道和生长过灌木的坑，据称是现存最古老的东方花园。在这片地势低平、水源充足的谷地，国王种下了石榴、山樱桃、玫瑰、鸢尾花和百合，还有一些这片北方高地出产的最美的花和树。灌溉花园的水道两边用经过仔细切割的石头砌成，流经整个花园后水面只下降不到1英寸。这种种规划和布置，从萨第斯掳来的希腊石匠建造的石亭、花园小径和石桥，一级级美丽的花坛和台地，都属于彻头彻尾的波斯风格，属于另一种更优雅的园艺传统——我们曾经在16世纪波斯和印度的花园领略过的传统。Paradise一词肇始于此，不难理解居鲁士大帝为何选择葬在这座花园宫殿旁，长眠

1　波斯波利斯（Persepolis），波斯帝国阿契美尼德王朝的仪典之都，位于今伊朗法尔斯省设拉子市东北60公里处，遗址最早可追溯到公元前515年，体现了阿契美尼德王朝建筑风格，1979年被联合国教科文组织列入世界遗产名录。

2　居鲁士大帝（Cyrus the Great，约公元前600/前576—前530），即居鲁士二世，一些中文本《圣经》译为古列或塞鲁士。他是波斯帝国的创建者、阿契美尼德王朝第一位国王（前549—前529年在位）。他率军征服了米底王国、吕底亚王国、新巴比伦王国，又曾领导到中亚的远征。在他治下，波斯帝国疆域前所未有的广阔。公元前530年，他在沿锡尔河攻打马萨格泰的战役中死亡。

在花草树木之间。

亚历山大亲临帕萨加迪拜谒居鲁士大帝墓之前，纵兵抢劫了波斯帝国塞满金条银块的庞大宝库，从那里掠走了世间有过的最大一笔财富，投入积极进取的东地中海经济。接踵而来的是更多即时可取的财富：糖、棉、桃树、樱桃树和杏树，这些使地中海盆地拥有了更新、更富的农业，更好的磨坊和专业磨坊工人，高压榨取橄榄的技术，对农作物轮番耕种所需更精湛的把握，铁铧、牛拉水车，还有骆驼、天鹅绒、丝绸和缎子……所有这一切，都是一个悠久精深的文明遭受劫掠的碎片。

与园艺和黄金一同被带出波斯的，还有各种深奥美妙的智慧，包括天文学、炼金术以及挂毯编织工艺。据说挂毯上的东方花园五彩纷呈，就是炼金术士从巴比伦学来的。随后，对芬芳花园的梦想

5-7　阿苏尔那西尔帕国王在尼尼微皇家花园凉亭里，作于约公元前650年，选自《伦敦新闻画报》（1855年11月3日）

往东被带到印度，带到夏利玛[1]和安伯[2]，带到克什米尔和斯利那加，带到比亚历山大大帝所经尘土飞扬的道路更远的地方，以及其他更迢遥的帝国宫廷。

1　夏利玛（Shalimar），疑指今巴基斯坦拉合尔省的夏利玛花园，建于1641年，被联合国教科文组织列入世界遗产名录。印度莫卧儿帝国时期多座皇家园林均称夏利玛花园或莫卧儿花园，散布于德里、斯利那加、查谟和克什米尔等地。
2　安伯（Amber），位于印度境内，印度前拉贾斯坦土邦王在此建有避暑行宫"安伯宫"，又称琥珀宫。另印度、印控克什米尔和孟加拉国均有地方名为斯利那加（Srinagar），伊朗礼萨呼罗珊省有城市名为夏利玛。

第六章

以弗所阿耳忒弥斯神庙

一 发掘以弗所

以弗所的阿耳忒弥斯神庙是众神唯一的居所。无论何人注视它都会相信身处之地已然改变——那不朽的天国被安放到了人间，原因是试图跻身天国的埃罗俄斯[1]的巨人儿子们从群山中创造了山，他们建造的不是一座神庙，而是奥林匹斯山。

菲洛：6，1（约公元前225）

希腊艺术和亚洲财富共同创建了一座神圣而壮丽的建筑。它由127根爱奥尼亚式大理石柱支撑。这些柱子每根高60英尺，都是

---

1 埃罗俄斯（Aloeus），古希腊神话传说中海神波塞冬之子，巨人双胞胎阿洛伊代（Aloadae）之父。这对双胞胎曾与众神作战，俘虏战神阿瑞斯，并将他装在一个袋子里。

君主虔敬的馈赠。祭坛上装饰着希腊大师普莱克西泰勒斯创作的雕像。其后的波斯帝国、马其顿帝国和罗马帝国都崇敬它的圣洁，为它增光添彩。可是，波罗的海人野蛮凶暴，毫无观赏优雅艺术的品位，蔑视外来信仰中那些虚幻的恐怖观念。

爱德华·吉本：《罗马帝国衰亡史》(约1776)

在古典时代终结之际，那些伟大的希腊化城邦多数都陷入孤立无援的境地，财源和人口双双枯竭。经济地位和政治力量的剧烈变化，加上各种天灾人祸，使它们先是元气大伤，最终彻底湮没无闻。这其中就有女神阿耳忒弥斯的城市以弗所。在一千多年时间里，她的神庙——古典世界里最著名的圣殿，从人们的视野中彻底消失了。

尽管如此，它的倩影始终未曾磨灭。在英国历史学家吉本生活的年代，上千年来无人见过阿耳忒弥斯神庙的一石一木，但他依然满怀热情地描述这座异教圣殿，仿佛在追忆一个做了很久的梦——欧洲人对古典时代的梦。在吉本等欧洲学者看来，古典时代的结局乃是人类历史上道德发生作用的证明，而阿耳忒弥斯神庙超越其他所有古典建筑，成为另一座伊甸园——失落的古典时代天堂。随着工业化的快速发展和财富的不断增长，西欧热望着能够重新进入和拥有这样的天堂。缘此，阿耳忒弥斯神庙成为欧洲人及其政府在古典时代的东方寻觅和发掘的第一个古迹，时间甚至比德国业余考古学家亨利希·施利曼发掘特洛伊和迈锡尼更早。不仅如此，对阿耳忒弥斯神庙的发掘立刻引起欧洲传统学术界和公众对考古学的关注。事实上，阿耳忒弥斯神庙重见天日不久，施利曼就来到以弗所，站在历经沧桑的神庙大理石台阶上，询问神庙发现者如何从土耳其帝国政府那里获得发掘特洛伊的许可。

寻找阿耳忒弥斯神庙的人是一位英国建筑师，名叫约翰·特特尔·伍德[1]，当时正为建造土耳其西南部第一条铁路的士麦那暨艾登[2]铁路公司工作。这是一名摩登男子，之前刚在伦敦市中心搞过一个时髦的建筑项目，但干得马马虎虎。他不是什么了不起的考古学家（当时其实没有那样的人），也谈不上有组织能力或者头脑清楚，但他对寻找阿耳忒弥斯神庙有着无穷无尽的决心和热情，还非常友善、慷慨。对这么一桩耗心劳力的事业，他或许不像是能够成功的人，但他同时还是当时世界上最强盛国家的一员，这个国家既有帮助这些梦想家的雄厚财力，又能因他们的热情和发现而惊喜振奋，并为他们的进一步探索提供资金。

伍德的土耳其探险之旅始于1858年。在头五年时间里，他住在士麦那，那里是土耳其西岸的中心，故老相传是荷马的故乡。在伍德的年代，它依然是土耳其希腊族人的生活中心。这五年里，伍德跑遍了士麦那附近富饶的乡村，这段工作和旅行经历从此改变了他的生活。1863年，46岁的伍德与大英博物馆信托部达成协议，后者为他从事发掘工作弄到必要的许可，并将拥有他所发现的文物。伍德于是辞去全职工作，完全靠自己的积蓄开始在以弗所进行发掘，寻找那座伟大的神庙。

从哪里着手？简直茫无头绪。这座古城实际上已荒无人烟，荆

1　约翰·特特尔·伍德（John Turtle Wood, 1821—1890），英国建筑师、工程师和考古学家。生于伦敦哈克尼，1858年为土耳其士麦那和艾登铁路设计火车站，1863年辞职并开始寻找阿耳忒弥斯神庙，1874年当选英国皇家建筑师学会会员，次年当选为文物学会会员。为了表彰他的发现，英国政府每年向他颁发200英镑养老金。

2　士麦那（Smyrna），即今土耳其西部港市伊兹密尔（Izmir），濒临爱琴海伊兹密尔湾，古希腊重要殖民城市和小亚细亚主要城市之一，15世纪中后期被奥斯曼土耳其帝国占领，"一战"中被希腊占领，1922年被土耳其收复。目前是土耳其第三大城市、第二大港口、伊兹密尔省首府。艾登（Aydin），土耳其一省份和城市名。

棘丛生的废墟连阡接陌。伍德的发掘名气响亮后，才开始有游轮把一队队游客载到附近渔港，让他们前来寻古。在此之前，光顾以弗所的只有牧羊人和零星旅人。这些旅行者中，较富裕的可能在塞尔柱小镇歇脚。小镇像串珠子撒落在一座风景如画的要塞旁边，要塞镇守着一片沿海平原的陆上门户，古城以弗所便坐落在这片平原上。虽然铁路慢慢带来些繁荣，但这一地区依旧荒无人烟，瘴疫肆虐，难于通行，直到"二战"后铺上路面坚硬的公路，情况才发生改变。在伍德的时代，那里只是强盗横行的乡村，有几个可爱的定居村落，连绵山丘呈半圆形环抱着它们，风景很美。阿耳忒弥斯神庙古代遗址连残砖碎瓦都看不到。

那么，如何才能找到神庙？过去从未有人尝试过，伍德只能靠自己摸索。他唯一的资料来源是那些当时已经闻名遐迩、英格兰每所中学都会教给学生的古典作家著述。可是一涉及神庙位置，古籍记载便矛盾百出。因此伍德先把所有古籍都细细过滤一遍，筛出他觉得可能相对更靠谱的一些史料，然后在那些不断有古建筑遗物和雕像出土、令他浮想联翩的地方开始挖掘。他指挥工人挖掘的古城遗址地形，与古籍对当年那个生龙活虎的城市的形容，肯定存在某种联系，而他首先必须找到这种联系。在伍德想来，这将使他最终发现五百多年来传说中一直被誉为古代最伟大圣洁之奇迹的神庙。

伍德持续发掘了二十多年，但并没有什么计划性，对挖掘工作的记述也杂乱无章，著作中重复累赘之处甚多，令人生厌，又往往含糊不清，打乱了事件发生的时间顺序。然而，一旦弄清始末经过，便会令人感到他的故事恐怕是早期考古史上最伟大的传奇。这个传奇里既有趣闻逸事，又有实地考察；既是坚毅勇敢的奇异冒险，又是日复一日的生活体验。这一切，把伍德慢慢锤炼成一名专家，使他得以缩小搜寻范围，最终发掘出伟大的阿耳忒弥斯神庙，使这一古老奇迹获得新生。

一到以弗所，把城外各个方向的地面情况研究一番，我发现在以弗所至海洋之间的平原上，有一长条地带比平原总体上高出几英尺。在这条地带的西端，地形开阔，和别的地方相比，最有可能是神庙所在地。假如那里有过建筑，那么从城中几乎任何一栋房屋望去，它一定会是最引人注目和最美丽的。从海上或者城郊望去也是如此。在这里，我流连徘徊，四下张望，徒劳地寻找能够带来希望的土丘，但一无所获。我于是在自己看到的最高处试挖了几个洞，同时又试挖了几道交叉的壕沟。但除了某些建筑和坟墓的地基，还有罗马和拜占庭建筑薄薄的砖墙，我还是双手空空。

我只有五名土耳其工人，他们是我第一天到阿亚苏鲁克（Ayasuluk）[塞尔柱（Seljuk）]时在车站碰到的，当时他们刚被铁路公司解雇，没有工作。我马上就雇下他们。他们扛着锄头、铁锹，带上够吃一天的面包和水，跟着我越过以弗所城废

6-1　伍德展示的以弗所古币，其上绘有
神庙中的阿耳忒弥斯。选自伍德（1877）

墟，来到这片开阔的平原上。土耳其人以非常严肃稳重著称，这些工人总的说来也是如此，不过他们当中有一位喜欢插科打诨，搞得其他人老是轰然大笑。直到我们到了地方，我下令开始工作，他们才止住了笑声。

因为一桩意外，不仅发掘工作严重受阻，整个9月我都没能到以弗所一游。我是为着学术的缘故遭遇这桩意外的。离开伦敦前，我曾答应过大英博物馆的伯奇先生设法复制一块塞索斯特里斯的浅浮雕，这块浅浮雕刻在尼夫（Nif）[今土耳其肯马帕沙（Kemalpaşa）]一块白色大理石的垂直表面上。夜里独自返回时，我迷了路，连人带马跌进一条干沟里，锁骨摔断，别的地方也受了伤……

发掘工作遭遇种种阻碍。5月份工人们开始干活，而那时酷暑季节就开始了，我随后了解到，这段时间发掘工作必须暂停。我开始发掘的地点距离阿亚苏鲁克村超过3英里，工人们不得不带上一天的口粮步行到那里。他们当时同住在一顶帐篷里，那是驻士麦那的土耳其军队好心提供的。

我当时在以弗所没有房子，独自住在离士麦那几英里远一个村庄的客栈里，每天得步行1.5英里去搭早上6点钟从士麦那发出的火车到天堂火车站。从士麦那到阿亚苏鲁克有50英里路，要花掉我将近三个半小时……而从火车抵达阿亚苏鲁克到它下午返回，只有六个半小时。在这六个半小时里，我要从工人挖掘的地方走去走回，要考察整个平原，研究地表状况，还要指挥和监督工人。工人吃饭时、对他们慢吞吞的动作感到不耐烦时、觉得他们的工作方式太笨拙时，还有其他一些时候，我常得自己挽起袖子干活。不仅如此，我还得做记录和进行测量，为出土的每样东西绘图。然后我便得坐上返程火车，再步行回客栈。有时，辛苦一天的成果弄得我过于兴奋，几乎得一路狂奔去赶火车。我每天要工作14—15个小时。

我最多只雇得起18或20名工人，超过这个数字就负担不起了。发掘工作因此进展十分缓慢。等我相当满意地确定不可能在古城到大海之间的地带发现神庙遗址时，已经耗掉五个多月时间。我又转移到离古城更近的地方，甚至还尝试过挖掘以弗所港北边一个大土墩，以及城市北面一块面积可观的地带。

刚开始挖掘时，我习惯在原野里四下漫游，寻找土墩或关于神庙位置的其他线索。在这个过程中，我遇到各式各样的人，他们往往外表都不讨人喜欢。

一天，一位身材高大、目光诚挚的希腊人追上我，热切地问我是否愿意到某些地方去挖掘看看，他会指给我看这些地方，如果我允许的话，也可以由他来挖。他说，他做过几个梦，梦见地下很深很深的地方埋藏着财宝。在这些梦里，他还清楚地看见某些地下走廊，一直通向藏着财宝的密室门口。我没有听信他的故事，但多少也希望他能碰巧挖到某些建筑的墙垣或者发现些有意思的碑铭。于是，我迎合这个梦想家的愿望，答应他可以受到我拥有的土耳其皇帝敕令保护，在以弗所的废墟进行任何发掘，条件是他的发掘必须受我指挥或经过我许可，虽然我不给他任何费用。谈妥之后，他便雇了几个人开始工作，在塞拉佩翁（Serapeion）周围和城中其他地方试挖了一些浅洞，结果只表明他的梦并没有清楚告诉他财富在哪儿。

在大体育馆前的集会广场挖掘时，我发现了一座大厅，四壁用砖砌成，有大理石矮柱和放置雕像用的壁龛，壁龛每边饰有图案。在废墟里，还发现了阿芙洛狄忒和赫耳墨斯的小型大理石雕像。正是在雇用工人清理大厅的时候，我第一次警觉到自己需要比以前更小心。过去，我每试打一个洞，总习惯于毫不迟疑地钻进去。但有一天，在走进这个特别的发掘地点时，我迟疑了一下。就在这时，只听一声巨响，整座大厅轰然倒塌。原来，大厅的部分拱顶是用大块砖头砌成的。从那天起，为我自己，也为手下的工人，我对怎么挖试验洞更加小心了。在城外的探索过程中，我发现整个以弗所平原在过去的15个世纪里，因为泥沙淤积，平均增高了12英尺。

到1863年底，我已经挖了75个深洞和其他许多试验洞，还在土丘上挖了许多条很长的壕沟，那是需要不停地挖掘的。茫然困惑之中，我想起多年前在威尼斯一座教堂，看见教堂正面装饰着带基座的壁柱[1]，如果没记错的话，基座上刻有塞浦路斯、罗得岛和另外两个城市的地图。这使我想到，尽管在以弗所城内所有公共建筑废墟里，可能都找不到类似的浅浮雕，却有机会发现一些乱涂乱刻的东西，它们即便没说明神庙的确切位置，也可能会指出神庙在哪个方向。

大剧院、用来表演音乐和诗歌节目的圆形小剧场，或者轻音乐剧院，看来最有可能发现这样的线索，尤其是最有可能发现雕塑和碑铭，这将鼓舞大英博物馆信托人委托进行必要的进一步发掘。于是我向大英博物馆提出申请，最初只申请了一笔100英镑的小款子，作为发掘大剧院的启动资金。大英博物馆信托人投票同意发放这笔款项，但要求用于发掘圆形小剧场，而不是大剧院。

1864年3月中旬，我开始发掘圆形小剧场，在资金允许的限度内雇了一批工人，并雇用希腊人斯派罗当工头，在我不在

---

1 又称半露柱，是有柱顶和底座的长方形柱子，一般作为装饰置入墙内。

时监督工人工作。当时，我在士麦那开业当建筑师，因此不能每天都到以弗所去。为便于这个工头执行我的指示，我根据手中资料绘制了一幅圆形小剧场的地图，使他在我不在的情况下指挥发掘能够不那么吃力，但发掘现场出土的许多小物件，恐怕当时就被工头和工人侵吞了。

发掘圆形小剧场期间，我没有中断研究城市的地表情况，继续寻找神庙。时不时地，我还派一两名工人去挖掘任何引起我注意的土丘。

这一年，士麦那暨艾登铁路公司设立了火车头等舱，旅程舒服多了，但从士麦那到阿亚苏鲁克恰好50英里的路程，仍然要花整整3个小时。在士麦那和阿亚苏鲁克之间，火车要停靠10站。

有时，度假期间，成群结队的希腊人从克尔肯吉（Kirkenjee）来参观废墟，了解这里的情况。这些旅游团主要由妇女和小孩组成，有一两名老人带队。有时也有一位可能和其中某名女郎订了婚的年轻绅士陪伴他们。这些女性举手投足毫不造作，优雅闲逸，十分引人注目。她们的服装色彩缤纷，鲜艳美丽，孩子们普遍身体健壮，长得十分漂亮。

1865年4月，阿瑟王子殿下在埃尔芬斯通（Elphinstone）少校［如今是上校霍华德爵士（Colonel Sir Howard）］陪同下参观了以弗所遗迹。我随后有幸加入殿下的扈从，陪同殿下乘游轮前往米蒂利尼（Mytilene）、帕加马和阿索斯（Assos）。在阿索斯，土耳其人移走剧院里的大理石座位，把它们运到伊斯坦布尔，那儿正在修建一座大型宫殿。返回士麦那途中，我荣幸地受邀陪同阿瑟王子殿下乘坐另一艘渡轮去阿索斯，再从那儿前往阿陀斯山，但因我妻子支气管炎发作，病情危重，我被恩准不接受这一邀请。

从6月到8月，发掘工作几乎完全停顿下来。工头和工人都觉得天气太热，无法在太多的光和热反射的大理石间干活。虽然也有几个人可能愿意在高温下工作，但他们索要一天15比索的报酬，而他们平常一天工资只有10比索。

在中断发掘工作这段时间里，我把所有能找到的铭文都复制下来拓在纸上，但从海上刮来的大风总是吹起蒙在大理石上的纸，使得拓片很难清晰。这可能得怪我全面开始这部分工作时，正值海上风力由弱转强之时。到8月底，我雇了一位新工头，名叫约瑟夫，是名天主教徒。我又雇了一批新工人，恢复了在圆形小剧场的挖掘工作。与此同时，我分派一两名工人去挖掘覆盖大剧院舞台前部的大土丘。

工人们全都在大剧院前工作，我独自走进大剧院，想对舞台前部做些测量，但马上闻到一股恶臭，我想是动物尸体腐烂后的气味。我不得不丢下没有做完的工作离开，但当时没有和任何人说起。那天晚上，工头维塔莱斯到我房间来，一脸庄重又神秘的表情，问我是否闻到大剧院里"有股可怕的气味"，又可曾看见什么。我回答说我闻到了，但什么都没有看见。他说："那儿有一个死人，先生！"……原来，有个名叫奥斯曼的土耳其工人——我总共雇了70名工人，他是其中唯一一个经常祷告的，早上告诉工头说，在上星期二（四天前），他帮着另外几个土耳其工人把一具死尸埋在了大剧院里。这几个工人还威胁说，哪个希腊工人告诉我或者报官，就要杀死他。

工头刚听说此事时，很怕告诉我。他说，那是因为他敢肯定，调查这件事会给我带来危险。我命令他第二天早上带上六名工人，做好准备把那具死尸挖出送殓。天亮后，警察点燃带来的火把，和工人们一起把那个遭谋杀的人的尸体挖了出来。这不是件容易的工作，因为尸体被埋到五六英尺深的地方，上面还堆了大石块。我们花了整整两个小时，挖出来的时候，整具尸体已经腐烂得不成样子。他是如何被谋杀的始终扑朔迷离。

1866年2月，我从大英博物馆获得必需的预付款，开始郑重其事地发掘大剧院，它是小亚细亚地区最大的古代剧院之一。根据我的测算，这座大剧院拥有容纳24500名观众的座位。它建于科里索斯山（Mount Coressus）的西坡，从上层座位能够望见一抹蔚蓝的海景。大剧院的直径为495英尺，和古籍中描述的绝大多数此类剧院一样呈马蹄形。舞台或称讲坛差不多有22英尺宽。观众席的外墙北侧有一道大型拱门，是罗马奥古斯都时代的遗物。舞台前部分为两层，几乎完全用白色大理石建造，饰以花岗岩柱，柱体的上横梁使用精美的白色大理石，图案繁复。这些柱子和柱顶的上横梁全都倒塌在舞台上，从来没被挪动过。我需要清理出部分舞台以测量整个舞台的宽度，所以移开了许多大理石块。接着我又把剩下的大理石翻过来仔细检查，拓下所有铭文，运走值得送往英格兰的雕塑。

更大的奖赏在等着我：我发现大剧院入口处的整面东墙上，镌刻着一系列敕令，主要内容是说经投票决定，把一些金银塑像——每尊重3—7波特罗德（potrod）不等，献给女神阿耳忒弥斯，并命令由某位名叫凯厄斯·维比乌斯·萨卢泰瑞斯的罗马富翁把它们放在女神的圣殿里。5月25日即女神生日时，人们聚集在大剧院里，神庙祭司抬着这些金银塑像，在旗手和卫兵簇拥下从神庙游行到剧院。城中年轻男子在"马克内西亚门"和游行队伍会合，一起把塑像抬到剧院里。集会结束后，这些塑像或雕像又以同样的游行顺序被抬回神庙，目的显然是为了在城里完整兜一圈，让全城居民都能看见这些塑像。

这段铭文给我提供了线索，也更坚定了我早已形成的决心，那就是寻找一两座古城门，发掘从那里通向四面八方的道路，选择其中磨损最厉害的一条，那可能就是通向阿耳忒弥斯神庙的路。在得到大英博物馆同意后，我动用部分拨款继续寻找神庙，雇了大约20名工人在东城外挖了几个试验洞。到年底，我成功发现了"马克内西亚门"（Magnesian）——大剧院的长篇铭文所提到的两座城门之一。

发现"马克内西亚门"后，我找到三个出入口，一个供步行者使用，另外两个供战车和拉货的车出入。我把能从大剧院节省的人力全部调集到这里，清理出一大块空地，以探明路从哪边延伸过来。我不得不清理到"马克内西亚门"外140英尺远的地方，才到达岔路口，其中一条路绕过科里索斯山通往阿亚苏鲁克，另一条路通往"以弗所关口"，然后继续延伸通向小亚细亚古城、米安德的马克内西亚。城门的名字便源自后一条路。

我很快就确定在这两条道路中，哪一条最可能通向神庙，那就是通往阿亚苏鲁克的路，它宽35英尺，铺着巨大的大理石和石灰石，上面磨出四道明显的车辙痕迹，表明常有战车和其他车辆往返。另一方面，通往马克内西亚的路几乎看不出什么磨损痕迹，车辙痕迹几不可辨。发掘出通往阿亚苏鲁克的道路后，我首先发现了几具体积颇大的大理石棺，上面刻有死者的名字，但都没有什么特别令人感兴趣的地方。一名英国工头不时告诉我这些发现。他用相当兴奋的口气说："他们发现了另一具石棺，先生！"

从"马克内西亚门"望向我选择的最可能通向神庙的道路，600英尺内我看不到任何可能是神庙位置的地方，而这段距离看来是柱廊的长度，或者正是斐洛斯特拉图斯[1]描述的连接神庙和城市的达弥盎柱廊（Portico of Damianus）。我最终决定先把这个问题以及柱廊的确切长度抛在一边，尽我一切力量和手头资金，赶在酷暑来临前清理出更多更长的路段。我于是沿着道路外侧，即靠山的一侧进行挖掘，寻找一条通往广阔平原的岔路，我相信神庙必然会建在那样一个所在。到经费用光时，我已经用这种方式挖出了500码远。在离城门这个距离，我发现了柱廊的石礅，那一定是达弥盎柱廊。我现在可以肯定，这条柱廊非常之长，斐洛斯特拉图斯提到的600英尺石头长廊比柱廊其他部分更富于装饰性。重重迷雾开始散去，困难终于开始退却。

但首先一个担心是没钱继续挖下去，这使我当时一直心情焦灼。悲观的时候，我有时希望来一场大地震，让大地裂开，暴露出它的秘密。但如果真有这么一场地震，我也就失去发现神庙的光荣了。我在英格兰逗留期间，大英博物馆理事会决定继续挖掘工作，快到10月底时，我妻子陪我一起返回了士麦那。

我一到以弗所就找了几名工人，立刻投入工作，从5月份中断之处开始，继续发掘通向阿亚苏鲁克的道路。直到我离开以弗所时，那些壕沟都没有被填上，也没有人要求把它们填上。从"马克内西亚门"沿路挖掘的平均深度大约为12英尺，

---

[1] 斐洛斯特拉图斯（Philostratus，约170—247/250），罗马帝国时期的希腊智者派（sophist，又译诡辩派）学者，在雅典学习，后定居罗马，在那里被称为"雅典人"。

道路两边是各式各样的坟墓，但主要是3世纪至5世纪的白色大理石石棺。由于这些坟墓和石棺沿着大道排得密密麻麻，我在道路外侧打通了一条壕沟，同时一直循路前进，我想那条路必然通向神庙。

对失败的恐惧现在经常令我痛苦万分。四下望去，以弗所舒缓平展的原野朝着大海方向连绵倾斜，其间没有任何凸起的丘陵，也没有土墩指引阿耳忒弥斯神庙这样的建筑遗址。不管怎样，我继续发掘着道路，但不像过去那么频繁地打洞了。我很快又向前挖开了600英尺路，这把我几乎带到一条古道的对面，那是一条骑马专用道。

现在出现了一个巨大而又显然无法克服的困难：以弗所坐落的整个平原那年都种上了大麦，我们挖掘时是4月份，大麦长得几乎不能再高。小亚细亚的大麦能够高到藏住一个骑马的人。我不能贸然去割麦，因为没办法补偿农民或者地主，而且答应赔偿的话，已经挖开又未填上的那些洞和壕沟也可能招来一大堆索赔要求。我利用两块大麦田之间的现代分界线，又循那条路挖了几百英尺。从那个方向望去，我发现它指向数株粗壮的橄榄树，这些橄榄树相距逾半英里，就生长在现代分界线旁边。我从前曾在那里挖过一个试验洞，但结果很不理想——没等挖到足够深度，沙石就掩埋了它。

这时，我下决心用手头一笔小款子冒个险。我派了12名工人在这些橄榄树附近挖了一两条大沟，同时只要田间分界线处有空地，就让其他工人在大沟和山脚之间尽可能多挖试验洞，探明通往神庙的道路方向。

现在，我开始仔细研究在橄榄树附近发现的一小堵残墙所紧挨着的地面。我观察到，这堵墙和一道现代分界线沿着同一方向延伸，而这道分界线在我挖的壕沟附近形成一个角。我怀疑这道分界线或许就标志着古墙的位置，于是挖了另外一条大沟，极其幸运地偶然发现了两块和墙角等距的大石，其上用拉丁文和希腊文镌刻着内容完全相同的铭文。从铭文中，我们了解到这道墙是公元前6世纪奥古斯都在其担任罗马执政官第十二年和保民官第十八年时下令建造的，建造和维护费用来自阿忒米苏（Artemisium）和奥古斯顿（Augusteum）这两个地方的岁入。如此一来，毫无疑问，这道墙便是阿耳忒弥斯神庙的围墙。

神庙方位这个大问题现在终于有了答案。从最初开始寻找之日算起，到这时已经过了六年。这听起来很漫长，但具体用于寻找神庙的时间并没有超过20个月，而寻找神庙的费用也没有超过2000英镑。我是在1869年5月初发现神庙围墙和其上铭文的。也正是在那个时候，我几次险些被一帮土匪捉去。在我那年离开以弗所不久，这帮土匪终于抓住了阿尔弗雷德·冯·伦内普先生，他父亲的农场离以弗所不到几英里路，他就是在那里被抓走的。

我急于得到更多铭文，沿着这个墙角的两道边挖出更多围墙，在距墙角18英尺处，又发现另一条铭文提供了道路和小河的宽度。这道墙本身非常糟糕，很可能是承包工程。假如没有发现墙上的铭文，我可能永远都不会相信它建于奥古斯都时代。我们沿着墙向北挖了1000英尺，向东挖了500英尺，连同铭文，这一切充分证明阿耳忒弥斯神庙圣地的围墙已被发现。1869年5月底，我们前往英格兰。

我现在很有信心，既然我已经发现了神庙的神圣领地，再给我一笔拨款来继续进行发掘，这应当是不成问题的。于是我放下一切事情，准备秋天从英格兰返回后再干。事情正如我希望的那样，圣地围墙的发现，足以鼓舞大英博物馆拨款继续挖掘，我也休养了一番，养足精神迎接新的战斗。到9月底，我们返回了士麦那。

我很快便招募了一小批工人，在当时已经确定为神庙圣地的整个区域挖了大量的试验洞。就这样，我又偶然发现了一些罗马建筑的胸墙，并沿着它径直往东探测了700英尺，推断这些建筑曾是祭司的居所。在一些纵横交错的壕沟里，我发现了一些马赛克甬道，其中一块马赛克描绘了人身鱼尾的特里同[1]，旁边是一碟水果、曲柄杖，还有一头海豚为它拿着三叉戟。这块马赛克制作精良、色彩惊人富丽，如今妥善保存在大英博物馆。把它从原来位置取出可费了大劲——它躺在那里无人打扰，已经大约1800年了。

10月下旬，我的脚不幸受了重伤（当时觉得不幸），一连几个星期不能行动，但这却改变了我在以弗所的生活，大大增进了我生活的舒适度，我因此视其为一生中的幸运意外之一。事情是这样的，我因自己的狂热受了太多罪，害怕让妻子知道我难免要遭遇的种种危险，所以一直都是独自一人去以弗所，而妻子则留在士麦那。这样一来，每周我们得各自单独生活五六天，但我意外伤脚后，起居需人帮助。于是我们决定两人一起去以弗所，我骑马到挖掘现场去，我妻子则步行陪伴我。

当时，工人们主要在神庙圣地内挖掘试验洞，寻找甬道或其他能够透露神庙位置秘密的蛛丝马迹。我妻子省却了我所有

1　特里同（Triton），古希腊神话传说中人身鱼尾的神祇，海神波塞冬之子，相传和父亲波塞冬一样带着三叉戟，有一个海螺壳可作号角掀波兴浪。

　世界七大奇迹：西方现代意象的流变

无益的体力工作，替我去检查洞中的情况，向我报告洞内见到的一切。许多洞都深达20—24英尺，对一位女士来说，要穿过松软的泥土、石块和各种乱七八糟的东西走到洞边，还得全身趴在洞口观察洞内各个侧面和洞底的情形，这并不是件愉快或者容易的工作。不仅如此，很多天里我无法出门，我妻子就在一名土耳其武装警察的陪同下到发掘现场去，对试验洞进行必要的检查，甚至还指导工人干活。这段时间我不仅脚受了伤，还发着烧，身体状况很不好，但对我们这种新的生活模式考验时间越长，越证明这种新的生活安排给我们带来了快乐和种种好处。从那时起，在挖掘工作的最后五年里，我妻子一直在以弗所陪伴我。这使我们的小家不仅对我本人，而且对我们的朋友来说，都成为一个令人更加愉快的地方。

在我的日志里，12月1日是个大喜日子：这一天，我们终于发现了部分柱基。12月9日，我们发现了一个柱头，虽然毁损严重，仍足以让我们领略它的气魄和高贵。不是伟大的阿耳忒弥斯神庙，难道还可能是什么别的建筑吗？在1869年的最后一天，神庙的大理石甬道——湮没了那么久，寻觅了那么久，而几乎也绝望了那么久，终于在距离现在的地表近20英尺深的地方，千真万确地被发现了。一名挖深洞的工人在一处可能性最大的地方挖到了厚厚的白色大理石甬道，而我第一眼就断定它必然属于阿耳忒弥斯神庙。这是我在神庙圣地内发现的第一块铺筑路面。第二天是土耳其拜兰节[1]盛宴的第一天，但我说动了发现这块路面的工人早上继续工作两三个小时，再去度他

1　拜兰节（Bairam），伊斯兰教的拜兰节包括两个节日：一是宰牲节（Kurban Bairam），即古尔邦节；二是开斋节（Lesser Bairam），即肉孜节。按伊斯兰教历进行，每年公历的具体日期不同。

6–2　伍德夫妇在阿耳忒弥斯神庙废墟的挖掘现场，选自伍德（1877）

的三天大假。1870年元旦，这块甬道被证实属于古希腊时期。最终，我们发现它属于最后盖起的神庙。它由两层组成，上层是打磨过的白色大理石，9英寸厚；下层是凿痕粗糙的灰色大理石，15英寸厚。

　　现在，30天的拉马丹斋月开始了。斋月期间，从日出到日落，土耳其人什么都不允许做，连抽根烟或喝口水都不行。地区行政长官穆迪尔[1]听说了以弗所的惊人发现，从他的行署克尔肯吉过来拜访我。他是一位循规蹈矩的土耳其人，拒绝喝咖啡，我陪他去挖掘现场看他听说的"奇迹"，给他看巨大的柱鼓和柱头。他问我它们来自什么建筑，我对他说，这些是古希腊时期的神庙遗物，当时的人并不崇拜唯一的真神，而是信仰许许多多的神，包括男神和女神。这座神庙就是祭拜一位女神的，她的塑像有40或50英尺高，就坐落在神庙里。"啊，"这位穆迪尔说，好像脑子里灵光一现，"他们是清教徒。"我尽力打破他这种观念，让他明白我们清教徒并不礼拜偶像，但他显然

1　穆迪尔（Mudir），旧时对埃及和土耳其地方省长的称呼。

不理解既然清教没有穆罕默德作为先知，如果不是偶像崇拜，它又能是别的什么。他带着满腹谜团离开。

12月16日这一天，著名的施利曼博士——特洛伊的发现者，参观了挖掘现场。脚踩"真正的"神庙甬道，他十分热诚地向我祝贺。此前他曾在特洛亚得[1]进行发掘，但遭到土耳其人阻止。他于是问我，他能否弄到一道土耳其皇帝的敕令，以便在特洛亚得发掘和搜寻特洛伊古城呢？我表示怀疑，因为土耳其人已表示他们决心不再颁布允许发掘的敕令。施利曼说，或许可以让他们拿走他发现的东西，因为他急于通过发掘证明自己关于特洛伊城位置的设想。他是一名富有的商人，能够从收入中每年拿出1万法郎来做这件事。

神庙的最新发现令我万分兴奋，随之而来的工作又非常辛苦，大大损害了我的健康。从我1月3日的日志里，我发现自己那天从早上9点一直写到晚上10点45分，我还连续三周每天夜里都发烧。不过，我没有放弃，也没有休息，而是继续工作。到年底之前，我已在挖掘过程中移走了大约4000立方码（约合3058.4立方米）土方，在神庙遗址各处挖了许多坑。而到月底时，天气异常酷热，小地震不断，以弗所城中还盛传出现了一帮土匪。

施利曼博士拜访神庙20天之后，大英博物馆的查尔斯·纽顿也从英格兰来到以弗所。按伍德的话说，纽顿为神庙的发现感到兴高采烈。现在，大英博物馆拨给伍德发掘神庙的款项源源而来，而神

1　特洛亚得（Troad），位于土耳其安纳托利亚西北部的比阿半岛的历史名称。这一地区现属土耳其恰纳卡莱省，在爱琴海西边，特洛伊废墟坐落于此。

庙显然占地甚广。和纽顿在哈利卡那苏斯的做法一样，伍德也安排收购了神庙所坐落的土地。虽然天气糟糕、铁路残破，自己又老是摔倒或发烧，但伍德依然设法只用数月时间，就把阿耳忒弥斯神庙一些最精美的建筑部件运往了伦敦大英博物馆。大英博物馆立刻举办了展览，引起很大轰动。事实上，伍德的发现令整个欧洲都为之心情激荡。每个受过教育的欧洲人都从学生时代起就知道这座传说中的神庙，而现在它居然被发现了。没多久，伍德发觉自己成了乘坐地中海游轮度假的有钱人和皇家贵胄的导游。不过，和纽顿与施利曼不同，伍德无意利用他千辛万苦获得的成功，而仍然沉浸在工作之中，年复一年地在神庙圣地深入发掘，直到挖出一个深约20—30英尺、边长近600英尺的巨坑。

可是，和摩梭拉斯陵墓的情形一样，古代破坏者又一次抢了先，把神庙石头采集一空。在被毁台阶上发现了石灰窑，不祥地预示了神庙的这一命运。所有雕塑都受到严重破坏，古籍所载斯珂帕斯创作的著名柱鼓，仅剩下一个保存尚可，能够在大英博物馆向公众展出，供人随意端详。这个柱鼓非常巨大，纽顿不得不花好几个月时间才把它搬运到相距甚远的船坞并装上"可惧"号皇家战舰。根据纽顿的记录，15名男子每天仅能把这个柱鼓挪动大约50步。而按照普林尼的描述，神庙里共有127个和它大小一样的柱鼓。挖掘工作持续多年，发现了储藏硬币的钱窖，还有严重受损的雕像。由于地下水位高和渗漏，一直没有挖掘神庙的下层部分。

1872年，伍德在英格兰一边讲学，一边为继续挖掘神庙筹款。次年，他首次出版了一套神庙图解。他发现，那里曾经有过三座神庙，每一座都是在前一座的遗址上建造的。正如一家报纸所言，这是"所谓世界奇迹之一，其建筑设计、杰出雕塑及各部分之间的有机关联，为任何现存古迹遗留所不能超越"。伍德挖掘之处已然占

6-3　在大英博物馆里，两位绅士正在观赏"伍德先生送回家"的最后一座阿尔忒弥斯神庙里的柱鼓。选自《伦敦新闻画报》(1873年3月22日)

地极广，而神庙圣地尚未挖掘的部分占地更大。显然，神庙的挖掘潜值远超过纽顿19世纪50年代挖掘的摩梭拉斯陵墓。尽管在伍德挖掘出的遗址之下，至今还有更古老的建筑未能触及，但在伍德夫人偶然发现神庙台阶之前，他们随意挖出的坑洞已表明，在神庙圣地之内，存在一个占地既广又令人非常感兴趣的建筑区，里面不仅有祭司住所，还有其他许多建筑。

　　1874年的开端，正如伍德所言，充满"烦恼和失望"。纽顿直接从英格兰来到以弗所，"连人都没到工地"就立即关闭了挖掘现场。伍德搭早班火车抵达后，发现大部分工人郁郁不乐地等候在站台上。和纽顿商量后，伍德留下20人，给其余工人发放了遣散工资。这些工人充满感情地和伍德告别，心中多少有些悲伤，毕竟他们付出了这么多年努力。纽顿现在想清理出古代排水沟和井，以寻找金子和雕像，但一无所获。他随后请求考察阿亚苏鲁克古老庄严的清真寺里的古代浮雕——他在博德鲁姆的圣彼得城堡曾有过这样的发现，但清真寺里的阿訇不允许他这么做。大英博物馆随后放弃了发掘。

　　靠着一小笔退休金和来自某些个人与专业机构的拨款，伍德

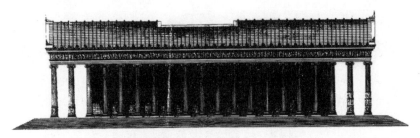

6-4　伍德制作的以弗所最后一座阿耳忒弥斯神庙复原图。屋顶脊线被一段巨大、裸露的浅浅凹陷打断，可能是搞错了。选自伍德（1877）

继续在神庙进行发掘。1877年，他出版了《以弗所的发现，包括伟大神庙的遗址与遗物》一书。1884年，他度过了在以弗所的最后一个季节："1月是小亚细亚最令人愉快的月份之一，我们干活时有着最可爱的天气。一年一度的宰牲节盛宴让所有工人一连几天丢下活计。2月份一打头天气就很冷，而我们仍在工作……"数年后，伍德在英格兰的沃辛（Worthing）心脏病发作去世，终年70岁。

二　女神的微笑

公元前394年前后，色诺芬结束了传奇式的波斯战役，立刻又开始在希腊进行同样危险的冒险——和他的朋友、斯巴达国王阿格西劳斯[1]并肩作战，对抗自己故乡雅典的大军。色诺芬当时随身携带着他从波斯掳掠的财富——通过出售奴隶和战利品换来的金子，想于再度奔赴战场之前，给这些财富找个安全的所在。当初，正是

---

1 阿格西劳斯（Agesilaus，公元前444—前360），富有传奇性的斯巴达国王，在位时间为公元前399—前360年。他天生跛足，身材矮小，虽是王室成员，但40多岁才登上王位。他以意志坚强著称，是出色的军事家。在位期间征战不休，在小亚细亚取得多次军事胜利，打赢科林斯战争。晚年斯巴达日趋孤立。古典作家色诺芬、普鲁塔克对他称誉有加，认为他是真正的"斯巴达人"。

特尔斐的神谕让他踏上波斯土地，色诺芬于是把十分之一的财富献给了位于特尔斐圣地雅典娜神庙的金库，另外十分之一——据他说大约50塔兰特（talent，重量很难确知。一般认为，一塔兰特就是一个成年人能拿动的合理重量）存放在以弗所阿耳忒弥斯神庙首席祭司麦加拜克瑟斯（Megabyxus）那里，嘱咐如果他没能在随后的征战中活下来，就把这笔财富直接献给阿耳忒弥斯女神。

这是个明智的选择。波斯人和希腊人同样崇奉阿耳忒弥斯，神庙很少遭到劫掠。不仅如此，这位女神与金钱特别有缘，关系密切——世界第一批金币上就镌刻着阿耳忒弥斯—希比利像，这比稍北一点的萨第斯城使用从帕克托洛斯河淘出的金子造币早了一百五十年。看来，自从货币发明以来，祭司麦加拜克瑟斯和其继任者与镌有阿耳忒弥斯像的硬币打过很多交道，因为考古学家从神庙破损地板的裂缝和角落里找到了大量这种硬币，其中有些被称为迄今人们发现的最古老的硬币。

色诺芬去打他的仗了。后来，他在奥运会上遇见麦加拜克瑟斯，得回自己的财富。出于可以理解的原因，雅典放逐了色诺芬，困境中的色诺芬于是再次询问众神他该如何处置自己的财富。这些神祇，可能还有色诺芬在斯巴达的朋友，都说他应该在奥林匹亚附近一个叫斯奇卢斯（Scillus）的地方购买大片地产。关于斯奇卢斯，色诺芬写道：

> 巧合的是，流经这个地方的河是塞里努斯河，而流经以弗所阿耳忒弥斯神庙的河也叫这个名字。这两条河里都有鱼和贻贝。而在斯奇卢斯，什么野生动物都可能捉得到。
>
> 色诺芬：《远征记》，V，III，8

色诺芬作为出色的猎手和狩猎女神阿耳忒弥斯的仰慕者，对此自然中意。于是他买下了这块地方，为自己和家人建造宅邸，还修了一片小小的果园，在里面栽了一些树，这在当时的希腊相当罕见，必定是在模仿他远征波斯途中看见过的那些花园。在果园里，色诺芬仿照以弗所阿耳忒弥斯神庙的样子，建造了一座小小的庙宇。现在，仿佛已成习惯，色诺芬将地产出息的十分之一献给了阿耳忒弥斯女神。每年他的全体工人和相邻的斯奇卢斯居民都会参加一场纪念阿耳忒弥斯女神的乡村庆典，吃一顿有大麦、面包、葡萄酒和蜜饯的盛宴，分享色诺芬和他的两个儿子在阿耳忒弥斯的国度驱驰并狩猎得来的野味，如野猪、獐和马鹿。

> 此地位于从斯巴达到奥林匹亚的路上，距离奥林匹亚的宙斯神殿约两英里。这片神圣围地内分布着草地和绿树成荫的山丘，猪、羊、牛、马都能在那里吃草，甚至套着轭的牲口载着人们去参加庆典时，也可以在那里大吃一顿。神庙周遭是一片果园，里面种的果树按着节气适时结出甜美的果实。神庙虽小，却酷似以弗所的大庙，女神形象虽用柏木制作，却和以弗所阿耳忒弥斯神庙中的金像十分相似。在神庙附近立有一碑，碑上刻着如下铭文："这是阿耳忒弥斯的神圣领地。不论谁在此居住和收获，每年必须提供十分之一收成作为献祭，余下部分也必须用来照管神庙。如果没有做到这些事情，女神将心怀介意。"

色诺芬：《远征记》，V，Ⅲ，11—13

阿耳忒弥斯是以弗所城邦之神，在欧洲和亚洲各地以各种名字与头衔受着人们祭拜。作为万兽之神、蛮荒之地的守卫者，阿耳忒弥斯是一名处女，不受男性神祇的支配。她同时又是繁殖之神，是避开了婚姻的处女母亲。阿耳忒弥斯也具有威胁性，许多这样的古代神祇给予人们的与其说是获救的希望，不如说是危险，如因疾病、饥荒和战争而导致儿童猝然夭亡。这位伟大女神有时就高高地站在一头狮子上，上溯几千年都是暴死的愤怒象征，而在色诺芬生活的时代，人们普遍把蜜蜂作为她的象征，这两种象征，连同女神本人，都来自安纳托利亚[1]。在以弗所，阿耳忒弥斯神庙的女祭司被称作"梅利莎"（Melissae），意即"采蜜的蜂"，而首席祭司被称作麦加拜克瑟斯，字面意思就是"雄蜂"。不过，"梅利莎"这一祭司称谓很难让人感觉到神圣的贞洁："爱恋花朵的蜜蜂所做的一切，你都做了，梅利莎……你那甜蜜的吻，唇间滴着蜜；你若索要酬报，你的螯很不讲理。"马库斯·阿津塔利乌（Marcus Argentarius）的隽语诗这样咏叹。

那么，想象吧，在这个令人一见不忘的以弗所——小亚细亚最富裕的城市，居民全部涌上街头参加游行，向他们的女神致敬。这一年一度的女神全城环游，宣告了冬季"阿耳忒弥斯"圣月的结束，这个月份的名字也是为向女神表示敬意而取的。这些盛事令人眼花缭乱。可怜的伍德抓住了市政理事凯厄斯·维比乌斯·萨卢泰瑞斯留在剧院三角形墙上长篇纪念铭文中的线索。萨卢泰瑞斯生活的年代距色诺芬在世时已过了四百年，而献给女神的盛大游行仍在继续。事实上，铭文中那些条令的细致和关切程度，表明市政当局和省政府是多么的重视这场游行。萨卢泰瑞斯留下了一笔财富，使后人得以大量地制造游行时供奉的金银神像，这些神像每尊重量都超过三磅，是要放置在阿耳忒弥斯神庙门廊里的，让参观者和朝拜

1　安纳托利亚（Anatolia），即土耳其的亚洲部分，一般认为等同于小亚细亚。

6-5 古安纳托利亚女神赫柏特站在一头狮子上，正如继承她地位的神祇那样。这是公元前第二个千年中期，赫梯人在今土耳其亚兹利卡亚石头圣殿一块浮雕的局部，仿考古学家阿库尔加尔（1985）

者都能看到。不仅如此，萨卢泰瑞斯还把每年百分之九的利息用于资助神庙仪典和每年的游行。这一切都说明神庙祭司早就熟谙簿记，不管是计算利息率还是兑换货币并收取适当的手续费。每年女神生日这一天——泰及隆月的第六天，也即5月下旬，萨卢泰瑞斯的遗产利息便会支付给经特别选择的市民和神庙管理层成员——祭司长、唱诗班领唱和"佩金者"。考虑到萨卢泰瑞斯的继承人只要向女神支付每年的利息，他们也可以动用这笔财产，一位名叫T.阿克维利乌斯·普罗居吕斯的古罗马驻亚洲总督颁布政令，对忽视交纳这笔利息者处以罚款，这看来是一个精明的规定，说明总督很注意女神所得"养老金"的情况。

对这场华丽奢靡的游行，萨卢泰瑞斯做了充分详尽的描述，使伍德得以追寻通往阿耳忒弥斯神庙的道路并发现这座神庙。这场游行必定是古典世界的盛事之一：时节如此温暖而富于诗意，天空青碧澄澈，宏伟的体育场巍然君临这个闪亮的大理石城市，人们翘首以待他们的女神经过。以弗所的德谟克利特[1]写过两本"关于以弗所神庙"的著作，已佚，所余片段自豪地描写了以弗所人对盛大游行的热爱之情：

> "爱奥尼亚人把衣裳染成紫罗兰色、紫红色和黄色，织成菱形，顶端间隔均匀地饰以动物图案。有塞拉佩斯袍，呈黄、紫和白色；有哈劳吉斯袍；有科林斯制造的长长的卡拉塞斯袍，分紫红色、紫罗兰色、猩红色、火焰般的橙色和海水般的碧色；还有波斯卡拉西瑞斯袍，是所有衣袍中最华美者，"他（以弗所的德谟克利特）继续说，"人们可能还会看见最昂贵的波斯袍子，即所谓的艾克泰埃袍。它织得很密，轻而结实，遍缀金珠，每颗金珠中央都用紫色线穿入袍内系牢。"他说，这些衣袍尽皆为以弗所人所穿用，他们便是如此沉溺于奢华之风。

阿忒纳乌斯：《餐桌上的健谈者》，XII，525-e（约公元200）

阿耳忒弥斯神庙的首席祭司麦加拜克瑟斯不仅掌管金库，还掌控着大片地产和众多神职人员，其唱诗班规模之大，名声之响亮，在古典世界首屈一指。大批音乐家也在为首席祭司效力，因为阿耳忒弥斯神庙洪亮的青铜号角特别有名。事实上，音乐家在女神阿耳忒弥斯面前特别轻松自在，其中一位花了好些年时间精心打磨鲁特琴，做好后专门来到以弗所，把琴挂在阿耳忒弥斯神庙内。如是，在城邦文武百官的簇拥下，在珍贵雕像的陪伴下，以弗所的阿耳忒

---

[1] 德谟克利特（Democritus，公元前460—前370或前356），希腊哲学家，他发展了宇宙原子论，主张以自制和安乐为人生目标。

6-6　长笛手，见于一个南意大利红色人物花瓶，公元前5世纪晚期，意大利塔兰托出土

弥斯女神蒙着面纱，嘴唇镀金，头上香云缭绕，被抬着在她的圣城环游，身前身后尽是穿着盛装的年轻男女和男女祭司。

　　基督教出现后，阿耳忒弥斯的神庙被推倒拆毁，深深掩埋，神庙的每堵墙、每条甬道都刻上了救世主的十字架，基督教堂的主教们在以弗所召开秘密会议选举新教皇。正是在以弗所，这些主教经过漫长激烈的讨论，宣布耶稣的母亲马利亚乃是"圣母"，即天主的孕育者。许多人都相信，圣母马利亚晚年一直住在以弗所。就这样，千折百转，以弗所最终保持了母亲神的城市这一自古相传的身份。据说，这座城市一直都是围绕阿耳忒弥斯神庙建造的。远在色诺芬之前，某支波斯军队攻城时，以弗所人把绳子沿城墙绕一圈，末端系在女神庙宇的木柱上，宣布这是最神圣之地的避难所。后来，一代代罪犯、逃亡者、被推翻的统治者相继来到阿耳忒弥斯神庙，声称拥有在这里避难的权利。亚历山大则曾颁布各种命令，对这个避难所时而承认，时而否定。毫不奇怪，围绕这片圣所的土地也是神圣的，就像其上的鸟、兽和鱼一样。金头欧鳊至今仍在附近河口游来游去，它们的头部有一弯金色的新月，鳃上有两个金色的斑点，一度被视为神鱼，也被当成美味佳肴：

> 切莫遗漏那肥美的金头欧鳊，以弗所人呼为"爱奥尼斯卡斯"。从塞里努斯河捉一条肥嫩的欧鳊，洗干净，哪怕有15英尺那么长，也可以整条烤来吃。

阿忒纳乌斯：《餐桌上的健谈者》，Ⅶ，328b

那时候，生活是多么的欢快闲散，充满宴会、隽语诗和衣饰华丽的祭司，还有城中居民及其奴隶和佣仆全部出动的游行。涂脂抹粉的孩童围绕蒙着面纱的女神跳舞，在坚固的拱廊里钻来钻去。这些拱廊是城中富人建造并用妻子名字命名的，为的是倘若节日时下了雨，女神和她的信徒们不会被淋湿。那时候的阿耳忒弥斯，拥有神庙财富及外国君主和地方权贵的捐赠，还拥有无法想象的金、银、贵重木材和丝绸。她是天生就要广受膜拜的。

"让我们到阿芙洛狄忒的神庙去，"另一首犀利的短诗吟唱道："看看金像的雕工是多么的精美。波莉阿琪丝凭美丽的身体做了大量交易，得到种种好处，然后塑造了它。"这首诗创作于希腊化时代。当时，亚历山大的城市和神庙首次开发出它们赚取冷冰冰、硬邦邦金币的世俗潜力。在色诺芬把金子存放在阿耳忒弥斯神庙半个世纪之前，也即神庙建造之时，还是一个古朴的、更纯真的时代。它是第一座按希腊风格建造的大理石神庙。伍德在发掘过程中发现了许多小块碎片，都是爱奥尼亚式建筑美轮美奂的作品，其中一些装饰精美的柱鼓残块上有吕底亚语和希腊语铭文，称神庙的这部分建筑是吕底亚国王克罗伊斯——萨第斯传奇性的多金君主——献给女神的。这座神庙规模之宏大不同寻常，是那个时代真正的奇迹，配得上作为阿耳忒弥斯，也即罗马人崇拜的狩猎女神狄安娜的人间居所。神庙圆柱林立，环绕中央的圣殿恰好站成两列横队，每侧十四组。尽头为六根圆柱，连同圆柱组成的长长的中央通道，构成一座名副其实的多柱式大厅，从那里一直通往前厅，并继续通向供奉女神巨像的圣殿。和雅典的帕台农神庙相比，阿耳忒弥斯神庙更大、更广、更高、更华美，细节部分更加金光闪闪、夸张铺陈，祭坛配件的精雕细琢就是例子。色诺芬把自己的财富存放在神庙首席祭司那里时，神庙已历经了一百五十年沧桑，然而它仍然被后来所有的神庙视为垂范。

这一经典纪念建筑的设计者，是来自克里特岛的一对父子。正如通往圣殿的多柱式大厅所表明的那样，这对父子建筑师曾经到过埃及，对埃及巍峨恢宏、带有多柱式大厅的神庙印象深刻。"（阿耳忒弥斯）神庙的总长度为425英尺，宽为225英尺，"罗马作家普林尼写道：

> ……伽尔瑟夫农[1]是负责建造神庙的建筑师。整个工程中，最可惊叹的是体积如此巨大的柱顶楣梁能够被吊装上去。为此他使用沙袋修建了一个通往柱顶的舒缓斜面，然后逐渐将底部沙袋里的沙倒空，以确保柱顶楣梁慢慢到位。不过，他遇到的最大问题是安装大门上方的楣石。你知道，那是最重的一块石头，总也放不妥当。日子一天天过去，这位建筑师越来越苦恼不安，最后竟决定去死。传说他这么想的时候，一天夜里，他

1　伽尔瑟夫农（Chersiphron），公元前6世纪时古希腊克里特岛克诺索斯的建筑师、以弗所阿耳忒弥斯神庙的建造者。原寺庙于公元前7世纪被毁。公元前550年左右，伽尔瑟夫农和儿子墨塔革涅斯（Metagenes）开始建造新的阿耳忒弥斯神庙，被列为古代世界七大奇迹之一，但于公元前356年7月被赫罗斯特拉塔斯焚毁，后再次重建。维特鲁威和普林尼在著作中都曾提到伽尔瑟夫农的名字。

精疲力竭地睡去，看见自己为之建造神庙的那位女神出现在面前，鼓励他活下去，并且说她自己会把这块楣石安好。次日早晨，楣石果然已经安在了大门顶部，而且看上去凭自身重量，安放得恰到好处。

普林尼：《自然史》，XXXVI，95—97

希腊建筑师在设计神庙时，会根据其精确比例和建筑细节做出决定，对神庙雕刻的质量也密切关注。许多希腊建筑师本人即是名闻遐迩的雕塑家。正是这些雕塑家兼建筑师，既要负责每天的工程进度，也要负责比例的精确和设计上的创新。具体到阿耳忒弥斯神庙的建造上，伽尔瑟夫农似乎因此度过了无数不眠之夜。不管怎样，在过去几个世纪以前，绝大多数建筑师都是这样——工程技术是这个行当的重要组成部分。即便在设计奢华复杂的建筑时，他们都会运用个人的工程技术知识及组织能力，和助手共同管理、支配人力及机械的使用，以实现自己的设计方案。或许就是这个原因，赋予如此之多古代建筑以特出的整体和谐感、内在的张力甚至于成为杰作的荣耀。如果集体的作用大于设计师的作用，建筑规模再大也完全不具备这样的特点。所以，虽说伽尔瑟夫农的名字如今总是和"世界七大奇迹之一的建筑师"这一称号联系在一起，但在他生活的时代，他远不仅仅只是神庙的设计师。

维特鲁威的作品是唯一一篇从古典世界流传至今的全面的建筑著述。书中指出，建筑师在古代既修建城市，也打造神祇的安居之地。维特鲁威的作品题献给了罗马皇帝，而罗马皇帝的"神圣意愿和智慧"及"号令世界的权力"乃是所有罗马建筑世俗的推动力量。按现代思维，这部著作把理论和实践分别开来，在关于天体运动的章节之后，接下来的一章便讲述如何经陆路搬运采掘出的石头。但不管对罗马人维特鲁威，还是对之前的希腊人伽尔瑟夫农，理论和实践的区别并没有那么要紧，而后者的成功依赖于对前者的正确理解。所以，关于建筑的理论渊源及其材料的内容，很自然地被放在了讨论风、水源、建造反映神祇个性的神庙等章节之后。这些伟大的神祇，不论男神还是女神，都向这个世界倾注了力量和财富，而他们的宏伟神庙也成为古典世界的心脏，赋予其他所有形式的世俗建筑以风格和比例感。像伽尔瑟夫农这样的建筑大师当能确保标志着城市水准的神庙既精美壮观，又与所供奉的神祇和所衬托的城市相协调。理想的神庙能使人们既有置身家园之感，又觉察到自己在凡世的适当位置，与天体及其造物的运动合而为一。

显然，用来建造这样一座神庙的材料经过最仔细的拣选，这不仅因为石头结实可用，也出于我们今天所谓的审美考虑。在古代世界里，这些因素都是整体的一部分。一块石头的外观，是保证它适用且圣洁的因素之一。用来建造阿耳忒弥斯神庙的精美的白色大理石是一个牧羊男孩发现的，这实在是太神秘了！基于古代建筑师敏锐的感受力，维特鲁威对这件事进行了详尽的叙述：

> 我会记录这些石头是如何被发现的……以弗所市民考虑为狄安娜（阿耳忒弥斯）建造一座大理石神庙，为选用帕罗斯岛、普罗康尼斯、赫拉克勒亚还是萨索斯岛的大理石争论不休。恰在此时，匹克索达瑞斯（当地牧羊人）把羊群正好赶到那个地方放牧，两只公羊彼此相斗，没顶着对方，但其中一只公羊的角撞到了一块岩石上，从岩石上削下一小块闪亮的白色碎片。于是，这个故事说道，匹克索达瑞斯把羊群丢在山里，带着这块大理石碎片跑到以弗所。他到达的时候，正是关于大

理石的争论最激烈的时候。以弗所市民们立即授予他荣誉，给他改了名字。他不再叫匹克索达瑞斯，而改叫"伊万吉勒斯"（希腊语中意为带来好消息的人）。甚至直到今天，地方治安官每个月还会去神庙向他献祭，否则便会受到惩罚。

维特鲁威：《建筑十书》，X，ii，15

合适的石头适时出现，伽尔瑟夫农现在可以开始动工了。

他想把石柱柱身从采石场拉到以弗所的狄安娜神庙，但不信任推车，担心柱身过大过重，而乡村路面太软，车轮会陷进去。于是，他尝试了这么个办法：用四根四英寸木料组成一个框架，把两根和石柱柱身等长的木杆水平置于其上，用鸽尾榫接合在一起。然后，他在石柱柱身两端安上铁轴（就像安上暗榫那样），在木架上附加槽以容纳铁轴，槽两端绑在木杆上。这么一来，槽内的轴便可毫无滞碍地转动。于是，套上轭的阉牛拉动木架时，石柱柱身便随槽内铁轴的旋转而不停地滚动。

用上述方法运来所有石柱柱身后，他们又开始处理搬运楣梁的问题。伽尔瑟夫农的儿子墨塔革涅斯再次运用了搬运石柱柱身的方法。他造出直径大约12英尺的轮子，把楣梁的两端插进轮子中央，又按同样的原理把轴和槽安在每根楣梁的两头。这样，当阉牛拉动木架，槽里的轴就会推动轮子转动，每根楣梁就会像轮子里的车轴一样。按着用来搬运石柱柱身的同样道理，它们很快被运到神庙的建筑地点。

这种办法的一个示例是滚轴在搬运区域内水平移动的方式需要满足两个条件，否则就不可能办到。一是搬运距离短，二是没有斜坡。就阿耳忒弥斯神庙而言，从采石场到神庙不超过八英里，其间一马平川，没有起伏。

维特鲁威：《建筑十书》，X，ⅱ，11—12

阿耳忒弥斯神庙建在土地湿软的河口。在小亚细亚，人们往往选择这样的地方建造这类神庙，虽说湿软的地面对建筑本身是个危险，但古代人凭其灵活巧妙的才智解决了这个问题。"他们在沼泽地建造神庙，"普林尼讲道，"这样神庙不会被震塌，也没有沉陷的危险。但为了加固地基，他们先在底下铺了一层经过踩踏的木炭，然后又铺了一层羊毛织物。"

搬运巨石这件残酷的工作，是熟练地组织大量奴隶来完成的。随后，古典世界一些最优秀的雕塑家参与到神庙的建造中，以弗所全体市民也都以这样那样的方式加入到为女神建造新神庙的事业里。萨第斯的克罗伊斯曾攻陷以弗所并将其夷为平地，随后却委托著名雕塑家来装饰这座崭新的大理石神庙，他这种虔敬行为因而实属精明之举，当今之人会称为明智的政治举措。他把这桩事实用希腊语和他的母语吕底亚语刻在了神庙古老优雅的柱基上。铭文强调了——倘若需要强调的话——我们现在称为"希腊"艺术所蕴含的真正精致复杂之处。大理石柱廊里的柱基不仅装饰有当时希腊最杰出雕塑家创作的最精美的浮雕，也为古小亚细亚（安纳托利亚）风格的雕像所环绕。伍德发现的残块表明，这些雕像和真人差不多高，仅一尊雕像的脸部保存到现在，显示出这些雕像非凡卓绝的艺术水准。这张面庞，是最美的古代艺术，那安详的微笑，仿佛自有人类以来便是如此。它可能是一张亚洲人的脸孔，也即以弗所当地人的脸孔，在位于附近迪迪马和萨莫斯的其他早期神庙中，人们曾经看见过这样的面庞。当你进入这座伟大的神庙，经过色诺芬藏金之地，抑或列队行进到女神跟前，你便会置身于这些美丽安详的雕像之中，它们一排接一排地站立在神庙柱鼓之上，刚好对应人类的高度。它们的眼睛平视着你的眼睛，大理石的瞳仁不能视物，其凝注却蕴含着无限的仁慈。这些雕像自成行列，迤逦于圣洁的柱林，通向圣殿里的女神。

这古老的神庙建筑，屹立在迷离惝恍的传说中，美轮美奂。据说，神庙被大火烧成白地那一天，正是马其顿的亚历山大出生之日，这样的巧合何其相称。这座神庙于公元前356年遭焚，纵火者乃是一个名叫赫罗斯特拉塔斯[1]的男人，他追求出名的方式最是现代不过。由于宏伟的大理石神庙里，破坏痕迹比比皆是，人们普遍认为赫罗斯特拉塔斯必定烧毁了神庙著名的木头屋顶。不管怎样，这个纵火犯确实保证了自己的名字永世遗臭。后来，希腊人把他的名字词尾略加变化，用以表示恶名昭彰的意思，他还被称为一个疯狂、"邪恶而放荡的家伙"。赫罗斯特拉塔斯利用阿耳忒弥斯神庙成就自己恶名的行为，就和克罗伊斯对待古代圆柱同样直接，并且很不幸地，缺乏对审美微妙的感知。

三　近月点

我曾目睹巍峨的巴比伦城墙，战车奔驰其上；又曾看到耸立在阿尔菲欧斯河畔的宙斯（雕像）；还曾眼见空中花园、太阳神巨像、耗费万千人力建成的峭拔的金字塔以及宏伟的摩梭

1　赫罗斯特拉塔斯（Herostratus），公元前4世纪的希腊纵火犯，生平不详，据信不是以弗所人，社会地位较低，可能是奴隶。公元前356年7月21日即亚历山大出生之日，纵火焚毁以弗所阿耳忒弥斯神庙，并因此被处死，死前自己承认纵火是为了出名。他的行为促使以弗所人制定法律，禁止任何人口头或书面提及他的名字，但他终于史上留名，且名字本身成为一个单词，喻指不顾一切寻求名望、不惜犯罪以成就恶名的人。

拉斯陵墓。但是，当我望着仿佛上接云端的阿耳忒弥斯神庙，其他奇迹顿时失色，微不足道。我叹道："看哪，除却奥林匹斯山，太阳从未照耀过能与此相提并论的事物。"

安提帕特[1]:《王官选集》，IX，58

亚历山大踏足以弗所时，年方二十有二，再过数月便将首次大胜波斯人。当时，以弗所人正在热火朝天地重修第一座伟大的阿耳忒弥斯神庙。亚历山大以克罗伊斯的作派，提出要当神庙的恩主，遭到婉言回绝。据推测，神庙首席祭司麦加拜克瑟斯对亚历山大说，由一位神祇来荣耀另一位神祇，这不合适。于是，亚历山大挥师沿海岸南下，直抵哈利卡那苏斯和埃及的亚历山大里亚及金字塔群。不过，无论如何，亚历山大的御用建筑师、耽于幻想的狄诺克拉底据说后来也曾为神庙工作，所以麦加拜克瑟斯那圆滑的回答可能是后世杜撰的，旨在显示神庙的魅力征服了所有人，即便亚历山大也不例外。如果关于狄诺克拉底曾为神庙工作的传说确有其事，他必定监督过神庙上半部分的施工，因为在亚历山大到达以弗所之前，以弗所的两名建筑师——派奥尼乌斯和德米特里厄斯已经初步拟定了神庙的建造方案。德米特里厄斯据称是阿耳忒弥斯女神的奴隶，因此可能属于神庙，受首席祭司麦加拜克瑟斯的管辖。

现存的以弗所阿耳忒弥斯神庙是整个亚洲用了一百二十多年时间建造的，体现了对希腊庄严崇高之美发自内心的赞赏。

普林尼:《自然史》，XXXVI，95

1　安提帕特（Antipater），马其顿王国的将军和摄政者（公元前334—前323），在亚历山大三世军事战争期间统治帝国。公元前321—前319年间再次摄政。

大多数古人与普林尼的想法差不多：新神庙无疑比先前的神庙更宏伟、更壮丽，但完全不求新颖。神庙设计是使用小语种进行对话，是饱学之士间的交流，所用词汇是柱、柱头及其他所有构成标准希腊斜屋顶庙宇的元素。

> 有四种柱式。高度是底部直径六倍的柱子被称为"多立克柱式"；比例为9∶1的被称为"爱奥尼亚柱式"；比例为7∶1的是"托斯卡纳柱式"。"科林斯柱式"和"爱奥尼亚柱式"比例相同，区别在于前者柱头高度与柱子底部直径相同，因而显得更加优雅。"爱奥尼亚柱式"的柱头高度如你所见，是柱底直径的三分之一。
>
> 有一种古代理论认为，神庙的宽度应当是柱子高度的三倍。在更早建造的以弗所狄安娜（阿耳忒弥斯）神庙，首次在柱子下安放柱基并添加了柱头。建筑师们决定，柱子底部直径应当是柱子高度的八分之一，而柱基高度应当是柱底直径的一半，柱底直径则应当比上部直径长七分之一。
>
> 普林尼：《自然史》，XXXVI，178—179

当时的神庙设计艺术，与其说像创作一幕实验话剧，不如说像演出莎士比亚戏剧，一切依赖于微妙的神韵和含蓄的暗示，最重要的则是精确地呈现神圣的形式，并在保持这些形式的适当秩序的同时，秉承同样古老的传统，进行一些细微的设计实验。总的来说，正如维特鲁威所言，对这门艺术最好的描述，就是把它形容成一种建筑格调。

富丽堂皇的内在搭配同样优雅的门厅，便呈现出得体的格调，因为假如内在显得优雅，入口处却平平淡淡或大失体面，便无格调可言。同样地，如果在多立克柱式上横梁的檐口刻上齿形装饰[1]，又或在爱奥尼亚柱式的涡形柱头和柱顶上横梁采用多立克柱式的三槽板装饰[2]，再比如说，把适合这种格调的元素运用到另一种格调里，我们就会觉得刺眼碍目，因为每种格调自成一体的规矩是很久以前就约定俗成了的。

维特鲁威：《建筑十书》，I，ii，6

克罗伊斯时代的爱奥尼亚柱式，和亚历山大时代的相比略有不同。尽管如此，在希腊格调的笼罩之下，古老柱式的精美程度并未增减毫厘，工艺水平近乎完美，选料之精更是令人眼花缭乱。在以弗所，早期神庙的尺度和规划都被完整保留，丰富美丽的建筑细节，使得这座建筑在人们眼中堪与雅典卫城的镇守神庙相媲美，倘若不是更胜一筹的话。而且，阿耳忒弥斯神庙不像雅典镇守神庙那么结构复杂，但缺乏内在的有机联系，它融汇了所有爱奥尼亚式神庙的基本设计，从而成为爱奥尼亚风格建筑的顶峰，是希腊人建造的规模最大、最宏伟壮丽的神庙。

唯一偏离早期神庙总体设计的，是新神庙之下、由十道宽阔的大理石台阶组成的特别基座。在看惯克罗伊斯时代的阿耳忒弥斯神庙多年之后，他们把新的神庙额外提升了几乎九英尺，使得它气象一新、庄严宏伟。其基本观念、对完美的追求和纯朴的收束，造就了持久、微妙、优雅和高尚之美，犹如菲迪亚斯的宙斯像所表现的那样。

1　齿形装饰（dentil），一种在飞檐下形成嵌线或突起的细小的矩形块。

2　三槽板装饰（triglyph），多利安柱式檐壁上的建筑装饰，包括一块微凸的长方形石板，板上有两条平行垂直的凹槽和两边两条相应的斜削的半槽，半槽将排档间饰分开。

建筑师挖松下面的土，挖出很深的壕沟铺建地基。这座石头建筑耗用在地下结构的石头数量，相当于开采了一整座石山。地基百分之百打稳后，又在将要支撑整座建筑的部位预先竖起雕有男性塑像的柱子以承受重压。这之后，他首先在地表建造了十道台阶，在这个基础上盖起……

菲洛，6，2

从神庙身后的城市和平原眺望，能看见这座巍峨的大理石建筑越过围墙映射着阳光。从海上望去，当船只进港时，船上的人就会看到阿耳忒弥斯女神本人挺拔的身影伫立在神庙西侧三角墙正中央的窗户里。这个形象，乃是远古埃及一个木乃伊形象的延续。在远古的埃及，从椅子到墓门，全都刻画着类似的女神，她那用象牙或大理石雕就的脸庞上总是带着微笑。在一年一度的游行中，古埃及祭司把姿势相似的奥西里斯雕像放在神庙的屋顶上，向农夫及世界展示，他们神圣的殿堂仍然掌握着那使男子授精和女子受孕的神秘力量。在希伯来人的《圣经》即《旧约》中，涂着厚厚脂粉的异教王后耶洗别[1]的悲剧结局表明，以色列人对这一异教人物进行了可怕的报复——耶洗别被从宫殿窗户扔下去，被耶户的骑兵纵马踩踏。在以弗所，阿耳忒弥斯俯视着巨大的祭坛——那是一个带柱子的大型建筑，有可容20头牛的畜栏和一间很大的屠宰场。在帕加马山丘后来建造的祭坛建筑里，可以见到它的影子。而在以弗所，供应城市的全部肉食都是在伟大的阿耳忒弥斯女神眼前被屠宰的，这个祭坛的位置经过仔细考虑，可以承接傍晚的余晖——夕阳照耀下的石

1　耶洗别（Jezebel），在《旧约·列王纪》的记载中，她是以色列王国国王亚哈（约公元前874—前853）的王后，大建崇拜异教神祇的庙宇，迫害耶和华的信徒，霸占平民百姓的财产，招致天怒人怨。其子当政时，耶户率众攻入王宫，耶洗别被人从窗口扔下去摔死。

6-7　以弗所的阿耳忒弥斯，以弗所博物馆收藏的条
纹大理石雕像

头一片殷红，女神傲然伫立石上，微笑的嘴唇仿佛镀了一层金色。

　　神庙和祭坛的昔日盛况，于今只剩下一片怡人的美丽风景：一根重新竖起的柱子，柱顶有鹳鸟筑巢；一道道用现代考古方法挖出的沟渠秩序井然，当时地表水还没有漫入伍德挖出的长方形大坑，把它变成滟绿的池塘。就连标出著名的神庙露台及附属台阶的轮廓都很困难，因为到处堆着白色石头，但全都破损甚至粉碎，许多石头在后来的岁月里被重新派了用场，原先的面目荡然无存。不过，穿行在以弗所附近的塞尔柱小镇，仍然可能发现最后一座阿耳忒弥斯神庙的遗痕：或是断碎零落的柱身，掩埋在一道拜占庭时期修建的水渠下；或是精美的祭坛石板和神庙内壁，砌进了小镇里的清真寺或阿亚苏鲁克山丘上古老的基督教堂。伍德还在挖掘现场发现大量劫余文物，并将其中精华用船运到了伦敦。此外，伍德证实了普林尼列举的基本建筑数据，并予以大大扩充。他还确认，实际上，神庙既未采用更结实的多立克柱式，也没有采用更高、更细的科林斯柱式，而是按照典型的爱奥尼亚柱式营建的。它所坐落的土耳其西南部地区，其古代名称正是爱奥尼亚。古籍中关于阿耳忒弥斯神庙的描述和以弗所硬币上的样式和图案，也提供了更多的细节。综合这一切，你或许能对1世纪时，普林尼步入以弗所阿耳忒弥斯神庙眼中所见，有了相当清楚的概念。

阿耳忒弥斯神庙建筑之精致复杂，装饰之丰富多彩，远非之前那些简朴的神庙可比。例如，它比帕台农神庙宏大得多，有更狭长、更开放的柱廊和遮阴的长廊，优雅地耸立在带高高石阶的平台上。和更古老的神庙相比，它也更合乎多数古代人的品位，说到底，没有任何古代奇迹名单考虑过帕台农神庙。帕台农神庙如此受现代人青睐，反映了西方内部的一种普遍倾向，即过度高估现代希腊境内的古建筑价值，但它忽略了那些位于意大利或小亚细亚的古建筑。简言之，把古希腊人本身拟古化和西方化了。

以弗所往南约50英里，便是古城迪迪马，那里依然能瞥见已被尘封的阿耳忒弥斯的魅力。迪迪马有座得以部分保存的神庙。它与阿耳忒弥斯神庙实际宽度相同，只是短了7英尺。迪迪马这座神庙的平均高度在10英尺左右，幸存部分大都维持得相当好。它是献给阿波罗而非阿耳忒弥斯的，设计有所不同，拥有一个独特的沿阶而上的中央区域，用于祈求神谕。尽管如此，两座神庙存在强烈的相似之处。事实上，据古籍记载，有些建筑师对这两座神庙都出过力。人们对迪迪马神庙的第一印象，是惊讶于这些巨石果真那么庞然，而工艺水平又那么精美。首先也是最直观的印象是柱和墙的体积，其次是庙墙和柱基有力的线条。它们全都有壮观的装饰，其细节部分精彩而丰富。或许你会注意到，细节，正如珠宝那般细小而珍贵。在一个柱基上，环刻着骑海豚的海神们的小像，鲜嫩的树叶结成环，环环缠绕，类似的精细小巧的装饰还有许多，使得厚重柱基上暖色大理石的高度，令人惊讶地与人类相仿。虽然迪迪马神庙是为阿波罗——一位冷淡而残酷的神祇建造的，但它的规模尺度却贴近人类，令人亲近。凡夫俗子在这里与阿波罗同行，就仿佛从前在以弗所和阿耳忒弥斯同行一样。

而在以弗所，当年拜谒神庙的人们还可以享受到更多感官上的愉悦。和维比乌斯·萨卢泰瑞斯那些金像陈列在一起的，是来自整个中东地区的各种馈赠，在古典世界四下传扬。正如普林尼所言，阿耳忒弥斯神庙事实上还是一所伟大的艺术展览馆：

> 那些最受称赞的艺术家尽管出生在不同时代，彼此之间却展开了竞争，因为他们创作了亚马孙人（的雕像），而这些雕像都献给了以弗所的狄安娜（阿耳忒弥斯）神庙，当时，人们决定让这些艺术家自行选择其中最值得褒扬的作品。最终在投票中胜出的则是这些艺术家认为仅次于自己创作的那一尊，作者是波力克莱塔斯，其次是菲迪亚斯的作品……
>
> 普林尼：《自然史》，XXXIV，53

这段传说是这样的：亚马孙是地球最边缘的一个王国，国中女战士勇武无畏。在亚马孙人与赫拉克勒斯作战期间，一些受伤的亚马孙女战士到以弗所阿耳忒弥斯神庙避难，而天上神祇认可了她们的行为，由此也证明了这座神庙的圣洁不容侵犯。在普林尼生活的时代，神庙旁耸立着许多著名的亚马孙女战士雕像，其中一些我们至今仍能从罗马的摹刻中看到。这些女战士深受以弗所人喜爱。在城中大理石浮雕、建筑镶板、剧院和其他公共建筑的墙上，到处可见她们的形象。这些形象充满异国情调，俨然危险而迷人的亚洲之化身，也代表着所有拜谒阿耳忒弥斯神庙并向这位伟大的女神献祭的异国朝圣者。

神庙里还有闻名于世的绘画。传闻在亚历山大时期，古代最伟大的画家阿佩莱斯曾在以弗所居住，留下一幅年轻的亚历山大大帝画像。另有传说称，亚历山大任命阿佩莱斯为御用画师，和雕塑家利西波斯及宝石雕刻师、日后制造硬币模具的皮戈泰莱斯[1]共事。正是这三位，塑造了流传至今的年轻国王亚历山大的英雄形象。与这些传说相呼应，据说阿耳忒弥斯神庙内的阿佩莱斯画作中，亚历山大安然坐在王座上，如同众神之王宙斯那样。阿佩莱斯首先把这幅画展示给亚历山大的坐骑比塞弗勒斯，这匹骏马立刻就认出画中主人，发出一声愉快的嘶鸣，而这时候，亚历山大本人却仍然对着画像发愣。"陛下，"阿佩莱斯说，"看来这匹马比您对艺术更有鉴赏力。"这段逸闻可能确有其事。亚历山大想从御用画师描绘的自己形象中找到什么，则无从知晓。

一般认为，神庙最了不起的财富，是沿列队行进的入口，一直通往神庙最深处的一组装饰富丽的新柱鼓。伍德挖出了部分柱鼓的残块，把它们装船送回了英国。从其中最大一个柱鼓——当时伍德费了好大气力才运到码头，可以分析出神庙的许多情形。这些模样相同的柱鼓中，有一个据说是斯珂帕斯创作的，此人名声素著，传闻也为摩梭拉斯陵墓创作过雕塑。不过，伦敦那个柱鼓不太可能出自斯珂帕斯之手，因为它算不上一件伟大的艺术作品，远比克罗伊

---

1 皮戈泰莱斯（Pyrgoteles），古希腊最著名的宝石雕刻师之一，生活在公元前4世纪下半叶。普林尼在《自然史》中记载说，亚历山大大帝只准许皮戈泰莱斯、阿佩莱斯和利西波斯三位艺术家描绘自己的形象，并曾颁布法令禁止皮戈泰莱斯之外任何人在宝石上雕刻他的形象。多份史料显示，除宝石雕刻外，皮戈泰莱斯还负责制作硬币模具，可能设计了亚历山大时期第一枚硬币模具，其上镌有亚历山大的守护神赫拉克勒斯（亚历山大在世时从未允许铸造有自己肖像的硬币）。亚历山大去世后，皮戈泰莱斯辗转于其继业者的宫廷，据信色雷斯国王利西马科斯（Lysimachos）——亚历山大的七位继业者之一，于公元前297—前296年开始铸造的金银币即由皮戈泰莱斯设计，硬币正面是被神化的亚历山大戴皇冠和公羊角的头像。在希腊化时期，造币是传播国王形象的标准媒介。其作品真迹罕见，但赝品大量行世。

斯所捐柱子的寥寥几块存世残石逊色。在这个柱鼓上，行进中的男女神祇看上去有种古怪的、刻意的僵硬之态，他们那有褶皱的衣袍也是如此，似乎画家创作时在追忆更古老的绘画方式，意图表现一种不再时尚的画风。这个柱鼓也不可能是利西波斯的突破性作品，其风格更趋古，且以今人的眼光看，它相对来说，风格更混杂和粗疏，比帕台农神庙雕塑更逊一筹。另一方面，这是十足十的希腊化时代的以弗所，这个城市从来不像希腊的城市那么前卫，它只是更富有、更快活，更少遭遇战火纷飞。它的遗产久经岁月沧桑而磨蚀轻微，带给人们巨大的喜悦。

四　古典世界迟到的结局

可是，波罗的海的粗鲁野蛮人毫无观赏优雅艺术的品位，他们蔑视外来迷信中那种臆想的恐惧。

爱德华·吉本：《罗马帝国衰亡史》

252年，哥特人歼灭罗马军队，杀死了罗马帝国皇帝。一百年后，也是这批哥特人，从克里米亚（Crimea）海港扬帆出发，洗劫以弗所，烧毁了阿耳忒弥斯神庙。之后，和城市一样，神庙得以重建。宏伟正门已成废墟，人们便用正门石头重砌了神庙最深处供奉女神的圣殿，又铺就一条甬道，其下封存了许多七零八落的宝物和泥土底下的破损雕塑。4世纪，神庙再遭地震打击。最终，401年，君士坦丁堡大主教圣约翰·赫里索斯托姆（St John Chrysostom）——一位虔诚而又最为博学的人，将重建的神庙金库和庙宇洗劫一空。在此同时，神庙台阶上建起一座石灰窑，把神庙大理石一块接一块烧成灰浆，以供大规模重建基督教化的以弗所之用。就这样，阿耳忒弥斯的宏伟神庙一点点地化入了新的以弗所城，神庙石头被采掘和重新切割，用于修建基督教堂、道路、沟渠和防御工事。尽管如此，到6世纪，这座规模极大的神庙仍然遗留了很多文物，令东罗马帝国一位大臣忙得不亦乐乎。这位大臣把一些幸存的神庙雕塑送到君士坦丁堡宫廷，那里已经收藏了菲迪亚斯高贵的宙斯像。据说，这位大臣从以弗所送到君士坦丁堡的雕塑中，有一个巨大的蛇发女怪戈耳工头颅，当初这个蛇发女怪像曾经矗立在神庙东面山墙的正中央。令人惊叹的是，虽然历尽这些野蛮的劫掠摧残，在当时许多以弗所人心目中，神庙仍然是一片圣地，散发着伟大的阿耳忒弥斯女神的光辉。基督教作家用轻侮的口吻描写道，这些"赫愣人"（即希腊人）在一片瓦砾中东挖西掘，把他们找到的古代邪教子余奉为圣物。

基督教作家关于这位被逐下宝座的女神的记载，大都是后人编纂成书的。这些记载中，阿耳忒弥斯的结局犹如一幅令人紧张不安的图画，原因是刚刚受洗的基督徒非常害怕女神和她古老的力量。考古发现也证实了这一点。伪福音书上说，正是圣约翰把《圣经》带到了以弗所。在神的意旨下，圣约翰经海路来到以弗所城外一片田野。他走到一个城门，接着又走到阿耳忒弥斯神庙。从这个传说细心描述的地形来看，那一定是伍德于一千八百年之后发掘的"马克内西亚门"。在这道城门，圣约翰发现阿耳忒弥斯庆典上的香火如此旺盛，以致烟雾遮蔽了太阳。在那里，他还看见一尊彩绘女神塑像，嘴唇镀金，脸上蒙着面纱，神像前燃着灯。据记载，圣约翰怀着对异教的憎恶，注意到这道城门附近还有一间公共澡堂，而事实上，近来就在那里挖掘出这么一间公共澡堂，规模不大，但颇美观。我们不妨推测，和许多早期基督徒一样，圣约翰回避了澡堂，以"为上帝而（保持）其灵魂的干净"。他肯定也不会欣赏澡堂美妙的湿润气息，更何况以弗所的纨绔子弟在水汽蒸腾的遮掩下，还干些通奸的勾当。基督徒普遍相信许多异教徒的公共建筑里有鬼魂出没。据说，这间澡堂就是一个魔鬼的巢穴，偶尔会扼死那些疏于防范的人。圣约翰于是驱逐了这个魔鬼，示知以弗所年轻人误入了歧途，令这些年轻人的父母大受震动。他们皈依了基督教，聚集在一起讨论阿耳忒弥斯的命运，而聚会地点正是伍德发现阿耳忒弥斯神庙线索的那一座大剧院。《新约·使徒行传》中说，当时，在这座大剧院里，靠制造和销售女神塑像和神庙模型赚钱的商人们群起鼓噪，高呼"伟大的阿耳忒弥斯属于以弗所人"，抗议圣约翰的布道。尽管如此，大剧院里的基督教徒还是占了上风，嘲弄地俯视着山谷里的阿耳忒弥斯神庙。传说当时阿耳忒弥斯神庙的祭司们吹响号角，围绕圣像点燃一盏盏灯，并打开了神庙沉重的青铜大门。而圣约翰站在大剧院后面最高一排座位上，为以弗所人祝福，给整个大剧院里的人施洗。这便是决定神庙命运的最后一场斗争。

三天后，圣约翰住进阿亚苏鲁克山坡上的一间小茅屋，从那里可以居高临下地俯瞰阿耳忒弥斯神庙，而他看到的是盛大的阿耳忒弥斯庆典。在这种情况下，圣约翰的皈依者大为恼怒，成群结队地冲进神庙。混乱中，异教徒不可思议地干了件对自己有害的事——他们投掷的石头失了准头，砸向了阿耳忒弥斯的神像。神像遂被拴上绳子拉倒在尘埃中。接着，圣约翰祷告上帝把邪恶的阿耳忒弥斯驱逐出以弗所，皈依基督教的人们四下出动，把全城所有异教神像统统拉倒焚烧，在各处城门悬挂十字架，并建造教堂以进行礼拜。之后，圣约翰离开以弗所前往帕特莫斯。据说圣约翰后来重返以弗所时，发现异教神像和庙宇毁的毁，塌的塌，再也不成气候。

一些伪福音书还说，圣约翰在圣母马利亚的陪同下，又一次住进阿亚苏鲁克山坡上的那间小茅屋。正是在那里，来访的圣彼得和圣保罗说服圣约翰写作福音书，而圣彼得在一小时内就完成了这个任务。他最终享寿120岁，葬在这座小山上，坟墓仍然俯瞰着阿耳忒弥斯神庙。还有一种说法是，圣约翰在这座小山上睡着了，因为他本人的福音书中，有那么短短几行可以被解释成他在基督再临之前不会死去。百千年来，到他墓地上方的教堂做礼拜的人们会看见他的呼吸把一缕缕轻尘吹送到空中，这些尘土被称为"吗哪"[1]，被当成万应灵药卖到四面八方，而圣奥古斯丁也没有嘲笑它，反而声称看到它曾治愈过几名重病的人。

　　考古学家发现，到4世纪，以弗所全部公共建筑都凿除了阿耳忒弥斯的名字。基督教会的记载也说，大约就在此时，一直矗立在以弗所市中心的阿耳忒弥斯雕像也被推倒，人们在那里竖起一个十字架："德梅亚斯推倒了女神阿耳忒弥斯骗人的塑像，竖起了真理的标志。他荣耀了驱逐众偶像的上帝和十字架——耶稣永恒的、胜利的象征。"不过，生活在女神的伟大城市里的这些基督教皈依者仍旧非常害怕，以至于他们在几乎每块甬道石、每根柱子的柱顶和柱身，还有雕像的前额上都刻下了某种基督教符号——通常是一个十字架。阿耳忒弥斯的影响力是非常强大的，在《启示录》中，她作为某种反七大奇迹的角色出现，而以弗所本身则是基督教亚洲的七座城市之一。更有甚者，考古学家还发现以弗所人从未致力于彻底割断和女神的联系。在基督教化的以弗所市政大厅地下精细的红沙中，小心地埋藏着两尊美丽的阿耳忒弥斯雕像。这两尊雕像出土之际，时光已流转至20世纪60年代。

　　也是在4世纪，基督教的第三次大会议——以弗所的第一次大

1　吗哪（manna），在《旧约》中提到的耶和华自天降下的食物，提供给在荒漠中走出埃及的以色列人。

会议，在城中大教堂召开。这座大教堂系由古船坞旁一间谷仓改建而成，从那里可以望见阿耳忒弥斯神庙的废墟。虽然港口严重淤塞，城市也远非旧貌，但当时以弗所及周边田园仍一派富饶肥沃的景象，这座城市也仍然是古代海路上的重要港口。

> 亚洲……有数不清的城市。事实上，它有非常大的城市，其中许多都在海边。我们必须提到这么两座城：以弗所，以非凡的港口著称；士麦那，与以弗所相似，也是一座辉煌的城市。整个地区极为广袤，出产各种好东西：葡萄酒、油、谷物、优质紫色染料和耐寒的斯佩耳特小麦。这是一片最令人赞叹不置的地方，对它的揄扬很难过甚其词。
>
> 阿尼翁：《天下舆志》，xlvii，（约公元360）

不管怎样，到公元614年，以弗所半毁于地震之中。也是在这个时候，波斯军队一路烧杀劫掠来到这里，迫使幸存的以弗所市民到圣约翰的小山避难，在山上大建防御工事。就像平时那样，他们总是从阿耳忒弥斯神庙废墟那里采掘石头。

阿耳忒弥斯的这座古老城市从此荒无人烟，石矿和港口淤满凯斯特河的泥沙。这条河一直需要不断细心疏浚，否则就会让港口彻底淤塞。就像在奥林匹亚那样，以弗所的这条河如今从荒芜的内地农田带走更多的黄沙，先是淤塞了曾是城市动脉的港口，而后又迫使海水退离海湾数英里，远离古码头，就此注定了以弗所的最后命运。到10世纪，神庙已被淤泥深深掩埋，淤泥上又盖了房、挖了井、垦了田，还开辟了一座葡萄园。要不是伍德百折不挠地挖了12英尺深的壕沟，神庙是全然没有任何踪影可寻的。

基督教的第三次大会议使以弗所在基督教基本教义中留下了

独特的印记。正是在这次会议上，圣母马利亚被冠以"天主的孕育者"头衔，部分解决了关于耶稣本性的没完没了的激烈争论。在一个被当成天国之镜像来统治和运行的帝国里，耶稣本性这个问题有着强烈的政治和神学意义。把最高女性同化到基督教神学中，不经过大量争论是实现不了的。来自帝国各地的主教云集以弗所，他们各有迥然不同的广博的宗教体验传统，各有支持自己的真正的僧侣军队。大会议期间，以弗所的警察会偏向某一派别，而向另一派别的与会代表颁发钦定罪状，有的与会代表被禁止出门，不得进入以弗所各处的教堂，甚至不让拜谒圣约翰墓。以弗所市民也在大会议上扮演了重要角色，有时，大会议甚至演变成一场城市战争，骚乱者或占据以弗所的集市，或袭击与会代表的住处，而与会代表的住处都是按他们支持的宗教派别指定的，并仔细地做了记号。成群结队的帝国军人手拿棍棒和宣言在街头晃悠，有些主教遭到软禁，以便让大会议无论如何能够进行投票。要是这些主教被罢免、遭谴责或者获晋升，这些不同的结果会使快乐或愤怒的喊叫声响彻全城。紧接着，胜利的一方便会点灯燃香，纠集少男少女在全城游行。这种动荡持续了很多年，有些代表钱花光了，人也废了，有的成了酒鬼，有的饿死、热死或受伤而死。但最终，争斗不休的各个派别到底就"天主的孕育者"这个主要的神圣观念达成了一致，虽然他们对这个观念的精确诠释和理解，仍然存在数不清的细微差别。

　　安提克[1]的约翰的宣言（431年6月）

　　受天主之仁惠，奉最虔诚、最爱基督的皇帝之诏书，在

1　安提克（Antioch），土耳其南部一城市，位于地中海附近的奥伦提斯河沿岸。公元前300年由塞琉古一世所建，在罗马时期是重要的军事和商业中心，也是基督教的一个早期中心。

以弗所举行的神圣的宗教会议发布如下声明：我们祈祷，宗教会议应当按照神父们的教规和最神圣并热爱基督的皇帝们的旨意和平召开。我们遵照最神圣的皇帝们的命令，只待在房间外面。但既然你们自己开起会来轻率、混乱，采用了异端的思想框架，既然你们为阻止讨论重要的事情——如亚波里那派、阿里乌斯派和优诺米派的错误信仰和虔诚行为，把城市和神圣的宗教会议弄得乌七八糟，直到圣主教们从各个国家抵达这里……你，亚历山大里亚的西里尔，这座城市的王，你被驱逐，不再属于这片主教管区，教会职务也被免除，原因是你一手导致这混乱失序、无法无天的状态。你是罪魁祸首，神父的意志和皇帝的训令都遭到践踏，而你应对此负责。

亚历山大里亚的西里尔致安提克的约翰（433年4月）

让天空和大地尽情欢乐……这次会议让我们十分愉快……我们现在完全确定，各教派之间的争执总的说来缺乏节制，很不恰当。上帝最为亲爱的保罗主教带给我们一份文件，里面对信仰的表述无懈可击。而这种表述，我们听说，是经殿下和德高望重的主教们同意的……

"……考虑到圣言成了血肉，寄居在我们中间[1]；我们同意，圣母是天主的孕育者，从同一个概念，由她那里夺来的神庙和天主本人联结在了一起……"

读着你们的这些神圣词句，发现我们也想到了这一点……我们赞美上帝，世界的救世主，为各自教派在这一信仰上达成

1　语出《新约·约翰福音》1∶14，在有的中译本中，"圣言"又译成"道"，此句被译为"道成了肉身住在我们中间"。

16. 意大利中部城市蒂沃利德埃斯特别墅的阿耳忒弥斯像。在文艺复兴时期，人们重新对古代世界产生兴趣，绝大多数古代神祇获得新生。16世纪50年代，这尊阿耳忒弥斯雕像被用来装点壮丽的花园。它是皮罗·利戈里奥为红衣主教伊波利托·德埃斯特位于罗马附近的奇妙花园设计的。月亮和狩猎女神阿耳忒弥斯位于以弗所的神庙乃世界七大奇迹之一。这尊阿耳忒弥斯像原本位于花园中轴线上，象征着丰饶的大自然，但后来守旧者把这位煊赫一时的女神贬斥到园内一隅枝叶扶疏的步行小道上

17. 拉特摩斯山下赫拉克勒亚的橄榄树林。对古代希腊人来说，空中花园便是赫拉克勒亚古城里这种斜坡上的台地。在大希腊地区，到处是嶙峋的丘陵，人们在这种坡地上什么都种，不管是橄榄树还是小麦。对当地辛苦耕作的农民来说，在辽阔无垠、水源充足的美索不达米亚平原上，在古老的亚述园林里，那些花木繁茂的坡地和波斯人的狩猎场实在就同天堂一般美好

18. 巴比伦的空中花园，这一古代奇迹的标准图像，由查尔斯·谢尔顿绘制，1924年出版。在这张设计图中，塔庙的一级级台地上栽种着成排的树木；而在现实世界，古老神庙那松散的泥砖绝对无法支撑树木如此茂密的梦幻。不过，这样的梦幻令人信服，是19世纪《圣经》中的巴比伦影响深远的幻影之一

19. 上：从古圆形剧场眺望以弗所古城。约翰·特特尔·伍德由此开始寻找阿耳忒弥斯神庙的漫长之旅。他挖掘出一整条大理石街道，那是古代以弗所的中心区之一

20. 下：通向阿耳忒弥斯神庙的古代道路，伍德在城门外继续发掘时，穿过这些美丽的田野，朝着城堡方向开辟了深约12英尺的壕沟。这座城堡至今仍俯瞰着塞尔柱小镇

21. 一条古代拱廊上的铭文。伍德最连贯的线索便是他发现的为田野所掩埋的古代拱廊遗迹。这条拱廊当年曾用来为阿耳忒弥斯像在以弗所穿越游行时遮风挡雨，并指引伍德找到岁月湮没的神庙。这些大理石遗迹上写的是阿耳忒弥斯女神的罗马名字——狄安娜，《圣经·使徒行传》中也用了这个名字

22. 以弗所阿耳忒弥斯神庙遗址。这座伟大的神庙被埋在15英尺厚的河泥之中，周遭是伍德浩大的发掘现场。今天，这处遗址尽管位置低于古伊萨·贝伊清真寺和圣约翰教堂，但看上去一片荒凉。不管怎样，这旷日持久的发掘乃是一个伟大的富于戏剧性的现代考古事件：奥地利研究所的安东·巴默教授已发掘出迄今所知最古老的有圆柱支撑的希腊神庙，至于阿耳忒弥斯女神本尊这一古希腊瑰宝，却被深深地埋在晚期大理石神庙的遗迹之下

23. 以弗所最后一座阿耳忒弥斯神庙的复原图。这幅水彩画已有七十年历史，相当精确地表现了阿耳忒弥斯神庙在其繁荣时代晚期的情景。作为希腊世界最古老的宗教圣殿之一，这座最后的阿耳忒弥斯神庙是亚洲希腊人所钟情、华丽的爱奥尼亚柱式的超级典范。迪迪马的阿耳忒弥斯神庙遗址（见图1），让我们多少明白了失去以弗所阿耳忒弥斯神庙是怎样一个损失——这座宏伟壮丽的神庙绝大部分要么石头被掘走，要么被烧来炼了石灰

24. 吉萨哈夫拉金字塔。这是吉萨最完整的金字塔，上半部的外表面部分得以留存。它的位置比相邻两座金字塔高，看上去是其中最高大的一座，但事实上，它一度比挨得很近的大金字塔（胡夫金字塔）低10英尺。你可曾希望绕地球表面，用一英尺见方的石块筑道墙？哈夫拉金字塔几乎可以提供所需石材的三分之二，拿破仑本人曾经这么计算过

25. 罗马的行政官金字塔。它是富有的古罗马行政官凯厄斯·塞斯提乌斯·埃普洛（卒于公元前12年）的坟墓，也是古罗马两座朴素的金字塔中仅存的一座。古罗马这两座金字塔曾给第一批欧洲旅行者留下深刻印象，以至于早期西方绘画大多错误地把吉萨金字塔画得和古罗马金字塔一样陡峭。这么陡峭的角度可能还导致人们普遍相信，金字塔和方尖碑分别不大。由此，到处都是方尖碑的罗马城也被视为遍布金字塔的城市

26. 测量奇迹。这是一幅巴洛克风格挂毯的局部，小巧而别出心裁，表现了一名土耳其古文物研究者在测量罗得岛巨像的足部。挂毯制于17世纪的布鲁塞尔，是关于七大奇迹的系列挂毯巨制之一，现存于法国阿尔勒瑞图博物馆。在文艺复兴时代，许多艺术家和这位土耳其人一样，对残存的古代巨制很有兴趣，纷纷临摹测量，以期在自己的作品中再度运用古人的设计

27. 皮罗·利戈里奥的罗马模型，位于蒂沃利的德埃斯特别墅。除设计伟大的阿耳忒弥斯女神形象之外，利戈里奥还在蒂沃利的花园里建造了迷人的古罗马模型，以象征其文明。这处废墟映衬着利戈里奥想象中屹立于古罗马大地的七大奇迹，那条微型台伯河里有一艘石船，其中载着一座方尖碑，这一创意来自利戈里奥本人在古罗马市中心重建的古台伯岛码头

28. 罗马的圣彼得广场。看来，利戈里奥的朴素设计对后来巴洛克罗马的规划者有很大影响，即便圣彼得广场也与他的古罗马港素描相呼应，竖起一座方尖碑、一尊巨像和一座法罗斯灯塔。广场上的方尖碑传统上标志着圣彼得被钉在十字架的受难地点。多年来，人们相信其顶端星星上方的那个镀金圆球里，存放着恺撒的骨灰

29. 左：罗马北部博马尔佐城中奥尔西尼花园里奥尔西尼的铭文。皮尔·弗朗西斯科·奥尔西尼王子来自中世纪罗马的一个大家庭，长期效力于罗马教皇的雇佣军团。他自豪地宣称，这座紧挨他在博马尔佐的夏宫的花园风格怪异

30. 右：博马尔佐的法罗斯灯塔。奥尔西尼的花园雕塑不容易让人们立刻联想到古代奇迹。尽管如此，这些雕塑常把业已消失的七大奇迹当成象征元素，用以营造一个森林梦幻。奥尔西尼在一个怪物头顶上勉强放稳当的"世界之光"，便源于皮罗·利戈里奥复原的亚历山大里亚法罗斯灯塔

31. 博马尔佐的巨像。"如果罗得岛为其巨像自豪，那么我的森林也因这尊巨像感到荣耀……"奥尔西尼
在这尊凶猛残忍的雕像旁刻下的铭文如是说。在此，古代巨像变成了中世纪意大利作家阿里奥斯托的喜
剧史诗《奥兰多·弗里索》中疯狂的主人公，实实在在地把对手撕成了碎片

32. 日落时分的吉萨大金字塔，古代七大奇迹中唯一的幸存者。这些金字塔是人类创造的最古老、最大、最精密的石头建筑，是所有人都认可的真正奇迹

一致而欢天喜地。这一信仰的依据是天赐《圣经》和我们从神父们那里继承的遗产。不过，我发现某些喜欢挑刺的人叽叽喳喳批评不休，以他们习以为常的方式，像凶恶的黄蜂一样对我口吐恶言（好像我曾说过耶稣的圣体自天而降，并非来自圣母）。在此，我想我应当就这个话题向他们说点什么。

"你们这些愚人！除了侮辱别人什么都不会做。你们缘何如此无智无识？你们怎会沾染这些蠢习？你们理应清楚地知道，实际上，我们关于这一信仰的全部论据都基于这一断定：圣母是天主的孕育者。假如说我们全体的拯救者耶稣的圣体降生自天堂而非圣母，那么'天主的孕育者'这个词该如何理解？倘若圣母诞下的不是基督，那么又是何许人也？"

所以，还是去嘲笑那些信口胡说我的人们吧……

五　阿耳忒弥斯的珍宝

1904—1905年间，大英博物馆使用水泵再度发掘阿耳忒弥斯神庙。当年，中央圣殿底下那片低洼区域一直不停地渗水，伍德尽了最大努力，终未发掘成功。现在，在伍德所挖巨坑的底部深处，考古学家发现了比克罗伊斯或亚历山大时代更古老的神庙遗迹。在这些不起眼的遗迹里，他们找到了数量惊人的古代宗教珍贵祭品：小型象牙制品、大量陶器、一些金饰和小雕像，还有被普遍认为世界上最古老的硬币。不过，和所有重大发现一样，这次发掘带来的问题和它解决的疑难一样多。于是，到20世纪80年代，一支奥地利考古队重返同一区域。这次，他们不仅再度发掘了古代神庙禁区，而且挖掘了禁区的地下部分，追溯了阿耳忒弥斯在这片广袤平原最初的情形。

古代以弗所人一直声称，阿波罗的神谕告诉他们，到"一条鱼将向他们显示，一头野熊将为他们指引"的地方建立自己的城市。传说在一处孤零零的海滩上，一些渔夫在泉眼旁烧午饭。忽然，一条鱼和一块煤从烧烤架上掉落，引燃灌木丛，惊动了一头熊。这头熊向山里逃去，却被标枪击中倒下。没等奥地利考古学家发掘到中央圣殿，其发掘成果已经表明，这些传说不可思议地印证了考古事实。在阿耳忒弥斯神庙西边那巨大的祭坛地基旁，他们发掘出了古以弗所海滩，那些坚硬的海沙如今深埋在灰色河泥下面。考古学家们还发现，海滩上有一口小小的淡水泉眼。泉水和海滩，这是一个颇不寻常的组合，但它成为水手理想登陆地点的先决条件。泉眼旁曾有过一条小道，小道旁有一个小小的正方形祭坛，古海滩的尽头即是古希腊人建造的巨大祭坛。在那里，奥地利考古学家甚至发掘出一层厚厚的木炭。这层木炭正如普林尼描述的那样，被铺设在神庙古老地基的底下。在其周围发现的陶器则表明，迈锡尼人曾乘船来过这处海滩，时当公元前2000年，远在以弗所建城之前。就这样，在这处有淡水泉眼的海滩，在小小的圣殿和祭坛旁，开始了以弗所这座城市的历史。沧海桑田，在这处不起眼的避风港，曾经相继建起过六座神庙，历经无数洪水和几度火焚，终于成为供奉以弗所的阿耳忒弥斯女神之地，千百年来名声远播，甚至传扬至古代东方各地。

种种迹象表明，曾几何时，从印度到爱尔兰，从伐楼拿[1]到罗

---

1 伐楼拿（Varuna），又译婆罗那，古印度吠陀时期是主掌天空、雨水、天海、法规与阴间之神，具有太阳神的职能，是阿修罗神族中最重要的神祇。在《梨俱吠陀》中，伐楼拿作为天空神，更趋向支配天空黑暗的一半。而在《阿闼婆吠陀》中，伐楼拿是全知神，说谎的人不能逃视他的罗网，星星是他监视人类一举一动的千眼密探。伐楼拿后来在印度教中地位逐渐下降，最终成为掌管海洋与河流的水神和溺水者灵魂的守护神。在佛教中，伐楼拿成为护法神，被称为"水天"，为十二天之一。《圣无动尊安镇家国等法》曰："水天，乘龟，右执蛇索，左手叉腰。其天头上有七龙头，状如蛇形。"《瑜伽护摩仪轨》曰："西方水天住于水中，乘龟，浅绿色。右手执刀，左手执龙索，头冠上有五龙。四天女持妙华。"

穆卢斯[1]，从狄安娜到希比利再到"白女神[2]"，这些神话存在广泛的内在连续性，令学者们无数次惊讶抬眉。话说回来，现代意识完全不同于古代，古人的时空观念和思考方式对现代人来说十分独特，因此，我们在各种神话传说之间建立的关联很可能仅仅出于臆造。另一方面，希腊和罗马旅行者能在异域轻而易举地认出本民族的神祇。这些神祇可能用着完全不同的名字，穿戴完全不同的装束，但其个性和品质仍与关于它们早期情况的迷人记忆相吻合。如今，奥地利考古学家在阿耳忒弥斯神庙中心地区的最新发掘成果证实，这种不同文化间的联系确实很早就在以弗所出现。当时，在整个古代东方，存在一种广泛深入的共同信仰。安东·巴默博士领导的考古队考察了所有供奉阿耳忒弥斯的古老神庙，发现祭献的供品来自埃及、安纳托利亚、希腊，还有中亚、腓尼基和巴勒斯坦。这些地方多在本土文化背景下，保留了女神的标志和象征，而阿耳忒弥斯对它们来说，也几乎同等重要。在以弗所，你在家中供奉的女神是阿耳忒弥斯还是希比利或瓦那克斯[3]显然无关宏旨，就算供奉的是埃及陶瑟特王后、埃及音乐与狂欢之神贝斯、腓尼基人等崇拜的丰饶

---

1 罗穆卢斯（Romulus，约公元前771—约前717），罗马建城者和第一位国王。在罗马神话中，他和双胞胎兄弟瑞摩斯（Remus，约前771—约前753）是女祭司雷亚·西尔维亚和战神马尔斯的私生子，由一头母狼哺乳长大。相传罗穆卢斯创立罗马元老院，将大量地区及其居民纳入罗马的统治范围。

2 白女神（the White Goddess），英国诗人、古典主义者罗伯特·格雷夫斯（Robert von Ranke Graves，1895—1985）主张对希腊神话进行创造性和诗意的诠释。他于1948年发表长篇文章《白色女神》，提出在各种欧洲和异教神话中的众多女神背后，存在一个"欧洲神"，即"（司掌）生、爱与死的白女神"。"白女神"与母亲神有颇多相似之处，其意象深受月相变化影响。"真实"或"纯粹"的古典诗歌与"白女神"及相关宗教仪式有千丝万缕的联系。这篇文章后经作者修改成书，不断再版，对西方文化研究影响深远。

3 瓦那克斯（Wanax），古希腊语中意为"（部落）国王、领主、（军事）领袖"，是传统上被译为"国王"的两个古希腊人头衔之一。对古希腊迈锡尼文明的考古研究认为，瓦那克斯是公元前13世纪末迈锡尼小王国的最高统治者。

和爱之女神阿施塔特、罗马狩猎女神狄安娜或地母库巴巴也无所谓，到神庙拜祭的信徒都明白，他们供奉的神祇与他们称为以弗所的阿耳忒弥斯女神之间存在某种联系。

考古学家迄今没有挖到阿耳忒弥斯神庙最早的地基，神庙的早期遗迹恐怕还得在大坑底下的淤泥里再沉睡一千年。而且，到目前为止，已发掘的许多文物都很难确定其时间和初始情况，特别是因为许多早期文物被移走，挪用于晚期建筑，有些至今仍可在教堂里看到。这些教堂把珍贵供品细心保存下来，并经常把这些供品从老教堂转移到新教堂里。因此，最好把在古代阿耳忒弥斯神庙里发现的形形色色的供品当成一个令人惊叹的整体，一座在阿耳忒弥斯女神和人类远古信仰之间架起的桥梁。这才是以弗所的真正奇迹，阿耳忒弥斯真正的影响力就在于，她对如此众多属于不同文化的人民有着如此众多的意义。这些意义可能一向难以准确界定，孕育它们的文化如今也已湮没无闻。尽管如此，阿耳忒弥斯却俨然一个凝聚点，让不同文化的人民拥有了共同的声音。

在这些神庙里，有来自叙利亚的象牙制品。这样的牙雕曾装饰叙利亚王子的宝座和撒玛利亚宫殿的御室，亦曾遭到《圣经》中的先知斥责，成为他们谴责国王渎神的证据。更多的象牙制品则来自埃及，可能出自腓尼基沿海的埃及化艺术家之手，属于典型的古埃及艺术晚期风格。此外，仿佛为了强调女神母亲这个被广泛继承下来的主题，神庙里还有描绘埃及音乐与狂欢之神贝斯的彩陶——几千年来，贝斯在埃及一直被视为生育之神。以弗所的阿耳忒弥斯神庙里供奉的贝斯雕像个头矮小，长着罗圈腿，正击鼓起舞，其地位犹如阿耳忒弥斯的助产士。神庙里还有用象牙和赤金打造的古代男女祭司像，男祭司穿着长袍，目光凌厉；女祭司仿佛来自波斯古籍的插图，眼里蕴含着公元前4000年美索不达米亚平原上最古老神庙的幽暗。光彩夺目的象牙调羹和象牙盒则做成最古老的样式，其图案可以在希腊、罗马、尼姆罗德、卡尔基米什[1]和辛其尔里[2]等处的宫廷家具上找到。不仅如此，吉尔伽美什统治的乌鲁克和他造访的巴比伦怡人花园——世界上最古老的花园，还有亚述大神阿舒尔的宫墙和巴比伦城墙高塔上那些有翼的狮身鹰首兽——古老的夜之恶灵，乃至后来被亚历山大一把火烧光的波斯宫殿柱子上，也可见到这样的图案。

献给阿耳忒弥斯的小型狮身鹰首兽中，有些用象牙雕成，另一些则受中亚平原游牧文化的影响，浇铸成可随身携带的青铜像。还有些青铜雕塑，特别是来自卢里斯坦[3]的一些小玩件，其有力的线条图案与美索不达米亚最古老的宗教信仰相呼应，深受西方收藏家青睐。其后的岁月里，从中国到爱尔兰，从马具到剑饰和盾饰，都出现过相似的图案。而在安纳托利亚，许多类似形象和装饰出现时间还要早得多，缘于公元前2000年当地受到来自中部平原的赫梯[4]人占领。以弗所发现的大量供品来源多种多样，这些意象的传闻之曲折，犹如设计本身，在历史的时间长河里草蛇灰线，伏脉千里。

阿耳忒弥斯神庙贡献的另一个强烈意象是女性，可能是位女祭

1　卡尔基米什（Carchemish），古赫梯人和亚述人的城市，位于今土耳其南部的幼发拉底河上。尼布甲尼撒二世公元前605年在此打败埃及人。

2　辛其尔里（Zinjirli），即今土耳其的城市津吉尔利许于克（Zincirli Huyuk），此地在青铜器时代已有人烟，公元前1200—前609年是萨马拉王国（Kingdom of Sam'al）的都城，公元前9世纪和8世纪实际上受新亚述帝国统治，公元前7世纪成为亚述行省。遗址于19世纪末至20世纪初被发掘。

3　卢里斯坦（Luristan），位于伊朗西部，因出土许多公元前12世纪的青铜器而闻名。

4　赫梯（Hittite），又译西台、希提，安纳托利亚即小亚细亚古国。赫梯人尚武善战，公元前30世纪末至前20世纪初在小亚细亚建立若干商业殖民地，并把楔形文字带到了小亚细亚。赫梯文明是古代美索不达米亚文明与爱琴文明之间重要的桥梁和纽带。赫梯法律允许女性和男子一样拥有职业，王后与国王共享大权，并有王后单独临朝统治的记载。

司，甚或是女神本人。她站在一头狮子身上，唤起对某些人类最古老意象残存的记忆。在以弗所，献给阿耳忒弥斯的狮上女郎是用精美象牙雕成的，而一模一样的狮子也咆哮在萨第斯城铸造的第一批硬币上——不过，在萨第斯，它是希比利的狮子。在以弗所阿耳忒弥斯早期神庙的废墟里发现过这些硬币。

而熊牙来自希腊，被琢成曲线优美的蛮族项链献给以弗所的阿耳忒弥斯。有的熊牙项链上是一个个用模子做出的小武士头像，系在希腊和塞浦路斯制作，被作为祭品送到这里。精美的希腊陶器碎片则产自公元前6—前8世纪。反过来，西方的希腊人也自行吸纳了这些东方意象。被查士丁尼大帝的大臣送到君士坦丁堡的蛇发女怪"戈耳工"巨像是神庙山墙上的装饰，这种做法最早就源自亚洲。同样地，在大量希腊神庙里出现的连绵万字饰[1]也始于亚洲平原地区。至于那些献给以弗所的阿耳忒弥斯的亚洲狮身鹰首兽，则被古代希腊人改造成神庙屋顶上排水口的装饰。不过，古老世界交织错杂，这样的实际状况最终使得贴标签变得徒劳无功，因为那些早期神庙香火旺盛的时期，也是希腊文化本身逐渐形成的过程，阿耳忒弥斯的各座古老神庙，乃是希腊文化赖以形成的熔炉之一。

晚期希腊人没有忘记这一点，并以自己特有的方式表达出来。菲迪亚斯创作的亚马孙受伤女战士和耸立在晚期希腊大理石神庙里的其他所有雕塑，都是关于抗击凶悍的游牧民族的古代战争的微妙回忆和呼应。正是这些游牧民族，摧毁了小亚细亚绝大部分地区，却向以弗所的早期阿耳忒弥斯神庙献上青铜和象牙雕塑，把它们和希腊人的创作一起放在那里。

1　万字饰（swastika），一个古老的宇宙或宗教象征，由希腊十字的各端成顺时针或逆时针字弯成直角而形成。

乍看来，这些古代神庙并没有什么重要价值，其上一度建造过更宏伟的大理石建筑。这个地区迄今仍是一座考古宝库，是千年来封存在河泥和泉水之下的神圣祭祀遗迹的核心。到目前为止，人们发现的最古老的一座神庙看来建于公元前850年左右。这些建筑形式杂乱无章，或遭水灾，或遇火劫，互拆互补，难以分开。事实上，唯一的连续性就是每一座新神庙都建在旧神庙之上，例如，亚历山大时代的阿耳忒弥斯神庙耸立在早先克罗伊斯时代的阿耳忒弥斯神庙之上。而恰恰由于克罗伊斯在其军队摧毁以弗所之后，虔诚地重建了阿耳忒弥斯神庙，神庙部分珍宝得以保存在新神庙宽阔的大理石甬道底下。且看，在一度十分精美的大理石庙宇地下，有一片样式最简单的柱基——一排排形状粗糙的石头杵在泥中，防止木头柱子沉陷下去。遥想当初，它们曾共同拱卫着一座长方形的中央神殿，那是迄今所知经典希腊庙宇中最古老的样板，开辟了帕台农神庙和其后所有神庙之先河。就在这多姿多彩的多样化背景里，大部分希腊文化开始浮现，其中也包含着一部分现代文化。对这座宝库，最好是形诸纸笔，显于宏图，因为在现实世界里，它沉睡在淤泥中，很难被视为一座存世建筑。不过，初期的神庙可以说相当朴素和简单明了，也十分对称。

在古神庙正中央的泥地里，还有一个珍贵的发现。这里古时曾遭洪水，被淤泥覆盖，从此再未见过天日。在这片淤泥里，考古学家挖出了一个残缺不全的风箱，与萨第斯黄金作坊里的十分相似。人们可能奇怪，是否以弗所的阿耳忒弥斯也掌管货币铸造，就像萨第斯的希比利一样？更令人吃惊的是，紧挨着这个风箱，考古学家发现了属于阿耳忒弥斯的大量珍宝，包括成千上万散落的珠子和珍贵饰品，还有恒河沙数的衣饰——项链、手镯、束袍的金制带钩、一度缝在女神衣袍上的金制玫瑰花结、把衣袍系拢在女神腰部的巨大的青铜带扣。所有这些东西，人们从前只在一些奇异陌生的神像上见过，这些神像所表现的女神有着成串的乳房，浑身珠环翠绕，有如木乃伊一般。很可能在古代，这曾是一尊阿耳忒弥斯神像，后来倒在此地，被淤泥掩埋。假如它是木制的，在湿软泥土里很快便会腐烂。其后几代建筑师在此建造神殿，有意封存了这片圣地。最后，就在这个地点，耸立起为新的大理石神庙建筑创作的巨大的宗教雕塑。严格说来，这个地点布满了来自最古老往昔的珍贵意象，其中许多意象传播到古代印欧世界的各个地方。

对阿耳忒弥斯女神的崇拜，最广泛地表现在对女神本人的装饰上。巨大的青铜带扣图案属于典型的欧洲北部设计风格，由希腊工匠雕琢的大量琥珀珠子其原料也来自波罗的海。女神的玻璃珠有些刻成小脸，那是南边腓尼基人的创作。考古学家推测说，这些是研究晚期阿耳忒弥斯神像上颇不寻常的一排排乳房的起源和意义的线索。在君临以弗所古城的一处山谷，一个孤零零的岩洞里，有一尊多乳房的阿耳忒弥斯雕像。这位乳汁涌流的丰饶的阿耳忒弥斯，可能受到当地人持之以恒的崇拜。当地人相信，她拥有一种力量，能让母亲获得哺育孩子必需的乳汁。不过，远在多乳房的阿耳忒弥斯雕像出现数百年之前，这些小小的琥珀珠就被刻成蔷薇果、山楂果、罂粟头、茄子和石榴等各种形状，然后串成粗大的项链，披挂在女神雕像胸前。看上去，它们就像是阿耳忒弥斯女神的微型乳房，也像是花木的一串串果实。这些简单形状还被解释成乳房、驼鸟蛋、被屠宰公牛的睾丸乃至小巧玲珑的金蛋。或许，五花八门的诠释显示了不同时代的不同考古趣味。

这座沼泽里的伟大神庙是一个奇迹，这不仅在于它是为阿耳忒弥斯建造的最后一座大理石建筑，甚至也不仅仅因为它是古典世界里最后两座宏伟壮丽的神庙之一。它之所以是奇迹，在于阿耳忒弥斯女神受到普世性崇拜这一重要观念。如今的沙特尔大教堂[1]在重建之前，就是圣母马利亚的伟大圣殿，而即便现在的教堂有朝一日坍塌，对圣母的忠诚信仰也会代代相承。以弗所人对阿耳忒弥斯的崇拜也是这样。就因这个缘故，阿耳忒弥斯神庙才会历经火焚和劫掠，仍在同一地点重新屹立于世。所以，这个奇迹的本质，乃是对神圣崇拜的传承。

在七大奇迹时代，过去的历史事件已被大量抛弃和遗忘。但不管怎样，在这个美丽的新世界之下，仍保留着深刻的连续性。后人眼中的阿耳忒弥斯神庙、空中花园和摩梭拉斯陵墓，可能充斥臆想，不尽准确，但在某种程度上，我们仍在努力保持一种信念，而这个信念与菲洛对奇迹这个词的直觉认识相一致：奇迹是一种宗教恐惧，一声发自肺腑的惊叹。正是对奇迹的这一理解，引导着古人去荣耀他们的诸神，引导着亚历山大及其继业者们擢升和荣耀人类的成就。七大奇迹犹如古代神圣崇拜的传输渠道，这种神圣崇拜不见于宗教教义，而体现在这些奇迹的伟大意象之中。这些意象使得至善至美的以弗所阿耳忒弥斯女神既与安纳托利亚最古老的神祇一脉相承，也与现代世界息息相关。

1　沙特尔大教堂，即沙特尔主教座堂（Cathedral of Chartres），又名"石雕圣经教堂""沙特尔圣母教堂"，位于法国巴黎西南约70公里处的沙特尔市，其址在4世纪至12世纪建造过五座教堂，均遭火焚。1194年火灾后以哥特式风格原地重建，是法国哥特建筑巅峰期的代表作。这座教堂是西欧重要的天主教圣母朝圣地之一，相传圣母马利亚曾在此显灵，教堂还保存着马利亚穿过的圣衣。1594年，法王亨利四世在此登基加冕。1979年，这座教堂被列入联合国教科文组织世界文化遗产名录。

第七章

金字塔与奇迹的崛起

一 奇迹的诞生

虽然（如今）不可能在盂菲斯建造这
些金字塔，但关于它们的描述奇妙非凡。在
群山之上，垒起群山，方正的石头建筑几乎
垂直，难以为人类智慧所把握。多大的力量
才能撬开如此沉重的石料，无论什么人都会
因此感到神秘……坡道之长，不亚于一段旅
途，也不比长途跋涉更轻松。站在金字塔顶
俯瞰，只能模糊地望见塔底……整座金字塔
是一个整体，打磨后不见任何缝隙，仿佛是
用一块完整的大石头雕琢而成……人们惊讶
之余，转增喜悦之情；叹赏之下，崇敬之意
油然而生：何等挥洒不尽的光彩壮丽……正
是通过这样的事功，人类向诸神的世界升

华，而诸神降临到芸芸众生之中。

菲洛，2，1—5

七大奇迹中，唯有埃及金字塔名列所有历史时期的所有奇迹榜单之上。这些金字塔是七大奇迹中最古老、最庞大、最精密的石头建筑，也唯有它们，多少还算完整地保存到了今天。金字塔是诞生于远古时期的唯一奇迹。那时，人们相信创造奇迹的是天神，而非人类。从那时起，人类的想象跋涉漫长的旅程，流变至今。

在菲洛生活的时代，坐落在开罗附近、尼罗河畔孟菲斯古都周围的埃及最大金字塔群，几乎已达3000岁高龄。作为亚历山大时代的希腊人，菲洛只能通过分析其古老庄严的形态来推测说，这一成就可夸耀之处在于，"凭其非同小可的人力物力，它能够上达苍穹，触摸群星"。三百年后，老普林尼——最睿智的罗马人认为，后人倍加推崇的金字塔，只不过在"没完没了地、令人生厌地、蠢笨地炫耀帝王的财富"。尽管在七大奇迹的时代，人们对好大喜功的愚蠢建筑本身并不抵触，但建造金字塔显然需要消耗海量的国家资源，这种工程仍会被认为徒然表现无名暴君的可耻特权。对普林尼这样的希腊化城市居民来说，更令他们惊骇的是这些古代统治者如此狂妄自大，竟然下令建造这般惊天动地的纪念物。直至今日，对多数人来说，这些金字塔——这些巨大的坟墓，徒然记录了人类的虚荣。不过，尽管正如古典时代每位有文化的公民熟知的那样，这些金字塔其实是为帝王建造的陵墓，但对它们的建造者以及古埃及晚期大部分时候的埃及人来说，这些金字塔还意味着其他许多东西。事实上，甚至金字塔作为王室陵墓这个简单观念本身，意思也很混乱。许多金字塔里面有不止一间墓室，而有些法老有不止一座金字塔。只有一座封闭的王室金字塔曾被发掘考察，那就是古埃及法老塞克海赫特[1]的陵墓，里面封闭的石棺内根本没有这位法老的骨骸。事实上，金字塔出现之前，每位埃及法老都拥有不止一座为他们准备的陵墓；金字塔出现之后，实际情况可能同样如此。如此说来，这些伟大的石头建筑具有错综复杂的象征意义。

> 书吏[2]纳苏尤来到姆特[3]心爱的泰提金字塔和石工发现者卓瑟[4]的金字塔，说道："噢，国王，在孟菲斯西部的所有神祇眼中……你仁慈又高贵；让我靠近你吧，因为我是你的仆人！"

公元前1246年7月，纳苏尤匆忙潦草地刻下这段话。当时，有些一模一样的金字塔已有逾千年历史，正在被虔敬地加以修缮。在所有金字塔中，法老卓瑟位于埃及北部塞加拉的阶梯金字塔建造时间最早，格外受人崇敬。它也是不论体积规模、不论在世界何地，人类首次建造的石头建筑结构。里面一处古老天井的石灰岩墙上，至今有一段墨迹更浓的涂鸦：

1　塞克海赫特（Sekhemkhet，公元前2648—前2640），也译塞凯姆凯特、舍赫门赫特。古埃及古王国时代第三王朝法老（国王），生平事迹不详。西奈半岛的岩石铭文两度提到他。他的阶梯金字塔又称为埋葬金字塔，可能因其突然死亡而未完工，1952年由埃及考古学家Zakaria Goneim首次发掘，在金字塔下发现密封石棺，但开启后发现是空的。

2　书吏（scribe）：古埃及行政制度中的重要管理阶层。在古埃及，书吏被视为受过专门的象形文字和数学教育、有职业规范的专业人士，享有较高社会地位。他们掌握记录、计算、测量、检查、仲裁等权力，参与管理和监督谷物生产、储存、运输、酿酒及分配等，往往子承父业。金字塔的建造，离不开书吏的统一管理。

3　姆特（Mut），埃及神话中的战争女神，阿蒙神之妻、月神孔苏之母，其外形幻化成母狮。在埃及文字中，Mut意指母亲。

4　卓瑟（Djoser，约公元前2667—前2648），也译乔赛尔、左塞。古埃及法老，旧王国时期第三王朝开创者，曾长期统治埃及，征服西奈半岛并开采当地的铜和绿松石矿。现存于开罗埃及博物馆的卓瑟彩绘石灰岩雕像，是已知最古老的真人大小埃及雕像。

第四十七年第二个冬月的第二十五天（公元前1232年1月），国库书吏哈德纳克特、苏奈罗和陶瑟特王后之子，还有他的兄弟、元老的书吏帕纳克思在孟菲斯西部漫游，消磨了一段愉快时光。哈德纳克特说："噢，孟菲斯西部的所有神祇……光荣的死者……请恩准我们毕生服侍你们，享受快乐的老年，然后被好好安葬，就像你们那样……"

这些古埃及人生活的年代，远远迟于金字塔诞生的时期。对他们来说，有着光滑侧面的古老金字塔屹立在纯净的大漠黄沙之中，也屹立在文明世界的边缘，确认了他们所追求的状态——永恒，用他们自己的话说，就是"赋予他们生命"。如果这种状态意味着真正跻身于永生的神祇和古代祖先的行列，那么，他们也可以在怡人的青翠山谷中井然有序地生活。在这些富有的书吏看来，金字塔正是他们所努力企及的这种状态的具象，事实上也表现出一个国家经过全民动员所取得的成就。毫不夸张地讲，随着金字塔的建造，埃及人也缔造了自己的国家。因此，这些金字塔作为浩大工程的结晶，在人类历史上首次体现出国家的凝聚力。对古埃及人来说，金字塔是对建国的纪念和庆祝。在紧挨沙漠的高原上，矗立起一排三角形石头建筑，意味着历尽千辛万苦后获得了与众神的约定。金字塔的建造者确实触摸到璀璨群星，就像菲洛猜想的那样，命运俯视着古埃及人及其沃土，向他们微笑。

二　金字塔图解

……一两个小时后，我们看见了前方的金字塔。大胆地想象我的感受吧：两座大的，一座小的，就在那里，远远望去染

7-1　攀登大金字塔，费利克斯·邦菲尔斯摄（约1875）

着玫瑰红，庄严！古老！宏伟！神秘！亲切！

威廉·萨克雷[1]:《从康希尔到大开罗旅行笔记》，

写于"半岛和东方公司"汽船上，伦敦（1846）

　　这三座宏伟的王室金字塔——每一座都伴有巨大的宫廷贵族墓地，坐落在开罗附近的吉萨高原上，那里有最主要的金字塔群，从

1　威廉·萨克雷（William Makepeace Thackeray，1811—1863），英国作家、插画家、杂志撰稿人，生于印度加尔各答。他是哈罗公学校长托马斯·萨克雷的曾孙，父亲是东印度公司高层，在他4岁时去世。翌年，萨克雷被送回英国上学，曾就读剑桥大学三一学院，但提前离校，投身旅行和写作。他被认为是19世纪中叶英国最优秀的讽刺作家之一，在英国当时名声仅次于狄更斯，代表作为长篇小说《名利场》。

远处望去，正如萨克雷于1844年冬海上旅行时描述的那样。这些金字塔有着独一无二的特征，就是其顶部与塔基外廓线相比，后退了数百英尺，使得人们预期中的金字塔整体景观为之一变。正常情况下，对体积如此庞大的建筑，人们本来预期会看到大块暗黑的阴影，这一期望现在落了空——白天大部分时间里，金字塔的阴影显得微不足道。如此一来，这些金字塔总是显得特别轻盈、特别虚幻，其体积和比例难以把握。例如在吉萨高原，就连三座金字塔中最娇小、最美丽的那座，其实也是庞然大物。它起初约有228英尺高，建造于法老曼卡雷[1]统治时期，在耶稣诞生几乎整整二千五百年前竣工。它与后来建造的大约80座类似金字塔相比，毫不逊色。另外两座金字塔——法老胡夫和法老哈夫拉的金字塔，则与独自屹立在沙漠往南约12英里处的两座金字塔构成了"巨人四重奏"。这四座金字塔每座高达近500英尺，建造时间相隔不足七十五年。时至今日，它们依然是人类曾经建造的最大、最精密的石头建筑，不仅如此，这一成就，是在人类把经过切割的石头作为建筑材料使用的第一个世纪中取得的。

希腊史家希罗多德公元前5世纪中叶到过埃及。和萨克雷一样，他介绍了吉萨金字塔的一些有趣细节。希罗多德说，一些未必可信的古代碑铭记录了古代石匠食用的洋葱、小萝卜和大蒜的数量，引出一个关于法老胡夫的大金字塔——所有金字塔中最大的一座——是如何建造起来的淫乱故事："当时，他（法老胡夫）缺钱，就把女儿安顿在一家妓院，命令她收取一定数量费用……她挣到了那笔钱，打算留个纪念，便要求每个找她的男人都给她一块石头。"普

---

1 曼卡雷（Menkaure），又译孟卡拉，古埃及第四王朝法老，约公元前26世纪时在位，执政约18年。希腊史家希罗多德称他是胡夫之子，在其兄（或叔叔）哈夫拉死后继位，在吉萨修建了三大金字塔中的曼卡雷金字塔。据称其名意为"拉神的力量永存"。

林尼时代的罗马人愤慨于这些统治者的残暴要求，而希罗多德的故事模糊地表达了他们的这种情绪。这个故事于是被添油加醋地演变成如下——法老曼卡雷的金字塔坐落在某个阴森的红灯区里，"其中最小而最受推崇的那座金字塔是妓女罗德菲丝[1]建造的。她曾是寓言家、哲学家伊索的奴隶和小妾。我们更惊讶的是，卖淫挣的钱居然足够应付建造金字塔这么大的开销"。可见，在普林尼看来，欲望和残暴是建造这两座大金字塔的动力。而在普林尼之前两百年，菲洛感叹道："方正的石头建筑几乎垂直，难以为人类智慧所把握。多大的力量才能撬开这么沉重的石料，无论什么人都会因此感到神秘。"

撇开这些完工的金字塔留下的谜，我们且从吉萨往西，再从阿布罗什往北，那里的沙漠高原上坐落着一座没有造完的金字塔，至今仍处于正在动工的状态。这是公元前2566—前2528年期间，本打算为法老杰德夫拉建造的金字塔，杰德夫拉执政时间在胡夫之后、哈夫拉之前。这位法老死得太早，没能等到金字塔完工——埃及人往往要用二十多年时间，才能造好一座金字塔。

埃及人非常传统。在动工建造法老杰德夫拉的金字塔时，他们首先在高原的石灰石岩层里挖出一个大而深的矩形墓室和一条向下倾斜通到墓室的过道。早在埃及人起念在墓室之上建造石头金字塔五百多年前，他们就在沙漠岩层中为法老挖这样带矩形墓室的坟墓了。这些坟墓沿着沙漠边缘西侧的地平线一字排开，其位置也是再理想不过的建造金字塔的地点。事实上，金字塔这种高大张扬的建筑形式，很可能部分源于这样一种冲动：建造赫然高出于古代泥砖

1　罗德菲丝（Rhodopis），周作人意译其名为蔷薇颊，她的故事亦是灰姑娘童话的最早版本。在埃及古代传说中，这位漂亮的妓女在河里洗浴，有只老鹰叼走了她的一只木屐，飞到了法老曼卡雷跟前。法老在全国追寻鞋子的主人，终于找到罗德菲丝并娶了她。

墓葬的坟茔，把它们镶在大漠天际线边缘，如一个个凹口，落日由此坠入大地。

法老杰德夫拉那巨大的墓室，如今成为金字塔真实起源的唯一证据。现在，墓室内垫了一层花岗岩，半覆流沙，而古时是没有的。清除掉这些，恐怕就能看到墓室坑穴设计似乎已经体现了这座金字塔的规模——墓室就位于两排巨大的石灰岩石块里，与其上金字塔的外形轮廓不成比例。假使它当初得以修竣，以花岗岩铺砌，摆上一口巨大的石棺，上面再建起一座完整的金字塔，它将会是有史以来建在金字塔底下的最大一处王室墓地。

用来铺砌法老杰德夫拉墓室的坚硬石料，采自上埃及以南约450英里处连绵起伏的花岗岩山，用驳船从尼罗河顺流而下运至孟菲斯港，从那儿到金字塔附近有一条运河。与此同时，成千上万的工匠从孟菲斯出发，沿尼罗河两岸开凿其他石矿，采集精美的白色石灰岩，建成后的金字塔最终使用了石灰岩砌面。在金字塔附近，还开凿了更多石矿，生产较为粗糙的石块以构筑金字塔的主体。就像在吉萨那样，这种当地石矿开采时十分小心，在开采过程中，金字塔工地周围景观也有微妙的改变。金字塔渐渐耸起于高原之上，而石头坡道继续保留，以便石块能够运上去。凭借强大的组织性和人力物力的集中，所有这些花岗岩、石灰岩及粗糙的石头填料都被一群群工人缓慢、吃力地拖曳到高原，堆放在矩形墓室大坑的周围。其中一些石头是人类古往今来搬运过的、最巨大的石头。

埃及人究竟是怎样搬运这等巨石的？在金字塔出现头两千年时间里，甚至无人提出过这样的问题，因为当时好多民族都在为各自的目的四下搬运这样的巨石，并且非常了解怎么做。对他们来说，金字塔恐怕仅仅由于其高度和规模，才显得格外了不起。

但是，在此之后，创造古代宏伟建筑的人死了，另一个世界诞生了，实用知识为各种猜想所取代。眼望这些巨石，一些早期东正教徒只能推测说，是祈祷的力量移动了它们。无独有偶，中世纪时，犹太拉比谆谆教诲说，这些巨石是摩西运去的，受埃及人奴役的古代以色列人也出了力。到19世纪，英国考古学家解释说，金字塔是大批苦力建造的，这些苦力所受到的严格管理，达到了19世纪时英国对埃及进行行政管理的水准。后来，苏联第一颗人造地球卫星上天时，出现了外星人建造金字塔的说法。这种说法有各式各样的版本，而描绘的场面不外如是：在古老的金字塔，拜访地球的天外来客正在等待被发射到外层空间，他们的坐姿与尤里·加加林[1]和约翰·格伦[2]系上安全带后坐在太空舱里的姿势一模一样。如今，现代科学远比20世纪60年代迟钝的想象力发展得更快，重读外星人建造金字塔的理论，不免觉得好笑，虽然现在也与时俱进地涌现出一批崭新的、从生态社会学角度来看颇具独创性的解释，其中许多解释源自对第三世界应用技术的宽泛定义。让当今埃及熟练工匠倍觉好笑的是，他们被雇来在吉萨沙漠里建造速成的、崭新的小型金字塔，以此展示这些再新颖不过的"原始"技术。不幸的是，这些五花八门、充满想象的解释，事实上都始于同一个可疑、自大的前提："这些古代原始人类怎么可能建造出那样的奇迹？"

这个疑问自成一套学说，很大程度上是提问者自己造出的问

1　尤里·加加林（Yuri Gagarin，1934—1968），苏联宇航员，1961年成为世界上第一个进入太空、看到地球全貌的人，1968年在一次试飞中遇难。

2　约翰·格伦（John Glenn，1921—2016），美国宇航员，也称小约翰·格伦。1962年他乘航天飞船进行轨道飞行，成为第一个绕地球飞行的美国人。他曾三度当选俄亥俄州联邦参议员，1998年作为美国航天飞机"发现号"机组人员重返太空，成为年龄最大的太空飞行者。

题。但凡接受金字塔的表面价值，承认确实是古代埃及人建造了金字塔，他们的劳动确实比今天的人工劳动更有效，这便基本上不再是个问题，也不应该是个问题，因为这些金字塔并非某一项精巧却已失传的技术的遗留。奇迹在于，它还应用了更多的精妙技术，但如今全部失传了。

假设时任美国总统约翰·费茨杰拉尔德·肯尼迪1962年宣布美国要花三十年时间送宇航员登月，其费用需要同期的全部国民经济来负担，他的选民肯定会鼓噪不满。但真实情况是，肯尼迪的抱负更切合实际。我们现在认为既可能又可行的事情，受着时间和金钱不言而喻的双重制约，而古人却从来不会面对这样的束缚。但是，大多数现代理论家在试图重新解释埃及人如何搬运石块建造金字塔时，仍是以可行性和效率之类的参数作为思考的基础，他们提出的新颖解释因而更适用于现代人，而非业已消亡的五千年前的埃及人种。而且，大多数现代科学家和工程师虽然术业有专攻，但组织大量人力、调动集体智慧和集体热情的宝贵经验少得可怜。我们甚至很少考虑到金字塔建造者使用简单技术的潜力。

考古学界有这样一则传闻。一个世纪前，一位外国发掘者在一个沙漠竖井底部发现一口巨大的石棺。他雇用的工人一再试图用滑轮设备把死沉的石棺吊到地面，但一再失败，滑轮设备也几度被搞坏。就在这位考古学家放弃努力之时，当地一些村民来问是否能让他们试试把石棺从狭窄坑道里吊上来。这位考古学家觉得这些村民的提议非常可笑，认为他们根本不可能办得到，但还是和他们谈妥了工钱。第二天，村中妇女带着绳子、棍子和篮子来到那里，下到石棺下面。她们围着石棺坐在一起，一边聊天，一边轻轻敲击巨石下面的沙子，石棺一寸寸地缓慢升向了沙漠地表。

这样的故事不论真假，我们都应当停下来想想。可以断言，实际上，使用比我们臆想中少得多的人力，就能把这些巨石运到吉萨和阿布罗什高原。完成这样的任务，关键是方法。几年前，一群年迈的埃及古文物学者根据从埃及壁画中推导出的信息，在法国一个城镇的市中心，推着一个巨大的水泥块满街走，证明凭借思考、细心、光滑的泥巴、木辊和共同努力，完全可以移动这么大、这么重的东西。在阿布罗什，金字塔建造者已积累了几个世纪搬运巨石的经验，而指挥他们的埃及王室也拥有代代相传的把全国人民组成一支劳动大军的经验。

金字塔建造者长年调集数以万计的劳力，把他们紧密组织在一起，为同一个目标努力。尽管他们采用的是最简单的绳子加辊子办法，但其组织程度之复杂和有效仍令人震惊。就这样，日复一日，月复一月，年复一年，他们把巨石沿坡道运到沙漠高原，运上金字塔。现代工程师和科学家要着重考虑时间、金钱及其他所有"可行"条件，对他们来说，这种"连续作战"是完全不可企及的。我们发现，金字塔的建造之所以如此神秘和难以理解，原因在于它体现的社会制度与我们的现代制度完全背道而驰。

金字塔时代的经济环境与我们今天的完全不同。应当强调的是，也在很大程度上脱离了希腊人希罗多德、罗马人普林尼以及另外六大奇迹建造者所处的经济环境。他们和今天的我们一样，对金字塔的第一反应要么是嘲弄这样的古代工程——金字塔这个现代名词可能源于希腊语中的面包卷，要么震慑于金字塔中长眠的古代统治者之野蛮残暴。七大奇迹时代是一个奴隶制时代，古埃及法老看起来不过是有史以来最大的奴隶主，在渴望拥有这一名号的罗马人眼中格外可怖。但不管怎样，事实上，金字塔不是奴隶或自由民建造的，而是一批干劲非凡的熟练劳动力建造的，这些熟练劳动力的工作技术和劳动态度，在全球的大型文明中已经消失。

或许，我们永远不能完整地说明在石匠技艺和管理技术方面，古埃及人的才干是怎样如鲜花般突然怒放的。凭着这些才干，古埃及人建起一座座巨大的金字塔——世界上第一批石头建筑。他们的才干之谜，部分答案藏在石头本身的特性里。其他建筑材料在时间长河里渐趋消失，而被开凿的石头却能从远古保存至今。这些巨石因此使开采它们的国度突如其来之强盛程度被夸大。但它们实际上只是表明，在历史的某个特殊时刻，这个国度拥有充足的资源来雇用国中过剩人口开采石块。无论如何，这不意味着在使用石匠工艺之前，埃及就不是一个繁荣或管理有方的国度。要建造金字塔，国家就要剧烈扩张，而这肯定有着长期实践作为基础。无疑，国家的有效统一是一大前提。从尼罗河三角洲到南部阿斯旺的尼罗河第一道大瀑布，当其时也，所有国家资源可能都被投入到为王室建造金字塔这一伟业之中。人类学理论指出，收成欠佳和尼罗河沿岸居民的社会差异越来越大，是统一的先决条件。无论如何，在尼罗河畔的孟菲斯，傲慢专横的金字塔一字排开，高高耸起。它们在历史上突然亮相，未必是在炫耀自己成为经济或政治奇迹，更可能是意味着在先前不为人知的岁月里，埃及人慢慢地放弃使用易腐材料建造王室陵墓，并真正组建了统治全国的政府。一旦这两个因素到位，正如法老拉美西斯时代的人们所熟知的那样，金字塔的建造便在法老卓瑟在位期间恰逢其时地发生了。为卓瑟建造的金字塔是埃及第一座金字塔，卓瑟本人则是石匠技术的发现者。为永恒而造墓，这一新奇念头攫住了埃及王室的想象力，埃及人于是被锤炼成一支劳动大军，而埃及则被熔融成一个国家单位，来建造这些充满抽象意义的石头杰作。

　　金字塔是一个实心三维几何体，由许多平面构成，平面层层相叠，汇于一点。

我漂洋过海到大开罗去，为的是测量金字塔。

埃及金字塔不仅是世界上最早、最大的石头建筑，也是人类曾经创造的最精密的石头建筑。它们所代表的远不止于一个四下搬运巨石的国度。这些金字塔准确地坐落在罗盘的正东、正南、正西、正北四个点上，误差不到一度，边角也构成近乎完美的直角。与此相似，金字塔四面的长度几乎相等，总尺寸达到六七百英尺乃至更大，而最大公共误差仅以英寸计。要达到这种精确程度，可以借助灌满水的水沟保持一个水平面，借助星辰和水钟的滴漏发现北方的准确位置，借助粗细不等的绳子进行微妙的几何排列以确定建筑基线。埃及人对每个细节都毫不放松，其精密程度和控制能力之高令人称奇。这些金字塔的精密程度表明，它们的建造者决意坚持选定的建造程式，半点也不偏离。他们实在太成功了，以至于直到19世纪，测量员和绘图员使用这些看似相当完美的金字塔作为测量埃及领土的固定参数时，人们才发现这些金字塔也存在细小的错误。但绝大多数时候，几乎在所有方面，它们都显得完美无比。这些金字塔屹立在漠漠黄沙之中，奇异、沉默、永恒，建造手段深不可测。

1　比林斯利（Billingsley），英国数学家、教育家，1570年发表欧几里得著作译本，影响巨大。

2　约瑟夫·艾迪生（Joseph Addison，1672—1719），英国文学家、政治家，与好友理查德·斯蒂尔（Richard Steele）合作创办两份著名刊物《闲谈者》（*Tatler*）和《旁观者》（*Spectator*）。1699年接受外交训练周游欧洲多国，逝后葬于西敏寺。

与七大奇迹时代相同而与今日不同的是，建造金字塔的埃及人深受自然规律的束缚，他们的生活全然受此羁绊，从没有获得过自由。已知的人类最早的天文记录使用线和点描绘了月亮的盈亏变化，比金字塔还要再早成千上万年。与之相似的是，这七大奇迹，不管创造者是巴比伦人、希腊人还是埃及人，当时人们衡量其成败的依据，就是它们在多大程度上美化和协调了神祇所统驭世界里的人类生活。归根到底，这类创造不是人类生活的点缀，也不单纯是公用事业。金字塔的原料供应和建造机制一环扣一环，错综复杂，分工合作异常细致，使得数量惊人的建造大军形成了世界上第一个民族—国家，为这一巨大工程而设立的部门，如工头、石匠、经理、粮食筹办、文书和监工，便成为政府部门的称谓。菲洛对七大奇迹的评论十分贴切：对个人而言，金字塔提供了秩序和意义；对他们所处的社会而言，金字塔提供了身份认同。

　　常言道，人类跃进的第一步就是巩固那些缓慢的、无声无息的进程，比如第一次识别和种植的至今我们利用的主要作物；饲养和食用牲畜家禽，让它们与人相邻，乃至今日；第一次熔化金属，把它们铸造成有用的形状。一言以蔽之，这一切都发生在发明文字和石头建筑之前那漫长的实验和革新时代。从某种意义上说，金字塔便是对这种不同寻常的进程的总结，发生在把所有这些富有想象力的创新汇集并安顿在某一社会机制里，赋予人类闻所未闻的潜力的时代。金字塔是对新发现的政府和国家力量的庆祝，虽然直到一千年后才有希腊人使用抽象语汇来阐述这种力量。或许，这就是埃及金字塔之所以至今仍神秘地、轻盈地飘浮在现代人脑海里的原因：它们是人类开端的化身。这些金字塔真正出奇之处，就在于它们究竟为何而建。

一千年前，历史学家马苏迪[1]在其三十卷世界史中，记录了当时流行的埃及人对金字塔由来的解释。他在复述关于金字塔建造方式的古老传说同时，通过充满想象力的情节，至少提出了一种超越空洞、华丽而时髦的功能论的金字塔建造动力和理由，从而回答了我们的问题。

建造金字塔的原因是下述这样一个梦——洪水来临三百年前，埃及一位名叫苏里德·本·沙卢克的国王做的梦。梦境中，地球处于混沌状态，地球上的生物匍匐在地，脱离轨道的星辰乱成一团，撞在一起发出巨大的响声……不久，在另一个梦里，国王看到固定的星辰降临地球，幻成白鸟形状，抓住人们，把他们关在两座高山之间的狭窄裂隙里……他醒来时惊恐万状，前往太阳神庙，大声悲号拜倒在尘埃中。

晨起，他召集埃及所有省份的首席祭司，凡130名……叙述了自己两次梦中所见。祭司们宣称："某些重大事件将要发生。"之后，大祭司菲勒蒙又说："噢，国王，你的梦庄严神秘，梦中情景并非欺骗，因为陛下你是神圣的……"

接着，国王命令占星术士查明那些星星的地平纬度，看它们是否在预告什么大灾大难。结果宣称，一场洪水即将来临……洪水将淹没土地……国王于是询问，土地是否还会肥沃……他们回答道，过去的沃土还会重新出现。国王又问接下来还会发生什么，占星术士告诉他，一个陌生人将入侵这个国度，杀死国中居民，掳掠他们的财产。之后，一个来自非尼罗

1　马苏迪（Abu'l Hasan Ali al Mas'udi，？—956），又译麻素提，阿拉伯历史学家和旅行家，撰三十卷历史巨著，今仅存概要，名为《黄金草原和珠玑宝藏》。他是第一位打破传统编年体而采用纪事本末体的阿拉伯史学家，被誉为"阿拉伯的希罗多德"。

河地区的畸形的部族将占有这个国度。

国王遂下令建造金字塔，把这些预言刻在柱子上和巨石上，把财宝和先人的遗体也埋在金字塔里，还命令祭司写下他们在各种艺术和科学领域的智慧和成就，存放在金字塔内。为把尼罗河水输送到金字塔群，修建了地下通道，通道里全是辟邪的护身符、偶像、祭司们的著述，内容包括所有形式的智慧，从药草的名字、性质到算术和几何，可能是为日后能够读懂它们的人留下的记录。

国王命令切凿石柱，并铺筑一条宽广的甬道，石头来自相邻的阿斯旺。三座金字塔都是这样建造的。又在纸莎草叶子上写下一些字样，放在采石场开采出的石头底下，其上锤平，巨石每次移动150肘尺，慢慢运至金字塔……

竣工时，人们围着国王，快乐地聚集在一起。国王用彩色锦缎把金字塔从上到下盖住，举行了盛大宴会，国中所有居民都参加了。接着，国王献祭，以阻止陌生人侵入这些金字塔……由此产生了下述用阿拉伯文写就、被镌刻在金字塔上的文字："我，国王苏里德，历时六十一年建成了这些金字塔。让我的后来者把自己想象成和我一样的国王，用六百年时间去努力摧毁它们。毁坏比建设容易，我用丝绸覆盖了这些金字塔，让他致力于用席子去覆盖。"

三　金字塔学

我出生的城市名叫孟菲斯；我父亲的名字，还有我自己的，都叫卡拉西瑞斯（Calasiris）。谈到生平职业，我现在四处流浪，不久前是名祭司……那时，我听说有一座崇敬阿波罗的

　世界七大奇迹：西方现代意象的流变

希腊城市，那里有一座供奉诸神的神庙和一所群贤毕至的大学，远离凡夫俗子的纷纷扰扰。我到了那边，想着这样一座致力于神圣事业、讲求仪典的城市，是一个适合想成为先知的人常去的地方。如今希腊人非常爱听埃及故事。一句话，凡是埃及的东西，没有一样被希腊人遗漏的……我讲给他们自己知道的东西、被写进圣书的内容，还有法定的只有祭司才能阅读和了解的事情……

某些（希腊）公民沉溺于谈论尼罗河，询问我它的源头在哪里……有些人会探问，我们埃及人以什么样的方式崇奉我们的诸神……其他人想要知道金字塔的构造和那些安葬着我们国王、盘盘绕绕、又长又窄的地下通道的构造。这并非大自然的杰作，而是埃及人凭双手非常巧妙地挖出，用以保存他们的战利品。金字塔是为着这个目的建造的。它有一个幽暗、狭窄的入口，安装了密门。所以，甚至门槛，而不是一道门，可在需要时轻易开启或关闭。再往里是各式各样迷惑敌人的坑道，有多种斜道，有时能灵活地跑动一会儿，有时就像树根那样缠人。但最终，它们都通向一个水平的地方，从水塘边的孔穴，照进一缕微弱的阳光。

《埃塞俄比亚传奇》，卷一，

赫利奥多罗斯[1]用希腊文愉快地写下的埃塞俄比亚历史，

英译者为托马斯·昂德当

生活在创造七大奇迹时代的希腊人，经常在著述中谈到埃及给

1　赫利奥多罗斯（Heliodorus），拜占庭作家，一说生活在3世纪中叶，一说在4世纪中晚期。自述出身于太阳神祭司家庭，以创作古希腊语小说《埃塞俄比亚传奇》（又译《衣索比亚故事》闻名。昂德当的译本于1587年面世。

希腊的恩惠。他们说，几何学本身来自尼罗河畔的国度，许多头等聪明的希腊人到过那里，和传承古老智慧的祭司们同住。仿佛要证实这一点，古希腊的大量艺术作品也清楚地表现出埃及之泽被。希腊城邦在短短几个世纪内绽放出的伟大文明花朵，根植于千年来世界其他地区经验累积的沃土。希腊神庙建筑的基本形式和语言、古典雕塑的姿态和技巧，早在希腊人掌握并改造它们一千年之前就产生了。不过，埃及对希腊的影响完全局限于实用层面。不论征服埃及的是希腊人还是罗马人，尽管他们对埃及有浓厚的兴趣，但从不曾对埃及人有过真正的理解。与希腊人或罗马人不同，埃及人很少进行抽象思考，其民族—国家之创建，既不凭辩证法，也不靠抽象思索，而是靠建造金字塔，靠把石头搬运和推上河谷上方的高原。对这个过程的精彩成果，几乎没有任何文字著述涉及过，直到希腊作家以同样的方式把埃及宗教变成12个简单的故事，希腊哲人才开始了关于埃及这个国家的性质的文字对话。

结果，希腊人和罗马人对埃及人的态度，与传统西方人对中国人的看法十分相似：贤明而古老国度里的居民，生活在一个难以理解的陌生世界中。有些人，如罗马讽刺诗人朱文诺——古代的伊弗林·沃[1]，曾经嘲笑说，埃及人是腐朽老旧的异族，与古典世界格格不入；另一些人则将埃及人神秘化，根据其古老仪式创立世俗而造作信仰，但大多数时候，古老埃及不外乎倾塌的废墟、帝国磨坊小麦的供应地、生活着古怪放荡的王后和大批思路敏捷的占卜者。在古希腊古罗马时代，显然没有什么用处的金字塔主要被用来证明这么一个可诅咒的观点：殖民埃及这个衰老愚蠢的国度的时机已经成

1　伊弗林·沃（Evelyn Vaugh，1903—1966），英国作家，其讽刺小说，如《衰落与瓦解》（1928）和《邪恶的肉体》（1930）讽刺了上层社会。朱文诺生活在1—2世纪的罗马，诗歌亦以讽刺著称。

熟。但即便如此，无与伦比的金字塔历经岁月沧桑屹立不倒，证明着一个杰出文化是多么有才干，多么深不可测。

今天，我们或许不需要这样的自行证明，许多人试图探究古代奥秘，发现这个长年艰辛建造金字塔的民族的某些特性。但我们的解释十分有限，徒然表明我们至今仍然多么迷惑，重现远古世界哪怕最小的一个角落又是多么困难。

有些人根据一个简单的现象断言：照射到吉萨高原的阳光是金字塔形状的第一个灵感。这个理论绕开了古代埃及人与光柱之类稍纵即逝的现象的联系，想让我们把古代埃及人看成是罗曼蒂克的风景艺术家。另有理论推测，埃及人用几个世纪时间建造完美的金字塔，把它们弄成特别的样式，这些样式来自一架飞机或直升机，与现代星图的小块局部大体相似。

还有更多的说法。但无论什么样的解释，都肯定了一件事：这么多年来，金字塔无疑一直令整个世界惊异迷惑，叹为奇迹。对中世纪的阿拉伯人来说，金字塔众所周知是法老的群山。"人类害怕时间，"他们喜欢这样断言，"但时间本身害怕金字塔。"许多人认为，金字塔是特别用来测量时间的。很多欧洲天文学家和数学家都相信这一说法。在一些人看来，金字塔的完美形状体现了一种单纯的精神，赋予古老的石头以宗教意义。"上帝这个观念或想法不比几何学中的立方体、四面体或其他任何规则物体的概念更武断、更虚幻，"17世纪50年代英国剑桥著名神学家亨利·摩尔（Henry More）教授断言。而真实世界中，哪里还有比屹立在埃及无始无终黄沙中的"几何体"——金字塔更优美的四面体呢？1648年，一位博学的牛津教授发表了对吉萨金字塔群的首份现代测量报告。此后，无数欧洲数学家、耶稣会的百科全书编纂者和信奉清教的天文学家致力于分析其中最大的胡夫金字塔建筑数据，试图找出主导其整个设计的度量单位。历经岁月剥蚀的金字塔群比测量它们的当代野外测量设备误差更小；其未被认识的精确度里蕴含着种种神奇的几何线索；它们曾经如此完美，仿佛把时间和空间联结在一起，是宇宙秩序的结晶。关于普世性标准测量单位的总体观念是那个时代人们普遍关注的要务，甚至年迈的伽利略也和一些金字塔研究者通信谈论这个问题。一些更加热情的金字塔理论家坚持认为，如果能够查明金字塔使用的基本测量标准，那么金字塔不可思议的结构就能同其他绝对数系统联系在一起，比如四季、年代、星辰运动、《圣经》章节和历代国王纪年。从前，伟大的牛顿本人曾长期孜孜钻研这些数字，就此著书撰文。

牛顿之后，还有许多知名科学家感叹于金字塔的精确性和几何特点，从各自的专业角度苦苦研究金字塔。对许多人来说，在这些古老的石头里，似乎藏有隐匿的学问、失传的技术和强大的秘密。或许恰恰由于那些古埃及研究者似乎对这些东西完全不感兴趣，结果除了几条乏味铭文之外在金字塔一无所获，这种智慧便显得更加奇妙。胡夫金字塔外表面的精美石块，大多被一代又一代开罗石匠彻底揭掉了，但流沙之下，仍有原初的外层石块零落地依附在塔身上。这个事实使得少数理论家得以重构金字塔，使其形式完美到无以复加的地步。但事实上，人们无法确切了解业已消失的金字塔最外面一层到底哪里去了，勘察者测量得再仔细，数据的精确度也无法满足其研究需要。有些研究者笃信，这些数据就像《圣经》那样，里面含有上帝的印记。倘若果真如此的话，这些古老石块的最小度量单位就可能像《启示录》那样，包含关于未来的详细信息。这些研究者认为，大金字塔（胡夫金字塔）乃是一个无人知晓的古代预言家种族的遗物，蕴藏着一种宇宙DNA分子，是关于过去和未来的石头日历。

在19世纪，这些理论主要聚焦于胡夫大金字塔的内部构造，其他年代相近的金字塔都在某种程度上被不合理地排除在外。胡夫金字塔里的房间如同一个巨大的迷宫，这是古代皇家墓葬仪式地点安排三度变更的结果。胡夫之父斯尼夫鲁（Sneferu）建造了三座相互独立的巨大的金字塔，每座金字塔各有各的墓室，胡夫也是如此，他建造了三间大墓室，一间高于一间。这些房间和通道共同构成了一座独特、复杂的建筑。

动工伊始，埃及人就在胡夫金字塔正中央下面的岩层里，以传统的方式开凿出第一间墓室。而在阿布罗什，继承胡夫王位的杰德夫拉那座未完工的金字塔里，墓室也是如此。胡夫的第二间墓室建在第一间之上，位于金字塔底层巨大而粗糙的岩块之间，其年代稍晚，当时金字塔已经屹立在阳光下。数年后，随着金字塔越建越高，在金字塔心脏位置，埃及人建造了高高在上的第三间也是最后一间墓室。这间墓室位于一条独一无二的奇妙走廊尽头，这条走廊如今被称为"大走廊"，有着宏伟的花岗岩支柱，其建造和设计异乎寻常的精确，本身就是一个建筑杰作。时至今日，驻足"大走廊"里，我们仍能轻而易举地体验到这一奇迹为何难以索解，又何以会被神秘化。漫步走过这些奇异、暖和的走廊，或许会联想到亚马孙部落成员首次走过寂静的发电站涡轮管的感受，里面那种蜿蜒曲折、拐弯抹角、陌生危险的空间，沉寂而神秘。从埃及古文物学者到自然资源保护主义者，从原教旨主义者到旅游者，还有各路金字塔学家，金字塔的花岗岩墙壁如同深色玻璃，映照出人类想象力的形影。

造物主特别提到行星地球及其量度。造物主是地球的创造者，也是大金字塔的建筑师和设计者，在《约伯记》第三十八章第一至第七节中，与金字塔形建筑直接联系在一起。因此，一座巨型金字塔——一个立体的庞然大物，与立体的庞然地球是相称的，要么体积相称，要么根据某些经过验证的、和谐的数学比例相称。这样的金字塔可以顺理成章地被认可为计算的基础。

金字塔之为奇迹，与古希腊、古罗马乃至亚历山大里亚异教徒所创造的其他奇迹大相径庭。不信奉英国国教的苏格兰新教徒莫顿·埃德加（Morton Edgar）使用犹如胡夫金字塔走廊那么错综复杂的句子，陈述了他考察出的金字塔基本原理。他的著作《大金字塔》于1924年在格拉斯哥出版，对金字塔奇迹的看法自成一家之言。

埃德加和他的众多追随者清点了《圣经》中自创世记故事以来的年代，并将这些年代以多种方式计量分配胡夫大金字塔中的走廊和房间。他们从亚当、挪亚乃至亚伯拉罕这些先祖往下数点，再历数先知、国王和耶稣的生平，一边数，一边从大金字塔往上爬，直至最高那间墓室的门口——埃德加宣称，这间墓室标志着1914年。对当时的多数西方人来说，正是在这一年，世界开始目睹有史以来的最大悲剧。

大金字塔里，可能存在一个不容忽视的时间指示装置。不过，因为它是部分属于未来的时间，我们只能通过演算来表明其合理性，以引起人们的注意。根据我们给出的诠释，这个装置关于过去部分的计时已然应验，因此其未来部分的应验并非不可能之事。

从……第一个上升通道向上测量，正如显示的那样，再加上整整100英寸，我们就到达了金字塔通道系统里的那个位置，这个位置标志着公元33年——我主耶稣死亡和复活的日期……大走廊的这面南墙从纵向看，和从岩层中凿出的下层墓室的北墙成一直线，而这间墓室象征着1914年秋，大战猛然降临到无忧无虑的世界上，基督教世界进入一场浩劫……如果我们把对第一个下层通道的解读延伸到第二个下层通道，这第二个通道便代表着世界和上帝子民遭受的最后劫难。(《圣经·帖撒罗尼迦前书》5：1—6)

墓室前厅的南墙也是下层通往国王墓室的花岗岩通道的北端，应当标志着1928年，这是适宜的……因为这一点也标志着……1878年这个日期。这两个日期之间有五十年的跨度，正如33年，从我主耶稣复活到上帝将圣灵降给翘首以待的教堂的圣灵降临节之间，相隔50天。(《使徒行传》2：16—18)

对莫顿·埃德加来说，站在这些阴暗、暖和的古老通道里，突然

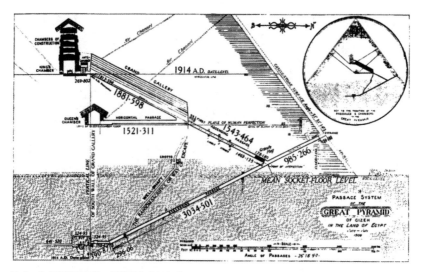

7-2 大金字塔纪年图，埃德加作（1924）

之间，世界的未来似乎就埋伏在前面法老胡夫最终的墓室，历史的秘密尽在其中！返回格拉斯哥后，他逐步分配年份，直至把1928年的圣灵降临节——"第七十天的第七个礼拜日"——作为最后一个圣灵降临节，即世界的末日。可怜的埃德加轻率地把神圣的科学变成笑柄，这恐怕是后来的金字塔学者嘲弄他和他的学说的原因。不过，说也奇怪，埃德加之流的研究与古代人的精神有某些共通之处。

想想胡夫的第三间大墓室吧。王家的石棺是一个简单的花岗岩箱子，只比从其下大走廊通往墓室的低而深的入口宽一点点。所以，在墓室的花岗岩屋顶——由九块大石板组成，总重量近400吨——盖好前，石棺已经在比例适当的墓室里就位了。不仅如此，在这个巨大屋顶之上，另外还有五个花岗岩房间，支撑着锥形金字塔本身的重量。各个构件庞大而和谐，代表着一切永恒，可能也比其他任何建筑都更适于表达永恒。

在同一间大墓室里，有两口通风井洞穿金字塔构造，直达金字塔表层。在金字塔巨大的花岗岩墙面上，它们小小的正方形出口凿得端端正正。这两口通风井的位置经过仔细设计，与主要星星排成一条直线，而金字塔四个面的定位，准确地坐落在罗盘的四个点上，进一步突出了建造者使金字塔契合天体运行的意愿。金字塔的设计也自成一个绝对统一的非凡的几何体系，其三角形和正方形之间存在着千丝万缕的数学联系。其中一些基于8∶5的三角形这样微妙而简单的设计，这种三角形的角构成直角，数字则属于迷人的黄金分割比例。如此细心的计算绝非误打误撞，事实上，在埃及神庙建筑设计中，也一再重复使用相似的数字系列。金字塔建造者掌握了他们能够掌握的一切绝对法则——石头的耐久、数字的力量与和谐及天上的星辰，从而把金字塔"锁"入自然宇宙之中。

埃及祭司有时会告诉希腊访客，他们的国家乃是世界之神殿。

　世界七大奇迹：西方现代意象的流变

换言之，埃及富饶河谷中的自然元素都在宇宙的罗盘上。在这片生气勃勃的绿洲，孕育万物的尼罗河自南向北流淌，太阳日日升起，横亘其上，国王和祭司通过无休无止的仪典把自己与大自然的力量结合在一起。假如法老胡夫曾经被葬在胡夫金字塔，那他就将安卧于这个完美和谐的王国的中央——埃及的心脏，和天体准确对齐。正是为了加入这样的和谐，埃及人为统治者建造了钻石般坚硬的陵墓，使之达到他们力所能及的完美，并永恒地存在下去。

埃及人之所以辛勤建造金字塔和国家，为的就是这么一个简单的理由。创造金字塔的人们，就像其他六大奇迹的创造者一样，无从摆脱所受自然世界的力量和节律的束缚。起初，人类的奇迹反映了他们对置身其中的宇宙的能量、奥秘和奇异生活的感知。古代人类孜孜矻矻，为的就是与这些自然力和谐共存，与这些自然力的天神沟通。祭司和国王乃是沟通、传递的主要代理人，他们通过典礼、仪式、牺牲和献祭，将地上的信息上达天庭。一切艺术，从制陶到建造金字塔，则是感知和融入仪典式和谐的媒介。

这是一份连接俗世和天堂、令人震惊的契约。对埃及人而言，法老的坟墓证明，甚至人类死亡这样危险而独特的事件，也可以被吸纳为这份契约的一部分。晚近文明啧啧惊叹于金字塔之怪异，没完没了地炮制金字塔建造目的和意义的愚蠢故事，但对埃及人来说，金字塔是其国家价值活生生的证明，而他们的国家，的的确确就在天堂的入口处。

四　约瑟谷仓与挪亚方舟

每个新时代对奇迹都有自己的看法，但金字塔仿佛变色龙一般，在各个时代都能被视为奇迹，只不过其身份和目的有所变化。

在不同的时期，胡夫金字塔充当过挪亚的方舟、宇宙的历法和约瑟[1]的谷仓。迄今所知最早编撰七大奇迹名单的菲洛认为，金字塔是建筑奇迹，是人类造来令其他人类难以忘怀的奇迹。菲洛的七大奇迹名单上，有三件奇迹——金字塔、宙斯像和空中花园，都表明一个追根究底的时代在重新评估古老的过去，这是他们在美丽的新天地——现代世界的发轫时期进行自我建设的重要内容。因此，七大奇迹作为一种浩瀚积累，成为人类经历前所未有的最大规模单次变迁的标志。这些标志奇妙而又生动形象。

　　菲洛生活在公元前3世纪晚期的亚历山大里亚。他属于一个杰出的古代工程师学派——事实上，在这个学派里，图书馆学家和学者可能多于躬身实践的专业人员。学派的创立者是亚历山大里亚一名理发匠的儿子，名叫特西比乌斯[2]，比菲洛早出生几十年。学派成员一向被称作"充气室魔术师"，他们广泛研究早期希腊科学著作中述及的理论方法，运用这些理论制造各种各样的东西，从机械鸟和饮水龙之类的自动玩具，到微型涡轮机和"水风琴"等，不一而足。其中，"水风琴"乃是一种利用水的重量把空气打入琴管的管风琴，在亚历山大里亚海港，伴随着涨涨落落、拍击礁石的潮水，发出奇异的音调。与罗得岛巨像及金字塔相比，这些工程的成就不那么起眼，但也同样被视为奇迹。描述这些成就的著名文学作

1　约瑟（Joseph），《圣经》中人物。雅各与拉结所生，是雅各的第十一个儿子，拉结的头生子，"约瑟"意为"增添"。因受年迈父亲宠爱而遭兄长嫉恨，被卖往埃及，后来又遭陷害入狱。法老因其能释梦，任命他为宰相管理埃及。约瑟在七个丰年期间储粮，待七个荒年来临时有粮可吃。
2　特西比乌斯（Ctesibius，约公元前300—？），希腊发明家，一生受阿基米德极大影响，在埃及亚历山大里亚为传统工程学派奠定基础。他发明了能升降的镜子、利用水的重量把空气打进不同琴管的管风琴和以空气为动力的弓弩，改进了古埃及的漏壶（计时器）。水钟是他最著名的发明。

品——希罗[1]和菲洛等人的创作，构成了古典世界文库的一个重要部分。这个古典世界，在西方历史的多个重要时期再生，促成定期井喷般的跳跃式进步——我们有时称之为复兴。而所有这些古典著述中，对奇迹一词都保持着一种特殊的希腊式观念：奇迹是由人类造就、解释和理解的某种事物，奇迹是人类的成就。

这些古代科学家中，许多人和菲洛一样，供职于宏伟的亚历山大里亚图书馆。这座图书馆是亚历山大里亚建城之初，由国王托勒密一世创设的。在其全盛时期，图书馆拥有将近50万卷图书，为其收购图书的人把雅典和罗得岛搜罗个遍——雅典和罗得岛后来建起了最好的旧书店。亚历山大里亚图书馆还经常向其他图书馆借阅手稿以誊录副本。停靠于亚历山大里亚港口的所有船只，如若载有这座城市图书馆的未存之书，则被要求一律上交，由图书馆分门别类并附上"来自某某船只"的标签，再把誊写的副本发还船长作为交换。因为这个缘故，这座伟大的图书馆——它向所有识字者开放，也成为某种编纂机构。几个世纪以来，在这座图书馆工作的人们将标点和发音体系标准化，甚至独立发展出一种可辨识的文字风格。后来的托勒密王朝子民自豪地夸耀说，他们拥有世人知晓的全部图书；这座图书馆容纳了世上所有智慧，照耀着这座城市，比法罗斯灯塔更明亮。亚历山大里亚图书馆不仅对各种学问分门别类，编纂了影响深远的书目，而且自觉保存了希腊的文字遗产。一千五百年后，这批遗产成为西方智慧富于象征性的根源。

1　希罗（Hero），即"亚历山大里亚的希罗"（Hero of Alexandria，约10—约70），希腊化亚历山大里亚时期知名科学家、工程师，据认为发明风轮和被称为"希罗引擎"的"蒸汽动力机"，发现测定三角形面积的公式，部分手稿通过拉丁文和阿拉伯文翻译留存至今。本书作者称其著述为"文学作品"。

正如人们可能料到的那样，在这座卓越的图书馆里，高级馆员往往凭个人努力成为著名作家。他们利用图书馆的非凡资源，创作了戏剧、百科全书、诗歌和其他许多作品。其中一位杰出人物名叫埃拉托塞尼[1]，是菲洛上一代首席图书馆学家和王室导师。他很可能编纂过世界上第一份七大奇迹名单。关于他的作品，传世线索有时只不过是几个令人干着急的书名，而所涉内容则从政治学史的普世理论到数学和几何问题（埃拉托塞尼使用的"筛"一词至今仍用于测试计算机），从音乐理论到地球测量，从哲学到戏剧，无所不包。从拜占庭的菲洛的著作来看，菲洛与其说是亚历山大里亚学派的开创者，毋宁说是追随者，而埃拉托塞尼与菲洛大不相同，他有原创力，有好奇心，也有归纳事物的能力，还有足以发明世界七大奇迹这一观念的诗意。

不管七大奇迹这个观念是否菲洛的创意，有一点看来可以肯定：菲洛编纂了七大奇迹的名单，即我们如今所说菲洛的名单。菲洛名单的文本，连同其中所有模棱两可的语句，正如丹尼斯·海恩斯所言，或可上溯到"优良的希腊化源泉"。在7世纪阿拉伯人入侵、亚历山大里亚图书馆最终解体之后，菲洛名单的几份抄本得以保存在君士坦丁堡，众多古代奇迹实际上也汇聚到那里。生活在君士坦丁堡的几何学者和工程师直接继承了菲洛的伟大传统，建造了世界上最优美的一些古代建筑。在拜占庭，菲洛名单首次被提及是在4世纪、纳西昂的格列高利主教的演讲里。我们在第四章中曾经提到这位著名布道者关于摩梭拉斯陵墓令人动容的思绪。

1　埃拉托塞尼（Eratosthenes，约公元前276—约前195），曾任亚历山大大帝之子的家庭教师，约公元前235年起任亚历山大里亚图书馆馆长，在当时所有知识领域都被视为奇才。据信他是阿基米德挚友，曾巧妙测量地球大小，发明寻找素数的方法，即所谓埃拉托塞尼筛。晚年双目失明，因无法忍受不能读书的痛苦，绝食而死。

后人对其布道文的诠释，甚至还包括一幅拜占庭微型画，上有菲洛名单中的古代七大奇迹之一、屹立于海边的摩梭拉斯陵墓。在这幅画中，离摩梭拉斯陵墓不远，越过一片水面，耸立着一尊下有底座的雕像，那甚至有可能代表着罗得岛巨像，虽则在此画绘制之时，罗得岛巨像早已倒下，变成千千万万块碎片。格列高利与菲洛和普林尼这样的古代评论家一脉相承，想法相当实际——普林尼也认为金字塔不实用。这位主教把七大奇迹概括成抽象的建筑形式："一道墙、一尊雕像、花园、金字塔群、一座神庙、另一尊雕像、一个墓。"这份简短的城市建筑清单，至今仍可见于几乎所有现代城市。

现存最古老的菲洛名单抄本，可追溯到9世纪。这是一份结实的羊皮纸抄本，用褐色拜占庭墨水仔细写就。在拜占庭帝国内部，不时会出现小规模的科学复兴浪潮，其中一次就发生在9世纪，菲洛名单抄本出现之时。开启这股复兴浪潮的是杰出的拜占庭科学家、数学家利奥[1]。他是位知名教师，从巴格达哈里发宫廷直至欧洲西部的荒凉帝国，声名远播。他甚至利用古亚历山大里亚学派的著述成果，自行创造某些奇迹，名气大到不时出现在有拜占庭皇帝露面的场合，令外国使节啧啧称奇。

在皇帝宝座前，竖立着一株镀金铜树，枝桠上栖满各色鸟儿，也是用铜制成，各按所属鸟种发声啼鸣。皇帝的宝座是

---

[1] 数学家利奥（Leo the Mathematician，约790—约869），拜占庭哲学家和逻辑学家，与马其顿文艺复兴和第二拜占庭圣像破坏运动关系密切。其唯一存世著述是在柏拉图对话手稿里写下的一些笔记。他被称为"真正的文艺复兴之人"和"9世纪拜占庭最聪明的人"，曾任帖撒罗尼迦（Thessalonica）大主教，后在君士坦丁堡出任马格诺拉（Magnaura）哲学学院校长，教授亚里士多德逻辑学。

这么制造的：先是很低，然后高起来，接着非常高。王座十分高大，不知铜制还是木制，座前有通体包金的狮子守护。狮子尾巴扫地，张开大嘴，伸出舌头，仿佛在发出吼叫声。我倚着两名宦官的肩膀，被引导到皇帝那里。我走上前去时，狮子怒吼，鸟儿则按其种类尖声鸣叫……因此我三次拜伏于地，以示对皇帝的尊崇。我抬起头，之前看见那个男人坐在比地面稍高一点的地方，这时他换了一身打扮，坐的位置只比宫殿天花板低一点。我弄不明白这是怎么发生的……但关于这一点，他什么也没有对我说——就算他想说，我们离得很远，也不适合他那么做。

克雷莫纳的留普朗德主教，意大利国王和圣罗马帝国大使，

（约公元950），《补偿书》，Ⅵ

菲洛的文章这时已有一千二百年历史，但无疑会引起制造这些自动装置的人的兴味。不仅如此，显而易见，这些自动装置的灵感来自菲洛所属亚历山大里亚学派的著述。百年之后，在另一股学术和科学著述复兴热潮中，拜占庭皇帝君士坦丁七世本人提笔叙述了一些被列入菲洛名单的奇迹及后来情况。显然，在当时的拜占庭图书馆，仍能读到古代亚历山大里亚学派这些著作。菲洛的奇迹名单间或会被援引或抄录，再度获得转引，予人启迪。

1436年，意大利文艺复兴早期，达尔马提亚（Dalmatian）一位红衣主教把一个厚厚的羊皮手卷塞入行囊带到西欧，卷中录有已经久远的菲洛的思绪。另有12篇独特著述也创作于漫漫七个古典世纪中。这些作品或描绘公元前4世纪前往西非的航海经历，或评议曾在帕加马工作的一位著名希腊化雕塑家的青铜作品，或记述奥运会最初八个世纪的历史，或是一束诗歌，又或是一辑神话

和维吉尔[1]的老师为创作史诗而特别构思的一些粗俗故事。这些作品还包括一部希腊语法、一部词典和名声显赫的希腊人和罗马人撰写的一些书信，所有这些书信都被译成了希腊语。此外，还有关于一个名唤潘查岛[2]的神奇岛屿的传说。相传潘查岛是个魔幻、神秘的地方，岛上居民受过启蒙，但没有受教育，没有财富或野心。他们佩戴黄金珠宝，穿着用绒毛和牡蛎壳做成的衣服，"落潮时在海中埋葬死者"。长话短说，这些是来自一个业已消逝的古老世界的奇迹。

菲洛手稿在瑞士巴塞尔一所修道院书架上静静地"睡"了一个世纪后，在大出版商弗罗贝纽斯[3]的府邸安下新家。在那里，一批学者对其珍贵内容详加研究，其中可能包括伟大的伊斯拉谟[4]本人在内，他当时年迈多病，就住在附近的弗赖堡，为着主持首次印

1　维吉尔（Vergil或Virgil，公元前70—前19），古罗马诗人，著有《牧歌集》《农事诗》和史诗《埃涅阿斯纪》等，因在《牧歌集》中预言耶稣诞生而被基督教奉为圣人。《埃涅阿斯纪》在中世纪被当作占卜圣书，同时被视为拉丁语文学的最高成就，影响了贺拉斯、但丁和莎士比亚等大批西方作家。在但丁的《神曲》中，维吉尔作为但丁的保护者和老师出现。

2　潘查岛（Panchaia），传说中古希腊岛屿，首见于公元前4世纪晚期古希腊哲学家爱凡麦（Euhemerus，又译欧伊迈罗斯）著作《神圣的历史》（*Sacred History*，今仅存片段）。爱凡麦将这座岛描绘成由一些不同民族部落组成的社会，他穿过红海，在阿拉伯半岛游历时登上此岛，并在岛上神庙里发现神祇的生死簿，证明诸神乃是历史人物。维吉尔称这座岛"香烟袅袅，多沙"。一说潘查岛可能位于今巴林，或即也门的索科特拉岛。

3　弗罗贝纽斯（拉丁文：Johannes Frobenius，英文：Johann Froben，1460—1827），文艺复兴时期人文主义者，伊拉斯谟的密友；巴塞尔著名的出版商。

4　伊拉斯谟（Erasmus，1466—1536），欧洲文艺复兴时期尼德兰（今荷兰和比利时）著名人文主义思想家和神学家、虔诚的天主教徒和古典学者。他使用拉丁语写作，批评罗马天主教会骄奢腐败，对后来的宗教改革运动产生重要影响。其作品有《愚人颂》《基督教骑士手册》《论儿童的教养》等。他主持将希腊文《圣经·新约全书》整理翻译成拉丁文本，经马丁·路德译为德文后，成为宗教改革时期第一本新教圣经。

行亚历山大里亚的俄里根主教[1]著作而频频造访弗罗贝纽斯。由是，早在17世纪出版之前，菲洛的奇迹名单就已进入新兴的西方学术界。这是从金字塔直至今日追溯古代奇迹的关键一环，也是现代意象史的组成部分。当然，这不是七大奇迹的全部历史，但西方从来未曾遗忘对这些奇迹的念想，只不过是战争和贫困将七大奇迹与古典历史和古代学术的联系割裂了，名单因是有所变化。奇迹本身也历经了变迁。

罗马帝国衰落之时，受到基督教全面渗透。基督教徒悄然进入西方，通过无情的异教徒帝国架构进行运作。他们回避异教之物。对他们来说，所有真正的奇迹都是上帝创造的，异教徒的著述属于邪恶、古老的幻觉。所以，古典文明在西方崩溃之际，菲洛列出的七大奇迹似乎也销声匿迹了。例如，在西欧，近一千年来，甚至最具影响力的金字塔也处于被审慎遗忘的状态，因为《圣经》里并没有太多篇幅提及金字塔，而《圣经》是关于永恒、上帝及上帝所主宰的这个世界上所有奇迹的主要知识源泉，赋予基督教界存在的理由和意义。

尽管存在这种对抗状态，尽管基督教界甚至不愿提起异教事物，但关于这些古代奇迹的部分记忆，仍然闪烁在西方的意象之中。特别是谜一般完美的金字塔，漠无表情地耸立在沙漠里，旅人和朝圣者在漠漠黄沙中跋涉，望见它们时依旧会感到震撼。不过，对这类奇迹的解释和认同，如今需要《圣经》的认可。金字塔因此被命名为约瑟的谷仓——《圣经·创世记》中法老的粮仓，用于储藏全埃及的粮食，以备在约瑟预言的七个灾年来临时赈济国人。

1　俄里根主教（Bishop Origen，约公元184—253），又称亚历山大里亚的俄里根。早期基督教学者、苦行僧，著述丰富，基督教历史上最重要的神学家之一，编撰希伯来圣经首个重要文本Hexapla，第一个全面提出赎罪赎金理论，对三位一体概念的发展有重要贡献。543年，罗马皇帝查士丁尼谴责他为异教徒，下令焚毁他的所有作品。

7-3　约瑟的有蛇谷仓，选自约翰·曼德威尔爵士《旅行记》(1482)

现在我要说起另一件事：越过巴比伦，上溯尼罗河，朝向沙漠，在非洲和埃及之间，便是约瑟的谷仓。那是因他之故建造的，为的是储备谷物以防荒年之乏。这些谷仓全用石头建成，石匠手艺精湛，其中两座之高之大，令人啧啧称奇，余则无此伟岸。每座谷仓里面都有一道门，略高于地面。因为修建谷仓的缘故，土地被废弃且沉陷。在谷仓里，到处都是毒蛇。在谷仓外部的上方，用多种语言刻了许多文字。有些人说，它们是伟大的统治者的坟墓，曾经如此，但这不是真的……因为你恐怕很清楚，坟冢或墓地不会被造得如此巨大，如此巍峨，所以人们不会相信它们是坟冢或墓地。

约翰·曼德威尔爵士：《旅行记》，15世纪作于布鲁日

哪怕匆匆一瞥，也能看出金字塔完全是实心的，因此事实上不

适合储藏谷物。但对绝大多数旅行者来说，这一点却当真显得无关紧要，要紧的是这非凡的古代奇迹作为约瑟的谷仓，被纳入了基督教体系。人们相信，这古老而神秘的建筑并没有投下一丝阴影，甚至可能帮助炼金术士提炼纯金。

西方朝圣者穿越拜占庭帝国前往《圣经》所记载之地，从一开始就不愿把金字塔称为金字塔。流传至今的第一份旅行记录生动地叙述了一位名叫伊吉利娅（Egeriae）的女子富于好奇心的旅程。伊吉利娅于公元333年带着仆从离开法国波尔多，前往埃及和圣地。有证据表明，当时"基督徒旅游"这一观念已经发展得相当成熟，而不知疲倦的她显然沿途从当地人那里了解到很多东西。拜占庭帝国的国民也热衷于向这些来自北方的、好奇的旅行者指点《圣经》故事发生之地，展示其教堂的秩序和仪式。这份稀有记载后来和几份类似文件辑录在一起，其中一处提到法老的谷仓：

> 赫利奥波利斯[1]距巴比伦12英里（是靠近现代开罗的一座罗马要塞），城市正中央有一大片平地，为太阳神庙所在地，波提乏[2]的府邸也在那里。这两座建筑之间，是亚西纳[3]的居所。城中的内墙相当古老，像神庙及波提乏和亚西纳的府邸那样用石头建成。那儿还有太阳神的花园，有一根极高的柱子，被称为波蒙，凤凰五百年后栖于其上。
>
> 孟菲斯离巴比伦12英里，那里有许多金字塔，乃是约瑟建

1　赫利奥波利斯（Heliopolis），埃及北部古城，位于尼罗河三角洲。在底比斯崛起（公元前2100年）之前，一直是朝拜太阳神的中心，曾拥有众多闻名一时的哲学及天文学学校。
2　波提乏（Potiphar），《圣经·创世记》中埃及法老的内臣，护卫长。约瑟便是被卖给他。
3　亚西纳（Asenath），《圣经·创世记》中安城的祭司波提非拉之女，被法老赐予约瑟为妻，生玛拿西和以法莲。

来储存谷物的。

执事彼得:《伊吉利娅行程附录》

在伊吉利娅朝圣两个世纪之后,"约瑟的谷仓"再度被人提起,这次是在一个名叫尤利耶斯·霍诺里厄斯的人的冗长演说的结尾。时光流转至此,我们可以断定,至少在尤利耶斯(Julius)的圈子——西方的心脏罗马,人们已经普遍接受金字塔作为约瑟的谷仓这一"身份"。约瑟的谷仓,这个称呼一直被解读为出于虔诚之心而产生的对金字塔的委婉表述,是对异教事物的适度回避,类似于当今许多非西方人的表现。这一点清楚地体现在7世纪早期塞维利亚主教圣伊萨多尔(Isadore)的文章中。伊萨多尔是位勤奋的作者,撰写了许多关于语法、数学、医药以及西班牙基督教信仰的教义和实践的文章,还写了一部《世界史》,从创世一直写到他生活的时代——公元615年。这是一部百科全书式的著作,以特有的、干巴巴的文风,逐卷列举了当时风行西方的大量知识。就因这一点,在其后几个世纪里,伊萨多尔的著作大受称许,被后世许多学者引用或剽窃。而对伊萨多尔来说,正如对步其后尘的许多百科全书式学者一样,认为"金字塔"分别于两种彼此不大相干的东西,即几何图形和古代有权势者的坟墓。pyramids这个词,按伊萨多尔的话说,它源自希腊文中的pyr(火),因为金字塔就像火苗一样,向上升腾并集中到一点。伊萨多尔补充说,老一辈炼金术士相信,金字塔没有阴影,以此含蓄地强调了金字塔的特性和奇妙之处。这句话或许有实地观察的依据:金字塔陡峭的各个面投下的阴影,相较如此庞大的建筑而言非常之小,人类见惯了笔直建筑的阴影,再看没有多少阴影的金字塔,难免大感意外。

对朝圣的基督徒来说,把金字塔当成约瑟的谷仓既出于虔诚,也成了习惯。8世纪，爱尔兰的修士来到埃及，继古代希腊和罗马人之后首次对古代奇迹进行勘察，但就连这些爱寻根究底的修士也把金字塔真的当成了谷仓。

那时，经过在尼罗河上的漫长航行，他们望见远处有七座谷仓（七座，以对应七个丰年），那是圣人约瑟建造的。他们赞叹这些建筑如山峦一般雄伟，其中四座谷仓在一处，三座在另一处。

他们靠近三座谷仓时，遇到一头狮子和八个人——八个死在谷仓旁的男女。狮子比他们厉害，但他们用剑和矛杀死了狮子。七座谷仓所坐落的两个地点都在沙漠里。

之后，我们（原文如此）仔细查看了三座谷仓，再一次为它们从最下面的基座到顶部都完全用石头建成而惊叹。在金字塔顶，有一个细细长长的尖。我上面提到的那位兄弟测量了其中一座金字塔的一个边——从一个边角到另一个边角，共有400步。

接着，他们上船沿尼罗河航行，直至通往红海的河口。从红海港口到东土到摩西小道，只有很短一段路途。测量谷仓大小的那个人想远航至摩西带领他的人民走进大海的地方，他不仅想要进入那个港口，还想看见法老战车行经路线以及车轮留下的辙印。但水手们没有答应。据他估计，那里的海有6英里宽。

《菲德利斯兄弟和"一些到耶路撒冷朝圣的爱尔兰牧师与修士"行记》，见于迪库尔：《关于对世界的测量》，6，13—18

（此书编纂于约公元760年）

在菲德利斯（Fidelis）兄弟生活的时代，埃及为阿拉伯人所统治。他们和前代统治者一样，对金字塔没有什么实际兴趣，提到金字塔时，通常只满足于改头换面地复述古希腊、古罗马作家说过的内容。而这些长途跋涉的修士和他们那个时代多数欧洲人一样，脑海里普遍充塞着《圣经》人物，古老的传说多半已遗忘，不过仍具有谜一般的力量，在他们的心头若隐若现。他们又敬畏又大胆地对金字塔进行实地考察，其记述表明当时的人们对古代事物开始有一种与过去迥然不同的新视角，对奇迹也采取了不同的态度。尽管在西方，金字塔除了谷仓再无别的称谓，菲德利斯兄弟之后的千百年间也是如此，但对这一可畏的奇迹，人们的回应方式现在变成了考察，甚至在某些场合，变成了测量。幻想、成见以及理解甚至亲自演绎奇迹的愿望强烈结合在一起，促成了这种态度——现代世界至今仍采取的态度，虽则当时刚显山露水。

菲德利斯兄弟的想法不完全源于对地狱之火和撒旦的恐惧。公元642年阿拉伯人征服埃及后，对西方人来说，拜谒约瑟的谷仓往往既艰难又危险，但在基督教意象中，始终鲜明地闪烁着关于金字塔的记忆。在教堂的墙壁和窗户上常能见到绘有遥远的约瑟谷仓的图画。特别是威尼斯商人与阿拉伯人和拜占庭人都有密切往来，在商旅途中搜集了已经消失的古代世界的精美遗物。直至今日，如果你来到威尼斯这座美丽的水上城市，把小船泊在大广场（又译格朗广场）的柱顶楣梁下，你便仿佛进入了一个中世纪的奇迹世界。威尼斯生气勃勃地在东西方之间游走，其景观集神奇事物之大成，是东方奇迹的都市大观。

在威尼斯，甚至高踞圣马可广场古代石柱上的巨狮也是一尊希腊化雕塑，创作于七大奇迹时期，很可能来自像摩梭拉斯陵墓那样恢宏的墓葬建筑。曾几何时，巨狮背上还可能伫立过一尊母亲神像，就像有时见于古代安纳托利亚腹地和小亚细亚以弗所阿耳忒弥斯神庙中的那样。如今，在许多意大利教堂，人们可以看到那位古代女神摇身一变成为圣母马利亚，但依旧站在石狮背上。

圣马可大教堂旁边，散落着从东方运来的更多奇迹，比如埃及的斑岩柱。据说这样的斑岩柱曾经支撑过壮丽的所罗门神殿，而后者在某些中世纪奇迹的名单上，取代了以弗所的阿耳忒弥斯神庙。又比如来自拜占庭的石柱，精巧富丽，是1204年十字军第四次东征中摧毁拜占庭帝国后掠夺的战利品，而把这些十字军骑士送到拜占庭这座古老城市的，正是威尼斯的舰船。圣马可教堂正面的四匹青铜骏马也是来自拜占庭的战利品。这一切，连同圣马可广场柱顶的青铜狮子，一度同属于七大奇迹时代一座规模更大的希腊化纪念建筑。这四匹马最初是一辆驷马双轮战车的一部分，而这辆战车组雕和摩梭拉斯陵墓顶部的大理石战车组雕十分相似。威尼斯武士甚至还试图把菲迪亚斯创作的帕台农神庙雕塑中的大理石骏马运回去，但他们船上的绳索绷断了，把这些雕塑摔到地上——威尼斯的这项损失，后来成为英国埃尔金伯爵的收获。

或许，圣马可教堂镀金的青铜骏马还会让威尼斯人想起传说中另一件古老的奇迹——亚历山大坐骑比塞弗勒斯的雕塑。据说人们曾经用巨大的磁铁把这件雕塑悬在士麦那空中，而亚历山大本人——奇迹之王，也被雕刻在圣马可教堂的一侧——亚历山大坐在一个篮子里，被四头鹰托着飞向天空。在中世纪，这位伟大君主的探险没有止步于印度，而是被演绎成充满想象力的传奇。

在圣马可教堂里，马赛克耶稣像仍然被安放在和奥林匹亚山宙斯神殿相似的幽暗中，与菲迪亚斯用黄金象牙制作的宙斯巨像相呼应。这座教堂还有略呈半圆形的穹顶，上面描绘着菲洛列举的另一件奇迹——约瑟的谷仓。这是一幅神奇的马赛克画。画中，一排尖顶金字塔耸立在金色的沙漠里。在金字塔四周，人们竖起一捆捆麦子，以防备《圣经》中约瑟预言的荒年到来。而在教堂一个小拱顶的拱门上，金色的特塞拉镶嵌出法罗斯灯塔——亚历山大里亚城的伟大灯塔。创作这幅镶嵌画的艺术家肯定仔细端详过原物，忠实地记录了灯塔的三个楼层，塔顶还有一座小小的清真寺。从这幅画来看，后来统治亚历山大里亚港的阿拉伯人十分珍视这座灯塔，精心维护着它。在这幅马赛克画里，一艘海船载着耶稣的使徒马可，驶往传说中他的殉教之城[1]。

威尼斯的诸般景观，汇聚了各种古代奇迹，有的来自《圣经》，半存记忆，半已遗忘；也有的来自古老、危险的东方。诚然，在威尼斯见不到巴比伦城墙，亦无空中花园的踪影，但在主教府所在大教堂外面，能够依稀觅得关于亚历山大里亚的另一个回忆：在教堂和码头之间，有一座高大的砖头钟塔，与法罗斯灯塔隔着时空遥相呼应。海船把圣马可的遗骨从亚历山大里亚载到威尼斯时曾经驶过这座灯塔，而耶稣诞生大约八百年后，守护亚历山大里亚城市的灯塔再度被"走私"到威尼斯水城。在过去的二十年里，这段旅程被巧妙地反转过来——在一个意大利海军中队护送下，梵蒂冈教皇把一些古代遗骨归还给了亚历山大里亚。而在威尼斯，圣马可余下的遗骨每次出现在游行队伍中时，仍会行经那座高大的砖头钟塔。当时，威尼斯在人们眼里，俨然另一座亚历山大里亚城，多金、多智、多坚船利矛。这是一座骄傲的城市，也是一座博学的城市，拥有中世纪历史所能承载的最大数量的奇迹。

---

1 即亚历山大里亚。圣马可（St. Mark），《圣经·马可福音》的作者。他在主耶稣受难前夜赤身逃跑，而后来又在多地传福音。公元61年他穿过利比亚沙漠至亚历山大里亚传教，并创建亚历山大里亚主教座堂，成为首任主教。公元68年，他在亚历山大里亚殉道。公元828年，两名威尼斯商人在两名希腊修士的帮助下，把他的遗骨从当时由阿拔斯王朝哈里发政权统治的亚历山大里亚偷走，带到威尼斯。

那座被命名为法玛（Pharma）的要塞是埃及的起点，往西大约两天路程可到塔米亚辛（Tamiathin），它是座大要塞，也是耶稣的流放地。再向西航行4天，是亚历山大里亚城。那里埋葬着使徒和福音传教者圣马可、大圣阿塔那修、圣特洛伊罗斯、慈悲者圣约翰、最后一位烈士圣彼得、正统的阿波里那留斯、神圣的维塔琉斯，以及被当成典范的五个聪明童女[1]。

在亚历山大里亚港，还矗立着法罗斯灯塔，此乃第一奇观。它用玻璃和铅固定在一起，有600码高。在亚历山大里亚以西大约9英里处，埋葬着圣梅纳斯。再往西9英里，则长眠着受诅咒的圣特奥多拉，她给自己改名叫塞奥佐拉。向亚历山大里亚以南航行6天，是大圣马卡里乌斯安葬之地。那里邻近天堂修道院，院里有1000名神父和1000间狭窄的小房间，是一个孤零零的堡垒。由此出发再航行4天，就到了约瑟的谷仓（金字塔群，另一奇迹），共计36座。从那里渡过菲逊河[2]……河上桥梁由80艘船连接而成。由此便可进入大巴比伦，到达法老的宫殿。巴比伦往东大约6英里处，葬着大圣亚赛热。从他的墓地再往东走4天，长眠着圣安东尼……

摘自《修士伊皮法纽朝圣录》——8—10世纪圣地行纪汇编[3]

五　奇迹与西方

在欧洲的黑暗年代（中世纪早期），对绝大多数人来说，富裕、

1　参考本书第三章，第100页注释2。

2　菲逊（Phison），又译肥逊，传说中流经伊甸园的四条河流之一。

3　此段引文与本书第三章的一段引文相比增加了数句，其他内容相同，但出处不一致。第三章此段引文的出处是：修士伊皮法纽：《巴勒斯坦述志》V，20—19（约750—800）。

丰饶、奇迹和《圣经》记载的国度都是些遥不可及的字眼儿。6世纪和7世纪阿拉伯人的入侵，使欧洲与东方相隔绝；又因基督教世界的东西分裂，与拜占庭和古典文化遗产失去联系。奇迹这个观念本身也发生了变化，不仅更接近于《圣经》词汇，而且化入了更靠近欧洲本土的景观。西方古典文明风流云散之后，接踵而来的是一个又一个漫长而黑暗的世纪，关于各个奇迹的历史记载既匮乏，又往往不可靠。不过，即便在菲洛的奇迹名单远匿拜占庭，其中所有知识似乎都已湮没的时候，奇迹的辙印、涉及七大古代建筑名单的抽象观念，仍然能够在西欧思想学说里找到蛛丝马迹。实际上，关于世界上还存在其他奇迹，而且其中一些奇迹纯属天生造化，并非人为的想法，早已出现在古典文明的最后几个世纪里。3世纪在普罗旺斯，被出身军伍、下场悲惨的古罗马皇帝马克西米安[1]聘为家庭教师的朱利叶斯·提提阿努斯[2]把四座西西里火山列为奇迹；与此同时，另一位名叫拉克唐修[3]的学校教师——他曾经教过子女众多的君士坦丁大帝的几个孩子——写下了凤凰的奇迹，形容凤凰是一种神奇的鸟，定期在火中涅槃，然后从灰堆中飞出，如耶稣那样复活。普瓦捷的圣希拉里[4]曾经研究并漫游远东、对他的希腊同

1　马克西米安（Maximian，约250—310）。出生于农民家庭，不识字，历任军职，服从命令，曾与戴克里先同袍。戴克里先即帝位后，公元286年任命他为共治皇帝。公元305年，两人一同退位。公元306年，马克西米安复出，与儿子马克森提乌斯共夺帝位，两年后向马克森提乌斯夺权未果，逃往女婿君士坦丁一世处寻求庇护。公元310年，他趁君士坦丁一世出兵在外时叛变，但应者寥寥。同年夏，马克西米安被迫自杀。

2　朱利叶斯·提提阿努斯（Julius Titianus），2世纪罗马修辞学家，其家族是罗马最古老的贵族世家之一。

3　拉克唐修（Lactantius，又译拉克坦提乌斯，240—320），古罗马基督教作家之一，据称其作品博采众长，富于变化，在文艺复兴时期仍具有广泛影响力，多次再版发行。

4　普瓦捷的圣希拉里（St. Hilary of Poitiers，约310—约367），基督教神学家，普瓦捷主教。4世纪被公认为杰出的拉丁语作家之一。

袍知之甚稔。他也告诉我们，寒冷多山的格勒诺布尔[1]有一处热泉，在他看来是真正的奇迹。而坐在他那四下透风的主教府里，有谁会不同意这种说法呢？

所以，即便看不到东方的藏书或菲洛的奇迹名单，一些西方作家也撰写出他们独有的奇迹名单，虽与菲洛的名单大相径庭，但也构成了神奇数字"七"。七作为巴比伦历法中一周的天数，从某种程度上说，在基督教文化里占据着特殊的位置。在后来几个世纪里，基督教文化中又产生了七宗罪[2]、七德行[3]、七善事[4]、七圣事[5]、最早管理教会的七位圣执事[6]、圣神七恩[7]、圣母七苦[8]以及耶稣被钉十字架上说出的临终七言。

6世纪下半叶，图尔主教圣格列高利拟定了一份七大奇迹名单，它们是：空中花园、法罗斯灯塔、罗得岛巨像、摩梭拉斯陵墓、所罗门王的圣殿、古罗马朱庇特神殿和据说在一整块石头上建造成的

1　格勒诺布尔（Grenoble），法国东南部城市，位于伊泽尔河上，罗马时期的古城。

2　基督徒的七宗罪（Seven Deadly Sins），傲、怒、妒、淫、饕、贪、懒。

3　基督徒的七德行（Seven Virtues），信、望、爱、智、义、勇、节。

4　基督徒的七善事（Seven Works of Mercy），给饥饿之人食物；给干渴之人饮水；给客旅之人住宿；给衣不蔽体者衣物；给病痛之人照顾；给囚徒安慰；给死者安葬。

5　基督徒的七圣事（Seven Sacraments），即圣洗、坚振、修和、圣体、婚配、圣秩和病人傅油。天主教、东正教等传统基督教派遵从上述7项圣事，多数新教宗派仅保留洗礼和圣体作为正式的圣事。

6　七位圣执事（Seven Deacons of the Church），据《圣经·新约》记载，耶路撒冷教会七位信徒领袖最早担任教会执事，职责是管理饭食，照顾寡妇，让耶稣的12使徒可以专心祈祷传道。后来，执事成为教会正式设立的职分，协助监督管理教会。参见《使徒行传》6：1—6节。

7　圣神七恩（Seven Gifts from the Holy Ghost），即敬畏、孝爱、聪敏、刚毅、超见、明达、上智。又译圣灵的七件礼物。

8　圣母七苦（Seven Sorrows），圣母生平所受的七种苦痛。第一苦，听到西默盎预言她将被利剑刺心，预尝耶稣受难之苦；第二苦，带耶稣逃往埃及经受逃难流亡之苦；第三苦，遗失耶稣，焦急找寻三天之苦；第四苦，遇见耶稣头戴刺冠，身背十字架，同情圣子之苦；第五苦，站在十字架旁，耳听锤钉耶稣手足，眼见圣子断气之苦；第六苦，接抱圣尸，因耶稣伤口，伤心之苦；第七苦，眼见圣子耶稣被埋墓中，依依不舍之苦。

赫拉克勒亚剧院。这是迄今所知西欧的第二份世界七大奇迹名单。

在这份名单上，有四件奇迹与菲洛的名单相重。其余三件中，传说中的赫拉克勒亚剧院如今已无从追溯其缘起，古罗马朱庇特神殿显然得到西方基督教文化中心梵蒂冈的接纳，所罗门王的圣殿则凭《圣经》登堂入室。到这份名单出炉的时代，金字塔已被称为谷仓长达数百年之久，受此影响，它们完全被摒除在了奇迹名单之外，而亚历山大里亚的法罗斯灯塔则首次被列为一件奇迹，这可能是因为它是前往中东圣地的西方旅人能经常看见的唯一一个实实在在的古代建筑。

这是一份精美的名单，虽然格列高利评论说，所有这些奇迹都只不过是人类双手的创造，因此注定会衰朽。这位圣徒发现，真正的奇迹乃是那些"毁灭之手所不能触及的。奇迹是上帝自己给予这个世界的"。这些天生的奇迹也有七件，虽然与菲洛的名单大不相同："第一件是海水日日奔流"，其次是日、月、植物和种子的萌芽、神秘的凤凰、西西里的一座火山和格勒诺布尔的圣希拉里热泉，热泉里"交替流动着火和水"。后世学者以真正的哥特式风格吸收了格列高利的思想并加以修饰润色，使之成为一份优雅的正式名单，均衡地分析了主宰上帝之造物的各种元素和幽默，而这些都巧妙地交织在《创世记》的描述里。

不过，在这些学术著作面世前，另有一位中世纪学者撰写了一份影响广泛的古代奇迹名单。此人便是在英格兰北部贾罗修道院皓首穷经度过一生的圣徒比德[1]。比德是7世纪时的饱学之士。贾罗修

1　比德（Bede，约673—735），本笃会修士、英国盎格鲁–撒克逊时期编年史家和神学家，著有5卷拉丁文《英吉利教会史》。史料记载他生于贵族家庭，7岁入本笃会学校读书，精研语言学、天文学、地理学、神学、哲学，专注于圣经注释。他是被罗马教宗尊为教会圣师的唯一英国人。

道院院长伽福立多次往返罗马，为修道院搜罗了丰富的藏书，令比德这位修士学者得以撰写对当时西欧各修道院有着极大价值和重要性的作品。

> 请你抄写学者比德的部分著述送给我吧。我们听说比德天赋美德中近来又增添了精神上的理解能力，在你的国家熠熠生辉，也如烛光一般泽被着我们。我主如此慷慨地把这位学者给予了你的国家……请你好心觅些他的书给我吧，什么书都行，只要是这位受尊敬、受怀念的长者写的，这些书将给我们的流亡生活带来安慰……或许我贪多，但我并没有为自己衷心喜欢的东西索求太多。

8世纪下半叶，美因茨[1]诸位大主教接二连三地写信给英国神职人员，希望获得比德著作的副本，而比德身后的几代贾罗修道院院长也尽了他们的最大努力，因为后来贾罗修道院的工作条件非常糟糕。维京人的进攻、恶劣的生活环境、瘟疫和疾病一度使得修道院人员下降到个位数。

> 事实上，自你索要那位有福的神父的著作，我便和弟子们在能力允许的情况下准备会让你高兴的东西……假使我能够，我一定乐于多做一些，但去年冬天，严寒，冰雪，无止无歇、铺天盖地的狂风暴雨袭击了我们的岛（英吉利岛），天气从没有如此残酷过，耽误了缮写员的工作，绝大多数作品没能抄完……不过，说到可敬的比德的短小作品，你还没有副本，我

1　美因茨（Mainz），德国莱茵兰–普法尔茨州首府和最大城市。

承诺将满足你的要求，如果我们还活着。

中世纪早期的学术研究便是这般艰苦。尽管如此，比德的著作终于被抄录在羊皮纸上，用皮革包好边，订成卷册，再一包包地捆在骡背上，一路颠簸穿过北部欧洲[1]，运往阿尔卑斯地区，从那儿又流传到更远的地方。这些卷册中极有可能录有比德撰写的世界七大奇迹名单，那是比德对人类初期历史的简短论述的一部分，修改后又被后世学者重新编辑。比德的奇迹名单蜚声西欧各地，其影响远远超过格列高利的名单，原因之一是大量有学识的修道士渴求一览比德的著作，而格列高利作为英格兰诺森伯兰郡（Northumbrian）的一位修士，显然是在自己的书房里随心所欲写下他的奇迹名单。

比德根据贾罗修道院的藏书写下这份名单。贾罗修道院图书馆不仅藏有古代哲人圣奥古斯丁、安布罗斯[2]和哲罗姆[3]的重要著述，还收藏着一份维特鲁威建筑手稿抄本，不过，这份手稿只提及世界七大奇迹是一系列建筑，没有一一单独列举菲洛名单的要素，有些圣徒在著述中提及七大奇迹时也是如此。维特鲁威理所当然地假定他的读者早就知道七大奇迹是什么，但生活在另一个时空之中的比德不会有这方面的知识。于是，比德一方面列出维特鲁威提到的那些奇迹，一方面自行补足整个名单——主要是把一个世纪前图尔主教格列高利已经命名的那些奇迹移植过来。和格列高利不同，比德没有把空中花园包括在他的奇迹名单里。或许这位可敬的修道士无

---

1 此处提及的北部欧洲，并非指北欧斯堪的纳维亚半岛国家，而指意大利以北的欧洲地区。

2 安布罗斯（Ambrose，340—397），作家、作曲家、米兰主教，在早期基督教会中推行正统观念。

3 哲罗姆（Jerome），拉丁文学者，所译《圣经》是第一本根据希伯来文译成拉丁文的《圣经》。

法让自己相信，罪恶的巴比伦——这个他只能凭《圣经》中的描写了解一二的地方，竟能创造并拥有一桩世界奇迹。但不管怎么说，比德在名单中列入了格列高利提及的神秘的赫拉克勒亚剧院，又根据现已无从查考的资料来源，列入了从半空中俯瞰士麦那古城的亚历山大坐骑雕塑，原因如今渺不可知。也是根据不知名的资料，比德还在名单中列入了另一件来自遥远东方的奇迹——蒂亚纳浴池，这大概是幻想中的一座宏大的古典浴池，后世传说因为设计巧妙，只用一根蜡烛就能加热整座浴池的水。英格兰北方的冬天何等寒冷、潮湿，比德和其他修士执笔的手指都冻僵了。谁能否认对他们来说，这座浴池不是一件最让人舒适的奇迹？不过，肯定有人脸上掠过一抹不易察觉的微笑，因为注意到这些虔诚的基督徒对远去的充满巧思的异教帝国仍葆有尊崇之心。

比德名单中这最后两件奇迹——亚历山大坐骑和蒂亚纳浴池，令人异常费解，很可能来自现已失传的其他古籍，也可能来自以口述方式传到贾罗修道院的史料。据记载，一些来自罗马的教士被派到这座偏僻的修道院，向英格兰修士传授罗马宗教仪式的适当顺序，或许就是他们传播了这些奇迹的故事。还有一种更复杂的可能性，就是比德等修士从一名来自拜占庭的希腊人那里听说了这些不可思议的东方奇迹。比德缮写的部分典籍中，有寥寥几幅插图流传至今，从这些插图来判断，当时至少有一名在希腊受过教育的艺术家在贾罗修道院为这些修士创作的经文集绘制插图。

比德的名单中还列入了法罗斯灯塔，表明它直接继承了格列高利的奇迹名单，也突出了这座富有魅力的灯塔新的重要意义。那时候，这座灯塔依然耸立在遥远的、被阿拉伯人控制的亚历山大里亚，流传在十几个朝圣故事里。在比德的时代，这是一种创新——时至今日，在现代人的七大奇迹名单中，唯有法罗斯灯塔不曾在任何古希腊古罗马名单上出现过。菲洛的名单把传说中的巴比伦城墙和同一座城市的空中花园都单独列为奇迹（见附录）。

格列高利和比德的奇迹名单，连同伊萨多尔、亚里士多德及基督教会早期教士们的著述，成为西方千百年来坚守的伟大智慧传统的一部分。位于沙特尔和巴黎的哥特学派，自12世纪起就持续保存着将近一打这种奇迹名单，将其归在奇闻圣迹和前往罗马与耶路撒冷的朝圣者故事目录下面。此时，七大奇迹已经变得就像手稿上的彩饰那样充满幻想，其面目成为事实与虚构神奇的混合体，而清晰明了的希腊和罗马典籍以及后来文艺复兴时期学者的著作，后来完全将之取代。不过，在持续数百年的哥特时代，古代奇迹世界的意象遍地开花，而这个奇迹世界点缀着一打各式各样的墓葬，它们以神奇壮丽的方式，埋葬了伊特鲁里亚（意大利中西部古国）的一干国王和波斯的诸位皇帝，还有塞米勒米斯、巴比伦王后、摩梭拉斯的妹妹阿忒弥西娅、所罗门王本人，以及约瑟、代达罗斯[1]、泰西封[2]和海勒姆、推罗的国王。在这个神奇世界，所罗门的大殿被虔诚地和阿耳忒弥斯在以弗所的巨大废墟混为一谈，金字塔变成挪亚方舟，菲迪亚斯不朽的宙斯巨像则被彻底废弃。

不管怎么说，格列高利和比德都把罗马的异教建筑纳入了他们所列的奇迹名单，由此承认了这座古老城市在意大利以北欧洲教会中神圣而至高无上的地位。罗马的这种至高地位，首先是由古代统治者传播开来的，而古代罗马人也早就开始把七大奇迹"西移"。罗马诗人马提奥尔（Martial）在一首隽语诗中夸耀道，在他所热爱的罗马城的中的奇迹远比外国人所能建造的更加伟大。晚期这些名

1　代达罗斯（Daedalus），传说中的希腊建筑师和雕刻家，曾为克里特国王建造迷宫。

2　泰西封（Ctesiphon），伊拉克中部古城，位于底格里斯河沿岸、巴格达东南部。作为帕提亚国王们的王都曾辉煌一时。阿拉伯人于637年攻陷并劫掠了这座城市。

单中，罗马整个城市本身有时便被当成一个奇迹，而城中的单独建筑也每每被列为奇迹，特别是位于中世纪罗马城中心、罗马七丘之一卡彼托山上的朱庇特神殿。

一个严酷的现实是，到格列高利和比德生活的年代，一度庄严雄伟的罗马帝都已沦为穷困的废墟，古城板荡，古砖砌成要塞，里面盘踞着势不两立的豪门世族。4世纪即被皇帝们抛弃的罗马，花了一千年时间才在某种程度上重现过去的光彩壮丽。不过，罗马虽遭摧毁，沦为废墟，罗马的教皇仍被视为教会中的大人物，与亚历山大里亚、安提克和君士坦丁堡的大主教们平起平坐。我们也可以断定，奇迹的幽灵依然在凄迷的石头废墟间徘徊。基督徒常宣称所有古代诸神都已被摧毁，但这只不过是吹嘘，是在黑暗中的叫嚷。诚然，神庙已被关闭、洗劫、焚毁；祭司已作鸟兽散，殿中的诸神及女神雕像，要么被运往君士坦丁堡，要么被烧成石灰，但在多数人的脑海里，诸神仍然存在。黄道十二宫图的符号、各种神奇的数字——特别是"七"，照旧家喻户晓，它们的魔力仍然颇受重视。基督教会力图用《圣经》故事代替古代符号和遗迹，可是强调摒弃所有异教思想的学习基督教义的书籍，如伊吉利娅的著述，仍然是一部审慎、相当自觉的敬神书籍。信奉基督但报复心重的皇帝也好，修道士和朝圣者的祈祷与行动也罢，都不能彻底改变人们思考和感觉世界的方式，古代世界的气质性情仍然刺激着他们的日常生活。日历上标出的，还是古代诸神的名字；控制着人们生活的，仍然是星辰和星座。甚至基督教会也和天国结了盟。神父们一年到头按照日月运行的规律举行宗教庆典。每座古城都拥有其异教保护者、创立者和古代英雄，而所有这一切，全是永恒的、星光璀璨的宇宙的一部分。在这样的宇宙，有形的永恒的世界有着无限的确定性，就像古老的金字塔那样不可侵犯。

罗马的部分异教历史融入了教皇们的圣城。对意大利以北的欧洲人来说，罗马似乎充塞着奇迹，变成了一座圣徒的城市、一个新耶路撒冷和天主的俗世之城。朝圣地图显示出这座神秘不凡的城市的发展。据说罗马城的首个营地背山面海，用一道铁篱笆围起，正中央屹立着卡彼托山上的朱庇特神殿，它"一度号令全天下，执政官和元老院议员在那里统治人间世界。它的外观为高墙所掩，非常坚固高大，从山顶拔地而起，外覆玻璃和鬼斧神工的雕刻作品，"《罗马奇迹》一书的无名作者向朝拜这座城市的人们如是说。这位作者还宣称，犹如世间有七海和七美德，罗马有七丘。和古巴比伦一样，罗马被认为是根据宇宙法则建造的城市，蕴含着天文学的重要数字，城墙筑成了黄道十二宫中的狮子座形状。如今，是神奇的罗马城，而不是古巴比伦，充满星辰和黄道十二宫中的星座，外绕一道铁墙，城中七丘坟起，六丘代表造物主创造世界所用的六天，一丘代表造物主休息的那一日。罗马还有365座广场、365条街道、365座为教皇建造的宫殿，每座宫殿有365级台阶，每级台阶上堆满面包，足够供应全世界人食用。不用说，这是穷人的梦想。在他们的想象中，传说中的昔日罗马有着无穷无尽的奇迹和财富。

徜徉在罗马的古代遗址，到处可见奇迹的吉光片羽：石头或青铜巨像是罗得岛巨像及古希腊、古罗马诸神迢遥的回声；罗马皇帝把埃及的方尖碑运到罗马，任其散立于岩石嶙峋的田野，后人则把这些方尖碑当成了金字塔；梵蒂冈附近两处贵族家庭的墓地本系模仿埃及古墓建成的私人墓葬建筑，却被认为是创建罗马的孪生兄弟罗穆卢斯和瑞摩斯的坟墓。而罗穆卢斯金字塔和瑞摩斯金字塔之间的中点，被视为圣彼得被钉上十字架之处的标志。按照圣彼得的要求，他被倒过来钉在十字架上，避免与耶稣的姿势相同，以示谦卑。罗马不仅有金字塔、圣徒和殉道者，还有自己的摩梭拉斯陵墓和空中花园。哈德良皇帝的陵墓，今以圣天使城堡一名为人所知，当初从建造之时便被称为"摩梭拉斯"[1]。与之类似但较为低矮的，还有台伯河对岸奥古斯都皇帝的陵墓。这两座陵墓都有一级级台地植以绿树，望之俨然空中花园。在文艺复兴时代，人们仿造这样的小型陵墓以为花园之装饰，那便是为红衣主教建造的小空中花园。格列高利、比德以及继承他们衣钵的人把七大奇迹迁移到西方，而罗马简直就像巴比伦或埃及沙漠那样，成为容纳奇迹之梦的天地。

六 奇迹的复兴

1507年11月下旬的一天傍晚，教皇尤利乌斯二世在罗马梵蒂冈宣布，他不能再忍受令人畏惧的前任教皇亚历山大六世从教皇私人书房墙上壁画里向他投注的目光，并命令随从搬进楼上的临时住所，请来匠人和画家重新装修教皇的房间。拉斐尔当时只有25岁，但已名重一时，受托在连通教皇卧室的三个房间——会客室、单独的接待厅和教皇本人的藏书室——创作壁画。这些壁画改变了欧洲艺术的面貌。

拉斐尔首先从藏书室开始，更确切地说，那是尤利乌斯二世的办公室或小书房。这个房间有一扇窗户面向风景秀丽的山丘，尤利乌斯二世只消坐到书桌旁便可望见。古时候，这座山丘是阿波罗的圣山。拉斐尔在这扇窗户上方画了一座山巅，众神云集，还有从荷马到但丁一干艺术家，他们都坐在古希腊神话传说中的"诗人之

1　如前所言，摩梭拉斯一词后来在英文中，意即陵墓。

山"——帕纳萨斯山，倾听阿波罗用一把现代小提琴演奏——拉斐尔为这幅壁画创造了一些最新发明，而小提琴这个细节宣示了其中之一。要知道，这类重要人物住所里的壁画，传统上都使用相似的哥特式构图，拉斐尔也如此，但在其中注入了生动的当代气息，使作品充满奇妙的活力。在房间后部墙壁上、教皇书架上方，拉斐尔描绘了一组围成半圆形的人物，而古代画家或马赛克艺术家很可能也会有同样的创作。这幅壁画描绘的是教会创始者们在热心争论其核心奥秘，在其下部，拉斐尔还增画了当代人物，如若干教皇、红衣主教和无处不在的但丁，其画风清新美丽，在当时人看来新颖得令人吃惊，而且相当不同流俗。从那以后，模仿之作汗牛充栋。在正对着门的墙上，拉斐尔以壮观的细节重构了如同巨大的洞穴一般的古罗马浴池——他经常步行穿越罗马城，对罗马浴池的遗址深感兴趣。拉斐尔可能是自古代以来把目光真正投向宏大古迹的第一人。在这些浴池里，亚里士多德与莱昂纳多·达·芬奇并肩漫步，拉斐尔的庇护人年幼的儿子们在聚精会神地倾听托勒密和欧几里得讲话，甚至拉斐尔本人也从壁画里自豪地向外界张望，自信在这场由他召集的非凡聚会中，他本人也占一席之地。

拉斐尔装饰教皇房间之时，米开朗基罗正在西斯廷教堂作画。离他们不远处，在布拉曼特[1]的指导下，新的圣彼得大教堂中殿搭起了脚手架，慢慢地越造越高。渐渐地，罗马有了几十座崭新的宫殿和教堂，尤利乌斯二世可谓召集了从古至今西方艺术家最伟大的盛会之一。在教皇的催促下，拉斐尔及其同时代的艺术家利用罗马城各种古老庄严的意象，把古代奇迹带回罗马人的生活之中。这座

1　布拉曼特（Donato Bramante，约1444—1514），意大利建筑设计师。他发展了文艺复兴时期的建筑风格，提出了新圣彼得教堂（始建于1506年）最初的核心设计方案。

古都里的所有幽灵和奇迹都被集合在一起，为使罗马戴上"基督教世界的母城"这一堂皇冠冕，并重新受到尊敬和崇拜而服务。教皇从前受过许多世纪的贫穷和放逐，现在，尤利乌斯二世使罗马得以重生，并让罗马历史上那些最伟大的灵魂在城中各处出没。

在这个美丽的新世界，重新创造古代奇迹的观念扮演了一个主要角色。关于维特鲁威、利西波斯，摩梭拉斯陵墓的设计者、古亚历山大里亚城的规划者以及其他所有古代奇迹的创造者的传说，鼓舞着米开朗基罗、拉斐尔、布拉曼特及其追随者，激发他们在神话般的昔日废墟里进行创造。现在看来，这些残缺的古代奇迹仿佛纯粹凭其宏伟规制，便开阔了他们的眼界，促使他们奋发努力，与古代创造者比试身手。虽说这些伟大的艺术家中，几乎没有人直接提到过七大古代奇迹，但七大奇迹的遥远意象却融化在他们呼吸的空气里，成为令人惊叹的意大利文艺复兴的一部分，这体现在他们对大于实物的尺寸的把握上，也体现在他们对现代人的人性的重新描摹中。

岁月流逝，建筑——最宏伟、最公开的视觉艺术，成为拉斐尔注意的焦点。他逐渐认识到伟大的罗马旧城里那些看得见、摸得着的废墟，乃是教会特加宣扬的各种设计的源泉，对罗马正在建造的美丽新世界至关重要。这些废墟在很大程度上仍受到忽视，于是拉斐尔日益关注它们，把越来越多的时间用于研究和测量它们，最终把更多时间用于对它们的保护。与此同时，继任教皇和红衣主教们在从古代建筑上采集石块建造教堂和宫殿的同时，某种程度上也逐渐感染到拉斐尔对古城遗址的热情。

1514年，接替尤利乌斯二世当上教皇的利奥十世把注意力转向对古迹的保护，让拉斐尔就罗马现存建筑准备一份报告交给他。这是保护西方古迹的首次现代尝试。此前，建造圣彼得大教堂的建筑师们已经在为利奥十世效劳，按比例画下了许多古代石刻和建筑。如今，拉斐尔发动各式各样的朋友，其中包括一些著名作家，来帮助他进行这项工作。"想想古文物精神中的神性，"他们向利奥十世建言说，"看看这座高贵的城市几乎死气沉沉的模样，它是世界之母、世界之后，被破坏得如此可怜……多少位教皇允许毁损古代庙宇、雕像、拱门以及其他建筑，而那全是其建造者的荣耀！多少古代建筑的地基被破坏，仅仅只为采集水泥，致使这些古代建筑很快就倒塌了。还有，多少古代雕像和其他装饰性石刻被烧成了石灰！我应当毫不犹豫地指出，今日我们眼中所见的整座新罗马城，宏伟、优雅，因教堂、宫殿和其他建筑而增光添彩，但塑造这样一个罗马城的石灰，是用古代大理石雕烧制的。"拉斐尔等人尤其叹息在废墟上不停地挖掘五彩花岗岩和大理石的行为，这些石料是举古罗马帝国之力集中运至罗马一个城市的，帝国臣民为此付出了巨大代价。罗马教廷的扩路计划还毁掉了位于梵蒂冈附近，长期以来一直传说为罗马建城者罗穆卢斯之墓的小金字塔，这也令拉斐尔等人长吁短叹。

教皇的回应是发布敕令：从今往后，任何人不得从废墟上移走上刻古代铭文的石块，违者将受重罚。经历数百年的冷落忽视和原始迷信，学者和艺术家再度对古代石刻趋之若鹜。拉斐尔直至其短暂生命的最后几周，仍继续满怀激情地为教皇勘察罗马全城，和朋友们漫步罗马各个街区，观察坍塌的遗址，一一画下草图，设想着重建古罗马的宏伟规划。但意外的是，1520年，年仅37岁的拉斐尔突然撒手人寰，悲痛的教皇把他葬在古罗马万神殿里，让最精美的古代大理石雕环绕在他的墓地周围。

无人拥护，拉斐尔的宏伟计划随他一起进了坟墓。不过，幸而有那么一位年迈的教授，深为拉斐尔的计划所激动，最终在某种程度上拯救了拉斐尔的梦想。此人名叫马可·法比奥·卡尔沃（Marco Fabio Calvo），来自意大利东北部的拉文纳（Ravenna）。他擅长翻译希腊医学典籍和教授几何学。据说拉斐尔在创作古代哲人的高大形象时，不仅让他们如幽灵一般和自己的庇护人与朋友在一起，还按卡尔沃的模样画下希腊犬儒学派开山祖师第欧根尼，和阴郁的米开朗基罗成为直观的对照：两人坐在台阶上，都在严肃地沉思默想。拉斐尔曾邀请比他年长半个世纪的卡尔沃到罗马来，住在自己宽大的宫廷画室里，帮助他研究对文艺复兴兴盛期意义重大的古代建筑师维特鲁威及其著作。于是，卡尔沃来到罗马，和拉斐尔一起工作。他们使用的注释本被保存至今，上有年轻的拉斐尔在书页边空白处的批注。因为拉斐尔的去世，83岁的卡尔沃一时心灰意冷，回到拉文纳家中。但他忘不掉与拉斐尔共同从事的工作，终于重返罗马，致力于实现对古城的宏伟规划——被简化的拉菲尔的蓝图、原本可能成为遍布古代奇迹的奇妙景观。此时的卡尔沃住在罗马穷人区一间狭小简陋的屋子里，靠一位红衣主教给的养老金过活，其尖刻的斯多葛派人生观和他的著作同样有名。老卡尔沃成为罗马知识界的重要一员。现在，他的绰号便是第欧根尼——那位住在木桶里、叫亚历山大不要挡住照在他身上阳光的希腊哲人的名字。据说，卡尔沃遵照他翻译的盖仑等古希腊名医的建议，以豆为食，把红衣主教给的养老金大部分都送了邻居。在对古代世界七大奇迹深思熟虑之后，老卡尔沃以学校教师向学生重复知识要点的口吻，而不是以被自认为新鲜的知识弄得激动万分的口气，列出七大奇迹的名单：

> 七大奇迹如下：以弗所的狄安娜神庙，另一座在基齐库斯（Cyzicus）；还有卡里亚的摩梭拉斯坟墓；罗得岛的太阳神巨

像，另一件是罗马卡彼托山丘上的朱庇特神殿；本都山脉中的赫拉克勒亚剧院；埃及的金字塔；巴比伦塞米勒米斯女王的城墙；有一百道城门的埃及底比斯纪念建筑。

无论如何，老卡尔沃列入了一些全然陌生的奇迹。到他那个时代，"七大奇迹"这一短语本身，已成为对一组奇妙事物的某种称谓，卡尔沃的名单实际上至少列举了九件"七大奇迹"，而他都没顿顿笔，注意一下这种矛盾。这九件奇迹中，有五件来自拜占庭的菲洛的名单，有两件——赫拉克勒亚剧院和罗马卡彼托山上的朱庇特神殿——则来自比德的名单。其余两件奇迹——小亚细亚西北部古希腊城市基齐库斯的阿耳忒弥斯神庙和埃及底比斯的纪念建筑，也曾出现在几乎与卡尔沃同时代的拜占庭奇迹名单上，而且很可能都源自某一现已佚失的东方典籍。总的说来，卡尔沃向我们提供的是一份保守的奇迹名单，其中大部分奇迹虽然无人得见，但都可能确实存在过。这份名单里没有神奇的会飞的骏马，没有滚烫的泉水笔直喷涌而下那种不可能的壮观设计，它所列举的奇迹都能够再创造一回，就如圣彼得大教堂宏伟的中殿可以重新建造，一直达到根据测算它所能超过的先前中殿的高度。所以，卡尔沃的古代奇迹乃是能够继续改良的奇迹。

1527年4月，年逾九旬的卡尔沃出版了一卷大型对开本《罗马古城地图》，其中包括24张古罗马地图，全都有展开的示意性图解，依稀折射出拉斐尔原创的城市规划。和亚历山大里亚一样，卡尔沃的罗马把重心放在中央一个点上，那里有一座比例巨大的金字塔——实际上是一座方尖碑，统御城市每个城区。城市所有规制都基于神圣的数字，并像维特鲁威及希腊医生所告诫的那样，顺应着风向。罗马的16个城区各有各的城门，各有各的象征性建筑：金字

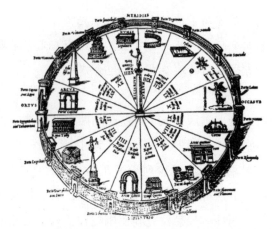

7-4　法比奥·卡尔沃的古罗马示意图，选自《罗马古城地图》，
罗马（1527）

塔、方尖碑、空中花园、陵墓，其大小规模依照对废墟的勘察结
果。不过，这些勘察有的仍然与传闻相混杂。例如，中世纪朝圣者
过去认为挪亚把方舟驶到罗马，停泊在罗马广场中央，而尽人皆
知。那儿的确有一道罗马拱门，所镌铭文正是"挪亚方舟"。对朝
圣者来说，显而易见，那就是挪亚方舟。《圣经》上说，方舟是根
据神的旨意，按照确切的规格和比例建造的，舟中载着地球上的所
有生命。遥想拉斐尔、卡尔沃偕友人漫游罗马城、测量古建筑之
际，在庄严古老的"挪亚方舟"上方拉过一条带子。当其时也，他
们测量的何止是古代建筑。

　　卡尔沃的著作和地图最终演绎成几个版本，对罗马日后所有城
市规划及七大奇迹的历史产生了巨大影响。印刷术在其中发挥了主
要作用，使古代奇迹名单得以传播开来，并以图画形式在一定程度
上向西方基督教界展示了古典建筑复兴的规模和性质。甚至在1508
年年轻的拉斐尔来到罗马之前，意大利全境便出版了逾5000册印刷
书籍，其中许多是古代典籍的译本。1488年，正是在罗马这座城市

7–5　海姆斯凯尔克所绘罗马"挪亚方舟"素描。图中的"挪亚方舟"深埋于涅尔瓦的古代广场，选自其《罗马素描集》(约1535)

初次印行了备受读者喜爱的维特鲁威的手稿《建筑十书》。拉斐尔在世时，罗马一位红衣主教还为一个专门研究维特鲁威手稿的学会提供资助，而这个学会的研究，既未着眼于书中的实用内容，也不在意书中谈到的材料和技术，而是专注于书中论述的数学规律、和谐、均衡和比率，这些事物自成一体，臻于完美而又绝对抽象，在当时许多人看来蕴含了某种宇宙的本性、某种上帝的印记，就像挪亚方舟那样。拉斐尔本人就曾经和卡尔沃共同研究过拉斐尔一个朋友汇编的《建筑十书》的早期版本。历史上第一次，任何人只要有钱买书，就能够接触到古代智慧。

　　维特鲁威频繁地提及世界七大奇迹，却没有费神提供一份完整名单。为弥补这一点，《建筑十书》的几个早期版本在评论和移译时，在脚注中列出了完整的奇迹名单。这些名单均属推测之作，而其中最重要、最有影响的名单，连同维特鲁威著作的译本，1521年在意大利北部城市科莫首次出版。这份名单的作者是布拉曼特的一位学生，名叫塞萨雷·卡萨里亚诺（Cesare Cesariano）。他列举的七大奇迹起先引用古代罗马诗人马提奥尔在诗句中转述的菲洛名单，末了又补充两件奇迹——克里特岛上的古迷宫和伊特鲁里亚国王的神秘坟墓，从而制造了一个"美丽的混乱"。

> 简略谈谈世界七大景观：朱庇特神殿——诗人马提奥尔巧妙地写成阿蒙神[1]的神殿，他还推荐了古罗马皇帝图密善的圆形剧场。有些评论家也谈到野蛮人建造的金字塔和位于罗马的恺撒的方尖碑——现在无人能够再竖起。至于优美晓畅的古代著作所提到的埃及、巴比伦、希腊或世界其他民族既高且广的城墙和雕塑，今天的我们同样无能力创造。那些依然留存在我们记忆中的遗迹，如伊特鲁里亚国王波塞纳的迷宫，也是如此。

卡萨里亚诺不仅列出了七大奇迹，而且在一组精妙绝伦的建筑木刻中，图释了其中一些奇迹。素来有人推测说，其中有些木刻的灵感直接来自莱昂纳多·达·芬奇。卡萨里亚诺描绘的摩梭拉斯陵墓，生动逼真，他仿佛就如菲洛所言，"用意识之眼"看见了它。画中，摩梭拉斯陵墓是一座文艺复兴风格的高大建筑，又像一座形如希腊十字架的布拉曼特风格的教堂，屹立在惊涛拍岸的海边，最高处立着一位北方骑士——穿着耀眼盔甲的俊美的圣乔治。这是一幅元气淋漓的画作，是现代人对被列入世界七大奇迹的建筑的首次图解，而且和后来那些图画一样，完全在以作者那个时代的风格进行表达。不过，卡萨里亚诺还是细心遵循了古人对摩梭拉斯陵墓的描述，他描绘的摩梭拉斯陵墓因此半带幻想，半具学者风格，是他那个时代的纪念碑。

马提奥尔的隽语诗对菲洛的古代奇迹名单巧妙地进行了分段

1　阿蒙神，古埃及人对太阳神的称谓之一。

处理，14世纪时被名著《十日谈》的作者薄伽丘再度发现，此后一直在一小批意大利学者中间流传。薄伽丘是在卡西诺山修道院保存的一卷珍贵古籍中获得这一惊人发现的，其发现始末突出表明：阻断这些古籍的传承何其容易，支撑现代学术大厦的经纬又是何等纤细。人们还应该记住，虽然薄伽丘可能盗走了其中某些手稿，但本韦努托·兰博利·德·伊莫拉讲述的这个富有浪漫色彩的故事，或许能为其开脱。

我要告诉你的事情，和我那位深受敬重的老师——来自切塔尔多（Certaldo）的薄伽丘有着有趣的联系。薄伽丘在阿普里亚[1]的时候，被但丁提及的卡西诺山修道院的名声所吸引，想看看那里的藏书。在他想来，那里的书定是经过精挑细选才被收藏的。薄伽丘彬彬有礼地——因为他一向都最有礼貌——询问一位修道士，可否行个方便，为他打开藏书室，但这位修道士指着陡峭的楼梯，硬邦邦地说："上去，它开着的。"薄伽丘兴高采烈地走上去，发现保存着如此了不起的珍宝的地方，竟没有门也没有锁。进去后，他看见窗台上野草蔓生，所有书籍和长凳都蒙着厚厚一层灰土。薄伽丘大为震惊，开始取下一卷书，翻开，再取下一卷书，结果发现了许多不同的古代和外国书卷，其中一些卷册里，有几页已不见踪影；另一些卷册全文被剪下裁走，受到各种各样的毁坏。想到这么多杰出人物呕心沥血之作沦入了任意妄为的卑鄙之徒手中，薄伽丘伤心之下痛哭流涕，长自叹息。他走到修道院的回廊，询问为什么这些

---

1 阿普里亚（Apulia），意大利东南部一个地区，以亚得里亚海、奥特朗托海峡及塔兰托海湾为边界，其南部形成了意大利"靴子"的后跟。

书会遭到如此可耻的损毁，修道士回答说，为的是赚几个索尔多[1]，他们一贯如此——裁下书页，选编成祈祷用的圣诗集，出售给唱诗班的男童。他们还把空白页边加工成护身符，卖给妇女。所以，潜心研究的人啊，你们绞尽脑汁写的书，却可能落个如此下场。

在罗马再次崛起的这个激动人心的时代，薄伽丘抢救出的马提奥尔隽语诗手稿，可能是传播菲洛的古代七大奇迹名单的首要途径。

愿异域的孟菲斯对她的金字塔奇迹保持缄默，别让亚述苦力夸耀他们的巴比伦，也别令温顺的爱奥尼亚人因其神庙而受赞美。愿有许多角的祭坛守住得洛斯岛[2]的秘密，别让卡里亚人毫不保留、毫无节制地颂扬仿佛悬浮在半空中的摩梭拉斯陵墓，而所有艰辛劳作须向恺撒的圆形大剧场屈膝，历史应谈到这一件作品，而不会谈到别的。

在神圣的巨像从更近更好的位置看见星辰的地方，在脚手架高高竖起于道路中央的地方，可怕国王的可恶宫殿素来光彩照人。

马提奥尔，1世纪晚期，《隽语诗》1；2，1—4

马提奥尔为何把得洛斯岛上有许多角的祭坛添加进菲洛的名单，如今无从知晓。显然，正是出于对罗马的自豪感，他才会称

---

1 索尔多（Soldo），意大利古代铜币，约相当于一个里拉的二十分之一。
2 得洛斯（Delos），爱琴海中的岛屿，在希腊神话中，它是女神勒托的住所，勒托在这座岛上生育了阿波罗和阿耳忒弥斯。

颂罗马圆形剧场使七大奇迹变得渺小。这样做的同时，他无意中保留下一段神话传说，即曾经耸立在宏伟的罗马圆形大剧场旁的赫利俄斯（太阳神）巨像正是被运至罗马的罗得岛巨像。在15世纪，这个古老的故事导致宏伟的圆形大剧场本身被命名为"科洛索"（Colosseum），以向消失的巨像"科洛索斯"（Colossus）致敬。马提奥尔对圆形剧场的赞美被再度发现后，又进一步影响了奇迹名单，因为文艺复兴时期的古文物学家们很久以来便意识到，卡彼托丘并非古罗马的中心，而仅仅只是一个旧时的集市，圆形大剧场才是最令人印象深刻的古罗马遗物。发现马提奥尔的诗篇后，他们高高兴兴地把可敬的比德的名单丢到一边，用圆形大剧场取代了被比德列为七大奇迹之一的卡彼托丘的朱庇特神殿。

西方古文物学家不仅在欧洲的古代藏书室深入发掘，还用了一个世纪左右的时间游历地中海地区，写作、绘画甚至动手测量古代建筑。1436年，西里亚科·皮兹科利（Ciriaco Pizzicolli）——他以安科纳的西里亚库斯（Cyriacus of Ancona）一名为后世所知——游览了埃及的金字塔，并宣称他参观这类景观是为了"唤醒死者"。西里亚库斯因此成为迄今所知第一位谈到金字塔时，就把它当成金字塔，而非被跪拜了上千年的"约瑟的谷仓"的西方人。

最后，我的渴望、我们在如此辽阔的河流上航行的理由，就是要看见孟菲斯的金字塔奇迹……在9月的第五日，我们到达了金字塔脚下。当我从远处看见这些金字塔如此雄伟壮观，觉得它们胜过了其他所有古迹……它们那么高大，我难以置信人类能够在尘世间进行这样伟岸的创造。它的任何一个立面最宽处都将近400码长，2000码高。我们看见所有立面都向上在最高处汇成一个点，形成了金字塔形状。在最高处，我们注意到一首非常古老的隽语诗，用腓尼基文字写成，这种语言今已无人能够解读。

西里亚库斯：（1391—1452），《埃及行述》，3—20

西里亚库斯对古代七大奇迹特别有兴趣。1435年前后，为取悦于帕杜阿主教，他评注并部分抄录了一份希腊奇迹名单，原作者即纳西昂的格列高利。这份文本被小心地保存在主教的图书馆，和古代地理学家庞篷尼·梅拉[1]的著作抄本装订在一起。西里亚库斯是当时一位著名的旅行家，在其后一个世纪里，他的笔记广为流传。所以，法比奥·卡尔沃很可能知道西里亚库斯的奇迹名单，而卡尔沃也和西里亚库斯一样，不仅在所编撰的奇迹名单里列入了埃及底比斯的纪念建筑，还列入了基齐库斯的神庙，而当时在西方，除了西里亚库斯和他的水手，从来没有人看见或者听说过基齐库斯。事实上，时至今日，这座几乎被人遗忘的罗马神庙——由古罗马帝国皇帝哈德良在普罗康尼斯的拜占庭城以南建造——依然只是一座无人发掘、遍布碎石的低矮土丘。不过，西里亚库斯来到这个地方时，神庙还有很大一部分巍然屹立着，形成一个比以弗所的阿耳忒弥斯神庙小不了多少的巨大废墟。西里亚库斯在素描中勾勒了神庙一排排挺立的柱子，有70英尺高，甚至超过了黎巴嫩巴贝克[2]的巨柱。

这些便是我们关于古代世界奇迹知识的起源。拉斐尔、卡尔沃

1　庞篷尼·梅拉（Pomponius Mela），1世纪罗马地理学家。约公元43年，著有3卷本的《地理图志》，是著名的古代世界地志。1471年发行拉丁语版。相传此书是促成哥伦布探险航行，并发现美洲大陆的动因之一。
2　巴贝克（Baalbek），位于黎巴嫩东部的古代腓尼基城遗址，古时可能是朝拜太阳神之地，留存着大量古罗马遗迹。

和几乎与他们生活在同一时代的人们相信，遥远的过去能够在西方思想中重新崛起。正是他们激发了这些意象。在这第一波学术热潮中，人们创造出了古代七大奇迹最精美的意象，而非常神奇地，这股热潮又正好和科学研究的初始时期相接轨。不过，所有古老的记忆和神话，黑暗时代的各种巫术，至今仍活跃着。

1532年，荷兰艺术家马丁·范·海姆斯凯尔克（Martin van Heemskerck）——一位来自北海沙丘小镇、才华横溢的年轻人，旅行到罗马，对罗马倾倒得五体投地。海姆斯凯尔克在意大利以北欧洲的画室里受过良好训练，和当时绝大多数艺术家一样，他认为意大利绘画是最棒的；反过来，罗马人也对海姆斯凯尔克青眼有加。1536年，神圣罗马帝国皇帝查理五世大胜进入罗马，罗马为欢迎他而竖起装饰画板，聘请海姆斯凯尔克作画。当时有一位画家兼美术史家名叫乔吉奥·瓦萨里（Giorgio Vasari），他用愉快的口吻向我们介绍了年轻的北方佬海姆斯凯尔克的工作情况：

> 马丁（海姆斯凯尔克）的灰色模拟浮雕画法尤其出色。他画下一些基督徒与土耳其人的战争场面，元气至为充沛，有很好的独创性。马丁及其手下工匠的敏捷、仔细令人不可思议，因为人们不断地提供酒给他们喝，而他们却能及时干完活，从未听之任之。他们总是醉醺醺的，但希腊美酒的温暖和对工作的热情，使他们上演了奇迹。

多年后，海姆斯凯尔克回到故乡荷兰，透过记忆金色的迷雾回望罗马，创作了七大奇迹的系列图画。这些画，是对奇迹的梦想，神秘的建筑混杂着他的旅行见闻、思乡心绪，还有半记心中、半已遗忘的罗马神话。这些图画大获成功，几百年来被一再

7-6　海姆斯凯尔克的《巴比伦》，有城墙和空中花园，选自《世界八大奇迹》，安特卫普（1572）

重印，从意大利到瑞典都享有盛名。它们被其他艺术家精细加工和放大，被画在瓷器和陶器上，被织入布匹，描绘在数不清的油画布上。就这样，海姆斯凯尔克眼中快乐天真的图景便成为人人皆知的世界奇迹。由于马丁·海姆斯凯尔克确定了奇迹的规模和比例，至今电脑艺术家要想重构七大奇迹并获得大众认可，仍得利用他或其模仿者的画作。海姆斯凯尔克受到早期德国艺术家的启发，从同一视线观察七大奇迹，这种做法也持续到了今天。他创造了展示奇迹的舞台布景。尽管现代考古技术可以复原七大奇迹在古代的真实面貌，尽管计算机模拟可以在屏幕上让它们起死回生，但这些奇迹所置身的舞台场景通常仍是马丁·海姆斯凯尔克的设计。

　　海姆斯凯尔克描绘的许多奇迹里，处处有人的存在——大地主和贵族；土耳其人和罗马人；《圣经》所述所罗门这样的国王和阿忒弥西娅王后这样侠义的女子。他们全都摆出罗马教皇的华丽仪仗，儿女相随。这种壮观场面可能受到仆从如云的神圣罗马帝国皇帝的启发，海姆斯凯尔克曾经为其中一位——查理五世的胜利进城作过画。这些皇帝总是骑在披挂着华丽马衣的高头大马上，率麾下骑士和喇叭手，一路马蹄嘚嘚，行进在阳光明媚的罗马。他们所拜谒的奇迹之处，往往满是工匠正在测量石料，或凿刻雕像，或建造金光闪闪的神殿和宏伟的纪念碑。这些场面犹如以事实为经、想象为纬织就的绣帷，比好莱坞炮制的任何梦幻都更加丰富绮丽。在一定程度上，这种史实与想象相结合的传统，向历史深处吹进了生动活泼的气息。这就是西方意象的部分起源：拉斐尔的壮丽设计与笨拙的欧洲北方佬的热忱相结合，再加上半已湮没的史料和传说，构成了神话、考古和伟大抱负的综合体。

海姆斯凯尔克画的阿耳忒弥斯神庙是否酷似中世纪意大利以北欧洲一位殷实市民的住宅？庙中这位女神是否长得有点像文艺复兴时期德国绘画大师丢勒笔下的家庭主妇？这些问题当真十分重要吗？现代学者往往对海姆斯凯尔克笔下的奇迹场景不屑一顾，甚至神气十足地宣称："马丁·范·海姆斯凯尔克非常有想象力，但16世纪时人们心目中的阿耳忒弥斯神庙不像硬币所证明的那样。"但是，马丁创造的七大奇迹意象有着巨大的影响，虽然他把金字塔和方尖碑混为一谈——当时这两个词普遍被视为双关语，他所画的金字塔的角，其实是罗马建城者之一瑞摩斯的纪念碑之角；他描绘的埃及沙漠里有一座炼金炉，金子就在矫揉造作的法老眼皮底下熔化，法老身边还有一头嘴里衔着皇家便鞋的传令官老鹰伺候。不过，这些当真重要吗？当真要紧吗？

马丁·范·海姆斯凯尔克去世一百年后，布鲁塞尔一些技艺最为精湛的织布作坊根据海姆斯凯尔克的图画织出了一系列巨幅挂毯。当时，这些绣着金碧辉煌的七大古老奇迹的挂毯远比拉斐尔或提香的原作昂贵。这些巨幅织物实际上说明了欧洲国王们的奢侈程度，是制造它们的时代的奇迹。这些挂毯给海姆斯凯尔克的画作包裹了一层外壳，所用材料则是北方欧洲的哥特式幻想和对土耳其人令人恼火的成见。当时的欧洲正与土耳其处于敌对状态。

毋庸置疑，海姆斯凯尔克的画作中，流传时间最久的单幅作品是双脚横跨罗得岛港口门户的巨像。不过，这一构思并非他首创，而源于小让·古尚的创意，海姆斯凯尔克把巨像置于一座真正的东方港口，再画上默默打磨巨像头颅的工匠，并让卡雷斯本人站一旁，注视他正在画的碑匾。在布鲁塞尔织布作坊织出的挂毯上，罗得岛港口就像欧洲曾经遭遇过的那样，受到土耳其人进犯，岛民祈祷巨像拯救他们，帆船上的奴隶急急划桨，对罗得镇发起攻击，异域的工匠们把巨像的青铜头颅砸成了碎片。

与此类似，在许多挂毯描绘的以弗所阿耳忒弥斯神庙中，哥特式石匠大师在凿刻尚未完工的柱子，这里，哥特式风格被适当地掺入了进来，因为以弗所的阿耳忒弥斯女神常和所罗门国王的耶和华神殿混为一谈，一些意大利画家，包括伟大的保罗·乌切洛（Uccello）和基伯尔蒂（Ghiberti），则利用金字塔这样完美的几何形体来塑造挪亚方舟。

有趣的是，布鲁塞尔这些织毯艺人的想象力远远超出了海姆斯凯尔克及其画作。他们围绕海姆斯凯尔克构思的巨幅场面，沿挂毯边缘织出一个个小幅场景，描绘了更多的世界奇迹，有些源自比德和中世纪早期："比起移海造山的上帝的杰作，这七大奇迹又算什么？上帝把罪人打入炽热的地狱，创造了日、月、星辰、凤凰、埃特纳火山和格勒诺布尔的温泉。"

在这里，没有宏大的景象，只有不可思议的凡世，属于布鲁塞尔织毯艺人自己的世界。他们脱离气象壮丽的构思，在挂毯的边

7–7 马丁·德沃斯细心模仿海姆斯凯尔克的作品而设计的罗得岛巨像，是七大奇迹系列组画之一，1614年出版。德沃斯的画作印行后，被佛兰德织毯艺人广为袭用

边角角上演自己的戏剧：鹈鹕被画成传说中的凤凰，啄自己的胸腹哺喂幼鸟；埃特纳火山昼夜喷吐着永恒的火焰，传说中的火蜥蜴四下游动，不受伤害——古人云，你可以犯下罪孽却如火蜥蜴般活着——永远地生存在上帝极大震怒的火焰中，因为这种动物是耐火的。空中花园现在变成了高墙环绕、挡住东风的欧洲北方果园；就连边角处的格勒诺布尔温泉，喷涌的泉水旁也围了一群欢喜感激的地方绅士。一千年前，品德高尚的希拉里主教首先确认，正是文艺复兴时期法国里昂的一群人文主义者重新唤起了人们对这处特别的古代奇迹的回忆。反过来，这群人文主义者为我们汇编了"法国王妃的七大奇迹"。

像卡尔沃一样，海姆斯凯尔克没有把自己束缚在仅仅七件奇迹里，他描绘的第八件也是最后一件奇迹是罗马圆形大剧场，这是所有奇迹中，这位北方佬唯一亲眼目睹过的。这幅印刷品下方的一段拉丁文字告诉我们，诗人马提奥尔最早把不朽的圆形大剧场列入奇迹名单。海姆斯凯尔克虽然仍旧把它称为圆形大剧场，但在剧场中央画下了巨像，而colossuem（圆形大剧场）一词正由colossus（巨像）而来。海姆斯凯尔克似乎对摇摇欲坠的罗马圆形大剧场情有独钟，曾在一幅自画像里把自己画成一名留着胡子、相貌清秀、带着嘲弄的表情从画布向外凝望的男子，而圆形大剧场倾颓的一层层台阶占满了一半画布。在海姆斯凯尔克生活的年代，许多人依然相信罗马圆形大剧场曾是一座太阳神殿：其中央屹立着高大的镀金雕像；像帕台农神庙那样的屋顶下，安息着拉斐尔；恢宏的半球形穹顶上，布满了日月星辰。

7-8　海姆斯凯尔克所绘罗马圆形大剧场，选自《世界八大奇迹》，安特卫普（1572）

　　　　世界七大奇迹：西方现代意象的流变

七 黑暗的另类抉择

1527年，神圣罗马帝国皇帝的一支军队——来自西班牙和德国的雇佣兵，攻打并洗劫了罗马城。在罗马的圣天使城堡——由古罗马帝国哈德良皇帝陵墓改建的要塞，克莱门特七世熔化了教皇的徽记等各种象征物，发饷遣散了麾下兵士，自己向神圣罗马帝国的将军们投了降。在梵蒂冈的教皇住处，酩酊大醉的盗贼用哥特体字母把马丁·路德的名字胡乱刻在色泽鲜艳的拉斐尔壁画上。卡尔沃年老体衰，身无分文，因为付不起占领者的人头税，被赶出了他的罗马寓所，孤独地在罗马城四周的平原流浪，最终饿死在一间被废弃的农家小屋。他关于古罗马的对开本著作《罗马古城地图》只有三本逃过罗马各处图书馆被焚的劫难，流传了下来。罗马文艺复兴的伟大时代——其崇高和堕落是那样地令人震惊和兴奋，一去不复返。

以弗所的墙垣和象牙偶像，
巴比伦、孟菲斯、罗得岛和法罗斯岛
卡里亚最贞洁的陵寝，
即便一度崇高壮丽，如今也不复存在。
它们的风华转瞬消逝，
被大自然改变形貌，
重归于尘土、水和空气，
犹如波塞纳和图尔诺的王国一般土崩瓦解。
但最伟大的建筑师创造的宏伟建筑
不会被忘恩负义、严厉无情的时间所撼动，
因为建造它们的并非土、气、火、水四大元素，

而是优良的德行、完美的愿望，

永恒的爱和天使的碧玉。

这首热烈诚挚的诗篇见于一本祈祷手册，为罗马贵族卢卡·康泰尔（Luca Contile）1560年所作，当时罗马已被重建，纵然没有达到它从前的盛况，至少也是一座比从前更睿智、更清醒的城市。康泰尔通过对七大奇迹的描述来说明一个道德标准。他评论道，创造这七大宏伟建筑是多么徒劳的事情，如今时间已使它们尽皆归于虚无。毕竟，这是一个反宗教改革的时期。在诗篇的后半部分，康泰尔告诉我们按照耶稣的言语建功立业，耶稣在义士的灵魂中构筑了永恒，为我们创造了另一个世界——幸福和平的宫殿。此时，在梵蒂冈，教皇的工匠正在修建圣彼得大教堂大圆顶的鼓形座，米开朗基罗则势将成为地球上的信徒当中最伟大的受庇护者。

不过，此时及后来的几任教皇也在建造小巧的亭阁，供自己在俗世中小憩。这些建筑便是坐落在梵蒂冈各处花园里的异教宫殿。许多罗马人在城市周边拥有小型别墅，每当城里暑热难熬之时便住在那里。罗马遭洗劫后，许多头等富裕的家庭开始在远离罗马的地方建造更大的别墅。1550年下半年，当时最成功的教皇雇佣军头目之一皮尔·弗朗西斯科·奥尔西尼（Pier Francesco Orsini）彻底从罗马隐退，返回故乡博马尔佐（Bomarzo）。奥尔西尼的家族地产便位于博马尔佐村附近，他在那里度过了童年时代和多年婚姻生活。可能因为与教皇保罗三世关系密切，人们把奥尔西尼称为维奇诺。在一张素描像里，这名老兵装束简朴，紧握一副沉甸甸的骑马手套，看上去比实际年龄大，而且就像米开朗基罗那样，鼻梁骨被打断。据说他走路时也瘸得很厉害。奥尔西尼年轻时曾计划改造博马尔佐，特别是改造俯视村庄的高大城堡。他的妻子朱莉娅曾监督一些罗马建筑师在村中盖新教堂，在城堡的城垛和拱顶间建造风格协调而精美的文艺复兴风格的阳台和房间。朱莉娅去世时，奥尔西尼正在外为教皇打仗。隐退后，在满载回忆的城堡和周围起伏的山丘间，奥尔西尼把七大奇迹的传统意象加以变形，使这些古老庄严、最令人拍案惊奇的象征性意象变得比康泰尔十四行诗苍白的描写更富于悲观厌世的气息。在博马尔佐的溪谷，在城堡长长的阴影里，七大奇迹布满树林，连同晦涩难懂的注释、自相矛盾的评论和惊骇恐怖的氛围。

在这里，两块俯瞰青翠山谷的宽阔台地上，奥尔西尼用精致的罗马字母刻下三句铭文。一句是，"吃、喝、快活，死后，无乐"；另一句是，"弃绝尘世，死后，真乐"；两句的正中间还夹着一句："秉持中庸之道者，有福了。"

这样的不谐和音、这样的哑谜，都属于那个时代的人的谈资。事实上，可怜的教皇克莱门特喜爱的一句格言便是"慢悠悠地匆忙"，这两个意思相反的词组成的格言，通常配有一只乌龟和一只蝴蝶的图画。奥尔西尼等老兵也有类似的倾向，或许会默默反省，想到致命的铅弹呼啸而过，划破温暖爱抚的氛围之时，抒情诗人阿里奥斯托[1]没准儿却在歌颂教皇艾方索一世（1505—1534）的军队。曾几何时，教皇雇佣军是勇武侠义的骑士精神的化身；而今却一味使用新发明的武器从远处向敌人扫射。奥尔西尼之隐退博马尔佐，也许就是对这种时代的悖论做出的个人回应，因为他虽然参加过许多次血腥的战争，却是一位富有骑士精神的男子。在另一首诗中，康泰尔曲解巴比伦及其奇迹古老壮丽的意象，把它表现得像罗马遭

---

1 阿里奥斯托（Ludovico Ariosto, 1474—1533），意大利作家、诗人，以史诗《奥兰多·弗里索》传世。

到可怕洗劫之前那样，而对许多像奥尔西尼这样的人来说，宏伟的冒险事业、美丽的新罗马，势必也将化为灰烬。不过，至少在博马尔佐，奥尔西尼能振作起来，款待众多朋友，与形形色色的红衣主教和贵族保持活跃的通信联系。

你问我在做什么……收成令人沮丧，因为我不指望卖掉谷物……照料后代，不管男孩还是女孩，大的还是小的……照料我的娼妇们，感谢上帝，我现在40岁了，有不止一个娼妇（因为我决心不再要罗马的淑女，和我的牧羊女在美丽的山毛榉树荫下待着，我便将心满意足了）……在我的小树林里错落有致地布置喷泉……不过，大地开出花朵，尽其本分；老天却不这么想，从中作梗。既然如此，我心灰意冷，因为不能享受到林中烂漫的春光。

1561年4月，奥尔西尼写信给姻亲、红衣主教亚历山德罗·法尔内塞（Alessandro Farnese），后者当时住在附近的卡普拉罗拉（Caprarola）。这位红衣主教在那儿的行宫可能是所有这些罗马消夏别墅中最大的一座。

我终日待在小树林里，想看看自己能否让它引起你的惊奇赞叹。到这里来的许多白痴都认为它很了不起，但你肯定不会那么想，因为你不会喜爱在愚昧中诞生的奇迹。话虽如此，这片可怜的小树林因为知道今夏将有贵人光临，正在尽其所能呈现出最美的面貌。谨此，吻手。

卡普拉罗拉的花园富丽堂皇，整齐匀称。在西方，这类花园对后世绝大多数正规花园都产生了影响。而奥尔西尼建造的树林花园与其不同，堪称独一无二：一片浓荫覆盖的树林，一条幽暗多石的峡谷卧于城堡之下，谷中到处是稀奇古怪、残破不全的雕塑，石上凿刻着深奥难解的话语。

　　毫不奇怪，这座异乎寻常的花园令人悲伤的遗迹，今已成为文化历史学家乐此不疲的寻宝之地。许多文化历史学家在那里埋头寻找解读奥尔西尼深奥意旨的钥匙。这座花园，就是石头上的那些俏皮话吗？就是散落在林中、旁征博引的语录和典故吗？又或者，就只是为了嘲讽邻居们修建的整齐匀称的花园，寻个开心吗？从某种意义上说，这些问题及其答案是不相干的。就像所有优秀的悖论那样，这片树林恐怕不能像解答填字游戏一般，只消念出各部分的答案就可以明白是怎么回事。在某种程度上，博马尔佐是一个梦，它也就像一个梦似的显示出那个时代的某种感受和局限，以及七大奇迹在现代思想进程中的某种演变。萦绕着这座花园的那些古老熟悉的意象也同样萦绕着绝大多数现代城市。不过，在这里，这些意象已成为对万丈雄心和争名夺利的讽刺，成为历史本身在现代世界扮演的模棱两可的角色的一部分。在现代世界，历史呈现为一个失落的理想。

　　博学的奥尔西尼在林中引用了许多文学作品，有些凿刻在石头上，有些体现在雕塑的主题里。不过，这些故事的背景，这片幽暗树林的氛围，则来自一本威尼斯的梦寐记，名叫《寻爱绮梦》，又译为《梦中爱之奋斗》，这是16世纪时，一位英语翻译家对此书的译名。书中说，灵魂的真正命运，乃是爱与死通过喜与痛的神圣婚姻而结合，其中波澜起伏的情感表达，便如情人欣喜若狂地穿越梦幻森林，林中到处是赤裸的仙女、圣洁的花园、倾颓的神庙……当时艺术家采用的装饰和设计应有尽有。不过，这一切艺术和格调尚未沾染上学者故弄风雅的习气，而仍能保有狂暴的情欲之梦给人带来的新鲜感和兴奋感。这样的幽灵也徘徊在我们今天的城市，而这样的梦想首次在西方发现的具体表达形式，便是在这片意大利小树林里。

《寻爱绮梦》一书的每章第一个字母组成了一句藏头诗，意即"行乞修道士弗朗西斯科·科隆纳不顾一切地爱着波莉娅"。这部著作非同寻常，背后真正的作者是谁，至今众说纷纭。15世纪众多杰出的威尼斯修道士和神父都被认为可能享有该书作者的荣誉。但有一点确切无疑：《寻爱绮梦》是意大利最早印行的数千本书之一，甫一出版便受到极大欢迎，被译成欧洲所有语言，以各种版本出版了成千上万册。其成功基于这一手法：通过注入强烈的个人情感，使古典文物静默的形式重新获得了生命。后世，特别是19世纪的一些历史学家也借鉴了这一手法。《寻爱绮梦》至少有一样好处：它礼赞了激情。

> ……就这样，坐在可爱的花朵和芬芳的玫瑰中间，我的双眼凝注在这无比迷人的形体上，那么美，比例那么稀罕，在我的意识中，那么适于实用，那么有吸引力，那么令人沉醉，我的心沉浸在极度的快乐之中。我昏昏默默，陷入一种充满好奇心的欲望里，想要明白和了解触摸她身体时那紫色的湿润如何产生，又为的是什么。她的手滑滑的，洁白如纯净的牛奶；不知大自然用了什么手段，赐与她美丽的身体以金合欢的甜蜜香气；又用了什么法子，在她星光闪烁的额头巧妙地缝缀上金色发丝。她本该镶嵌在天国最美的地方，或者璀璨的武仙座中……啊，最悦人的波莉娅呀，此时此刻，死在你身边是我的向往。如果我是因着你纤细美丽的小手而死，这样的结局于我

应当是更宽容、更甜蜜、更光荣的……

1592年英译本，译者为 R．D．，
疑即"著名的剑桥大学"的罗伯特·达灵顿爵士

除去这些大胆活泼的文字，《寻爱绮梦》一书还附有一系列优秀的木刻插图，不仅催生了欧洲废墟画流派，而且通过建筑来艺术地表达作者的幻想，使七大奇迹中的一部分披上了最精美的文艺复兴外衣。例如，海姆斯凯尔克就熟读并使用了这本书。

《寻爱绮梦》的第一幅插图表现的是一名四处游荡的托钵僧（行乞修道士）波利菲利在一株树下进入梦乡——于波利菲利是寻爱之绮梦，于波莉娅则是色、梦、战争。"在梦中，他（波利菲利）看到，人间和世上万物都不过是一枕黄粱，尽皆浮华空虚。在这一背景里，许多事被认为有回想的价值。"书中说，托钵僧醒了过来，怅然若失。这一天是1467年5月1日。

在奥尔西尼的树林，两位斯芬克司守护着小径的入口，其中一位身上镌刻着下述文字：

> 你进入这里，略想一想，
> 然后告诉我，是否有这么多奇迹
> 造来只为捉弄你，或者为着艺术。
> 甚至他，皱着眉，抿起嘴
> 不能离开这个地方
> 直至欣赏到世界的七大古老奇迹

奥尔西尼在此引用中世纪意大利诗人彼特拉克著名的十四行诗给我们出了一个谜语。诗中，"皱着眉，抿起嘴"是不满足的爱的

7-9 梦中的托钵僧，自《寻爱绮梦》，威尼斯（1499）

结果，正如在《寻爱绮梦》一书中那样。这座花园于是成为消除这种恼怒的一剂良药。它的入口是一座古怪的倾斜着的建筑——好像某种文艺复兴风格的定时锁，里面歪七扭八的房间一点都不平衡，以至参观者可能会觉得好像晕船了一样。顺着一个个扭来扭去的大厅走下去，便进入了一座梦幻花园，那是一片神圣的小树林，七大奇迹在这里成为一连串扑朔迷离的谜。

曾经周游世界以目睹伟大卓越的奇迹的你，到这里来，这里有可怖的脸、大象、狮子、熊、兽人和龙。

自始至终，奥尔西尼如影随形，用铭文与你交谈。正如他许诺的那样，所有这一切实际上就是满树林的石头怪兽，中间一头大象——与真象一般大小，据说是按照一头名叫汉尼拔的真正大象的模样雕刻的，那头象是葡萄牙国王送给教皇的不祥的礼物。群龙中，还有一个巨大的花瓶，不知何故惟妙惟肖地根据一只罗马古花

　　世界七大奇迹：西方现代意象的流变

瓶仿造。园中随处可见精美宏伟、外表强壮的女子塑像，就像毕加索的古典裸女那么庄严高大，但比真人至少高两倍。园中还有一座宝石般的神庙，系以罗马教堂风格建造的美丽的文艺复兴时期建筑，据说是奥尔西尼建来纪念妻子朱莉娅的。

再拐个弯，你就会与一系列拙劣地仿造的奇迹相遇。"如果罗得岛为其巨像自豪，那么我的树林便为这个感到光荣。我已做到了我的极限。"在一组巨像边的悬崖上，奥尔西尼刻下这段铭言。在此，太阳神变成一名疯狂的武士，把对手撕成两半（见图版31）。许多人注视古代雕塑时，可能仍会感到某种潜在的恐惧，但这名武士那极度痛苦的脸，必定就是奥尔西尼的脸，因为他曾为教皇杀人无数。无论如何，这名老兵向我们展现了"英勇"一词蕴含的阴暗面，展示了战争的悖论。园中还有拙劣地模仿罗得岛巨像、赫拉克勒斯以及所有跌倒尘埃的英雄们的雕像，它们都属于拉斐尔和米开朗基罗所孜孜以求的惊人的古代世界。与此同时，奥尔西尼仍旧希望自己表现得像一位受过教育的绅士，因此在疯狂的巨像身上刻下阿里奥斯托的史诗《奥兰多·弗里索》中的一段，诗中描写了一位极为勇武侠义的骑士的疯狂情形。

走下山谷，有一条小溪，奥尔西尼说他喜欢坐在那里聆听潺潺水声。他让人把几块被溪水磨去棱角的灰色大石头刻成更加富于幻想色彩的雕塑：一只巨大的乌龟慢慢爬进地狱的狭窄入口，和背上好似有蝴蝶的罗马胜利女神像一道。这位容光焕发、难以捉摸的女神形象曾被镌在成千上万的古代硬币上。还有一尊雕像直接源于《寻爱绮梦》，构成了被巧妙复原的摩梭拉斯陵墓的一部分。这本书告诉我们，这尊雕像的原物曾竖立在摩梭拉斯陵墓最高处，被称作奥卡西奥（Occasio），是用镀金的青铜制成的。奥卡西奥所持号角起到风向标的作用，旋转时会发出声音。至于苦闷的托钵僧，则象征着无法实现的欲望在呐喊。

> ……让我的眼落在她美丽的双足上，白色和红色皮革将它们包裹，脚背上系着缀在飘动的绸带环上的金扣。从她的双足往上，我重新继续我的放荡，直至她挺直的脖颈，颈项间绕着一串珠链，那些东方珍珠争妍斗艳，仍无法媲美她洁白鲜嫩的肤色。从脖颈处往下，来到她光润的胸脯和美味的乳房，那儿长着两个圆圆的苹果，仿佛大力英雄赫拉克勒斯从没有把它们从极乐群岛上的金苹果园中偷出，果树女神波蒙娜也从不曾拥有过像这样的两个不能从玫瑰色胸脯上摘走的果实，它们比太阳照耀的雪山还要白亮。沿双乳之间往下，是一片美妙的山谷，也是埋葬着我受伤的心的坟茔，其精致美丽超过了著名的摩梭拉斯陵墓。

在《寻爱绮梦》的另一幅木刻中，托钵僧和受到永恒追求的波莉娅在林中走过一座古城的遗址。奥尔西尼在自己的树林中也创造了这么一座簇新的废墟：用一整块岩石凿出的坟墓遗址，仿造的是附近镇上一座罗马晚期的纪念物。在另一片林子里，石头基座之上，蓦然跃出高大的、长着翅膀的飞马佩加索斯，仿佛比德眼中的奇迹之一——魅力无穷的士麦那飞马。它是奥尔西尼妻子家族的纹章图案。离飞马不远，是一座著名的雕塑，表现了中世纪的地狱入口处，上面刻着但丁的不祥咒语："走进这里的人，放弃一切希望。"这个入口之高，足以容人穿过，就像一个真正的入口那样。

> 举世赞美并拥有的
> 孟菲斯和其他每一件奇迹

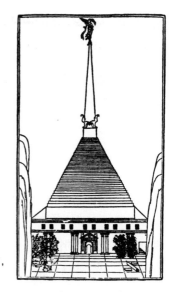

7–10 《寻爱绮梦》一书中的"摩梭拉斯陵墓"，
威尼斯（1499）

全都让位于
世间再找不到第二座的
"神圣树林"。

　　这是奥尔西尼的自我称许。不过，在这里寻找孟菲斯的金字塔群是徒劳的，除非你意识到对奥尔西尼来说——事实上，对马提奥尔和李维[1]也是如此，在古罗马，一座"金字塔就是消逝的时间的尖塔"。所以，在奥尔西尼的花园，孟菲斯的奇迹就是方尖碑，和奥尔西尼刻上自己名字的那些一样（见图版29）。

　　或许，希望出现在最后，在这座花园的尽头。在那里，在圆形土丘顶部，奥尔西尼建造了"世界之光"——世界奇迹之一的亚

1　李维（Titus Livius，公元前59—公元17），罗马历史学家，所著《罗马自建城以来的历史》，凡142卷，现仅存35卷。

历山大里亚法罗斯灯塔的模型。不管怎样，奥尔西尼的世界勉强在海怪格洛克斯（Glaucus）的头顶达成了平衡。这片幽暗的绿林里，除了格洛克斯，还竖立着有分别朝向相反方向的两个面孔的古罗马门神杰纳斯（Janus）的胸像。

八　奇迹的幽灵

博马尔佐树林花园的响亮名声转瞬即逝。奥尔西尼死后，其地产落入更正统保守的庄园主之手。这座错综复杂的观念之剧场很快就变得过于枝繁叶茂，一片狼藉。尚未坍塌的雕像依然展现出当时的气象，但几乎无人注意，也几乎湮没无闻。当地历史学家推想它们可能是古伊特鲁里亚人的创作，而在19世纪作家构想的令人印象深刻的"文艺复兴"审美视野中，可以断言全然没有它们的一席之地。直到20世纪50年代，奥尔西尼的花园才被重新发现和确认。当时，原先园中标明秩序和指引方向的小道大多都已了无痕迹。直到今天，也没有任何考古发掘能说明花园的规划情形。但即便就目前情况而言，博马尔佐仍然残留着不同寻常的影响力。显然，有一位伟大的艺术家赋予了奥尔西尼的梦想这般汪洋恣肆的真实性，他对这座花园的规划至今仍有迹可寻。比如，博马尔佐最精美的雕塑与奥尔西尼同代人建造的罗马乡村花园里的十分相似。其中几座花园，连同罗马城中一些花园，都有同一个人参与设计和布置。此人还为奥尔西尼的法罗斯灯塔创作了图样。他就是那不勒斯的建筑师兼古文物学家皮罗·利戈里奥。皮罗不仅自己沉迷于古代世界七大奇迹，也是西方古往今来最伟大的园林设计师之一。

在现在的人看来，皮罗最有名的事情，一是造假文物，而且造得粗俗不堪；二是他本是圣彼得大教堂的总建筑师，却因试图改

7-11　皮罗的法罗斯灯塔（1976）

变米开朗基罗的设计而被解雇。皮罗这个名字意为"火爆"，有时
他署名用"梅索波格尼罗"，意思是"憎恨邪恶的人"。皮罗不在乎
树敌，因此甚至坐过牢。可以肯定的是，他看来简直一点都不喜欢
上了年纪、深受人们尊敬——就不用崇敬这个词了——的米开朗基
罗。传言在米开朗基罗为圣彼得大教堂设计大圆顶的时候，皮罗甚
至声称这位佛罗伦萨老人正在返老还童，除了"一名可怜顾问的愚
昧无知"之外，什么也提供不了。当时，皮罗正很不耐烦地等着接
替这位老人的职位。更令他恼火的是，米开朗基罗构思之一是要把
底格里斯河神的古代塑像变成台伯河神的像，而且作为建筑规划的
一部分，安放在卡彼托山，以强调中世纪一度流行的观念，即卡彼
托山既是世界奇迹，也是罗马乃至世界的中心。皮罗把这个规划称
为"巴比伦复兴"。皮罗是位学者，对他来说，每一尊古代雕像都
有其独特个性和重要意义。他不时向红衣主教和贵族就文物修复提

出建议。某些修复行为给他带来造假文物的名声，但他相信自己只是在恢复文物的本来面目，与赝品有着根本的区别。皮罗认为，上帝是一位讲求实际的科学家，给他留下了许多线索。哥特人的入侵和随后中世纪的贫困，粉碎了罗马黄金时代的秩序，而古代的所有创造，从维特鲁威的著作到底格里斯河神雕像，都隐藏着理解这一秩序的部分钥匙。

皮罗和富尔维奥·奥尔西尼（Fulvio Orsini，维奇诺的同时代人，出身于同一罗马望族，但是个私生子）一道，创立了学术性团体"美德学院"，研究罗马及其古代智慧。终其成年后的生活，皮罗一直在从事古文物写作，至今留存有50多卷精美的四开本著作，均用淡蓝色纸，褐色透明墨水，上面是皮罗本人优美的字迹。除文字外，还配有最精细的线条画。早期学者通常仅凭书本想象过去的世界是什么样子，甚至卡尔沃的《罗马古城地图》中的24幅地图也主要源于古代文字史料，而非当时的考古情况。但在皮罗眼中，历史的各个片段如同一架飞机坠毁后，机身部件七零八落，四下飞散，但仍在同一处景观里。借助文字资料，皮罗研究了所有这些片段，试图重新拼凑完整。他在50多卷著作中描述的古代文物，从祭坛到铜币，从排水铅管上的铭文到最著名的雕塑，应有尽有，其中大部分来自罗马。皮罗把这些文物一一加以测量、诠释并写下和他的画一样敏锐的评论。同一时期，作为最杰出的建筑师之一，皮罗被任命接替米开朗基罗，成为负责建造圣彼得大教堂的总建筑师。尽管如此——事实上可能正因如此，文艺复兴时代最著名的美术史家乔吉奥·瓦萨里对皮罗的评价很低。归根结底，皮罗是一个口音重、说话刻薄的那不勒斯人，而瓦萨里却是一个非常得体的托斯卡纳人，崇拜他眼中"神圣"的米开朗基罗，因而不能宽恕皮罗。然而，正是皮罗设计了所有教皇楼阁中最美的那一栋，以及梵蒂冈众多花园中最优雅的那一座。他还规划了费拉拉（Ferara）红衣主教伊波利托二世（Ippolito d'Este）壮观的千泉宫花园。这座花园闻名遐迩，以至于连它所在小镇蒂沃利（Tivoli）这个地名，如今都被借用来形容世界上其他令人赏心悦目的花园。在蒂沃利，皮罗对古代文物和七大奇迹的深厚感情找到了人们喜闻乐见的醒目的表达形式。部分借助于这种表达手法，七大古代奇迹的意象深深融入现代城市之中。

红衣主教伊波利托二世家族的根基在意大利北部城市费拉拉，周围多年来遍布带优美花园的深宅大院。这位红衣主教在罗马的府邸早已仿建了这样的花园，只是规模没有那么大。在蒂沃利，河水在多石的峡谷间跌宕起伏，形成一级级轰鸣的小瀑布，对这位来自波河平原、热爱园艺的红衣主教来说，必定构成了难以抵抗的诱惑，因为他在蒂沃利的花园里有许多喷泉和从高高石台倾泻而下的瀑布，使壮观的自然景色更加井然有序、光彩焕发。伊波利托二世于1550年初次得到这片地产。之后的几十年里，他时断时续地营造这座花园，为这些小瀑布修饬了小镇上方的一整面山坡，并在多石的山坡上修建了精致复杂的导水渠和蓄水池系统。与此同时，大量泥土被运到低处的山谷，把古城墙变成一片巨大的台地，在那里辟出四座绿油油的大果园、四个大鱼塘和四座花园迷宫。

在这些花园里，水的压力使水风琴发出鸣响，就像古亚历山大里亚学者希罗和菲洛所做的那样。面向喷泉的建筑仿佛为成行的巨大喷泉提供了相框。喷泉之间、喷泉和建筑之间，荡漾着水风琴轻飘优美的音乐。如今，时光已使水风琴归于哑默，建筑依然静静地耸立，喷泉还会在温煦的阳光下喷涌，形成百合花——这位红衣主教的纹章之类的图案，映衬着雕塑和风格奇异的作品。即便在酷暑时节，花园也溢着清香，翠绿怡人，而且阴凉匝地，因为红衣主教在园中植了数百株树，有当地的栗树、冷杉、榆树和月桂树，也有引种的柑橘。花园尽头一度有四座正方形迷宫，树篱用两种相互映衬的芳香植物组成：橘树和桃金娘、樱树和金银花木、松树和百里香、云杉和花草。

整体规划这片地产并设计别墅的建筑师和红衣主教一样，也来自费拉拉。但花园的设计及其象征性意义和所有细节，都是皮罗拟订并监督施行的。当时，皮罗既是为红衣主教个人效劳的考古学家，也是教皇的御用建筑师。和红衣主教商量后，他使这座泉水天堂构成了一个视觉寓言、一个宇宙的缩微模型。不过，这是一个以人为中心的宇宙，响彻七大古代奇迹的回声。就和博马尔佐的花园一样，皮罗的设计每个细节都充满了文学色彩。遥想当年，建成初始，阴凉的大树尚未长成，其视觉效果必定势不可当，甚至超越了巴比伦那伟大的空中花园。几座巨大的喷泉，其中一座陪伴着海神尼普顿，象征着狂野的汪洋大海。石头神祇和滔滔的喷水孔则代表天然河流，流经象征原始大自然的花园。古代以弗所的阿耳忒弥斯复活为这座充满自然气息的花园的女神，仍是源于东方的高挑形象，和当初古代神庙里人们膜拜的一样，有着许多乳房（见图版16和第六章），雕塑者就是在博马尔佐凿刻神像的同一批工匠，他们赋予了女神以新时代的风尚。这位女神主导了整座花园经过精心打造的生气勃勃的布局，从正方形大水池里的游鱼，到花果树木乃至仿造的猫头鹰和小鸟。这些小鸟仿佛在啁啾地唱着歌，就像拜占庭数学家利奥饲养的小鸟那样去取悦它们的主人。皮罗让自然之母伫立在一座巨大的喷泉的中央，模样就像在一座文艺复兴风格神庙尽头处、有多个乳房的阿耳忒弥斯，乳房喷出水流，正如《寻爱绮梦》书中所言，"像银色的旋涡翻滚着喷洒出来"，哺育万物。

艺术本可驯化这座一派原始自然风光的花园。它的另一部分是按照希腊传说中帕那萨斯山的形状建造的，那是阿波罗的故乡、所有门类艺术的摇篮。在这部分花园的中央，竖立着飞马佩加索斯的雕塑，与博马尔佐的那尊十分相像。朝着帕那萨斯山的方向匍匐延展的花园整齐匀称，轮廓细致，表现了艺术"改善和改变自然"的优点。最精彩的部分是一座内有古罗马模型的花园，皮罗对这个模型特别着迷，它象征着人类对自然界的控制程度。在这片广阔的绿色天地里，也隐含着道德教化的内容。蒂沃利也是希腊神话中那座金苹果园，赫拉克勒斯曾千辛万苦，想取得园中象征节制、贞洁和谨慎的金苹果。这是一个微妙的抉择，因为这位红衣主教自豪地声称赫拉克勒斯是他的祖先，也因为当时的艺术家和作家利用这样的异教传说来表现基督教的德行。所以，皮罗的金苹果园也相当于另一座伊甸园，展示了多种可选择的路径，正如当初夏娃和赫拉克勒斯脚下的那样。皮罗特别打破了园中小路严谨的对称布局，为的就是这种选择的多样性。

远在红衣主教伊波利托驻跸于此之前，蒂沃利就是罗马人的避暑胜地。到中世纪时，城中依然有一座著名的罗马教堂，城下平原上，坐落着古罗马帝国皇帝哈德良巨大的乡村别墅废墟，实际上是个颇具规模的小镇，湖泊和鱼塘的水源都来自蒂沃利的小瀑布。当其兴盛时，哈德良的别墅里也随处可见异域奇迹，它们显然是为纪念这位皇帝在帝国各地行迹而建造的。埃及、希腊和美索不达米亚，在这座异常豪奢的建筑里全都有具象的表现。对千泉宫里的所有符号和象征、对指示其全部隐含意义的基本线索，这位红衣主教都不必像奥尔西尼那样在天然岩石上刻下细长字体的铭文，而只消劫掠哈德良别墅废墟里的石头和雕塑就够了，因为像他这样博学的人，大可巧妙地突出想要传达的信息。这位红衣主教就和拉斐尔一样，对雕塑和古代建筑心醉神迷，广为搜罗。他交给皮罗的首要任务之一，就是在哈德良的别墅进行考古挖掘，并修复他的宏富收藏。

从哈德良别墅的红土和废墟里，皮罗复原了古罗马时期遗留下来的许多著名纪念物，包括数量异常之多的雕塑、珠宝和浮雕；建筑的局部，石头、石膏和马赛克，其中许多发现对当时的艺术家产生了立竿见影的影响。例如，蒂沃利花园中的阿耳忒弥斯雕像是按皮罗本人的设计塑造的，其原型便是最初在哈德良别墅里发掘出的一件古文物。对皮罗这样的人来说，这些破碎的、被掩埋的奇迹所透露的人类往昔，既无量之丰富，又充满难以置信的智慧，其残砖碎瓦仍具有陌生、强大的内在逻辑，红土之下掩埋着神秘的秩序。除去所有其他意蕴，像蒂沃利和博马尔佐这样伟大的文艺复兴花园，也被认为是对这些神奇废墟的再创造。在西方所有伟大的花园里，都游荡着被埋葬的古代时光的幽灵。

在哈德良别墅废墟，皮罗首先发掘出一处占地甚广的露天庭院，那里散落着倒伏的雕塑，一如博马尔佐幽林中的小型仿制品。在庭院附近，他还发现了一些精美的大理石海怪浮雕，就像在奥尔西尼的森林之梦里那样斑驳而美丽。事实上，博马尔佐花园中的所有元素，包括其广场和台阶、房间和建筑，组合方式与恢宏的哈德良别墅的规划十分相似：一系列长方形庭院和空间，被杂乱地、不对称地联系在一起，形成一条循环往复、引人入胜的步行"圆圈"，但这个"圆圈"既没有一个位居正中央的枢点，也没有轴线。奥尔西尼的这个世界，恰好和蒂沃利的千泉宫倒了个个儿。在蒂沃利，宏伟壮丽的景观都沿着一条中线成组对称地展开。蒂沃利有两座花园，而它们截然相反。

在蒂沃利红衣主教的大花园，至今散落着数十件残缺不全的古典文物，其中不少是皮罗搜集的，甚至那些大理石海怪浮雕也是他在位于山下平原的哈德良别墅废墟里发现并带上山的，用以装饰罗马的缩微模型。在此，它们和罗穆卢斯、瑞摩斯以及正在哺乳的母狼一道，构成皮罗的文明范式中重要的视觉元素。其中一尊女神坐像在英国人眼中，就像国王查理宠爱的情妇，摆出铜币上镌刻的不列颠女神的姿势。在这些雕塑所在空地的后面，皮罗建造了一个可爱的城市模型，城边流淌着缩微的台伯河，河上有座带门的桥，那是皮罗去世几十年后设计的。推开桥上的门，人就会掉进水中。在这条缩微河的中央，有一艘小小的石制三桅帆船模型，船中央耸立着一座方尖碑。这是一座小小的船形喷泉，铜喷嘴里水花四溅。令人悲伤的是，在上一次世界大战中，这座罗马城市模型绝大部分被毁于轰炸。不过，如今重建的部分足以让人们了解其规模和比例之恰当，理解它对现实生活中的罗马的某些影响。

和古罗马诗人马提奥尔一样，皮罗认为罗马本身一直是世界上最伟大的奇迹。但与马提奥尔不同，对皮罗来说，这样的奇迹蕴含着许许多多不同的意义，每座废墟都自有其巨大的象征意义。他费时近四十年，孜孜矻矻，写下卷帙浩繁如百科全书一般的古文物学著述，以洞悉并诠释它们的符号象征。这其中，七大奇迹的作用不可或缺。正如他把蒂沃利建造成宇宙的模型，皮罗也把七大奇迹视为古代世界中至关重要的一组象征符号，是人类进化之路上一些基本的参照系。"人类进化"这个短语，正是在皮罗生活的时代首次出现，并被顺理成章地用来表示人类随时光流逝而取得的精神上的成长。

皮罗的著述通篇都零散提及七大奇迹，但和之前多数人一样，他似乎以为尽人皆知七大奇迹是哪些，也明白它们的重要意义。例如，他推测说，如果金字塔当真是一些谷仓的话，它们同时也起着天文台的作用，以计算《圣经》里七个丰年和七个荒年的跨度。他

7-12　皮罗·利戈里奥在蒂沃利建造的罗马模型，据文图里尼的雕版版画

注意到，空中花园本是一片极为繁茂的森林，内有各种战利品和胜利纪念品，就像蒂沃利的规划那样，具有骑士精神和好运的双重象征意义。他对亚历山大里亚的法罗斯灯塔及其灯光的象征性尤其有兴趣，对此进行了大量研究，掌握的情况简直不比今天的我们少。他知道被认为是法罗斯灯塔建筑师的索斯查图斯这个名字，并根据古代硬币相当精确地复原了灯塔的形状，博马尔佐花园里的奥尔西尼灯塔即据此建成。皮罗还在画中描绘了矗立在一艘罗马战船中的海上法罗斯灯塔，其风格酷似他在蒂沃利建造的罗马缩微景观中的船形喷泉。他知道在古罗马时代，台伯河中曾有一座船形的小岛，岛中央矗立着一座方尖碑。方尖碑、金字塔和灯塔，不管作为单词还是奇迹，都完全可以互换使用。

　　皮罗就罗得岛巨像写了大量文章，辨析认定太阳神赫利俄斯的形象，并竭尽所能地搜罗了关于这位天神的所有古代著述和文物。他认为，就像空中花园那样，摩梭拉斯陵墓和罗得岛巨像都曾用来象征"战争和好运"。他从维特鲁威的著作中得知摩梭拉斯陵墓位于坐落在海港的一座宫殿旁边，而这个海港一直有个秘密港口。通过研究维特鲁威对哈利卡那苏斯的描写，皮罗把秘密港口、宫殿和陵墓看成是一个建筑群，并试图破译其整体的内在意义。他认为，这个建筑群半隐半露，意义深奥。同样地，在他眼里，以弗所的阿耳忒弥斯神庙也不仅仅是满贮金银财宝的庙宇，而是一位超越国家和民族、被整个亚洲仰望的女神的居所。他认为这位女神就是狄安娜，和《圣经》一样。他知道关于狄安娜的所有古代传说，并在哈德良别墅里发掘出她装饰精美的雕像。狄安娜就是阿耳忒弥斯，由保持童贞的女祭司供奉的女王，每逢以弗所一年一度的节庆，便照例从神庙窗户里露出她圣洁的面容。在蒂沃利，阿耳忒弥斯进一步成为生生不息、丰饶多产、有一百万个乳房的大自然的核心象征。在皮罗的"世界大机制"观念中，多乳房的阿耳忒弥斯位居中枢，至关重要。皮罗曾经仔细绘制和研究了这位女神雕像上的所有图案和文字，而它们都指向阿耳忒弥斯的核心地位。这些图案和文字表明，阿耳忒弥斯指挥日月升落，主宰黄道十二宫，驱使万物安分随时，泽被全人类。皮罗的七大奇迹象征着人类与自然的完美平衡。有时，他的文章就仿佛伟大的诗篇，颂赞着这些神秘的象征和力量。在他看来，它们全都有具象化的表达。

　　和他设计的花园一样，皮罗的七大奇迹也蕴含着基督教的义理。关于奇迹建造者骄傲、固执和虚荣自大的传闻，以及奇迹建造者的抱负和渴望，都体现了这一点。就这些奇迹对基督教的意义，皮罗把它们称为七件"德行的作品"。他继维特鲁威和纳西昂的格列高利之后，观察到金字塔是人类有史以来建造的最大石头建筑；而巴比伦城墙是最大的砖头构造；罗得岛巨像是最大的青铜器物；宙斯像是最大的黄金和象牙制品；阿耳忒弥斯神庙和摩梭拉斯陵墓是雕塑与建筑之结合的最精美的典范；空中花园则是人与自然融为一体的最佳范例。所以，皮罗的法罗斯灯塔也传递着救赎的信息，金字塔和方尖碑把灵魂送上天堂，宙斯和罗得岛巨像是既隐藏又显露的上帝的庞然象征。如此一来，皮罗的七大奇迹便蕴藏着一连串令人吃惊的智慧。仿造它们将给建造者和城市带来德行和好运，七大奇迹是通向上帝之路上的一级级台阶。

皮罗在古罗马——世界的中心，到处探测他的七大奇迹。继卡尔沃的《罗马古城地图》，他制作了一系列古罗马城市地图，图上到处是七大奇迹的模型。为了绘制这些地图，皮罗勘察了罗马全城，详细清点了城中遗迹，拉斐尔和卡尔沃都曾这么做过，但皮罗在细致上更胜一筹。他的地图以卡尔沃的地图为样板，就像划分一块巨型比萨饼那样，从中央一个点出发，把罗马分成16个区，每个区都有皮罗本人设计的纪念建筑。这些纪念建筑部分基于古代遗迹和古籍中对罗马的描述，同时全部参考了七大奇迹，每一件都是皮罗的"世界大机制"中必需的组成部分。皮罗的罗马地图虽然是在其他地图基础上绘制的古文物地图，但充分体现了他个人对罗马遗存的古代建筑和废墟的研究和观察成果，是高度严肃认真、内容充实的作品。皮罗百分之百相信，依靠七大奇迹和古代作家的引导，他能够完整地重新创造过去。不过，仅凭个人的一生时间来完成这项任务，就算是斗志昂扬的皮罗也无此能力。

我孜孜于记述罗马的古文物，搜罗了每一样有价值的相关记录。我不仅用文字叙述它们，也用图画描绘它们，使它们如在眼前。为研究这些，我耗费了许多岁月；夜半秉烛，烧掉多少灯油；经济上也窘困得难以忍受。现在我发现，这项任务比我当初预期的难得多，所需时间也长得多……我于是改为撰写一本小书，把罗马等地一些较著名的建筑包括进去。这些建筑都是被今天的人们错误理解的。我已把这本书命名为《悖论》，

世界七大奇迹：西方现代意象的流变

因为它与现在的论调相反，还因为我不希望把才智用于证明什么是错的，而宁愿去展示真相。

不过，代表皮罗最高成就的著作并非《悖论》，而是1561年雕版印行的16页地图，它们使古代罗马奇迹般地跃然纸上。对皮罗来说，古罗马具体表现了人与自然的美丽、完备的平衡。这里有大量的奇迹，皮罗断言，有7乘以70个之多。在这样的罗马，金字塔不仅象征着《圣经》中的谷仓，也可观地收藏着人类灵魂的财富和智慧。与此类似，皮罗的罗马灯塔不仅指引着人们穿街过巷，顺河而下，而且在生命本身的旅程中，也指引着正义的道路。至于空中花园、台阶高砌的宫殿和陵墓，则在它们一块块台地上的小树林中，积聚着勇气和荣耀。

皮罗是否是他那个时代最进步的建筑师尚存争议，但皮罗的罗马基本上可以说是一个中世纪的奇迹世界。在城墙环绕的神圣区域里，亚伯拉罕的帐篷、挪亚的方舟、所罗门的圣殿和阿耳忒弥斯的神庙全都曾经存在过。皮罗往往从他赋予七大奇迹的象征意义着手其重建工作，而不是从现存废墟或卡尔沃的《罗马古城地图》着手，同时还交叉梳理古籍中的有关记载。由此，皮罗复原的罗马古代港口里，矗立着古代名单中所有位于海边的奇迹。罗马肯定也需要在其宏伟的港口安放这些"德行的作品"，以给自己带来荣耀和好运。这里有一尊巨像，手捧一个地球仪，与古籍描述的无数古罗马港口的雕像类似。皮罗的港口也有一座法罗斯灯塔。运粮的驳船能够靠这座高大的灯塔夜航数小时，驶进罗马这座"永恒之城"。这座灯塔模仿曾经矗立在古罗马港口奥斯蒂亚的灯塔建成，皮罗在几本古书上读到过奥斯蒂亚的灯塔，对它很熟悉。皮罗还把他的法罗斯灯塔称为"反巴别塔"，期望它发出理性之光，指引灵魂渡过愚昧无知的海洋，进入文明的港口。古籍中描述的罗马港有一连串相互衔接的大型码头，皮罗把它们画成一组巨大的拱廊，不仅环抱着水手和港口，也拥抱着所有为开启心智而来到罗马的未开化的灵魂。

皮罗注意到，这个港口的规划既美观又非常实用，其规模异乎寻常，其施工一丝不苟，其技术精确无误，所形成的景观远非"壮丽"一词所能形容。这是皮罗"大机制"的效用、符号与象征所达成的和谐，实用与奇妙共同的创造。它也是对在文字中再生的奇迹的总结，在许多方面都比消失于历史烟尘中的原物更加奇妙。

1583年皮罗逝于费拉拉，享年逾80岁，去世前仍一直效力于红衣主教的家族，同时在撰写一卷卷厚重的蓝色四开本古文物学著作。他的那不勒斯老乡、感情激烈的诗人托尔夸托·塔索（Torquato Tasso）也长期为这个家族效命，从皮罗的著作中获得过大量灵感，并经常写诗赞美这些著作。例如，塔索在吟咏一片树林时感叹道，它就像博马尔佐的小树林那样令人销魂。皮罗去世后，塔索为朋友

7-13　皮罗的罗马港，根据特拉麦兹诺1561年雕版制作

　世界七大奇迹：西方现代意象的流变

写了一首音调铿锵的悼亡诗：

> 皮罗死了！他所发现的高大、
>
> 神圣的废墟，现在崩溃了
>
> 倒塌在阴影里，又一次成为负累
>
> 罗马哭了，被攫取整个宇宙
>
> 眼睁睁，最优秀的儿女被夺走
>
> 罗马哭了，她那笼罩在阴影中的喷泉
>
> 也在哭，剪断千缕长发
>
> 化成石头的尼俄珀双手奉还了古典梦想
>
> 大理石像热泪盈眶，
>
> 流下闪闪发光的眼泪，
>
> 所有古代文物的荣耀尽归尘土，
>
> 连同消逝的艺术
>
> 在他的双手变得冰凉的时候。

　　好在这些诗句没有一语成谶。皮罗死后过了将近一百年，他规划的神奇的港口在罗马获得了重生，而且就坐落在梵蒂冈旁的圣彼得广场。天才的贝尔尼尼在设计这座港口的弧形柱廊时，不见得看到过皮罗的古港口素描，但最吹毛求疵的人也得承认，他依然运用了皮罗的符号和象征。正如皮罗的奥斯蒂亚乃信仰之港口，拥有自己的巨像和法罗斯灯塔，在贝尔尼尼的方案中，古代奇迹也再度作为基本元素被集结到一起：广场正中央是巨大的埃及方尖碑，皮罗曾将它称为金字塔；方尖碑塔尖上安放着一个金色的十字架，如同冠冕，可驱邪，同时也是装饰；围着方尖碑的基座，人们用大理石块铺砌成一个圆圈，仔细划分出卡尔沃划定的16个区——皮罗用来界定其地图的16个区，上面标着维特鲁威提到的风向。在此，卡尔沃的罗马中心已被转换为信仰的中心、世界的中心，同时也和周围柱廊一道，是信仰的港口和避难所。皮罗所设想的港口如今点缀着圣徒们的高大塑像，他的法罗斯灯塔变成圣彼得大教堂圆顶上的灯室，朝茫茫黑暗世界放射出信仰之光，照亮蒙昧的海洋。在这座教堂里，圣彼得主教座上方的后侧，耸起的华丽遮篷衬托出一片绘着小小的三角形圣鸽图案的金黄色玻璃。这是贝尔尼尼宏伟规划的高潮：朱庇特再生了，在古代帝王的宝座上翱翔。

这般异常错综复杂的景象，并非贝尔尼尼突然"捡到"的。皮罗关于罗马是一个象征机制的观念源于中世纪，而皮罗生活的那个世纪里，有几位最伟大的艺术家也曾在作品中运用过七大奇迹的个别意象。拉斐尔曾采用与罗马建筑比例相仿的金字塔来象征死亡和不朽；他的助手朱利奥·罗马诺[1]曾为曼图亚一位朋友设计带石阶的壮观坟茔，形如缩微版的摩梭拉斯陵墓；甚至米开朗基罗为教皇尤利乌斯二世设计陵墓时，在早期阶段也运用了相似的观念。与此同时，贝尔尼尼本人在罗马大街上建起一座座光彩照人的喷泉，在其中一座喷泉里安放了一条船，船上竖起法罗斯灯塔，就和皮罗在蒂沃利红衣主教花园中建造的模型一样。这时，《寻爱绮梦》一书已成珍本，颇受重视。贝尔尼尼甚至根据书中的设计，在石头大象的背上竖起一座真正的埃及方尖碑。皮罗只是收集和加工了这些象征，并在他的罗马地图中进行了最充分的表达。他的罗马地图被广泛印行，影响非常之大。

1　罗马诺（Giulio Romano，1492—1546），意大利文艺复兴晚期建筑师、画家，拉斐尔的主要继承人，自幼从拉斐尔学画，风格主义创始人之一。

7-14　大象和方尖碑，选自《寻爱绮梦》，
威尼斯（1499）

　　从罗马其他许多重要建筑中可以明显地看出，七大奇迹的象征意象在贝尔尼尼的时代仍然得到广泛运用。建筑师弗朗西斯科·博洛米尼[1]把圣智教堂的尖塔设计成螺旋形，就像海姆斯凯尔克画的法罗斯灯塔那样，而他和皮罗使用的是相同的资料，只不过博洛米尼的灯塔乃是知识的灯塔，因为圣智教堂是罗马大学的教堂。到贝尔尼尼的时代，这类螺旋形的塔也和所罗门圣殿的意象联系在一起，被视为知识和智慧的源泉。这些古老象征的形式和意象如今发生了改变，其变化之快就像罗马喷泉中的倒影，在水波中闪现一瞬，转眼消融，但其中隐含的重要信息依然保留了下来。一条又一条街道，一座又一座广场，整个罗马弥漫着这些遥远的奇迹梦想。古代的景象——亚历山大大帝、大象和法罗斯灯塔、金字塔和陵墓、神奇的国王和王后、宏伟张扬的庙宇，萦绕着罗马城。古代奇

1　博洛米尼（Francesco Borromini，1599—1667），意大利巴洛克式建筑师和雕刻家，对空间、光线和几何造形的处理革新了建筑学。

迹的幽灵在罗马出没。

更重要的隐含意象，是罗马本身的象征意义——教会之母、所有奇迹之母。罗马是世界的中心，这里一度浓缩过所有古代文明。这些文明仿佛贝尔尼尼建造喷泉里的巨神雕像那样，在罗马被锁住、被诱陷。罗马一直有一种比例感，总在发生与看不见的古代奇迹的竞争——拉斐尔感叹过这些奇迹，而米开朗基罗试图超越。万丈雄心和过分雕琢、奇异怪诞、豪华浮夸的巴洛克意象喷涌而出，流风遍及西方世界。

就这样，罗马雇佣兵和红衣主教各自建造的花园变成了维也纳美泉宫和巴黎凡尔赛宫中的花园，它们全都弥漫着古代奇迹的意象。而位于埃斯科里亚尔（Escorial）的西班牙历代国王庞大的行宫，则是一位耶稣会教士根据他心目中所罗门圣殿的样式设计的，这位教士也撰写过一份七大奇迹名单。1666年，为向"太阳王"[1]致敬，弗朗索瓦·杜波依斯（Francois Dubois）在巴黎卢浮宫中央庭院设计了一座形如埃及金字塔的灯塔礼拜堂，就如当今贝聿铭设计的玻璃金字塔一样。今天，阿耳忒弥斯神庙已变幻成数不清的银行和证券交易所的总部大楼，摩梭拉斯陵墓繁衍了大量共济会的敬神场所，法罗斯灯塔则衍生出万千教堂尖塔。

奇迹就这样重获新生，洪水般席卷西方基督教界，奔流到世界上每一座现代城市。皮罗的罗马的种种奇迹，现已成为位于每座城市心脏地带的奇迹，耀示着它们的权势与浮华，刺激着人们的感官。它们纯粹就是城市之所以成为城市的一部分。

1　太阳王（the Sun King，1638—1715），法兰西国王路易十四，史称路易大帝，亲政55年（1661—1715）。他执政时期，是法国专制制度极盛时期，当时法国一度统治欧洲。他酷爱舞蹈，曾在舞剧中扮演太阳神阿波罗，因而得到"太阳王"的雅号。

　　　　世界七大奇迹：西方现代意象的流变

九　奇迹的最大理性

有一位奥地利人最终把七大奇迹带回人间。胜利击退土耳其人后，维也纳盛行巴洛克风格。伟大的宫廷建筑师约翰·伯恩哈德·菲舍尔·冯·埃拉赫[1]在他漫漫巴洛克建筑设计生涯结束之际，撰写了西方第一部艺术史著作《世界建筑历史图鉴》。他说，这是为了让艺术家们"能够看到各民族建筑品位之不同，不亚于它们饮食服饰的差异"。此书1721年在维也纳出版，为精美的对开本，内有约90幅双页印刷的线雕画，全景展现了世界建筑奇迹雄伟壮丽的景象，读来充满乐趣。当然，这些建筑奇迹多为欧洲建筑——事实上，其中大部分由埃拉赫自行设计，但书中也收入了古埃及、中国和伊斯兰教建筑，还有给这位奥地利建筑师带来大量灵感的古罗马建筑。事实上，从古代到他生活的时代，只要在其中发觉"建筑的某些普遍原则"，埃拉赫都收录到了这本书中。

古典七大奇迹的故事就此开场。总的概念仍是马丁·海姆斯凯尔克的，背景则按阿尔布雷希特·阿尔特多费[2]这类风景画家的手法处理，视角经过细心选择，以表现其辉煌的全景。巨像依旧横跨罗得港入口，高大的拱顶依旧衬托着黄金和象牙镶制的宙斯像，仿佛光环围绕着宙斯的头颅。不过，埃拉赫也研究了皮罗等古文物学家的著作，他复原的七大奇迹首次采用了古代硬币和徽章上的图案。事实上，这便是学术真实性的开端，也即我们今天所期望的"以科学原则为基础的最新重构"。

1　埃拉赫（Johann Bernhard Fischer von Erlach，1656—1723），奥地利建筑师、雕刻家、建筑史家，《不列颠百科全书》称他的巴洛克风格，塑造了哈布斯堡王朝品位。

2　阿尔特多费（Albrecht Altdorfer，约1480—1538），德国画家、版画家、建筑师，文艺复兴时期多瑙河画派主要代表人物，以善于描绘风景著称。画作色彩鲜艳，意境如诗。

7-15　菲舍尔·冯·埃拉赫的"巴比伦景观",城墙和花园都属于巴洛克风格,
选自其《世界建筑历史图鉴》中列举的七大奇迹,维也纳(1721)

　　埃拉赫的图鉴充满活力和异国情调,但现在再看却显得单薄且索然寡味。海姆斯凯尔克的神奇世界已经消失,七大奇迹也不是令人备感惊异和不可思议的奇妙事物,而是处于演变之中;巴洛克风格的装饰,是工程师的见识。埃拉赫带我们回到了罗马的建筑原则,回到纳西昂的格列高利的奇迹名单——这份名单把奇迹视为技术和材料的组合。例如埃拉赫绘制的空中花园,如同从空中鸟瞰壮观的巴比伦城,表现了广袤平原上一座有完整城墙的城市,其布局之详尽,犹如埃拉赫的维也纳美泉宫设计图。这张图精确地显示了空中花园如何得到灌溉,各部分又如何安排,并注明古代作家的描述作为参考。埃拉赫还注意到,如果古代作家给出的量度正确的话,巴比伦城墙就是人类曾经建造过的最大的砖头架构。与此类似,埃拉赫绘制的埃及金字塔沉静地屹立在真正的沙漠上,令旁边的狮身人面像相形之下显得渺小。埃拉赫就此指出,这些金字塔是世界上最大的石头建筑。至于奥林匹亚山上的宙斯像,埃拉赫不仅

世界七大奇迹:西方现代意象的流变

兴味十足地指出它是人类创造的最大的黄金和象牙制品，而且高度重视说明这一奇迹如何能够被安放进古代神庙里，并画出详细的分段图，显示其安放过程。不过，当代考古学家可能会声称埃拉赫的图是"错"的，因为他画的拱顶是罗马式而非希腊式。但当时，这就是一位现代人对现代奇迹的想法。埃拉赫欲与古人较艺，想弄清楚古代奇迹是如何造就的。他画的法罗斯灯塔不仅描绘了灯塔和灯光，也表现了其建筑的逻辑性。他本人在维也纳设计的建筑灵感源自遗存的古罗马纪念建筑，其图鉴因此反映出一名富有竞争意识的建筑师的思考，其文字则仿佛在与其他建筑专家对话。七大奇迹从海市蜃楼般的景观变成了理性的构造。

从埃拉赫的著作到经典的现代西方"奇迹"，只经过短短一个跳跃。诸如布鲁内尔（Brunel）的大桥、沙利文（Sullivan）的摩天大楼和埃菲尔铁塔，这类建筑和埃拉赫设计的巴洛克风格宫殿一样，都奏响了同样的凯歌。在国际展览的推动下，如此之多这般奇异、铺张的建筑都早已吸纳各种非西方文化，将其纳为自身无害的、小小的侧翼。19世纪的胜利不是打败土耳其人的胜利，而是我们至今仍不时宣称的人类征服自然的胜利。

1.金门大桥

2.拉什莫尔山总统雕像

3.休斯敦太空人主球场[1]

4.自由女神

1　太空人主球场（The Astrodome），又称"太空巨蛋"，词义为天文观测窗。这座体育场建于1965年，当时是世界上第一座有空调、多用途的室内圆顶球场，有诸多世界首创，如屋顶采用透光的4800片玻璃，铺塑胶草皮等，建成时轰动全美。

7-16　埃拉赫关于容纳宙斯像的神殿的设计方案，虽然绝对错误，但卓越而实用。
选自其《世界建筑历史图鉴》中列举的七大奇迹，维也纳（1721）

5.胡佛大坝[1]

6.迪士尼乐园

7.圣路易斯市大拱门[2]

——美国七大奇迹，据美国旅行社1974年民意调查结果

"……一两个小时后，我们看见了前方的金字塔。大胆地想象我的感受吧：两座大的，一座小的，就在那里，远远望去染着玫瑰红，庄严！古老！宏伟！神秘！亲切！

我们当中有几个想使劲感动一下，但早餐紧接着就端了上

1　胡佛大坝（Hoover Dam），20世纪30年代建于科罗拉多河上，位于内华达州与亚利桑那州之间的黑色峡谷中，是美国西南地区最大的水利枢纽工程，也是世界著名高重力大坝之一。

2　圣路易斯市大拱门（Gateway Arch），位于密苏里州圣路易斯市，是一道高度和跨度都接近200米的不锈钢拱门，象征美国向西部开发的门户。它于1965年竣工，迄今仍是美国的最高国家纪念建筑。

来，咖啡和冷饼搅出一阵忙乱，敬畏的感觉在争抢食物的混战中消失了。

　　难道我们如此厌倦于享乐，连世上最伟大的奇迹也不能让我们有动于衷？是否伦敦帕尔摩街的高尚俱乐部和冷嘲热讽的习惯令我们的崇拜器官萎缩，以至我们不再能对任何事物产生钦佩赞赏的情感？关于金字塔，我的感受是，我以前曾经见过。接着，我感到羞耻，因为看见它们，却没有产生敬意。于是，我想（很自然地）看看邻桌人对金字塔的态度是否比自己更热情：牛津三一学院，正忙着吃火腿；唐宁街，在格外专心地对付一串葡萄；无花果树，法院的表现体面得多，他按照良好的习惯做法，思想正保守谨慎地转弯，这使得他可以根据"既成事实"原则对金字塔表示敬意，或许他还记起其中一座金字塔就和林肯因河广场[1]一样大[2]。不过，事实上，没有人受到真正的感动。凭什么他们应该感动？就因为这些夸张的石砖如此巨大？

　　我承认，就我而言，金字塔非常大。

威廉·萨克雷：《从康希尔到大开罗旅行笔记》，

写于"半岛和东方公司"汽船上，伦敦（1846）

　　远在埃菲尔铁塔建成之前，萨克雷已经预见到奇迹之死。海姆斯凯尔克列举的奇迹太普通了，埃拉赫设计的美泉宫能够把其中大部分巧妙地容纳进去。当今多数大城市里，都耸立着与埃及金字塔

1　林肯因河广场（Lincoln's Inn Fields），位于英国伦敦司法区中心，周边法院、法学院和律师事务所云集，是伦敦律师和法官经常驻足的地方，成为英国法律界的精神象征。
2　萨克雷时代的伦敦市民对埃及吉萨金字塔的通俗认识是，其基座面积与林肯因河广场相当，高度超过了圣保罗大教堂。

高度相似的建筑，而它们毫不起眼。不管怎么说，虽然如今的人几乎最多只能说出两三件古代七大奇迹的名字，但奇迹之卓越一见即知，这种观念仍然深入人心。我们参与报刊竞赛，以民主方式决定现代奇迹的"七重唱"，而各种新奇的奇迹名单也仍然具有道德教化的功用，就像皮罗一度为之的那样。关于这一点，1991年9月英国《泰晤士报》组织的一场竞赛可以作为例证。

> 家住萨塞克斯郡霍夫市的8岁的理查德·普拉特选中了最后胜出的七大奇迹名单……他的名单是经过全家详细讨论后才拟定的……"我们认真考虑了世界上所有国家的情况，还有我们能前往、看见、叫声'哇哦'的所有地方。"理查德解释说。
>
> 理查德选择了迪士尼乐园，这是《泰晤士报》主编西蒙·詹金斯从数百份答卷里选中他的原因之一……"人们对名列前茅的奇迹的看法惊人地一致，"詹金斯说，……"（不过）理查德……把自己最想看到的现代世界奇迹——迪士尼乐园——放在了他的奇迹名单的榜首位置。现在，他很快就会亲眼看见迪士尼乐园了。"

理查德赖以获胜的现代奇迹名单，与根据全部参赛者答卷编纂的名单略有不同：

1.迪士尼乐园
2.埃及阿斯旺大坝
3.中美洲巴拿马运河
4.美国旧金山金门大桥
5.美国阿波罗十一号（登月第一人）

6.澳大利亚悉尼歌剧院

7.美国纽约帝国大厦

《泰晤士报》读者选出的十大现代奇迹名单是：

1.澳大利亚悉尼歌剧院

2.美国太空计划（阿波罗十一号、卡纳维拉尔角、太空飞船）

3.协和号飞机

4.埃及阿斯旺大坝

5.美国纽约帝国大厦

6.美国旧金山金门大桥

7.英吉利海峡隧道

8.迪士尼乐园

9.中美洲巴拿马运河

10.美国拉什莫尔山

令人吃惊的是，悉尼歌剧院如今成为经典的现代奇迹，被列入每一份现代奇迹名单里。这一建筑华而不实，但它却像协和号飞机那样受人喜爱。这是一个出人意料的胜利，大概人们觉得虽然作为一家歌剧院，它小到无法上演大型歌剧，但作为现代建筑作品，它本身相当合格。既然如此，就算像有人打趣的那样，澳大利亚国家歌剧团被迫"把舞台放在悉尼，而把乐队放在墨尔本"，又有什么要紧呢？据说，歌剧院的混凝土曲线是丹麦年轻设计师约恩·乌特松在拍纸簿上草草勾勒的，为了建造这个现代奇迹，人们花了三年时间通过电脑程序计算这些曲线。这个故事和古代传说中阿耳忒弥斯女神亲自安放神庙门楣上巨大的大理石横梁有异曲同工之妙。悉尼歌剧院使用了钛和树脂，这一信息言下之意是，歌剧院采用的技术就像卡雷斯建造罗得岛巨像时使用的技术一样富于创新性。与希腊人一样，乌特松也投身于创造奇妙的事物。在悉尼歌剧院里拾级而上，多少就像在金字塔内部向上攀登，是一段穿越风景、追溯奇迹最古老幻影的旅程。

不过，光看字面，这些现代奇迹名单的内容古怪、不合常情。名单上的奇迹几乎没有一件是最大、最高或者最快的：一座20世纪60年代建造的歌剧院，一栋年头颇久、电影《金刚》中大猩猩从那里跳下的高楼（指帝国大厦），各种过时的飞机，一些大坝和桥梁，其中多数已锈迹斑斑。但这些事物，依然是人们想在撒手人寰之前亲眼看见的，依然给人们以奇妙的感觉。事实上，坐船去悉尼很像航行到埃及的亚历山大里亚——奇迹依然矗立在海边，好像一艘张满帆的船。总之，让今天的我们觉得奇妙的，便是亚历山大里亚城里，受着托勒密王朝统治的希腊人所定义为奇妙的。

1922年11月26日，霍华德·卡特和卡那封勋爵结束了他们对图坦卡蒙法老陵墓长达六年的研究，他们的发现迄今被称为世界历史上最伟大的考古发现。

1993年12月18日，拉斯韦加斯卢克索酒店再次开启通向图坦卡蒙法老陵墓的大门，继续推进拉斯韦加斯多元化的娱乐活动，为拉斯韦加斯地带增添了新的文化。

摘自新闻公报《下一个世界奇迹》，拉斯韦加斯卢克索酒店

拉斯韦加斯卢克索酒店位于拉斯韦加斯国际机场主跑道的尽头，是一座金字塔，人们在里面赌博玩乐、声色犬马。11英亩的玻璃外墙闪烁着幽幽光影，尖塔上放射出世界上最大的光束——相当

于大约400亿支蜡烛的光亮。酒店公关人员会告诉你，光束的亮度足以让人们在10英里之外的高空中看报纸。在卢克索酒店，样样东西都是奇迹，它们与古代世界的广泛联系得到了最仔细的发掘，甚至这一光束也沿用了古埃及太阳神"拉"[1]的名字。当然，这一切没有白费工夫。每年都有数以百万计的人来到这条大道，凝望这些再浮华粗俗不过的奇迹。不过，这不是古代文物的复兴，而只是过眼烟云。一旦时尚的风向转变，伟大的"拉"神光束肯定马上就会被熄灭。和悉尼歌剧院相似，卢克索金字塔酒店的寿命都是可以被计算出来的，注定有朝一日会荒废过时。奇迹的话题如今沉寂了，因为两百多年来，奇迹的真正性质一直在发生改变。

例如，某些现代奇迹的包装上就盖着"最晚下架日期"这样的戳记。

1.芯片

2.口服避孕药

3.电话

4.大型喷气式客机

5.北海油田

6.氢弹

7.人类登月

《经济学家》的奇迹名单，1993年12月

这些奇迹里，三件是专利，一件是最高机密，另一件——登

1　拉神，拼作Ra，Re或Rah，也称作Atum，是古埃及赫里奥波里斯的太阳神，从第五王朝开始，拉神被与底比斯的阿蒙神结合在一起，成为埃及神系中最重要的神。

月，抓住悉心策划的电视直播机遇，现在已成历史，是一件难以界定的奇迹，以至于《泰晤士报》把它列入奇迹名单时，得在括号里加上注解，而拜占庭的菲洛从来不需要这样做。更令人迷惑的是，《泰晤士报》的名单中还列入了迪士尼乐园，而迪士尼乐园在北美大陆上就有三座，只不过凭着同一品牌而被当成了一件奇迹。与此相似，《经济学家》列举的奇迹中，有四件在生产线上有规律地复制着，只有一件是单一并且独一无二的架构——一座老式、巨大的石油钻井平台。

奇迹的观念发生奇怪的改变，造成了一个可怕的后果：我们看待古代奇迹的方式发生了变化。古代人全都自动自发地以为，世界上每件东西都是独一无二的。但习惯于复制品和生产线、实际上还觉得某些复制品非常奇妙的我们，却不再抱有这种想法。摔坏一部电话，可以再买一部，这种态度使得我们对昔日遗迹越来越漠然置之。如果这些遗迹意味着很多耸立的神庙、大片古代坟墓或者"给工人住的大规模住宅群"，我们就更加满不在乎。我们现在很难看到事物的个体质量，很难了解所有历史遗迹非凡的整体性，于是，这些遗迹突然变得很脆弱，容易受到伤害。

这种变化，在埃拉赫生活的时代就已经开始。此前，多数西方社会自古以来就几乎没有什么改变。这么说吧，来自亚历山大里亚希腊化时代的宫廷侍臣要想弄懂埃拉赫的维也纳美泉宫或者法王路易十四的凡尔赛宫中礼仪，简直不费吹灰之力。但从那以后，西方把人类知识组织到单一的学术体系之中，对世界本身进行了规划和分门别类的打包。在18世纪前，人类一直生活在无限的、难以控制和无法超脱的大自然里。皮罗在蒂沃利设计的花园如同一个细心布置的宇宙模型，温和地操控着宏伟的大自然。这类古代宫殿和花园、陵墓和神庙，连同其他所有奇迹，都仅仅只是慷慨的原始自然的参照点，是标记和塑造人类领域的三棱镜。

从18世纪起，人类一直在不停地对这个无垠世界进行规划、安排和分门别类。从铁路到光缆，每样东西现在都普及全球。人类从远古时代一直生活于其中，并在其内建造七大奇迹的大世界已经一去不复返了。与菲洛的亚历山大里亚和文艺复兴时代的罗马不同，现代城市不再需要拥有一个巨大的中心，也不亟须建造都市景观作为社会的参照点或地方奇迹。在电子时代的城市，电线便是它的神经，其公共空间也与以往大不相同。这些新型城市中，七大奇迹时代的全部遗留，便是它积聚的某种兴奋感，以及古代城市的社会秩序和抱负。奴隶不见了，留存的只是奴隶主的雄心以及自由和对幸福的追求。

奇迹创造者的新世界已经成熟。安塞尔·亚当斯拍摄的美国约塞米蒂国家公园（优胜美地）照片，构思之细腻就像海姆斯凯尔克绘制的古代奇迹，把蛮荒之地的天然岩石变成了人们熟悉的形式，绝大多数加利福尼亚人会觉得，它们比古代法罗斯灯塔或摩梭拉斯陵墓更重要。这些照片所拥有的感性色彩如今渗透到广大传媒业的最深处。这种变化是多么新鲜啊！现代旧金山至今仍有许多老式奇迹：在港口，内河码头钟塔模仿的是法罗斯灯塔。在城区，有一座尊贵的金字塔、一座位于豪华酒店里的空中花园，还有一座神庙，和安放着马丁·海姆斯凯尔克所绘宙斯像的那座十分相像。不过，晚近许多奇迹名单仅仅只是自然奇迹的名单，就像在哥特时期那样——当时，菲洛所列举的奇迹都已杳不可见，奇迹本身重归上帝。许多人为大自然的消逝悲叹，试图在约塞米蒂这样的奇妙之地重新创造它，哪怕约塞米蒂现在坐落于公路和铁丝网之间，哪怕这样的再创造只不过持续白驹过隙般的一瞬。我们把世界造成了一座花园，而18世纪人们对于自然界的地位，对于自然界中人的地位，都感觉如此不可一世，肯定也会同意我们这种做法。

现代人这种不可一世的视角还不完全和过去一样。从马丁·海姆斯凯尔克的透视图，到从太空或电子显微镜拍出的照片，有一个变迁过程。库克船长在其探险航行中，把珊瑚礁当成可怕的隐蔽的危险，而现在的人借助水下摄影和卫星侦察，把珊瑚礁当成了世界上的另一奇迹。澳大利亚大堡礁——世界上最大的活着的有机生物体，面积就像加利福尼亚州那么大，包括400种珊瑚、1500种鱼、400种软体动物，同时也是鲸和海龟等大型海洋生物的家园。从大堡礁上空飞过，它看上去就像躺在海里的一串猫眼石项链；而只有借助显微镜，你才能看见创造这一切的珊瑚虫充满对称感的美丽。

悖论在于，我们游离于古代奇迹意象的同时，和造就这些意象的古代世界的感受力却越来越接近。众所周知，拉斯韦加斯的天际线，甚至它巨大的"拉神"光束，都依赖于一座人工湖的水力发电，而这只是对自然规律的一种日常操纵。拜占庭的菲洛倾尽平生所学也不会懂得其中奥妙，因为没有显而易见的自然现象可以解释它。但我们却习惯于处理我们看不见的事物，甚至合情合理地解释它们。当然，就像19世纪的工程技术人员那样，菲洛一定会难以忘怀混凝土大坝后湛蓝的大湖，而这座大坝本身比埃及金字塔更大。但对我们来说，从尘土飞扬的公路眺望这座大坝，却可能还不如在电视上看印象更深刻。菲洛时代的人们希望用巨大的、闪光的奇迹——人类的路标——来修饰大自然，而我们今天却不希望再这么做。我们相信关于基本自然规律的理论，发展这些规律使其结果为我们服务。我们的文化现在依赖于这些发展进程，所以，这些便是新的奇迹——无形中受到操纵的自然奇迹。

今天的人们要参观金字塔，得飞越多个时区，目睹行经地区之美，欣赏现代城市之光，所有这些，都是奇异的、逐渐演变的现代

　　　　世界七大奇迹：西方现代意象的流变

景观。在金字塔下，在现代开罗，人们看电视、打扑克、玩电脑，彼此交谈，就像从来都是这么生活着。可是，现在的尼罗河两岸居民掌控自然环境的程度，远远超出金字塔的建造者，神圣的尼罗河被截流和分流，以提供电力和终年的灌溉水源。这些庞大而错综复杂的过程联结起所有城市，开罗是其中之一。

古人判断他们创造的奇迹，就和判断自身整个生存状态一样，取决于在多大程度上，成功抑或失败地与众神及其体现的自然力相和谐。虽然可能我们不再感觉到这一点，但我们仍然生活在同一个不稳定的世界——自然界隐蔽的力量与人类社会的秩序和富足相互作用的世界。古埃及人之建造金字塔，犹如一场巨大、无声的努力，想要进入与最主要的自然力相和谐的状态；而今天的我们同样如此，也在向我们眼中隐蔽的自然力施加影响。我们直接与自然界打交道，在某种程度上，古代奇迹建造者也自认为如此。区别在于，古人与自然界保持一致，而今人则控制大自然、隐匿自然力、改变自然结构。在我们看来，往昔，创造七大奇迹的古代文化以及其他诸如此类的古代文化乃是一系列相互独立的体系，按各自的规律发展；而我们的现代体系则是普世性的，有着共同的规律。不过，古代事物和古代地方对我们来说仍然是奇妙的，或许是因为它们蕴含着古人精心创造和保持的某种静止而微妙的平衡。我们今天继续生活在人与自然相互作用的同一个危险世界，而这种平衡正是在这样的世界上得以维系，并再度打动我们。

拜占庭的菲洛之作：《关于七大奇迹》

英译者：休·约翰斯通

导　言

（1）世有七大奇迹，人人皆曾听闻，然悉数亲睹者寥寥。欲尽观之，须赴域外，至波斯，越幼发拉底河，旅埃及，于希腊埃利安人处盘桓些许时日，谒卡里亚之哈利卡那苏斯，扬帆抵罗得岛，并览爱奥尼亚之以弗所……唯游历世界，饱经旅途风霜，方能得偿尽睹世界奇迹之愿。待心愿偿毕，人将老去，实亦可死矣。

（2）由是，教育可负起令人瞩目、价值连城之使命。它免除鞍马之劳、舟楫之苦，展现某人家乡之美之奇，而允许他人以意识之眸代替双眼观看。倘若一个人游历不同地方，看见、离去、即刻遗忘，那么这些创造的细节将无人回想，其独有的特征也将湮没。但是，如若一个人访谈令人惊喜赞叹的事物及其创造过程，如若他沉思默想这些技高艺精的创造如睹镜像，他心中便会留下永不磨灭的图画，原因是他用头脑看见了它们。

（3）但愿我的文笔清晰地逐一描写出七大奇迹，使读者意识到它们的壮丽，未来将表明我所言一切都忠实可靠。当然，还有其他许多景观也值得嘉许，但唯有七大奇迹受到普遍称颂。它们所引发的赞叹与其他景观大不相同。美，犹如太阳，其自身光辉使人们不可能看见其他东西。

1.空中花园

（1）所谓空中花园，植物高出地面，仿佛凭空生长着，树根也高出地面上的屋顶。花园下由石柱支撑，整个底部都布满了精雕细刻的石柱基座。

（2）棕榈木做的桁条各得其位，每根之间空间狭窄。唯有棕榈木不会腐烂。当它们浸透了水，受到巨大的压力，便会向上拱起，滋养（植被）的根系，并将其他植被的根接纳到自己的裂隙之中。

（3）大量泥土被倾倒在这些桁条顶部，堆积得相当厚。顶部生长着阔叶树和园林花木，绽放着各式各样、五颜六色的花朵——总之，一切最悦目、最赏心的东西，应有尽有。开垦这块地方，就像在平地上一样。与正常种地方式大体相同，在曲折穿过扶廊的土地上，人们插秧、犁地。

（4）人们在上面行走时，顶部的土壤不为所动，并且就像在最肥沃的地区那样，不受沾染。从上往下，高架管道里流淌着清水，水流这边急急往下，那边又因受着压力而盘旋着被抽了上去。精巧的机械设计遂使水流盘旋往复，循环不止。河水就这样被抽进许多

　　　　世界七大奇迹：西方现代意象的流变

大贮水槽中，灌溉着整座花园。水滋润着花草树木位于土壤深处的根须，保持泥土潮湿。这就是为什么四季绿荫常在，而树木嫩枝上的叶芽靠着露珠的滋养，生生不息。

（5）因为，树根吮吸渗入的水分，在地表下自行四处伸延，盘根错节。作为一个整体，保护了向上生长的树，使其安全又稳固。这一杰作奢侈华丽，一派皇家气象，并且打破了自然法则，把耕耘垦殖的成果悬于参观者头顶上方。

2.孟菲斯的金字塔

（1）虽然（如今）无可能在孟菲斯建造这些金字塔，但关于它们的描述奇妙非凡。在群山之上，垒起群山，方正的石头建筑几乎垂直，难以为人类智慧所把握。多大的力量才能撬开如此沉重的石料，无论什么人都会因此感到神秘。

（2）塔基有四角，粗削石块垒成的地基大小与地表之上每一构造的高度相等。整个建筑逐渐变窄形成金字塔形，顶部呈锥状会聚于一点。

（3）它的高度为500英尺，塔基周长为3600英尺。整座金字塔是一个整体，打磨后不见任何缝隙，仿佛是用一块完整的大石头琢磨而成。但实际上，它在建造过程中使用了各种颜色和形状的石头，有白色大理石，有黑色非洲石，还有所谓"血红石"和一种色彩斑驳、呈半透明状的绿石，据说来自阿拉伯半岛。

（4）有些石块的色泽为沉黯的玻璃绿，另一些则几乎呈榲桲黄，还有一些仿佛海螺壳上的紫色。人们惊讶之余，转增喜悦之情；叹赏之下，崇敬之心油生：何等挥洒不尽的光彩壮丽。

（5）坡道之长，不亚于一段旅途，也不比长途跋涉轻松。站在金字塔顶俯瞰，只能模糊地望见塔底。帝王财富被如此恣肆地挥霍，而色彩组合又这般令人愉悦。其成功或许在耀示它的信念：凭借非同小可的人力物力，它能够上达苍穹，触摸真正的群星；而正是通过这样的事功，人类向诸神的世界升华，诸神降临到芸芸众生之中。

3.奥林匹斯山的宙斯

（1）克罗诺斯是天神宙斯的父亲，而菲迪亚斯是艾丽斯城的宙斯的父亲。不朽的自然是前者的父亲，而菲迪亚斯的双手是后者的父亲。单凭那双手，就能够使诸神诞生。这个俗世之人是有福的，他看见了主，并且有能力向其他人展示这位咆哮之神。

（2）但要是宙斯对被称为菲迪亚斯之子感到尴尬的话，技艺原是其表象之母。自然创造了大象，而非洲到处是象群。只因这一点，菲迪亚斯才能够切割下这种野生动物的长牙，并用双手将其变成想要的形状。

（3）其他六大奇迹的妙处，只不过令我们称奇；这一件的妙处，却令我们诚惶诚恐，五体投地，因为其技艺运用之不可思议，仿佛宙斯的形象具备了神性。这件作品带来了称颂，其不朽的声名带来了光荣。

（4）希腊往昔的黄金时光啊！在那个时候，她在神祇世界的财富超过后来任何时代其他任何民族的财富；在那个时候，她拥有一位艺术家，其不朽创作令所有后来者甘拜下风；在那个时候，有可能向人类展现诸神的容貌模样，这是其他时代永不可能看到的。无疑，菲迪亚斯永远是超越奥林匹斯山的冠军，正如事实胜于臆测、知识胜于疑问、目睹胜于耳闻那样。

4.罗得岛巨像

（1）罗得乃海中一岛，久匿于水下，赫利俄斯将其呈现于世，并请求众神同意他成为这个新生小岛的主人。岛上耸立一尊巨像，高120英尺，代表赫利俄斯。人们之所以这样认为，是因为雕像具有赫利俄斯那与众不同的特征。雕塑家使用的青铜数量之巨，可能挖空几个铜矿，因为这件熔铸的巨像，系世上无双之青铜构造。

（2）许是宙斯把惊人的财富不偏不倚地倾倒在罗得岛人头上，才使他们能够运用这笔财富竖起这尊神像以荣耀赫利俄斯。层层叠叠，从地面到天空，雕塑家通过在内部充填铁架和方块石头牢牢固定住巨像，其中横向的长方块显然用锤子敲打而成，表现出巨石建筑的气势。巨像隐藏的部分大于展露的部分。目睹巨像，人们备感惊叹，也产生了更多的问题：用的是哪一种火钳？铁砧底部有多大？铸造这么重的柱子需要多少工匠？

（3）巨像下面基座用白色大理石砌成。基座上，他（雕塑家）首先固定了巨像的双脚到踝骨部位。他心中早已想好这尊120英尺高巨像的建造比例。由于基座上的双脚脚底已经大大高出其他雕像，要把巨像其他部位吊起来装上去是不可能的。脚踝必定是在双脚上面浇铸的，这就和盖房子的情形一样，整件作品必然是从下往上，在作品本身上面进行的。

（4）由于这个缘故，在制作其他雕塑时，艺术家首先做一个模具，然后将其分解成几个部分进行浇铸，最后再把它们全部拼合到一起，竖起整座雕塑。但巨像的雕塑家首先浇铸一个部位，然后在第一个部位上面浇铸第二个部分，第二个部分用青铜浇铸好后，再在其上浇铸第三个部分。巨像剩余部分也是使用同样方法建造的，因为这些金属部分是无法移动的。

（5）把后一部位浇铸在前一部位上面后，就得考虑长方石块间隔的距离和框架的接合。由于已经充填了石头，整个结构十分稳固。如此，在整个建造过程中，雕塑家可能始终没有动摇他的设想。他把巨量泥土不断倾倒在已经浇铸好的巨像部位周围，把已经完成的巨像部位藏在泥土下面，从而继续在一个平面上进行下一阶段的浇铸工作。

（6）（雕塑家）一点一点地达到了他梦寐以求的目标，其代价是500铜塔兰特和300银塔兰特。他所造之神与那位天神平起平坐。这件作品之大胆冒失非同小可，因为雕塑家在尘世间造就了第二位太阳神，与天上的那位面面相对。

5.巴比伦城墙

（1）塞米勒米斯有头等丰富的创造力，因此去世时留下一大珍贵奇迹：她奠定了长达41英里的巴比伦城墙的基础。这道墙首尾相连，其长度足以令长跑健儿精疲力竭。但它之所以引人注目，不仅因为长度，也因为结构坚固、凹处宽敞，还因为它使用烧制的砖和沥青砌成。

（2）这道墙高逾80英尺，墙顶环形通道可容四辆驷马战车并驾齐驱，（沿墙）有一个接一个的多层塔楼，能容纳大批军队。这座城市因此成为波斯高度坚固的要塞。从墙外观望，猜测不出墙内人们的居住情况。

（3）在环形城墙里面，住着成千上万的人！墙外庄稼地的面积，几乎不比巴比伦城内建筑区域更大。墙外农夫在墙内市民看来，就像外国人一样。

6.以弗所的阿耳忒弥斯神庙

（1）以弗所的阿耳忒弥斯神庙是众神唯一的居所。不论谁注视它，都会觉得自己到了另一个所在——不朽的天国被安放到人间，原因是试图跻身天国的埃罗俄斯的巨人儿子们从群山中创造了山，他们建造的不是一座神庙，而是奥林匹斯山。如此一来，建筑大胆地超越了工程，与此类似，技艺超越了建筑。

（2）建筑师挖松地表下面的土，挖出很深的壕沟铺建地基。这座石头建筑耗用在地下结构的石头数量，相当于开采了一整座石山。他确保地基百分之百稳固后，又在将要支撑整座建筑的部位预先竖起雕有男性塑像的柱子以承受重压。这之后，他首先在地表建造了十道台阶，在这个基础上盖起……

（手稿以下佚失。由是，关于以弗所阿耳忒弥斯神庙的其余叙述今已无存。对哈利卡那苏斯的摩梭拉斯陵墓的描述也同样未能传世。后者参照菲洛手稿的导言，应是名单上的第七件奇迹。）

参考书目

本书目并不全面。它包含相关主题的基础性著作、本书特别提及作品和提供相关主题概述和最新书目的新近出版物。

综合类

ASHLEY, M., *The Seven Wonders of the World*, Glasgow, 1980
CLAYTON, P. and PRICE, M. J., (eds.) *The Seven Wonders of the Ancient World*, London, 1988
DINSMOOR, W. B., *The Architecture of Ancient Greece*, (3rd rev. ed.), London, 1950
EKSCHMITT, W., *Die Sieben Weltwunder*, Mainz, 1984
GREEN, P., *Alexander to Actium*, Berkeley, 1990
HAMMERTON, J. A., (ed.) *Wonders of the Past*, New York, 1924
JONES, A. H. M., *The Greek City from Alexander to Justinian*, Oxford, 1940
POLLITT, J. J., *Art in the Hellenistic Age*, Cambridge, 1986
PSICON, *Rivista Internazionale di Architettura*, 7, III, 1976
ROBERTSON, M., *A History of Greek Art*, Cambridge, 1975

入门类

DILLER, A., *The Tradition of the Minor Greek Geographers*, Lancaster PA, 1952
MITTLER, E., (ed.) *Bibliotheca Palatina*, Heidelberg, 1986
STARACE, F., 'L'architettura e il senso del meraviglioso – Il trattato sulle sette meraviglie del costruire nel codice Palatino Greco 398', Naples, 1974
STEVENSON, H., *Codices Manuscripti Palatini Graeci Bibliothecae Vaticanae*, Rome, 1885

第一章

ASHMOLE, B., and YALOURIS, N., *Olympia*, London, 1967
ASHMOLE, B., *Architect and Sculptor in Classical Greece*, London, 1972
BARNETT, R. D., *Ancient Ivories in the Middle East*, Jerusalem, 1982
BRECKENRIDGE, J. D., *The Numismatic Iconography of Justinian II*, New York, 1959
COOK, A. B., *Zeus: A Study in Ancient Religion*, Cambridge, 1940
CURTIUS, E. and ADLER, F., *Die Ausgrabungen zu Olympia*, 5 vols., Berlin, 1875–1881
HONOUR, H., *Neo-Classicism*, London, 1977
LIEGLE, J., *Der Zeus des Phidias*, Berlin, 1952
MALLWITZ, A. and SCHIERING, W., *Die Werkstatt des Phidias in Olympia*, Berlin, 1964
MANGO, C., VICKERS, M. and FRANCIS, E. D., 'The Palace of Lausus at Constantinople and its Collection of Ancient Statues', *Journ. Hist. Coll.*, 4, 1, 1992
MORGAN, C. H., 'Pheidias and Olympia', *Hesperia*, 21, 1952
PATER, W., *The Renaissance. Studies in Art and Poetry* (Library Edition), London , 1910

RICHTER, G. M. A., 'The Pheidian Zeus at Olympia', *Hesperia*, 35, 1966
RICHTER, G. M. A., revised R. R. R. SMITH, *The Portraits of the Greeks*, Oxford, 1984
SCHWABACHER, W., 'The Olympian Zeus before Phidias,' in *Arch.*, 14, 1961
SWADDLING, J., *The Ancient Olympic Games*, London, 1980
VOGELPOHL, C., 'Die Niobiden vom Thron des Zeus in Olympia', *Jahrb. D. A. I.* 95, 1980
WALDSTEIN, C., *Essays on the Art of Pheidias*, Cambridge, 1885

第二章

GABRIEL, A., *La cité de Rhodes*, 2 vols, Paris, 1921–1923
GABRIEL, A., 'La construction, l'attitude et l'emplacement du Colosse de Rhodes', *Bull. Corr. Hellen.*, 56, 1932
HAYNES, D. E. L., 'Philo of Byzantium and the Colossus of Rhodes', *Journ. Hellen. Studies*, 77, 1957
JACOPI, G., 'Monumenti di Scultura del Museo Archeologico di Rodi II' in *Clara Rhodos* v, pt 2, 1932
KLIBANSKY, R., PANOFSKY, E. and SAXL, F., *Saturn and Melancholy*, London, 1964
KOLLIAS, E., *The City of Rhodes*, Athens, 1988
LENDLE, O., 'Antike Kriegsmaschinen,' in *Gymnasium*, 88, 1981
LOJACONO, P., 'La Chiesa Conventuale di S. Giovanni dei Cavalieri in Rodi,' in *Clara Rhodos* VIII, 1936
MARYON, H., 'The Colossus of Rhodes', *Journ. Hellen. Studies* 76, 1956
MAIURI, A. and JACOPICH, G., 'Rapporto Generale' in *Clara Rhodos* I, 1928
RIEMSCHNEIDER, M., R*hodos, Kultur und Geschichte*, Vienna, 1974
SCARFÌ, B. M., (ed.) *Il Leone di Venezia*, Venice, 1990

第三章

BRUCE, J., *Travels to Discover the Source of the Nile* (3rd ed.), Edinburgh, 1813
BURSTEIN, S. M. (ed. and trans.), *The Hellenistic Age from the Battle of Ipsos to the death of Kleopatra VII*, Cambridge, 1985
BUTLER, A. J., *The Arab Conquest of Egypt*, 2nd ed., ed. Fraser, P. M., Oxford, 1978
CARY, M. and WARMINGTON, E. H., *The Ancient Explorers*, Harmondsworth, 1963
COSSON, A. DE, *Mareotis*, London, 1935
CRESWELL, K. A. C., revised ALLEN, J. W., *A Short Account of Early Muslim Architecture*, Cairo, 1989
FORBES, R. J., *Studies in Ancient Technology* VI, 1958
FORSTER, E. M., *Pharos and Pharillon*, London, 1923
FORSTER, E. M., *Alexandria: A History and a Guide*, London, 1961
FRASER, P. M., *Ptolemaic Alexandria*, Oxford, 1972
GARIN, E., *Astrology in the Renaissance*, London, 1983
GOLDBERGER, P., *The Skyscraper*, London, 1981
GOODCHILD, R. G., 'Helios on the Pharos', *Ant. Journ.*, 41, 1961
GRANT, M., *The Visible Past*, London, 1990
HANDLER, S., 'Architecture on the Roman Coins of Alexandria', *Am. Journ. Arch.*, 75, 1971
IBN BATTUTA, *The Travels of Ibn Battuta* ed. Gibb H. A. R., 2 vols., London, 1956, 1962
JACOB, C. and POLIGNAC, F. de, (eds.), *Alexandrie III siècle av. J. –C.*, Paris, 1992
LEWIS, N., *Greeks in Ptolomaic Egypt*, Oxford, 1986
LUXOR, H., *Egypt for Yachtsmen*, Cairo, 1987
OTERO, M. L. and ASIN, M. DE, 'The Pharos of Alexandria', *Proc. Brit. Acad.*, 1933
POXON, R. L., 'Facts about United States Paper Money' in *Selections from the Numismatist*, Am. Numis. Acad., 1960

Scott, W., *Hermetica*, Oxford, 1924–1936

Semple, E. C., *The Geography of the Mediterranean, its relation to ancient history*, London, 1932

Stevenson, D. A., *The World's Lighthouses*, London, 1959

Thiersch, H., 'Griechische Leuchtfeuer', *Jahrb. D. A. I.*, 30, 1915

Thiersch, H., *Pharos antike Islam und Occident: ein Beitrage zur Architekturgeschichte*, Leipzig and Berlin, 1909

Veitmeyer, L. A., *Leuchtfeuer und Leuchtapparate*, Munich, 1900

第四章

Ashmole, B., 1972, *op. cit.*, Ch. 1

Baedeker, K., *London and its Environs*, (7th ed.), Leipzig, 1889

Barker, F., *Highgate Cemetery, Victorian Valhalla*, London, 1984

Bean, G. E., *Turkey beyond the Maeander*, rev. ed., London, 1989

Blunt, A., *Artistic Theory in Italy*, Oxford, 1940

Buschor, E., *Maussollos und Alexander*, Munich, 1950

Carter, J. C., *The Sculpture of the Sanctuary of Athena Polias at Priene*, London, 1983

Colonna, F., *Hypnerotomachia Poliphili*, Venice, 1499, ed. by Pozzi, G. and Ciapponi, A., Padua, 1980. ('Hypnerotomachia, the strife of love in a dream', English translation, by 'R. D.', London, 1592, reprinted, with Introduction by Lucy Gent, New York, 1973)

Colvin, H., *Architecture and the After-life*, New Haven, 1991

Cook, B. F., 'The Mausoleum Frieze: Membra disjectanda,' in *Ann. Brit. Sch. Athens*, 71, 1976

Detienne, M. and Vernant, J-P., (eds.) *The Cuisine of Sacrifice among the Greeks*, Chicago, 1989

Drerup, H., 'Pytheos und Satyros,', *Jahrb. D. A. I.*, 69, 1954

Havelock, C. M., 'Round Sculptures from the Mausoleum at Halikarnassos' in *Studies presented to G. M. A. Hanfmann*, Mainz, 1971

Hornblower, S., *Mausolus*, Oxford, 1982

Illustrated London News, 1857–1861

Jeppesen, K., *Patadeigmata*, Aarhus, 1958

Jeppesen, K. and Strong, D., 'Discoveries at Halicarnassus', *Acta Archaeol.*, 35, 1964

Jeppesen, K., 'Explorations at Halicarnassus', *Acta Archaeol.*, 38, 1967

Jeppesen, K., Hojlund, F. and Aaris-Sorensen, K., *The Maussolleion at Halikarnassos. 1. The Sacrificial Deposit*, Aarhus, 1981

Jeppesen, K. and Luttrell, A., *The Maussolleion at Halikarnassos, 2. The Written Sources and their Archaeological Background*, Aarhus, 1986

McNicoll, A., 'The development of urban defences in Hellenistic Asia Minor,' in Ucko, P. J. et al. (eds.), *Man, Settlement and Urbanism*, London, 1972

Newton, C. T., *A History of Discoveries at Halicarnassus, Cnidus and Branchidae*, London, 1862

Newton, C. T., *Travels and Discoveries in the Levant*, London, 1865

Panofsky, E., *Tomb Sculpture*, (new ed.), London, 1992

Sack, R. H., *Images of Nebuchadnezzar*, Cranbury, N. J., 1991

Schede, M., *Die Ruinen von Priene*, Berlin, 1964

Smith, A. H., *A Catalogue of Sculpture in the Department of Greek and Roman Antiquities in the British Museum*, London, 1900

Stephen, L., *Mausoleum Book*, Oxford, 1977

Waywell, G. B., *The Free-standing Sculptures of the Mausoleum at Halicarnassus in the British Museum*, London, 1978

Waywell, G. B., 'The Mausoleum at Halicarnassus' in Clayton 1988, *op. cit.*, General

第五章

'ALWAN, K., 'The Vaulted Structures or the So-called Hanging Gardens,' in *Sumer*, 35, 1979

ANDERSON, J. K., *Xenophon*, London, 1974

FINKEL, I., 'The Hanging Gardens of Babylon' in Clayton, 1988, *op. cit.*, General

GRAVES, R. and PATAI R., *Hebrew Myths: The Book of Genesis*, New York, 1963

GRIMAL, P., *Les jardins romains*, Paris, 1984

HALL, E., *Inventing the Barbarian*, Oxford, 1989

HEIDEL, A., *The Gilgamesh Epic and Old Testament Parallels*, Chicago, 1946

KOHLMEYER, K., *Wiedererstehendes Babylon, Eine antike Weltstadt im Blick der Forschung*, Berlin, 1991

KOLDEWEY, R., *The Excavations at Babylon*, London, 1914

MASTROROCCO, M., *Le Mutazioni di Proteo, I giardini Medicei del Cinquecento*, Florence, 1981

McCRINDLE, J. W., *Ancient India*, Calcutta, 1877

MOYNIHAN, E. B., *Paradise as a Garden*, New York, 1979

NAGEL, W., 'Where were the "Hanging Gardens" located in Babylon?' in *Sumer*, 35, 1979

PRITCHARD, J. B., (ed.) *Ancient Near Eastern Texts*, Princeton, 1950–1955

ROMM, J. S., *The Edges of the Earth in Ancient Thought*, Princeton, 1992

ROUX, G., *Ancient Iraq*, Harmondsworth, 1980

SANDARS, N. K., *The Epic of Gilgamesh*, Harmondsworth, 1964

STRONACH, D., *Parsagadae*, Oxford, 1978

THACKER, C., *A History of Gardens*, Princeton, 1979

WARNER, G. F., *The Buke of John Mandevill*, London, 1889

WETZEL, F., *Die Stadmauern von Babylon*, Leipzig, 1930

WISEMAN, D. J., 'Mesopotamian Gardens,' *Anatolian Studies*, 33, 1983

WISEMAN, D. J., *Nebuchadnezzar and Babylon*, London, 1985

WOLKSTEIN, D. and KRAMER S. N., *Inanna, Queen of Heaven and Earth*, London, 1984

第六章

AKURGAL, E., *Ancient Civilizations and Ruins of Turkey*, Istanbul, 1985

BALMUTH, M. S., 'Remarks on the Appearance of the Earliest Coins' in *Studies presented to G. M. A. Hanfmann*, Mainz, 1971

BAMMER, A., *Die Architektur des jüngeren Artemision von Ephesus*, Wiesbaden, 1972

BAMMER, A., 'Recent Excavations at the Altar of Artemis in Ephesus', *Archaeology*, 27, 1974

BAMMER, A., et al., *Führer durch das Archäol. Museum in Selcuk-Ephesos*, Vienna, 1974

BAMMER, A., *Das Heiligtum der Artemis von Ephesus*, Graz, 1984

BAMMER, A., 'A Peripteros of the Geometric Period in the Artemision of Ephesus', *Anat. Studies* XL, 1990

BAMMER, A., 'Ivories from the Artemision at Ephesus,' in *Ivory in Greece and the Eastern Mediterranean from the Bronze Age to the Hellenistic Period*, ed. Fitton J. L., London, 1992

FOSS, C., *Ephesus after Antiquity*, Cambridge, 1979

GHIRSHMAN, R., *Persia from the Origins to Alexander the Great*, London, 1964

HANFMANN, G. M. A., et al., *Sardis*, Cambridge, Mass., 1983

HANFMANN, G. M. A. and WALDBAUM, J. C., 'Kybebe and Artemis,' in *Archaeology*, 22, 1969

HOGARTH, D. G., *Excavations at Ephesus, The Archaic Artemisia*, London, 1908

Illustrated London News, 1873–1875

LETHABY, W. R., 'The Earlier Temple of Artemis at Ephesus', *Journ. Hellen. Studies*, 37, 1917

MUSS, U., *Studien zur Bauplastik des archaischen Artemisions von Ephesos*, Bonn, 1983

PLOMMER, H., 'St John's Church, Ephesus', *Anat. Studies* 12, 1962

Robinson, E. S. G., 'The Coins from the Ephesian Artemision Reconsidered', *Journ. Hellen. Studies*, 71, 1951

Schaber, W., *Die archaischen Tempel der Artemis von Ephesos*, Waldsassen, 1982

Trell, B. L., *The Temple of Artemis at Ephesus*, New York, 1945

Wood, J. T., *Discoveries at Ephesus*, London, 1877

Wood obit., *The Builder*, 12 April 1890

第七章第一部分

Arnold, D., 'Ritual und Pyramidentempel', *Mitt. D. A. I. K.*, 33, 1977

Badawy, A., *Ancient Egyptian Architectural Design*, Berkeley, 1965

Ball, J., *Egypt in the Classical Geographers*, Cairo, 1942

Bober, H., 'The Eclipse of The Pyramids in the Middle Ages' in *Pyramidal Influence in Art*, Dayton, Ohio, 1980

Edgar, M., *The Great Pyramid*, Glasgow, 1924

Edwards, I. E. S., *The Pyramids of Egypt*, 1st edn, London, 1947, and many subsequent

Iverson, E., *The Myth of Egypt and its Hieroglyphs in European Tradition*, Copenhagen, 1961

Kitchen, K. A., *Pharaoh Triumphant*, Warminster, 1982

Lauer, J-P., *Observations sur Les Pyramides*, Cairo, 1960

Mendelssohn, K., *The Riddle of the Pyramids*, London, 1974

Petrie, W. M. F., *The Pyramids and Temples of Giza*, London, 1883

Thackeray, W. M., *Notes of a Journey from Cornhill to Grand Cairo*, London, 1864

Vyse, H., *Operations carried on at the Pyramids of Giza in 1837*, London, 1840

Wilkinson, J., *Jerusalem Pilgrims before the Crusades*, Warminster, 1977

Wilkinson, J., *Egeria's Travels to the Holy Land*, (rev. ed.), Warminster, 1981

第七章第二部分

Armani, E. P., *Perin del Vaga: l'anello mancante*, Genoa, 1986

Arup Journal, 8, 'Sydney Opera House Special Issue', London, 1973

Boccaccio, G., *Opere Latine Minore*, ed. Massèra, A., Bari, 1928

Brett, G., 'The Seven Wonders of the World in the Renaissance,' *The Art Quarterly*, 12, 1949

Coffin, D. R., *The Villa d'Este at Tivoli*, Princeton, 1960

Coffin, D. R., *The Villa in the Life of Renaissance Rome*, Princeton, 1979

Coffin, D. R., *Gardens and Gardening in Papal Rome*, Princeton, 1991

Colonna, F., *Hypnerotomachia Poliphili, op. cit.*, 1980, Ch. 4

Darnall, M. J. and Weil, M. S., 'Il Sacro Bosco di Bomarzo; its 16th-Century Literary and Antiquarian Context', *Journ. Garden Hist.*, 4, 1984

Duclaux, L., 'Dessins de Martin van Heemskerck', *Rev. Louvre*, 5/6, 1981

Fischer von Erlach, J. B., *Entwurff einer historischen Architektur*, Vienna, 1721

Geanakoplos, D. J., (ed.) *Byzantium*, Chicago, 1984

Gent, L., Introduction to Hypnerotomachia, 1973, *op. cit.*, Ch. 4

Greenhalgh, M., 'Fantasy and Archaeology,' *Arch. Rev.*, 145, 1969

Haan, H. de and Haagsma, I., *Architects in Competition*, London, 1988

Harrison, J. C., *The Paintings of Maerten van Heemskerck. A catalogue raisonné*, Charlottesville, 1988

Hauptman, W., 'Luceat Lux Vestra coram Hominibus: a new source for the spire of Borromini's S. Ivo,', *Journ. Soc. Arch. Hist.*, 33, 1974

Jacks, P., *The Antiquarian and the Myth of Antiquity, the origins of Rome in renaissance thought*, Cambridge, 1993

KENNET, W. and YOUNG, E., *Northern Lazio*, London, 1990

KING, E. S., 'A New Heemskerck', *Journ. Walters Art Gallery*, VII–VIII, 1944–1945

MADONNA, M. L., 'Septem mundi miracula come templi delle virtù Pirro Ligorio e l'interpretazione cinquecentesca delle meraviglie del mondo' in *Psicon*, 1976, *op. cit.*, General

MADONNA, M. L., 'L' 'Enciclopedia del mondo antico di Pirro Ligorio', *Quad. Ric. Sci.*, 106, 1980

MADONNA, M. L., 'Il Genius Loci di Villa d' Este. Miti e Misteri nel sistema di Pirro Ligorio' in *Natura e Artificio* ed. M. Fagiolo, Rome, 1981

MANDOWSKY, E. and MITCHELL, C., *Pirro Ligorio's Roman Antiquities*, London, 1963

MOSSER, M. and TEYSSOT, G., *The History of Garden Design, the Western Tradition from the Renaissance to the Present Day*, London, 1991

NASH, E., *Pictorial Dictionary of Ancient Rome*, London, 1968

NORDHAGEN, P. J., *The Codex Amiatinus and the Byzantine Element in the Northumbrian Renaissance*, Jarrow, 1977

PANOFSKY, E., *Renaissance and Renascences in Western Art*, New York, 1969

ORMONT, H., *Les Sept Merveilles du Monde au Moyen Age*, Bib. L'Ec. des Chartres, 43, 1882

PARKES, M. B., *The Scriptorium of Wearmouth-Jarrow*, Jarrow, 1982

PFEIFFER, R., *History of Classical Scholarship from 1300 to 1850*, Oxford, 1976

PRAZ, M., 'I mostri di Bomarzo,' in *Il Giardino dei sensi*, Milan, 1975

RIGGS, T., *Hieronymus Cock, Printmaker in Antwerp*, Yale, 1971

SCHOTT, H. A., *De Septem Orbis Spectaculis*, Ansbach, 1891

STANDEN, E. A., *European Post-medieval Tapestries and Related Hangings in the Metropolitan Museum of Art*, New York, 1985

THEURILLAT, J., *Les Mystères de Bomarzo et des Jardins Symboliques de la Renaissance*, Geneva, 1973

TRACHTENBERG, M., *The Statue of Liberty*, London, 1976

VELDMAN, I. M., *Marten van Heemskerck and Dutch Humanism in the Sixteenth Century*, Dublin and Amsterdam, 1977

WILLIAMS LEHMANN, P., and LEHMANN, K. *Samothracian Reflections*, Princeton, 1973

致　谢

世有七大奇迹，人人皆曾听闻，然悉数亲睹者寥寥。欲尽观之，须赴域外……唯游历世界，饱经旅途风霜，方能得偿尽睹世界奇迹之愿。待心愿偿毕，人将老去，实亦可死矣。

拜占庭的菲洛：《关于七大奇迹》，
约公元前225年，撰于埃及亚历山大里亚

比起可怜的老菲洛，我们的世界七大奇迹文字之旅要容易很多，且在旅途中深蒙众人援手。幽默的迈克和莱斯莉·奥马拉夫妇一直大力支持；凯西·兰德尔临阵不乱，编辑富有技巧；马丁·布里斯托的设计向来无可挑剔；休·约翰斯通对希腊和拉丁文本的移译明白晓畅，还提供了极有价值的建议。

在这些奇迹的遗址，在收藏其历史资料的图书馆和博物馆，我们也得到了大量友善、耐心的帮助，深受这些机构及其考古学家和工作人员之惠。这些考古发掘者和他们的同事是：阿耳忒弥斯神庙的巴默教授；摩梭拉斯陵墓的保罗·彼得森博士；希腊奥林匹亚和雅典帕台农神庙诸博物馆馆长和员工；英国大英博物馆希腊罗马部；土耳其伊斯坦布尔、安卡拉、博德鲁姆和以弗所诸考古博物馆；德国海德堡大学图书馆馆员和意大利那不勒斯国立图书馆，谢谢你们大家。

拍摄《七大奇迹》是一项非同寻常的工作。这套系列影片的每一部，对制作者来说都是一场不折不扣的探险。虽然观众看到的，从来只是主持人——精品工程的"大众脸"，但每一集的成功都是许许多多参与人员共同努力的结果，是他们的才干和心血的结晶。系列片的制片人尼克·巴顿最早洞见这一创意，并以迷人的魅力、分寸感和坚定的决心，带领剧组经历摄制过程中诸多冗长乏味的阶段。

感谢美国探索传播有限公司负责影片制作的执行官丹尼斯·巴杜尔、高级副总裁约翰·福特，学习频道高级制片人南西·勒布伦、助理制片人安妮·胡贝尔、项目经理琳达·吉赛特，曾不断地给予我们热情的鼓励。我们还要感谢英国第四频道电视台运行主任卡伦·布朗提供的相关建议。

本系列片制片、导演彼得·斯普莱-莱沃顿；摄影师彼得·格林哈尔和迈克尔·迈尔斯；录音师鲁伯特·穆雷；助理摄影机操作员本·费波特；执行制片人菲奥娜·弗里德；制片助理吉娜·巴洛特；影片剪辑约拿森·库克；调研员琳达·韦斯顿；助理罗伯塔·利库尔戈、罗曼妮和马丁·赫米夫妇、塞韦姆·伯克、莱伊拉·阿亚斯、哈拉·帕拉米迪，在此，我们衷心地感谢你们。

约翰和伊丽莎白·罗谟

1994年11月于意大利阿约拉